商务统计学

BUSINESS STATISTICS

徐国祥 主编

复旦大学出版社

目 录

前言 ·· 1

第一章 总 论 ·· 1
第一节 统计学的产生和发展 ·· 1
第二节 统计学的研究对象和研究方法 ···································· 5
第三节 统计学的要素和内容 ·· 7
    本章小结 ·· 12
    思考与练习 ·· 12

第二章 统计资料的搜集和整理 ·· 15
第一节 统计调查的概念和方案的设计 ·································· 15
第二节 统计调查的方式和方法 ·· 17
第三节 问卷的设计 ·· 22
第四节 统计分组 ·· 27
第五节 频数分布和统计表 ·· 29
    本章小结 ·· 37
    思考与练习 ·· 37

第三章 集中趋势和离散趋势 ·· 42
第一节 集中趋势的测度 ·· 42
第二节 离散趋势的测度 ·· 52
    案例分析 ·· 65
    本章小结 ·· 68
    思考与练习 ·· 68

第四章　相对指标和指数 …… 75
第一节　相对指标 …… 75
第二节　指数的概念和分类 …… 80
第三节　总指数的编制方法 …… 82
第四节　我国物价指数的编制和应用 …… 89
第五节　指数因素分析法的评价、改进及其应用 …… 101
案例分析 …… 114
本章小结 …… 121
思考与练习 …… 122

第五章　抽样和抽样分布 …… 129
第一节　正态分布 …… 129
第二节　抽样及抽样中的几个基本概念 …… 139
第三节　随机抽样设计 …… 142
第四节　样本平均数的抽样分布 …… 147
第五节　两个样本平均数之差的抽样分布 …… 155
第六节　样本比率的抽样分布 …… 158
第七节　两个样本比率之差的抽样分布 …… 160
第八节　t 分布、χ^2 分布和 F 分布 …… 162
案例分析 …… 166
本章小结 …… 173
思考与练习 …… 174

第六章　参数估计 …… 178
第一节　参数估计概述 …… 178
第二节　总体平均数的区间估计 …… 181
第三节　两个总体平均数之差的区间估计 …… 185
第四节　总体比率和两个总体比率之差的区间估计 …… 189
第五节　样本容量的确定 …… 192

第六节	正态总体方差和两个正态总体方差比的区间估计	195
案例分析		197
本章小结		202
思考与练习		202

第七章 假设检验 206

第一节	假设检验的基本问题	206
第二节	总体平均数的假设检验	211
第三节	两个总体平均数之差的假设检验	216
第四节	总体比率的假设检验	220
第五节	总体方差的假设检验	224
案例分析		227
本章小结		234
思考与练习		235

第八章 非参数统计 240

第一节	非参数统计的概念和特点	240
第二节	χ^2 检验	241
第三节	成对比较检验	250
第四节	曼-惠特尼 U 检验	254
第五节	游程检验	257
第六节	等级相关检验	260
第七节	多个样本的检验	261
案例分析		268
本章小结		278
思考与练习		279

第九章 相关分析与回归分析 287

| 第一节 | 相关分析 | 287 |

第二节　一元线性回归分析 …… 292
  第三节　多元线性回归分析 …… 303
  第四节　非线性回归分析 …… 312
  第五节　应用回归预测时应注意的问题 …… 317
    案例分析 …… 320
    本章小结 …… 326
    思考与练习 …… 327

第十章　时间序列分析和预测 …… 334
  第一节　时间序列分解法 …… 334
  第二节　时间序列趋势外推法 …… 341
  第三节　时间序列自回归预测法 …… 359
    案例分析 …… 363
    本章小结 …… 370
    思考与练习 …… 371

第十一章　统计决策 …… 376
  第一节　统计决策的一般问题 …… 376
  第二节　风险型决策方法 …… 382
  第三节　贝叶斯决策方法 …… 401
  第四节　不确定型决策方法 …… 409
    案例分析 …… 424
    本章小结 …… 430
    思考与练习 …… 431

附录 …… 436
  附表 1　正态分布的密度函数表 …… 436
  附表 2　正态分布的分布函数表 …… 437
  附表 3　随机数表 …… 438

附表 4	t 分布表	439
附表 5	χ^2 分布表	440
附表 6	F 分布表	442
附表 7	威尔科克森 T 值	451
附表 8	曼-惠特尼检验，U 的临界值	452
附表 9	游程检验中的 r 的临界值表	453
附表 10	相关系数检验表	455

部分练习参考答案 ··· 457
参考文献 ··· 465

前 言

统计学是大数据、人工智能和数据经济的重要基础,也是现代工商业企业管理者在面临不确定性时作出科学决策的重要工具。事实上,管理者在决策时所面临的不确定性日益增大,这就要求管理者面对不确定现象时,收集相关的客观实际数据,并在对这些数据进行处理和分析的基础上,提取有用的信息,从而作出具有定量依据的合适决策。这就提出了一个如何收集数据、分析数据,以及如何对分析结果作出解释的问题,而统计学正是处理这些问题的有效工具和手段。把统计学的概念和方法运用于商务领域中,解决各种问题,就构成了商务统计学。商务统计学是用数据和方法研究商务现象的数量特征和数量表现,解释相关的商务现象和探寻经济规律,并应用于实证研究和决策分析。

本教材作者从事工商管理硕士研究生 MBA 统计学的教学工作已有三十年之久,在作者主编的《管理统计学》《统计学》《〈统计学〉学习指导与习题》等书的基础上,不断总结教学实践和经验,编写了这本《商务统计学》。本教材有以下几个特点:

1. 本教材编写的目的在于构建一个适合高等院校商务、经济、管理、工程、统计等专业和 MBA 学生所必须具备的基础统计理论体系和知识结构。本教材以统计方法体系为经,以商务实际应用为纬,全面系统地阐述了描述统计和推断统计的理论、方法及应用。具体而言,本教材是按照一个完整的统计过程中的各个顺序编写的,一个完整的统计过程包括对统计资料的收集、整理、归纳、分析,并借助这些资料进行推断和决策。本教材力求将方法和应用问题有机地、富有逻辑地组合安排,编排顺序清楚,条理清晰,结构严谨,使学生不但知其然,而且知其所以然。因此,本教材具有很强的科学性、完整性和逻辑性。

2. 本教材强调了各种统计方法的应用和案例分析。本教材强调了各种统计方法的统计思想、背景和特点,以及在经济管理领域中的适用条件和应用场合,摒弃了一些不必要的数学证明和公式推导,将统计方法与经济管理的现实问题有机地结合在一起,力求做到通俗易懂、由浅入深、由表及里。在对各种具体的方法做必要的阐述之后，配以具体案例或例子说明其应用过程，案例丰富，内容详实，并以图形和表格的形式直观地，有逻辑地进行解释，便于学生理解，有利于教师教学。同时，在一些计算复杂的内容中给出了计算机的运行结果。每章结束后附有小结和思考与练习，并提供了部分练习的参考答案。因此本教材具有很强的实用性和可操作性。

3. 考虑到 MBA 研究生的特点，我们在编写此书时对概念的阐述在不失科学性的前提下注重直观，对方法的讨论在不失系统性的前提下注重应用，对公式的说明在不失严密性的前提下注重通俗，抛弃了不必要的公式推导和理论证明，对数学的要求也不高，对于具有一定数学知识的读者也能看懂其主要内容。因此，本书既可作为 MBA 研究生的教材，也可作为财经院校教师和本科生的教学或参考用书，也可作为工商经济管理人员的培训和自学教材。

本教材由上海财经大学统计管理学院徐国祥教授主编，负责对全书编写大纲的设计以及全书的修改、总纂和定稿工作，张静昕、金浩参加了案例分析的编写，并参与了一些书稿的整理和修改工作。牟嫣、王博、陈颖和郭蔚婷等也参与了部分习题的编写。

本教材的编写得到了上海财经大学研究生重点课程建设项目的资助，在此深表谢意！在编写过程中，复旦大学出版社谷雨编辑对本教材倾注了大量的心血，对书稿作了周密的编辑、审核和修改，为本书的出版作出了重要贡献。有关同仁对本教材也提出了许多宝贵的修改建议，在此表示感谢！

编者

2020 年 5 月

第一章 总 论

人类的统计实践是随着记数活动而产生的。因此,对统计发展的历史可追溯到远古的原始社会。但是,能使人类的统计实践上升到理论予以概括总结的程度,即成为一门系统的科学——统计学,却是近代的事情,距今只有 300 多年的短暂历史。回顾一下统计科学的渊源及其发展过程,对于我们了解统计学的研究对象和性质,学习统计学的理论和方法,以及提高我们的统计实践和理论水平,都是十分必要的。

第一节 统计学的产生和发展

最早的统计是作为国家重要事项的记录,比如,从约公元前 21 世纪夏王朝开始,中国的统计不仅详细记录重大历史活动成果,而且明显地被新兴的奴隶制国家用作治国的手段;又如,在古代埃及、希腊和罗马的历史中,也有关于国情国力的记载。统计实践经过漫长的历史长河,尤其是经过封建社会末期经济的发展,客观上需要从理论上加以概括和总结。从统计学的产生和发展过程来看,可以把统计学划分为 3 个时期:统计学的萌芽期、统计学的近代期和统计学的现代期。

一、统计学的萌芽期

统计学的萌芽期始于 17 世纪中叶至 18 世纪中、末叶,当时主要有国势学派和政治算术学派。

(一) 国势学派

统计学的萌芽最初在当时欧洲经济发展较快的意大利孕育良久,但最终却在17世纪的德国首先破土成芽。这个时期的代表人物是康令(H.Conring)、阿亨瓦尔(G.Achenwall)和斯廖采尔等。他们在大学中开设了一门新课程,最初叫做"国势学"。我们把从事这方面研究的德国学者称为国势学派。他们所做的工作主要是对国家重要事项的记录,因此又被称为记述学派。这些记录记载着关于国家组织、人口、军队、领土、居民职业以及资源财产等事项,几乎完全偏重于品质的解释,而忽视了量的分析。严格地说,这一学派的研究对象和研究方法都不符合统计学的要求,只是登记了一些记述性材料,藉以说明管理国家的方法。

当然,国势学派对统计学的创立和发展还是作了不少贡献的:首先,国势学派为统计学这门新兴的学科起了一个至今仍为世界公认的名词"统计学"(statistics),并提出了至今仍为统计学者所采用的一些术语,如"统计数字资料""数字对比"等。国势学派建立的最重要的概念就是"显著事项",它事实上是建立统计指标和使统计对象数量化的重要前提;其次,国势学派在研究各国的显著事项时,主要是系统地运用对比的方法来研究各国实力和强弱,统计图表实际上也是"对比"思想的形象化的产物。

(二) 政治算术学派

统计理论在英国与德国几乎同时产生,由于两国的社会背景、经济水平和思想渊源的不同,其统计理论亦各具特色。在英国,当时从事统计研究的人被称为政治算术学派。虽然政治算术学派与国势学派的研究,都与各国的国情、国力这一内容有关,但国势学派主要采用文字记述的方法,而政治算术学派则采用数量分析的方法。因此,从严格意义上来说,政治算术学派作为统计学的开端更为合适。17世纪的英国学者威廉·配第(W.Petty)在他所著的《政治算术》一书中,对当时的英国、荷兰、法国之间的"国富和力量"进行数量上的计算和比较,做了前人没有做过的从数量方面来研究社会经济现象的工作。正是在这个意义上,马克思称配第是"政治经济学之父,在某种程度上也可以说是统计学的创始人"。

配第的朋友约翰·格朗特(J.Graunt),当时也从事了50多年来伦敦市人口出生和死亡的计算工作,写出了第一本关于人口统计的著作。从此,统计的含义从记述转变为专指"量"的方面来说明国家的重要事项。这就为统计学作为一种从数量方面认识事物的科学方法开辟了广阔的发展前景。

政治算术学派在统计发展史上有着重要的地位。首先,它并不满足于社会经济现象的数量登记、列表、汇总、记述等传统的统计过程,而是进而要求把这些统计资料加以全面系统地总结,并从中提炼出某些理论原则。这个学派在搜集资料方面,较明确地提出了大量观察法、典型调查、定期调查等思想;在处理资料方面,较为广泛地运用了分类、制表及各种指标来浓缩与显现数量资料的内含信息。其次,政治算术学派第一次有意识地运用可度量的方法,力求把自己的论证建立在具体的、有说服力的数字上面,依靠数量的观察来解释与说明社会经济生活。然而,政治算术学派在很大程度上毕竟还处于统计核算的初创阶段,它只能从简单的、粗略的算术方法来对社会经济现象进行计量和比较。

二、统计学的近代期

统计学的近代期始于 18 世纪末至 19 世纪末,在这时期的统计学主要有数理统计学派和社会统计学派。

(一) 数理统计学派

最初的统计方法是随着社会政治和经济的需要而初步得到发展的,直到概率论被引进之后,才逐渐形成为一门成熟的科学。在统计发展史上,最初卓有成效地把古典概率论引进统计学领域的,是法国的天文学家、数学家、统计学家拉普拉斯(P.S.Laplace)。他发展了对概率论的研究,推广了概率论在统计中的运用,明确了统计学的大数定律,并进行了大样本推断的尝试。

随着资本主义经济的发展,逐步形成了近代文化高度发达的一个突出标志,就是统计事业走向昌盛。正是由于比利时统计学家、数学家、天文学家凯特勒(A.Quetelet)的努力,才完成了统计学和概率论的结合。从此,统计学才开始进入更为丰富发展的新阶段。国际统计学界有人称凯特勒为"统计学之父",就在于他发现了大量现象的统计规律性并创造了大量的统计方法。凯特勒把统计学发展中的三个主要源泉,即德国的国势学派、英国的政治算术派、意大利和法国的古典概率派加以统一、改造并融合成具有近代意义的统计学,促使统计学向新的境界发展。可以说,凯特勒是古典统计学的完成者,又是近代统计学的先驱者,在统计发展史上具有承上启下、继往开来的地位。

同时,凯特勒也是数理统计学派的奠基人,因为数理统计就是在概率论的基础上发展起来的。随着统计学的发展,对概率论的运用逐步增加,同时自然科学的迅速发展和技术不断进步更对数理统计的方法有进一步的要求。这样,数理统计学就从统计学中分离出来自成一派。它从 19 世纪末以来逐步形成,由于它主要由英美等国发展起来,故又称英美数理统计学派。

(二) 社会统计学派

自凯特勒后,统计学的发展开始变得丰富而复杂起来。由于在社会领域和自然领域统计学被运用的对象不同,统计学的发展呈现出不同的方向和特色。19世纪后半叶,正当致力于自然领域研究的英美数理统计学派刚开始发展的时候,在德国却兴起了与之迥然异趣的社会统计学派。这个学派是近代各种统计学派中比较独特的一派。由于它在理论上比政治算术派更加完善,在时间上比数理统计学派提前成熟,因此它很快流行起来,对整个世界统计学界影响较大,流传较广,直至今日。

社会统计学派由德国大学教授尼斯(K.G.A.Knies)首创,主要代表人物为恩格尔(C.L.E.Engel)和梅尔(G.V.Mayr)。他们认为,统计学的研究对象是社会现象,目的在于明确社会现象内部的联系和相互关系;统计方法应当包括社会统计调查中资料的搜集、整理,以及对其分析研究。他们认为,在社会统计中,全面调查,包括人口普查和工农业调查,居于重要地位;以概率论为根据的抽样调查,在一定的范围内具有实际意义和作用。

三、统计学的现代期

统计学的现代期为自20世纪初到现在的数理统计时期。自20世纪20年代以来,数理统计学发展的主流从描述统计学转向推断统计学。如19世纪和20世纪初的统计学教科书中主要描述统计学中的一些基本概念、资料的搜集、资料的整理、资料的图示和资料的分析等,后来逐步增加概率论和推断统计的内容。直到20世纪30年代,R.费希尔的推断统计学才促使数理统计进入现代范畴。

现在,数理统计学的丰富程度完全可以独立成为一门宏大的学科,但它还不可能完全代替一般统计方法论。传统的统计方法虽然比较简单,但在实际统计工作中运用的频率仍然极大,正如四则运算与高等数学的关系一样。不仅如此,数理统计学主要涉及资料的分析和推断方面,而统计学还包括各种统计调查、统计工作制度和核算体系的方法理论、统计学与各专业相结合的一般方法理论等。由于统计学比数理统计在内容上更为广泛,因此,数理统计学相对于统计学来说不是一门并列的学科,而是统计学的重要组成部分。

从世界范围看,自20世纪60年代以后,统计学的发展有三个明显的趋势:第一,随着数学的发展,统计学依赖和吸收数学营养的程度越来越迅速;第二,向其他学科领域渗透,或者说,以统计学为基础的边缘学科不断形成;第三,随着应用的日益广泛和深入,特别是借助电子计算机后,统计学所发挥的功效愈益增强。

由统计发展史说明,统计学是从设置指标研究社会经济现象的数量开始的,随着社会的发展与实践的需要,统计学家对统计方法的不断丰富和完善,统计学也就随着不断发展和演变。从当前世界各国统计研究状况来看,统计学已不仅为研究社会经济现象的数量方面,也为研究自然技术现象的数量方面提供各种统计方法；它既为研究事物确定现象的数量方面，又为研究事物随机现象的数量方面提供各种统计方法。从统计学的发展趋势分析，它的作用与功能已从描述事物现状、反映事物规律，向进行样本推断、预测未来变化方向发展。它已从一门实质性的社会性学科，发展成为方法论的综合性学科。

第二节　统计学的研究对象和研究方法

一、统计的涵义

"统计"一词是由英语"statistics"翻译过来的。而统计一般具有统计学、统计工作和统计资料三种涵义。统计工作即统计实践，是对社会、经济以及自然现象的总体数量方面进行搜集、整理和分析的活动过程。统计资料即统计工作的成果，是统计工作过程所取得的各项数字和有关情况的资料，它反映现象的规模、水平、速度和比例关系等等，以表明现象发展的特征。统计工作的好坏直接影响统计资料的数量和质量。统计工作的发展需要统计理论的指导。统计学是研究如何搜集资料、整理资料和进行数量分析、推断的一门方法论科学。统计学来源于统计工作，是统计工作经验的理论概括，又用理论和方法指导统计工作，推动统计工作的不断提高。随着统计工作的进一步发展，统计学不断地充实和提高，两者是理论和实践的关系。由于以上三者之间具有如此紧密的联系，所以习惯上把这三者通称为统计。

二、统计学的研究对象

由统计学的发展史可知，统计学是从研究社会经济现象的数量开始的，随着统计方法的不断完善，统计学得以不断发展。因此，统计学的研究对象为大量现象的数量方面。就其性质来说，它是一门适用于自然现象和社会现象的方法论学科。例如，社会经济统计学是研究社会经济现象数量关系的方法论学科；天文统计学、生物统计学等是研究自然现象的统计学科。

由本章第一节关于统计学的产生和发展中可知，统计学最初是作为一门实质性科学建立起来的，它从数量上研究具体的社会经济发展的规律。但是，随着统计学研究范围的不断扩大以及统计方法在社会领域和自然领域内的有效应用，加之统计方法体系本身的不断发展和完善，使得统计学的研究对象也发生了变化。统计学已从实质性科学中分离出来，转而研究统计方法，成了一门方法论的科学。

需要指出，本书所讨论的统计学，是专指统计学原理。统计学原理所研究的是关于统计学的基本理论、基本原则和基本统计方法，这些方法既可用于对社会现象数量方面的研究，也可用于对自然现象数量方面的研究。它是各种应用统计学的共同基础。

三、统计学的研究方法

统计学的研究对象和性质决定着统计学的研究方法。统计学的研究方法主要有大量观察法、综合指标法和统计推断法。

（一）大量观察法

大量观察法是统计学所特有的方法。所谓大量观察法，是指对所研究的事物的全部或足够数量进行观察的方法。社会现象或自然现象都受各种社会规律或自然规律相互交错作用的影响。在现象总体中，个别单位往往受偶然因素的影响，如果任选其中之一进行观察，其结果不足以代表总体的一般特征；只有观察全部或足够的单位并加以综合，影响个别单位的偶然因素就会相互抵消，现象的一般特征才能显示出来。大量观察的意义在于可使个体与总体之间在数量上的偏误相互抵消。

大量观察法的数学依据是大数定律。大数定律是随机现象出现的基本规律，也是在随机现象大量重复中出现的必然规律。大数定律的一般概念是：在观察过程中，每次取得的结果不同，这是由偶然性所致的，但大量重复观察结果的平均值却几乎接近确定的数值。狭义的大数定律就是指概率论中反映上述规律性的一些定理，它所表明的是平均数的规律性与随机现象的概率关系。

大数定律的本质意义在于，经过大量观察，把个别的、偶然的差异性相互抵消，而必然的、集体的规律性便显示出来。例如，当我们观察个别家庭或少数家庭的婴儿出生时，生男生女的比例极为参差不齐，即有的是生男不生女，有的是生女不生男，有的是女多男少，有的是男多女少，然而经过大量观察，男婴、女婴的出生数则趋向均衡。也就是说，观察的次数愈多，离差的差距就愈小，或者说频率出现了稳定性。这就表明，同质的大量现象是具有规律的，尽管个别现象受偶然性因素的影响，出现误差，但观察数量达到一定程度就呈现出规律性，这就是大数定律的作用。

（二）综合指标法

统计研究的对象具有数量性和总体性的特点，要综合说明大量现象的数量关系，概括地表明其一般特征，必须采用综合指标。综合指标就是从数量方面对现象总体的规模及其特征的概括说明。例如，某市 2002 年国内生产总值为 300 亿元，某市 2002 年国有企业职工的平均年工资为9 500元等,都是综合指标。所谓综合指标法,就是运用各种综合指标对现象的数量关系进行对比分析的方法。

大量原始资料经过分组整理汇总,得出综合指标数值。统计必须在此基础上,按照分析的要求,进一步计算各种分析指标,对现象的数量关系进行对比分析。统计分析的方法较多,有综合指标法、时间序列法、指数法、回归和相关法、抽样法、统计预测和决策法等,其中综合指标法是统计分析的基本方法,其他各种统计分析方法均离不开综合指标的对比分析。

(三) 统计推断法

统计在研究现象的总体数量关系时,需要了解的总体对象的范围往往是很大的,有时甚至是无限的,而由于经费、时间和精力等各种原因,以致有时在客观上只能从中观察部分单位或有限单位进行计算和分析,根据结果来推断总体。例如,要说明一批灯泡的平均使用寿命,只能从该批灯泡中随机抽取一小部分进行检验,借以推断这一批灯泡的平均使用寿命,并以一定的置信程度来推论所作结论的可靠程度。这种在一定置信程度下,根据样本资料的特征,对总体的特征作出估计和预测的方法称为统计推断法。统计推断是现代统计学的基本方法,在统计研究中得到了极为广泛的应用,它既可以用于对总体参数的估计,也可以用作对总体的某些假设检验。从这种意义上来说,统计学是在不确定条件下作出决策或推断的一种方法。

第三节 统计学的要素和内容

一、统计要素

统计学发展到今天,已可应用于人类社会和自然界的各个领域。然而,不管统计问题如何复杂,它在具体运用时离不开以下四个要素,即总体、样本、推断以及推断的可靠性。

(一) 总体

就任何一个统计问题而言,总体是最基本的要素。所谓总体,就是我们要调查或统计的某一现象(如工商业中某一经济现象)的全部数据的集合。例如,全部有资格投票的人、大学中新生总数、池塘中所有的鱼、卡车中的全部麦子等,都可以称为总体。

(二) 样本

样本是统计问题的第二要素。所谓样本,就是从总体中随机抽取的若干数据的子集。例如,从某企业的有投票资格的选民中选出30人的选民样本,从停在谷仓前准备卸车的卡车中,取出一小勺麦子的样本,都是从总体中抽取样本的例子。

(三) 推断

推断是统计问题的第三要素,也是统计的基本任务。所谓推断,就是对以样本所包含的信息为基础,对总体的某些特征作出决策、预测和估计。例如,根据样本选民的回答情况,便可以推断出全体选民将如何进行投票;对一小勺麦子质量的检验的结果,便可以对整个卡车所载麦子的质量作出估计。

(四) 推断的可靠性

推断的可靠性测度是统计问题的最重要的要素,也是统计对决策最重要的贡献,它使统计的推断与"算命"截然分开。算命者可以像统计人员那样,考察你的手(样本),并从你的手掌指纹中来推断你的前景生活(总体)。然而,算命者却无法告诉你这种推断的可靠性。而统计就能回答这样的问题:"这个推断的优良程度有多大?"例如,某人对你公司进行统计调查,他估计你公司的产品明年的需求量将增加 30%,并且他还会告诉你这个推断误差的可能范围,让你明白在这个推断中可以寄予多大的信任。

现在让我们来归纳一下统计问题的四个要素:明确调查的总体;从总体中抽取样本并对样本的信息加以分析;根据样本信息对总体作出推断;对推断的可靠性加以测度。

二、统计学的内容

随着统计学的不断发展,统计学的内容越来越丰富。但就其基本内容来说,不外乎就是描述统计和推断统计两大类。

(一) 描述统计

描述统计就是指如何从已知的观察资料,搜集、整理、分析、研究并提供统计资料的理论和方法,用以说明研究现象的情况和特征。描述统计包括各种数据处理,这些数据的处理是用来总括或描述数据的重要特征的,而不必深入一层地去试图推论数据本身以外的任何事情。因此,描述统计的主要作用是通过对现象进行调查或观察,然后将所得到的大量数据加以整理、简缩、制成统计图表,并就这些数据的分布特征(如集中趋势、离散趋势等)计算出一些概括性的数字(如平均数、标准差、相关系数等)。

借助于这些概括性的数字,就可以使我们从杂乱无章的资料中取得有意义的信息,便于对不同的总体进行比较,从而作出结论。与此同时,描述统计的应用也有助于节约为提供全部数据所必须花费的时间和篇幅。总之,这些工作的主要目的之一就是使反映客观现象的统计数据可以一目了然,条理清晰,使用方便。

【例1-1】 一个随机样本包括200名顾客,他们同意对某一新产品提出意见。表1-1给出了他们回答的汇总,图1-1给出了这一信息的两个简单图示,即条形图和圆形图。

表1-1 200名顾客对新产品的意见

意　　见	百分比(%)
十分喜欢并会购买该产品	54
喜欢该产品但可能不会购买	32
不喜欢该产品	14
合　　计	100

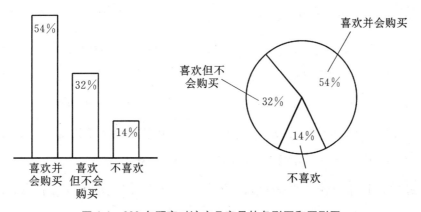

图1-1 200名顾客对该产品意见的条形图和圆形图

表1-1和图1-1是相当粗略的汇总,即描述了顾客对该产品的总的欢迎程度。表1-1和图1-1构成了进一步分析的良好起点,它们清楚地表明该产品是相当流行的。然而,有些问题要求更为具体详细的信息。对表1-1来说,我们也许希望更具体地了解这次被调查者不同年龄段人数的情况。这一更具体的信息如表1-2所示。

表1-2 被访的200名顾客按年龄分组表

年龄(岁)	样本年龄组中的人数		十分喜欢并购买该产品的人数	
	人数(人)	比重(%)	人数(人)	占各年龄组人数的比重(%)
15～19	10	5	1	10.0
20～29	20	10	4	20.0
30～39	72	36	38	52.7
40～49	76	38	62	81.6
50及以上	22	11	3	13.6
合　　计	200	100	108	54.0

我们可以选择条形图(如图1-2所示)来对表1-2中的信息进行形象化的表述。

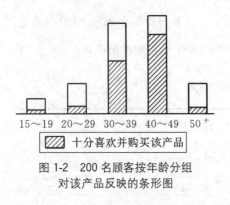

图 1-2　200 名顾客按年龄分组对该产品反映的条形图

有了表 1-2 和图 1-2 这样详细程度的信息,我们就可以发现,该产品最受 40～49 岁年龄组顾客的欢迎,而最低年龄组和最高年龄组的顾客不特别喜欢该产品。根据详细程度的要求,我们可以用各自不同的图和表来提供某些细节。如果编制图或表的重点是让其他人了解有关调查的信息,那么,最好不要在任何一张图或表中包括太多的信息。详尽程度最高的信息就是列出带有对每个顾客情况说明的所有 200 名顾客的意见。事实上,除了负责分析数据的人外,多半没有人需要知道如此详尽的结果。

尤其需要指出的是,表 1-2 同时给出了数量值和百分数。没有数量值的百分数会使人们难以评估它的意义。如果我们仅仅给出百分数的话,那么,应该同时给出被调查的总人数。由小的数量值计算出来的百分数很容易误解。在一个仅有 2 个人的部门中,当其中 1 人被分配去执行一项新的研究项目时,当然可以说该部门有 50% 的人致力于该项目。但它所产生的效果,则与 10 人中投入 5 人或 400 人中投入 200 人(50%)就不同了。

上述例子说明了描述统计的基本思想,即是对某项研究中所搜集的数量信息进行整理和表述。

(二) 推断统计

推断统计则是指只凭样本资料以推断总体特征的技术和方法。推断统计可以利用样本资料来代替总体资料,在观察资料的基础上深入一步地分析、研究和推断,以推知资料本身以外的情况和数量关系,从而对不肯定的事物作出决断,为进行决策提供数据依据。由于推断统计节省时间、人力和物力,因而倍受人们的重视和欢迎。例如,在管理现象日益复杂、市场情况瞬息万变的环境中,有许多事情要求对不肯定事物作出科学的决断,因而就要求必须在不完全观察资料的基础上,对所关心的数量关系作出可靠的估计,以便进行有效的决策。

推断统计主要有两种类型,即参数估计和假设检验。在这两种类型中,有关总体中某个样本的信息已经取得,所要作的是对整个总体作出推断。如果所作的推断是对整个总体的某个数值作出估计,这样的问题属于估计这一类型。例如,推论总体平均数或总体比率(如在一大批产品中合格品所占的百分比)等。如果所作的推断是在几个可供选择的行动方案中进行选择,这样的问题属于检验这一类型。例如,在工业生产管理中可以用于检验两种不同的工艺方法所生产的产品在质量上有无显著的差别,从而判断一种新的工艺方法是否优于原有的工艺方法。又如，在药品生产试用阶段，就可以通过大量观察检验新药与旧药间是否存在显著性的差异，从而判定新药较旧药的疗效是否更好、更安全，并确定其临床推广的应用价值。

必须指出的是，描述统计是推断统计的前提，而推断统计是描述统计的发展。本书主要阐述这两方面的内容，但在阐述中，这两方面的内容往往是结合在一起的。

管理的重点在经营，经营的中心在决策。决策有多种，而在决策中较多地使用统计的方法便形成了统计决策。统计决策是由阿·瓦尔德于1939年把古典统计理论中的假设检验和估计推断方法应用于决策中而创立起来的。从20世纪40年代起，统计决策的理论与方法又得到了较大的发展。时至今日，在不确定情况下的定量决策，再也离不开统计的方法了。所以，有人认为，利用概率来进行决策的计算和分析是统计决策不同于其他决策的一个重要特点。当然，统计的方法在决策中的应用，已远远地超过了这一点。

人类行动与统计的关系如图1-3所示。

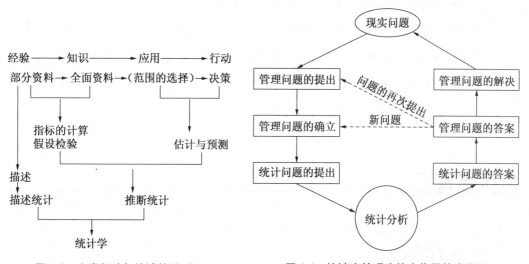

图1-3 人类行动与统计的关系图　　图1-4 统计在管理决策中作用的流程图

然而，在实际工作中，商务经济管理人员通常借助统计分析来帮助他们作出决策。统计在管理决策中的作用可用一流程图说明，见图1-4。

任何一个商务管理决策问题都是从现实问题开始的。而现实问题在工商管理中可用管理术语提出，进而进一步确立管理问题。管理问题可转化成统计问题。统计问题可从抽取的样本并加以整理和分析后找到答案，然后再利用统计问题的答案来找到管理问题的答案，以达到最终解决管理问题的目的。

本章小结

→ 1. 从统计学的产生和发展过程来看,可把统计学划分为三个时期,一是统计学的萌芽期,主要有国势学派和政治算术学派;二是统计学的近代期,主要有数理统计学派和社会统计学派;三是统计学的现代期,主要表现为统计学吸收数学营养的程度越来越迅速,向其他学科领域渗透的能力越来越强,统计学的应用日趋广泛和深入。

→ 2. "统计"一词有三种涵义:统计工作、统计资料和统计学。统计工作是对社会、经济以及自然现象的总体数量方面进行搜集、整理和分析的活动过程。统计资料是统计工作的成果。统计学是研究观察事物数量方面的独立的方法论科学,在研究对象和研究方法方面都具有自己的特点。

→ 3. 统计学的要素包括总体、样本、推断和推断的可靠性。

→ 4. 统计学的内容由描述统计和推断统计组成。描述统计是指如何从已知的观察资料,搜集、整理、分析、研究并提供统计资料的理论和方法,用以说明研究现象的情况和特征,而不必深入一层地去试图推论数据本身以外的任何事情。推断统计则是只凭样本资料以推断总体特征的技术和方法。

思考与练习

一、单项选择题

1. 数理统计学的奠基人是_____。

   A. 威廉·配第   B. 阿痕瓦尔   C. 凯特勒   D. 恩格尔

2. 被马克思誉为"政治经济学之父,及某种程度上也是统计学的创始人"的是:_____。

   A. 康令   B. 威廉·配第   C. 凯特勒   D. 约翰·格朗特

3. 国势学派对统计学的主要贡献是_____。

   A. 采用了数量分析方法   B. 引入了大数法则

   C. 提出了"统计学"这一名词   D. 证明了小样本理论

4. 政治算术学派的代表人物是_____。

    A. 康令   B. 威廉·配第   C. 凯特勒   D. 恩格尔

5. 最早把古典概率论引入统计学领域的是_____。

    A. 康令   B. 威廉·配第

    C. 凯特勒   D. 拉普拉斯

6. 大量观察法的数学依据是_____。

    A. 大数定律   B. 中心极限定律

    C. 小数定律   D. 切比雪夫不等式

7. 总体的两大特点是_____。

    A. 同质性和大量性   B. 同质性和数量性

    C. 大量性和数量性   D. 同质性和变异性

8. 统计的四个要素是_____。

    A. 总体、样本、标志和指标   B. 总体、样本、推断和推断的可靠性

    C. 总体、总体单位、标志和指标   D. 标志、指标、变量和变异

9. 统计学的两大类基本内容是_____。

    A. 统计资料的收集和分析   B. 理论统计和运用统计

    C. 统计预测和决策   D. 描述统计和推断统计

10. 统计学是一门关于研究客观事物数量方面和数量关系的_____。

    A. 社会科学   B. 自然科学   C. 方法论科学   D. 实质性科学

二、多项选择题

1. 政治算术学派对统计学发展的主要贡献表现在_____。

    A. 第一次有意识地运用可度量的方法,依据数量的观察来解释与说明社会经济生活

    B. 把古典概率论引入统计学,并推广了概率论在统计中的应用

    C. 为统计学这门学科起了一个世界公认的名词"统计学"

    D. 处理资料方面,较为广泛地运用了分类、制表及各种指标来浓缩与显现数量资料的信息

    E. 在搜集资料时,明确提出了大量观察法、典型调查、定期调查等思想

2. "统计"一词的三种涵义是_____。

    A. 统计资料   B. 统计学

    C. 统计指标   D. 统计工作

E. 统计图表

3. 统计学的研究方法主要有_____。

　　A. 大量观察法　　　　　　　　B. 综合指标法

　　C. 统计推断法　　　　　　　　D. 统计比较法

　　E. 统计应用法

4. 描述统计与推断统计的关系是_____。

　　A. 描述统计是推断统计的发展

　　B. 推断统计是描述统计的发展

　　C. 描述统计是推断统计的前提

　　D. 推断统计是描述统计的前提

　　E. 描述统计与推断统计是统计学的两大基本内容

5. 推断统计的两种主要类型是_____。

　　A. 参数估计　　B. 预测　　　　C. 决策　　　　D. 假设检验

　　E. 描述统计

三、思考题

1. 统计学的产生和发展可分为哪几个时期？主要有哪些重要学派？它们有何历史贡献？
2. "统计"一词有哪几种涵义？它们之间是怎样的关系？
3. 统计学的研究对象是什么？
4. 统计学主要有哪些研究方法？
5. 统计学有哪些基本要素？举出你生活中熟悉的例子来说明这些要素。
6. 什么是描述统计？什么是推断统计？试举例说明。

第二章　统计资料的搜集和整理

统计资料的搜集和整理是根据统计研究的目的和要求，有组织、有计划地搜集资料和对这些资料进行去伪存真、去粗取精的分类整理、浓缩简化的工作过程。它们在整个统计研究中占有重要的地位，是进一步进行统计分析和统计推断的基础。

第一节　统计调查的概念和方案的设计

一、统计调查的概念

商务经济管理人员和研究人员为了切实解决经济管理中所出现的问题，就必须首先进行统计调查，然后借此作出决策。在统计上，统计调查就是对统计资料的搜集，它是根据研究的目的和要求，有组织、有计划地向调查对象搜集原始资料和次级资料的过程。原始资料又称初级资料，是指为了研究某个问题而进行实地观察，或通过从党政机关、企事业单位、学校和其他团体而获得的第一手资料。次级资料是指借用原来已经加工过的现成资料，例如从统计年鉴、会计报表、报刊上摘引的资料。由于次级资料一般都是从原始资料过渡而来的，所以统计调查所搜集的资料主要是原始资料。统计调查是统计整理、统计分析、统计预测和统计决策的前提，因此，所搜集的资料必须满足准确性、及时性和完整性的要求。

二、统计调查方案的设计

经济管理人员和研究人员在实施调查前，必须全面地计划，严密地组织，事先要制定统计调查方案,以便在调查过程中统一认识、统一内容、统一方法、统一步骤,顺利完成调查任务。调查方案设计是搜集原始资料的第一步工作,它直接关系到整个管理统计研究工作的成果。为此,设计一个完整的统计调查方案,应该包括以下几个方面的内容。

(一) 确定调查的目的

确定调查的目的是制定统计调查方案的首要问题,即首先要明确所搜集的资料要解决什么问题,它决定着调查的对象、内容和方法。就工商业企业而言,就是要根据管理的需要和一定时期内的中心任务来确定调查目的。其次,还要考虑到可能性,以便做到必要性和可能性相一致。

(二) 确定调查对象、调查单位和填报单位

调查对象就是被研究现象的总体。在调查方案中,调查对象的定义必须明确,并说明其内涵。如在第三次人口普查办法中规定:"人口普查的对象是具有中华人民共和国国籍并在中华人民共和国境内居住的人"。在所定义的内容不能完全说明时,可以用列举的办法予以说明包括什么、不包括什么。当调查对象的范围一经确定,所有调查人员必须严格遵守,不得任意扩大或缩小,以保证资料内容的一致性。

调查单位是指构成总体的每一个单位。确定调查对象和调查单位,就是要确定究竟对哪些现象进行统计调查,从哪里去搜集具体资料。例如,若调查的目的是要取得某企业设备状况的资料以便管理,那么,该厂全部设备就是调查对象,每个单台设备就是调查单位。

填报单位是指受征集资料的单位。填报单位与调查单位两者有时是不一致的。例如,搜集企业设备状况的资料时,填报单位不是单台设备,而是设备的使用与管理部门。但两者有时又是一致的。例如,职工家计调查的调查单位和填报单位都是职工户,工业普查的调查单位和填报单位都是每个工厂。

(三) 明确调查项目和制定调查表格

调查项目实际上就是进行调查时要向被调查者所要询问的问题。一般来说,有多少个问题就应有多少个调查项目。调查项目的设置是和调查目的紧密联系的,但也必须和整体方案结合起来考虑。例如,人口普查中"行业"和"职业"两个调查项目是非常必要的,但我国第一、第二次人口普查中没有这两个项目,这主要是因为我国人口太多,用手工整理这种资料工作量太大。第三次人口普查采用电子计算机汇总,所以才设置这两个调查项目。对于调查项目的涵义,应当有明确的说明,如果仅用定义不能完全说明时,可以采用列举的办法说明包括什么和不包括什么。若调查项目必须经过计算才能填报的,就应当详细说明其

计算方法。

调查表格就是把确定好的调查项目按一定的逻辑顺序排列在一定的表格上,凡是以文字作为答案的,可以采取问答式;凡是以数字作为答案的,则必须制定调查表格。有了调查表格才便于登记资料,也便于整理和汇总。在编制调查表格的同时,应编制必要的填表说明。

(四) 确定调查时间

调查时间包含两个方面的含义:一是调查资料所属的时间,它可以是一个时期,也可以是一个时点,它是由调查对象的特点所决定的;二是调查工作的起止时间,它对保证调查工作按期完成是必要的。

(五) 制定调查的组织实施计划

为了保证统计调查的具体进行,还要制定调查的组织实施计划。其内容包括:确定调查的组织机构;确定调查人员;明确调查的方式、方法和进行调查的地点;制定调查的准备措施,如思想准备、组织准备、文件准备和经费开支预算等。此外,还要检查调查结果的程序和方法以及其他一些有关问题。

第二节 统计调查的方式和方法

一、统计调查的方式

统计调查按照搜集资料的组织方式不同,分为专门调查和统计报表两种。

(一) 专门调查

专门调查是指为了某些特定目的而专门进行的调查。这种调查多属一次性调查,一般有普查、重点调查、抽样调查和典型调查四种。

1. 普查

普查是专门组织的一次性的全面调查。如人口普查、工业设备普查、库存物资普查等。普查所搜集的资料表明某一现象在某一时点或某一时期的情况,时间性要求很强。普查工作多在全国或很大范围内进行,需要动员大量人力、物力和财力。因此,只有需要摸清国家重要的国情、国力时,才有可能和必要在全国或很大范围内组织普查。例如,我国第四次人口普查和第三次人口普查的间隔是 8 年,国务院规定今后每 10 年进行一次人口普查。

普查的组织方式一般有两种:一是组织专门的普查机构,配备一定的普查人员,对调查单位进行直接的登记,如人口普查等;二是利用调查单位的原始记录和核算资料,颁发一定的调查表格,由填报单位进行填报,如库存物资普查等。

普查作为一种一次性的全面调查,对资料的准确性和时效性要求高。普查的面广量大,要求有更多的集中领导和统一行动。在组织普查工作中还必须注意以下几点。

(1) 规定统一的标准时点。标准时点是指对被调查对象登记时所依据的统一时点。这个时点一经确定,所有调查资料都要反映这一时点上的状况,以避免搜集资料时因情况变动而产生重复登记和遗漏现象。例如,我国第四次人口普查的标准时点为 1990 年 7 月 1 日 0 时,就是要反映该时点我国人口的实际情况。

(2) 确定统一的普查期限。在普查范围内各调查单位或调查点应尽可能同时进行普查,并尽可能在最短的期限内完成,以便在方法上和步调上保持一致性,以保证资料的准确性和时效性。例如,我国第三次人口普查,调查登记期限规定在 10 天内完成。

(3) 规定普查的项目和指标。普查项目和指标一经规定,不准任意改变或增减,以免影响汇总综合,降低资料质量。同一普查,每次项目和指标应力求一致,并按一定的周期进行,以便更好地进行历次调查资料的对比分析及观察某种现象的变化发展情况。

快速普查是一种特殊的普查。就其进行的方式而言,属于第二种普查方式,即利用原始资料或核算资料由填报单位进行直接填报。它的目的主要是为了满足国家社会经济和管理发展的迫切需要。普查任务布置和资料报送越过中间一切环节,普查资料直接报送到最高一级普查机构集中汇总。例如,我国 1956 年进行的"钢产量库存快速普查",仅在 21 天内就完成了 2 400 多个单位的钢材库存情况的普查任务,为国家重新平衡调剂钢材提供了可靠的依据。快速普查一般是调查的项目少、涉及的范围小。

2. 重点调查

重点调查是指只在调查对象中选择一部分重点单位进行调查,借以了解总体基本情况的一种非全面调查。重点单位是指其在总体中具有举足轻重的地位,通过对这些少数单位的调查,就能取得反映总体的基本情况。例如,鞍钢、太钢、宝武钢等几个钢铁企业,虽然在全国钢铁企业中只是少数,但它们的产量却占绝大的比重。对这些重点企业进行调查,比全面调查省时省力,且能及时了解全国钢铁生产的基本情况。

重点调查既可用于经常性调查,也可用于一次性调查。当调查任务只要求掌握调查对象的基本情况,而在总体中部分单位又能较集中地反映所要研究的问题时,进行重点调查是比较适宜的。

组织重点调查的重要问题是确定重点单位。重点单位选多选少,要根据调查任务确定。一般来说,选出的单位应尽可能少些,而这些单位又能反映总体的一般情况。这样,选中的单位能提供较为可靠的资料,达到重点调查的目的。但值得注意的是,重点调查的结果不能用数理统计的方法来进行分析。

3. 抽样调查

抽样调查是指根据随机原则从调查总体中抽取部分单位进行观察并根据其结果推断总体数量特征的一种非全面调查方法。

抽样调查与重点调查和典型调查之间是有区别的。其中最大的不同点是:抽样调查是从总体中随机抽取部分单位(样本)进行调查,而重点调查和典型调查则从总体中有意识地选择部分单位作为调查的对象。

抽样调查可以节省人力、物力,减少调查时间,提高调查质量,因而应用广泛。例如,职工家计调查、农民收入调查、出口商品的国外市场调查等,由于这些调查范围广,不可能或不必要进行全面调查,就可用抽样调查。有时由于调查本身具有破坏性,如显像管的平均使用寿命、钢丝的拉力强度等,只有采用抽样调查的方法才能获取所需要的资料。

4. 典型调查

典型调查就是根据调查的目的和要求,在对研究对象进行全面分析的基础上,有意识地选择部分有代表性的单位进行调查,它也是一种非全面调查。这种调查与其他调查方法相比,具有这样的特点,即调查单位是在对调查对象进行全面分析的基础上有意识地选择出来的一种深入细致的调查方法。

典型调查的作用在于:(1)可以研究经济管理中的新生事物或典型事例的情况,也可以作为其他统计调查的补充;(2)在一定条件下,可验证全国调查数字的真实性;(3)有时利用典型调查的资料来估计总体数字。

典型调查有两种选点方式:(1)如果在调查单位之间,情况差异较少时,可选择一两个典型单位进行"解剖麻雀"式的调查;(2)如果作为调查对象的各个单位之间差异较大时,可采取"划类选典"的办法,把总体分成若干类型,然后在每一类型中选择典型进行调查。

上述各种统计调查方式分别具有不同的特点、作用及局限性。在社会主义市场经济的条件下,必须注意各种方式的综合应用选择,才能搜集到所需要的统计资料。

(二) 统计报表

统计报表是我国搜集统计资料的主要方式之一。统计报表有定期、临时和全面、非全面之分。主要的统计报表是全面的、定期的统计报表,在搜集统计资料的工作中占有重要的地位。统计报表是按国家有关法规的规定,自上而下地统一布置,自下而上地逐级提供统计资料的一种统计调查方式。

统计报表根据其性质和要求不同,有如下几种分类。

(1) 按调查范围不同可分为全面和非全面统计报表。全面统计报表要求调查对象中的每一个单位都要填报;非全面统计报表只要求调查对象中的一部分单位填报,它需要结合重点调查、典型调查和抽样调查来应用。目前,我国大多数报表是全面统计报表。

(2) 按报表内容和实施范围不同,可分为国家统计报表、部门统计报表和地方统计报表。国家统计报表也称国民经济基本统计报表,由国家统计部门统一制发,用以反映全国性的经济和社会基本情况,包括农业、工业、建筑、物资、商业、外贸、劳动工资、财政等方面的最基本的统计资料。部门统计报表是为了适应本部门业务管理需要而制定的专业统计报表,在本系统内实行,用以搜集有关部门的业务技术资料。地方统计报表是针对地区特点而补充规定的地区性统计报表,它是为本地区的计划和管理服务的。

(3) 按报送周期长短,可分为日报、旬报、月报、季报、半年报和年报。这些报表不仅反映时间长短的差别,且所包括指标项目的繁简也有所不同。周期短的,要求资料上报迅速,因此项目不能多;周期长一点的,内容就要求全面一些,对指标的要求也可以详细一点。年报具有年度总结性质,指标要求更全面、内容要求更详尽。

(4) 按填报单位的不同,可分为基层统计报表和综合统计报表。基层统计报表即由基层企事业单位填报的报表,综合统计报表是由主管部门或统计部门根据基层报表逐级汇总填报的报表。

统计报表的资料来源于基层单位的原始记录。从原始记录到统计报表,中间还要经过统计台账和企业内部报表。因此,建立和健全原始记录、统计台账和企业内部统计报表制度,是保证所搜集到的统计资料具有高质量的基础。

统计报表作为一种统计调查的重要方式,也有其局限性。因此,统计实践中要把统计报表和专门调查结合起来应用。

根据我国的实际情况,必须建立以普查为基础,以抽样调查为主体,同时辅助以典型调查、重点调查、统计报表和科学结算相结合的统计调查体系。

二、统计调查的方法

统计调查的方法是多种多样的,但归纳起来,一般有以下几种。

(一) 直接观察法

直接观察法是指调查人员到现场对调查对象进行观察、计量和登记以取得资料的方法。例如，对工商企业进行期末在制品盘存时，调查人员到现场直接观察和参加计数。这种方法的优点在于能够直接取得第一手资料，并能够保证资料的准确性。其缺点是需要大量的人力、物力和财力及较长的时间，并且受一定条件的限制，如对历史资料的搜集和居民手持现金等就无法直接计量和观察。

(二) 报告法

报告法是指报告单位以各种原始记录和核算资料为依据，向有关单位提供统计资料的方法。我国现有各企业、机关所填写的统计报表，就是采用报告法上报的。实行这种方法，必须有统一要求，要以原始记录为依据，建立逐级报告系统，需要同时进行大量的调查。只要原始记录系统健全，调查人员认真负责，采用这种方法就可以保证所搜集资料的可靠性。

(三) 采访法

采访法是指调查员和应答者之间的一种对话，目的在于准确地搜集资料。它主要是按照事先印刷好的调查表，由调查员逐一提问的方法进行的调查。

这种调查方法的优点在于：(1)应答率比较高，一般在80％以上。(2)调查员可以设法确保应答者独立回答问题，而且可以做到没有任何第三者在场的情况下完成调查。(3)调查员可以直接观察、记录被调查者的态度等非语言性的资料，并且对应答者的诚实程度作出评估。(4)可以使用复杂的调查表，并且能保证应答者答案的完整性和保证所有的问题均得到回答。其缺点在于：(1)采访调查的费用高，这主要是因为这种调查动用的人员多，差旅费支出多。(2)在采访调查中，误差来自应答者和调查员双方，而这种误差往往由偏见引起。对应答者一方来说，其误差可能由故意说谎、下意识地错答和偶然性错误等原因造成的；对调查员一方来说，其误差可能由询问误差、探查误差、公然欺骗和记录误差等原因造成的。(3)调查时间长。(4)应答者情绪受干扰时不易被调整。(5)匿名保证较差。

一次成功的采访调查必须具备以下三个条件：(1)要取得的信息对应答者来说具有可取性。这是因为有些人虽然曾知道某些信息，但已忘却；或者有些人没有从某个角度想过某些问题而不能按所要求的方式来回答问题。(2)应答者必须明白对他的要求是什么。(3)应答者有准确回答问题的动机，其中包括决定接受采访、准确回答问题等方面。

上述三个条件中有两个直接与调查员有关，因此，调查员质量的好坏往往成为一次采访调查是否成功的关键。为此，调查员必须注意以下三个问题：(1)必须正直诚实，对工作有热情,有较强的适应性。(2)应该品性端庄,脾气和善。(3)必须有一定的文化程度,否则无法准确理解问卷,无法在采访中正确措词,无法准确理解和记录回答。

(四) 邮寄调查法

邮寄调查法就是通过邮政系统分发和收回调查表的调查方法,它是一种典型的被调查者自填法。

这种方法的优点在于:(1)调查的费用低。(2)可以在很大的地域范围内进行。(3)调查所花费的时间较短。(4)在进行敏感性问题的调查中,运用邮寄调查法可以得到比较可行的资料。(5)可避免调查员的偏见。其缺点在于:(1)应答率低。在这种调查中,应答率低于10%并不罕见,而应答率高于90%的却不多见。(2)邮寄调查所得到的是一种一次性的结果,如果应答者有含糊不清等情况则无法补救。(3)调查环境无法控制,研究者不知道应答者是否和别人讨论后才形成答案,无法知道应答者是否独立完成调查,是否有一部分甚至全部问卷都由别人代答。(4)研究者没有机会增补应答者在回答问题时的非语言性资料。应答者的仪表、居住情况、对调查的态度、回答问题时的反映等等都属于非语言性资料。这些非语言性资料在分析应答者资料时非常有价值。在采访调查中这些资料可由调查员取得,但在邮寄调查时无法获得。

为了提高应答率,国外近年来在问卷的分发和回收方式上采用了其他一些办法,如:(1)由调查员分发问卷,当面向被调查者解释调查的目的意义、填写问卷的要求等,然后由应答者本人填写并寄回已完成的问卷。(2)邮政系统分发问卷,由调查员回收问卷,并检查问卷填写情况,有无遗漏、是否写正确、被调查者的态度等。(3)调查员分发和回收问卷。(4)在问卷中夹寄一个小纪念品,或在信中说明完成问卷后可支付一定的费用等。

第三节 问卷的设计

一、问卷的概念和作用

问卷,顾名思义就是有问有答的调查表。这种调查表是现代调查中最为普遍使用的搜集资料的工具。尤其是抽样调查,一般都使用问卷调查。

统计调查研究的目的并不是为了了解总体中个别事物的状况,而是要通过大量观察,了解某一社会经济和管理现象的发展规律。例如,随着人们居住条件和环境的改变,由高层住宅取代平房,邻里关系也发生了变化,要了解这种变化趋势,需要通过大量的调查才能得出结论。这就要对许多人提出一系列相同的问题,再从许多人对这些问题不同或相同的回答中,发现某种一致或不一致的倾向，了解事物的状况、规模、程度及各变量之间的关系，从而发现事物发生、发展和变化的规律。既然要对许多人提出相同的问题，做相同的测量，那就可以制定一个统一的测量表，把提问和回答规范化，以便提高工作效率，保证搜集资料的质量。因此，有必要设计统一的问卷。

问卷调查的作用在于：(1)可以使调查研究规范化。规范化是使提问和答案的内容和形式一律标准化。(2)可以使调查研究程序化。程序化使调查访问按问卷规定的提问和回答的次序进行，所以持卷访问也叫结构式访问。(3)可以使调查研究科学化。科学化是指使用问卷调查可以提高搜集资料的可靠性和分析资料的正确程度。

二、问卷的基本要素

问卷有各种各样，内容也是千差万别，不过把各式各样的问卷概括起来，它们大致上都由前言、问题和答案、编码、资料登录地址四个基本要素所组成。

1. 前言

前言是给应答者的简短信函，一般写在问卷的首项或封面上。其基本内容应包括以下几点。

(1) 调查者自我介绍，说明自己的身份和调查研究单位的名称。

(2) 说明调查的目的及其重要性。有时可以直截了当地说明真实的调查目的，有时要比较笼统和婉转地说明调查目的。究竟采取哪种方式说明，要视调查问题与应答者有无直接的利害关系。若无关系，不妨直接说明；若有关系，就要讲究方式、方法。

(3) 解除应答者的思想顾虑。例如，可以说明我们是根据随机抽样的方式偶然地选到对方作为调查对象的，并不是有意挑选的。同时，要说明我们的调查是不记名的，调查的目的是为了对总体中各种情况进行了解，而不是调查个人的态度和行为等，所以回答问题没有"错"和"对"之分，请不必有任何负担和顾虑等。

(4) 请求给予合作并表示谢意。

总之，前言不要写得太长，文字要简明扼要，通俗易懂。但前言的作用是相当重要的，故不可草率了之。

2. 问题和答案

问题和答案是问卷的核心内容。

问题是向应答者提出而要求回答的事实、态度、行为和愿望等。在每份问卷中，都会提出许多问题。在不同的问卷中又会提出许多不同的问题。问题的内容和性质千差万别，但归纳起来大致有四个方面的问题：(1)事实方面的。如年龄、性别、职业、家庭人口、收入多少等，这是比较容易回答的低层次问题。(2)态度、观念、志趣方面的。如对当前社会改革持什么态度,是赞成、反对,还是无所谓等。(3)行为方面的,包括已经作出的行为和将要作出的行为。如是否参加某种活动或组织,在某种情形下将要怎样行事等。(4)理由方面的,即要求应答者对自己的态度、观念和行为作出解释,说明为什么这样做的理由。以上四个方面的问题是有层次的,即由简单到复杂,排列问题时也要按先易后难的次序编排。

答案反映了研究对象的不同状况和水平。它有以下两种形式。

(1)事先规定答案。即在制定问卷时,由研究者事先规定好几种可能的答案,写在问卷上,调查时请应答者从中选择适合自己情况的答案。下面举三个例子。

【例2-1】 问:你所在企业的所有制形式是:

答:1. □全民所有制 2. □集体所有制 3. □中外合作制企业 4. □外资独资企业

　　5. □私营企业

【例2-2】 问:你认为企业内部工人和技术人员的关系是否融洽?

答:1. □融洽 2. □一般 3. □不融洽

【例2-3】 问:你每月的全部收入在:

答:1. □1 000元以上 2. □800~999元 3. □600~799元

　　4. □400~599元 5. □300~399元 6. □300元以下

以上三个答案具有共同点,即它们都是事先规定的,应答者只需从中选择符合自己情况的答案画上"√"就行了。[例2-1]的答案回答的是5种不同的情况,它们之间没有程度差别和高低之分,不需要排列先后次序。[例2-2]的答案是反映同一现象的3种不同程度,答案之间是有程度差别的,答案要按次序排列。就问题的答案而言,其等级的划分可多可少,这主要由研究者根据研究要求的精确度来确定。如[例2-3]的答案分6个等级。当然,有的问题的答案只能分为2个等级,如问是否吸烟,或问性别时,只能回答吸烟或不吸烟以及是男是女。[例2-3]的答案是回答数据,各数值之间是连续的,可以计算其差距。

(2)只提问题,不规定答案。答案的内容是事后才知道的,所以,严格地讲,它不是制定问卷的一部分工作。

3. 编码

编码的目的是使资料数量化,以便测量和统计。编码就是用自然数给各种答案编上号码。编码的作用表现在以下几个方面。

(1)对没有明确的数量化的研究对象起数量化的作用。比如,人的态度、价值观念、工作积极性等,这些现象本来有量的属性,但是它们的这种属性在没有经过数量化处理之前是模糊的。平时很难说出某人的工作积极性有多高,但是研究者必须把它们的水平程度测量出来,才能进行分析,所以要给它们编码。例如:

问:你的工作积极性怎样?

答:1. □很高　2. □高　3. □一般　4. □低　5. □很低

(2) 对已经数量化的研究对象起归纳分等的作用。比如,家庭经济水平,本来可以用货币单位把家庭收入精确地测量出来,但为了研究方便往往把家庭经济水平分成三等或五等:贫困、一般、富裕,或很贫困、贫困、一般、富裕、很富裕,分别可用1、2、3或1、2、3、4、5来代表。这种编码起到了简化资料的作用。

(3) 用来区分类别。这种编码只是用数字代表不同种类的对象,是为了统计上的方便,没有测量的意义。比如说用"1"代表男,用"2"代表女,并不是说女比男的统计值大一倍。没有测量意义的编码只是把文字资料转换成数字资料,便于统计。

4. 资料登录地址

资料登录地址是指明每一项资料在汇总时,登录在什么地方,实际上起着资料索引的作用。资料的登录工作是根据资料的地址登录的,将来调用资料也要按地址去查找。假如没有登录地址,调查资料既无法汇总登录,更谈不上调用查找。所以,登录地址是问卷必不可少的组成部分。登录地址一般写在问卷中每项资料的右侧。

为了便于我们更具体地了解问卷的形式,下面给出一个问卷的样式。

父母对子女教育方式民意测验问卷

_____ 同学:

我们是××厂职工子弟中学的研究人员,为了了解和测量职工对子女教育方式的好坏,我们向您提出一些问题,进行民意测验调查,希望您能按实际情况回答,答案没有是非好坏的分别,只要如实回答都是对的。我们的调查不记名,请您细致考虑后在您持有的看法档次中画"√",希望能得到您的真诚的合作,谢谢!

××厂职工子弟中学××研究组

1. 问:你父母有无酗酒、赌博、无故晚归等不良嗜好和习惯?

答:1. □有　2. □不知道　3. □没有

2. 问:你父母是否当着你的面吵架?

答:1. □是　2. □说不清　3. □不是

3. 问：你向父母提出要求时，他们的回答是否一致？

　　　答：1. □不一致　2. □说不清　3. □一致

　　4. 问：你犯错误时，你父母是否对你进行批评教育？

　　　答：1. □不管不问　2. □说不清　3. □批评教育

　　5. 问：你父母是否关心你的学习？

　　　答：1. □不是　2. □说不清　3. □是

　　6. 问：你父母是否关心你的处事为人和交朋友的事情？

　　　答：1. □不过问　2. □说不清　3. □关心指导

　　7. 问：星期日或假日你是否愿意与父母一起度过？

　　　答：1. □不愿意　2. □无所谓　3. □愿意

由上述问卷可知，综合指标的统计值为7～21，统计值越高，说明教育方式越好。因此统计编码的排列顺序一定要一致，不一致就会互相抵消。

三、设计问卷时应注意的问题

第一，对每个问题和答案的设计，应充分考虑到问题的统计方法。比如考虑在统计时应计算什么数值以及怎样计算等。如果设计不妥，一些问题在统计时就无法进行，或使处理过程变得更为复杂，这样就可能会增大误差。

第二，提问的意义要准确、清楚，要使用一般的语句，尽量避免使用专业术语，尤其是那些容易被人误解的专门术语。一个问题询问一件事、一个人或一个意思，而不要在一个问题中并列提出几个问题。

第三，问题要适用于调查对象的最低文化程度。在大规模的调查中应以最低文化程度为准。

第四，问题应当短小，便于做明确的答复。问题中每个概念的限制词应当是绝对必要的，可有可无的应一律取消。

第五，问题的排列应当具有逻辑性。一般是从近到远、从浅到深地按照思维的逻辑顺序排列。习惯上还将性别、年龄、职业、收入等基本情况排在问卷的最前面，作为过渡性的问题。

第六，对敏感性问题设计问卷时应遵守保密的原则。敏感性问题是指涉及私生活的问题以及大多数人认为不便于在公开场合表态和陈述的问题。如私人财产调查、不轨行为调查、性问题调查、避孕手段使用情况调查等，都属于敏感性问题调查。进行这类问题调查时，如不注意方式、方法和措词等,就会使拒答率相当高,或者得不到真实的答案。为此,设计问卷时应写明,研究者和调查员绝对替应答者保守个人秘密,并说明将采取的措施,如若有泄密情况,研究者或调查员将负法律责任等。

第四节 统 计 分 组

对于通过调查得到的资料,在分析前必须加以整理。否则,由于数据资料庞杂无章,往往不能从中看出问题。统计整理的中心任务就是分组和编制频数分布表。本节就统计分组展开讨论。

一、统计分组的意义

统计分组就是根据统计研究的需要,将统计总体按照一定的标志区分为若干组成部分的一种统计方法。社会经济现象具有多种特性,每种特性又都有内在的质量差异,统计分组就是要把现象内部存在着质量上的差异进行区分。通过统计分组把现象内部不同性质或不同数量的单位分开,把性质或数量相同的单位归并在一个组内。这样就能深入地说明现象内部各组之间的相互联系及其特征。

统计分组的意义在于:(1)划分现象的类型,并反映各类型组的数量特征。(2)按照某一标志将性质不同的单位进行分组,就可以计算各组的数量特征在总体中所占的比重,以说明现象的内部结构。(3)通过分组可以揭示现象与现象之间的依存关系,也就是说,按照所研究现象的有关标志来分组可以分析该因素对另一因素的影响程度和因果关系。

二、统计分组的标志

在进行统计分组时,最关键的问题是如何选择分组的标志和确定各组的界限。分组标志,就是将总体区分为不同组别的标准或根据。一个总体一般都具有多种特征,如何根据研究问题的需要,选择出恰当的标志作为分组标志,既取决于对被研究对象认识的深刻程度,又取决于研究者自身的修养和经验。对于同一资料,若采用的分组标志不同,就有可能得出相异甚至相反的结论。分组的基本原则是按照不同的标志分组,体现组内的同质性和组间的差别性。分组标志有品质标志和数量标志两种。

(一)按品质标志分组

按品质标志分组就是按事物的品质特征进行分组。例如,人口总体按性别分为男女两组;企业总体按所有制分为国有、集体、合营和个体等组。

按品质标志分组,在确定其分组界限时,有时比较简单,有时却很复杂。有些在理论上容易区分,但在实际社会经济生活中却难以辨别。例如,人口按城乡分组,居民一般分为城市和乡村两组,但因目前还存在有些既具备城市形态又具备乡村形态的地区,分组时就需慎重考虑。其他如部门分类、职业分类也都存在同样的问题。因此,在实际工作中,为了便利和统一,联合国及各个国家都制订有适合一般情况的标准分类目录,如我国就有《国民经济行业分类目录》《工业部门分类目录》《商品目录》等。

(二) 按数量标志分组

按数量标志分组就是按事物的数量特征进行分组。如企业按工人数、产值、产量等标志进行分组;居民家庭按子女人数分组,可分为0人(无子女)、1人、2人、3人等。按数量标志分组,不仅可以反映事物数量上的差别,有时通过事物的数量差异也可区分事物的性质。例如人口按年龄分组:男性分为0~6岁、7~17岁、18~59岁、60岁以上;女性分为0~6岁、7~17岁、18~54岁、55岁以上。这是由于国家对男女职工规定退休年龄的不同而有所差别。因此,正确选择决定事物性质差别的数量界限是按数量标志分组中的一个关键问题。

三、统计分组体系

分组标志可以是一个,也可以是几个。有时为了从不同侧面反映总体的特征,就必须运用几个标志对总体进行分组,以形成一个完整的体系,这就是统计分组体系。统计分组体系有以下两种不同的形式。

(一) 平行分组体系

如果总体按照一个标志进行分组,就称为简单分组。同一总体的几个简单分组按某一规定排列起来就构成一个平行分组体系。例如,人口总体分别按性别、年龄、民族等标志进行分组,这些简单分组排列起来,就是一个平行分组体系。其分组体系如图2-1所示。

$$
\text{按性别分组}\begin{cases}\text{男}\\\text{女}\end{cases} \quad \text{按民族分组}\begin{cases}\text{汉族组}\\\text{藏族组}\\\text{回族组}\\\text{维吾尔族组}\\\cdots\cdots\end{cases} \quad \text{按年龄分组}\begin{cases}0\sim6\text{岁组}\\7\sim17\text{岁组}\\18\sim59\text{岁组}\\60\text{岁以上组}\end{cases}
$$

图2-1 平行分组体系

(二) 复合分组体系

如果总体同时按两个或两个以上的标志层叠起来分组,就称为复合分组。由复合分组形成的分组系列就称为复合分组体系。例如,对高等学校学生总体可先按学科分组,然后在此基础上再按本科或专科、性别等标志进行复合分组。其分组体系如图2-2所示。

图 2-2　复合分组体系

第五节　频数分布和统计表

一、频数分布的概念

在统计分组的基础上,将总体中所有单位按一定标志进行分组整理,形成总体中各单位数在各组间的分布,称为频数分布,又称分布数列,它是统计整理的结果。分布在各组的个体单位数称频数,又称次数。各组次数与总次数之比称频率,又称比率。

根据分组标志特征的不同,分布数列可分为属性分布数列和变量分布数列两种。

（一）属性分布数列

属性分布数列是指按品质标志分组所形成的分布数列,简称品质数列。例如,某大学在校学生按性别标志分组,可编成属性分布数列,如表2-1所示。

表 2-1　某大学在校学生的性别分布

性　　别	人数(人)	比率(%)
男　性	1 270	54.27
女　性	1 070	45.73
合　计	2 340	100.00
各组名称	频　数	频　率

（二）变量分布数列

变量分布数列是指按数量标志形成的分布数列,简称变量数列。例如,某班同学按年龄分组可编制变量数列,如表2-2所示。

表 2-2 某班同学年龄分布

按年龄分组(岁)	人数(人)	比率(%)
18	3	10.0
19	8	26.7
20	14	46.7
21	4	13.3
26	1	3.3
合　计	30	100.0
各组变量值	频　数	频　率

对于品质数列来讲,如果分组标志选择得好、分组标准定得恰当,则事物的差异就表现得比较明确,总体中各组如何划分就较易解决。属性分布数列一般也较稳定,通常均能准确地反映总体的分布特征。对于变量数列来讲,因为往往因人的主观认识而异,因此,按同一数量标志分组时有出现多种分布数列的可能。

变量数列按照用以分组的变量的表现形式,可以分为单项式变量数列和组距式变量数列两种。

(1) 单项式变量数列。它是指数列中每个组的变量值都只有一个,即一个变量值就代表一组。单项式变量数列一般是在离散型变量变异幅度不太大的情况下被采用的。

(2) 组距式变量数列。它是指按一定的变化范围或距离进行分组的变量数列,又称组距数列。编制组距数列适用于变量值个数较多、变动范围较大的资料。

在组距式变量数列中,每一组的最大变量值称为该组的上限;最小变量值称为该组的下限。上限与下限之间的距离或差数就是该组的组距,即组距=上限-下限。组距变量数列又有等距数列和不等距数列之分。如果各组组距都相等,称为等距数列;各组组距大小不等,称为不等距(或异距)数列。

二、频数分布表的编制

(一) 整理原始资料

变量数列的分组是按数量大小作为分组标准的。这样,就必须首先对原始资料加以整理,确定最大值和最小值,并计算全距。例如,某班 50 名学生的统计学原理考试成绩如下:

```
79  88  78  50  70  71  90  54  72  58
72  80  91  95  91  81  72  61  73  82
97  83  74  61  62  63  74  74  99  84
84  64  75  65  75  66  75  85  67  68
69  75  86  59  76  88  69  77  87  51
```

上述资料比较分散零乱,不易直接看出其基本特征。若将这些数据由小到大顺序排列,就可得到如下的阵列:

50	51	54	58	59	61	61	62	63	64
65	66	67	68	69	69	70	71	72	72
72	73	74	74	74	75	75	75	75	76
77	78	79	80	81	82	83	84	84	85
86	87	88	88	90	91	91	95	97	99

由上面重新排列的数据阵列可看出,该班统计学原理考试成绩分布在50～99分之间,最高分为99分。最低分为50分。全距=最大值-最小值=99-50=49(分)。

(二) 确定变量数列的形式

对于离散型变量,因其所描述对象的数量特征,可以按一定的次序一一列举数值,相邻两个变量之间不可能有小数。例如,高校的学生人数、拖拉机台数、废品件数等。所以,对于这些变量,如果项数不多、变异幅度不大,可编制单项式变量数列。否则,应编制组距式变量数列。

对于连续型变量,因其所描述对象的数量特征,在一个区间内可以有无限多个数值,无法按一定次序一一列举,其变量值可以用小数表示。例如,粮食的亩产量、职工工资等。所以连续型变量不能编制单项式变量数列,而只能编制组距式变量数列。

(三) 编制组距式变量数列应注意的问题

1. 确定组距

组距的大小要适度,要能正确地反映总体的分布特征及其规律。组距与组数成反比例关系,组距越大,组数就越少;组距越小,组数就越多(组数=全距÷组距)。组数过少,容易把不同质的单位归在一个组内;组数过多,又容易把同质的单位分散在不同的组内,两者都不符合分组的要求。至于是采用等距分组还是采用不等距分组,要根据现象的特点、统计研究的目的及所搜集到的资料分布是否均匀来确定。如果资料分布比较均匀,就可采用等距分组,否则应采用不等距分组。如上面所举学生考试成绩一例,则宜编制等距数列。

2. 确定组限

上限和下限统称为组限。确定组限的基本原则是:按这样的组限分组后,要能使性质相同的单位归入同一组内,使不同性质的单位按不同的组别划分。

对于离散型变量,其变量值都是整数,变量值之间有明显的界限,因而,组的上下限可用肯定性的数值表示,组限非常清楚。例如,工厂按职工人数分组,其组限可表示为:100人以下、100~499人、500~999人、1 000人以上。

对于连续型变量,其变量值有小数,组限不能用肯定的数值表示,只能用前一组的上限与后一组的下限重叠的方法表示。例如,工厂按职工月工资分组,可以表示如下:1 000元以下、1 000~1 200元、1 200~1 400元、1 400~1 600元、1 600~1 800元、1 800~2 000元、2 000元以上。

一般原则是把达到上限值的单位划入下一组内。例如,当工资为1 200元时,该单位应属第三组而不属第二组。

在上述组限的表示方法中,数列的首末两组用"××以下"和"××以上"表示的叫开口组,首末两组上下限俱全的叫闭口组。在分组时是采用开口组还是闭口组,要根据现象的实际情况而定。

组中值是上限和下限之间的中点数值,它是代表各组标志值平均水平的数值。计算组中值的公式为:

$$组中值 = \frac{上限 + 下限}{2}$$

开口组的组距和组中值的确定,一般以其邻近组的组距为准。其计算公式为:

$$缺下限开口组的组中值 = 上限 - \frac{邻组组距}{2}$$

$$缺上限开口组的组中值 = 下限 + \frac{邻组组距}{2}$$

(四) 频数分布表的具体编制

如前例,某班统计学原理考试成绩的全距为49分,组距 = 全距÷组数 = $\frac{49}{5}$ = 9.8分,可近似取10。这里,组数取5组是根据研究的目的而定的。第一组为50~60分,表示不及格;第2组为60~70分,表示及格;第3组为70~80分,表示成绩为中等;第4组为80~90分,表示成绩良好;第5组为90~100分,表示成绩优异。

用手工整理资料编制频数分布表时,通常先编制划记表,即将已选定的资料分组列好,然后在原始数据中逐项观察,哪一个数据应当归入哪一组,就在划记表上划一道,划满五道为一个正字,将全部数据划记完毕,最后计算各组正字的数目,分别得到各组的频数。仍以上述考试成绩为例,用划记法编制频数分布表,如表2-3所示。

表 2-3　50 名学生统计学原理考试成绩划记表

考试成绩(分)	划　　记	频　　数
50~60	正	5
60~70	正正一	11
70~80	正正正丅	17
80~90	正正一	11
90~100	正一	6

表 2-3 是工作表,不是正式的频数分布表,正式频数分布表如表 2-4 所示。

表 2-4　50 名学生统计学原理考试成绩频数分布表

考试成绩(分)	频　　数	频率(%)
50~60	5	10.0
60~70	11	22.0
70~80	17	34.0
80~90	11	22.0
90~100	6	12.0
合　　计	50	100.0

三、频数分布表示方法

(一) 列表法

即用统计表来表示频数分布,并可列入累计频数,如表 2-5 所示。

表 2-5　50 名学生统计学原理考试成绩分布表

考试成绩(分)	频数		较小制累计		较大制累计	
	人数(人)	比率(%)	人数(人)	比率(%)	人数(人)	比率(%)
50~60	5	10.0	5	10.0	50	100.0
60~70	11	22.0	16	32.0	45	90.0
70~80	17	34.0	33	66.0	34	68.0
80~90	11	22.0	44	88.0	17	34.0
90~100	6	12.0	50	100.0	6	12.0
合　　计	50	100.0	—		—	

较小制累计,是以最小组的频数或频率为始点逐项累计各组频数或频率。较小制累计中每组的累计频数或频率,表示小于该组上限的频数或频率合计有多少。例如,第三组的累计频数是 33,累计频率为 66%,说明学生考试成绩在 80 分以下的人数合计是 33 人,占全部人数的 66%。

较大制累计,则是从最大组的频数或频率开始,逐项累计各组的频数或频率。较大制累计中每组的累计频数或频率,表示该组下限以上的频数或频率合计有多少。例如,第三组的累计频数是34,累计频率为68%,说明学生考试成绩在70分以上的有34人,占总人数的68%。

(二) 图示法

即用统计图形来表示频数分布的方法。常用的有直方图、折线图和曲线图三种。

1. 直方图

即用直方形的宽度和高度来表示频数分布情况的图形。如根据表2-5资料可绘制直方图,如图2-3所示。

绘制直方图时,横轴表示各组组限,纵轴表示频数(一般标在左方)和频率(一般标在右方),如没有频率则只保留左侧频数。然后按分布在各组的频数及频率确定各组在纵轴上的坐标,并依据各组组距的宽度与频数的高度绘成直方形。

对于不等距数列,要先计算出各组的频数密度,然后以组距为宽,以频数密度为高画直方图。其中频数密度的计算公式为:

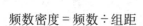

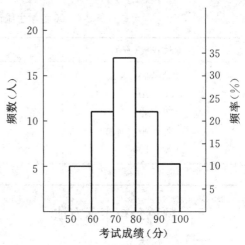

图2-3 考试成绩频数分布直方图

2. 折线图

折线图可以在直方图的基础上,将直方图中的每个长方形的顶端中点用折线连点而成。如果不绘直方图,也可以用组中值与频数求坐标点连接而成。起点是在距左边最低组半个组距处的横轴上,终点是在距右边最高组半个组距处的横轴上。它表示频数分布的图形。根据表2-5资料可绘制折线图,如图2-4所示。

累计次数频数分布情况也可以用折线图表示。较小制累计与较大制累计频数分布折线图的绘制方法有所不同。绘制较小制累计频数分布折线图时,是从最小值的下限开始,连接各组上限与该组累计频数所形成的坐标点而成;绘制较大制累计频数分布折线图时,是从最大组的上限开始,

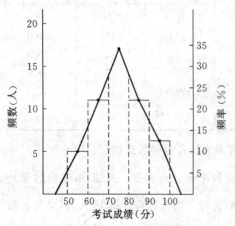

图2-4 考试成绩频数分布折线图

连接各组下限与该组累计频数所形成的坐标点而成。如根据表 2-5 可绘制折线图,如图 2-5 所示。

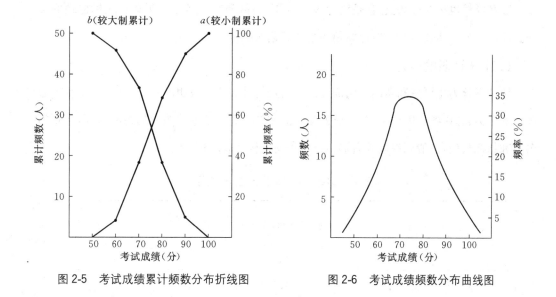

图 2-5　考试成绩累计频数分布折线图　　图 2-6　考试成绩频数分布曲线图

3. 曲线图

当变量值非常多,变量数列的组数无限增多时,折线便近似地表现为一条平滑的曲线,这是一种理论曲线。曲线图的绘制方法与折线图基本相同,只是连接各组频数坐标点的线段应当用平滑曲线而不用折线。根据表 2-5 资料,可绘制成频数分布曲线图,如图 2-6 所示。

四、统计表

经过整理后的统计资料,可用统计表的形式加以概括表述。统计表是纵横线交叉所组成的一种表格,表格内所列的是整理后系统的统计资料。统计表一般采用开口式,即表的左右两条线不画。其优点在于:资料易于条理化,简单明了,且可以节省大量文字叙述,便于比较分析、检查数字的完整性和准确性。

统计表的结构,可以从表的形式和内容两方面加以论述。

(一) 统计表的形式

统计表是由总标题、横行标题、纵栏标题、纵横格线和数字资料构成。此外,有些统计表还需在表的下端增加注解,以说明资料的来源、某些指标数值的计算方法、填表单位和其他需要说明的问题。

总标题也称为统计表的名称,它用概括性的文字简单明了地说明统计资料的时间、基本内容和范围。一般写在表的上部中端。

横行标题通常用来表示各组的名称,反映统计表的主要项目,写在表的左方。

纵栏标题是统计指标的名称,说明纵栏所列各项资料的内容,写在表内右上方。

数字资料也称指标数值,它是统计表的具体内容,列在各横行标题和各纵栏标题的交叉处。任何一个具体数值都由横行标题和纵栏标题所限定。

(二) 统计表的内容

统计表分为主词栏和宾词栏两部分。主词是统计表所要说明的对象,它可以是各个总体单位的名称、总体各个组或全部,一般列在表的左端。宾词是说明主词的各种指标,包括指标名称和指标数值,一般列在表的右端。统计表的结构如表2-6所示。

表2-6 2012年上海市生产总值(总标题)

按产业类型分组	生产总值(亿元)	比重(%)
甲	(1)	(2)
第一产业	127.80	0.63
第二产业	7 854.77	38.92
第三产业	12 199.15	60.45
合　计	20 181.72	100.00

资料来源:2013年《上海统计年鉴》,中国统计出版社出版。

编制统计表时应注意以下几个问题:

(1) 统计表的栏数如果过多,要加以编号,主词和计量单位各栏用(甲)、(乙)、(丙)等文字编写;宾词指标各栏则用(1)、(2)、(3)等数字编号。

(2) 表中数字要填写整齐,位数对准。当不存在这项数字时,用符号"—"表示;当缺乏某项资料时,用符号"…"表示。

(3) 数字资料要注明计量单位。当全表只有一种计量单位时,可把它写在表头的右上方。如果表中需要分别注明不同单位时,横行的计量单位可专设"计量单位"一栏,纵栏的计量单位可与纵标题写在一起用小字标明。

(4) 统计表的文字、数字要书写工整、清晰,数位要对齐。

(5) 某些特殊资料需要说明的,应在表的下方加以注解;数字资料要在表下说明来源,以备查考。

(6) 统计表编制完毕经审核后,制表人和主管部门负责人要签名,并加盖公章以示负责。

本章小结

→ 1. 统计调查有普查、重点调查、抽样调查、典型调查和统计报表等多种组织方式,它们是统计调查方法体系的重要组成部分。同时,这些调查方法分别具有不同的特点、作用和局限性。在实践中,要注意各种调查方法的综合运用和选择,才能搜集到所需的统计资料。

→ 2. 问卷是一种有问有答的调查表,它可以使调查研究规范化、程序化和科学化。问卷有前言、问答和答案、编码、资料登录地址四个要素组成。

→ 3. 统计整理的中心任务之一是统计分组。统计分组的关键问题是如何选择分组的标志和确定各组的界限。分组标志有品质标志和数量标志两种。按品质标志分组的关键是界定各类型组的性质差异;按数量标志分组的关键是正确确定各组的组数和组距。

→ 4. 在统计分组的基础上,将总体中所有单位按一定的标志进行分组整理,形成总体中各单位数在各组间的分布,称为频数分布。统计整理形成的频数分布有多种形式,即频数分布可分为品质分布数列和变量分布数列;变量分布数列可分为单项数列和组距数列;组距数列可分为等距数列和异距数列。无论何种汇总,在制作统计表和统计图时,都要力求科学和规范。

思考与练习

一、单项选择题

1. 重点调查中重点单位指的是_____。

   A. 具有典型意义或代表性的单位

   B. 那些具有反映事物属性差异的品质标志的单位

   C. 能用以推算总体标志的单位

   D. 在总体中具有举足轻重地位的单位

2. 要了解上海市居民家庭的收支情况,最适合的调查方式是_____。

　　A. 普查　　　　　　　　　　　　B. 重点调查

　　C. 抽样调查　　　　　　　　　　D. 典型调查

3. 统计分组的结果应表现为_____。

　　A. 组内同质性,组间差异性　　　　B. 组内差异性,组间同质性

　　C. 组内差异性,组间差异性　　　　D. 组内同质性,组间同质性

4. 普查是为了某种特定的目的而_____。

　　A. 专门组织的一次性的全面调查

　　B. 专门组织的经常性的全面调查

　　C. 非专门组织的一次性的全面调查

　　D. 非专门组织的经常性的全面调查

5. 某企业职工的工资分为四组:(1)800 元以下,(2)800～1 000 元,(3)1 000～1 500 元,(4)1 500 元以上,则 1 500 元以上的这组组中值应近似为_____。

　　A. 1 500 元　　　　　　　　　　　B. 1 600 元

　　C. 1 750 元　　　　　　　　　　　D. 2 000 元

6. 统计表中的主词是指_____。

　　A. 表中全部统计资料的内容　　　　B. 统计表中所要说明的对象

　　C. 描述研究对象的指标　　　　　　D. 分布在各栏中的指标数值

7. 下列调查中,最适合采用重点调查的是_____。

　　A. 了解全国钢铁生产的基本情况

　　B. 了解全国人口总数

　　C. 了解上海市居民家庭的收支情况

　　D. 了解某校学生的学习情况

8. 统计报表大多数属于_____。

　　A. 一次性全面调查　　　　　　　　B. 经常性全面调查

　　C. 经常性非全面调查　　　　　　　D. 一次性非全面调查

9. 组距与组数的关系是_____。

　　A. 正比例关系　　　　　　　　　　B. 因果关系

　　C. 反比例关系　　　　　　　　　　D. 平行变动关系

10. 变量数列就是_____。

   A. 按品质标志分组的数列

   B. 动态数列

   C. 按数量标志分组的数列

   D. 因变量与自变量从小到大对应排列的平行数列

二、多项选择题

1. 统计报表按内容和实施范围不同,可分为_____。

   A. 国家统计报表　　　　　　　B. 综合统计报表

   C. 基层统计报表　　　　　　　D. 部门统计报表

   E. 地方统计报表

2. 统计调查中属于专门调查形式的调查有_____。

   A. 普查　　　　　　　　　　　B. 典型调查

   C. 重点调查　　　　　　　　　D. 统计报表

   E. 抽样调查

3. 统计分组的关键在于_____。

   A. 计算组距和组中值　　　　　B. 选择分组标志

   C. 按数量标志分组　　　　　　D. 运用统计体系分组

   E. 确定各组界限

4. 常用的手工汇总方法有_____。

   A. 划记法　　　B. 过录法　　　C. 折叠法　　　D. 卡片法

   E. 制表法

5. 统计表的优点在于_____。

   A. 资料易于条理化　　　　　　B. 简单明了

   C. 节省大量文字叙述　　　　　D. 便于比较分析

   E. 便于检查数值的完整性和准确性

6. 普查必须注意以下几个原则_____。

   A. 规定统一的标准时点　　　　B. 规定统一的普查期限

   C. 规定统一的普查人员　　　　D. 规定统一的普查费用

   E. 规定普查的项目和指标

7. 下列分组属于数量标志分组的有_____。

   A. 按工资分组　　　　　　　　B. 按职业分组

   C. 按产业分组　　　　　　　　D. 按地区分组

   E. 按人均收入分组

8. 对统计总体进行分组时，采用等距分组还是异距分组，决定于_____。

   A. 现象的特点　　　　　　　　B. 变量值的多少

   C. 统计研究的目的　　　　　　D. 次数的大小

   E. 所搜集到的资料分布是否均匀

9. 统计资料汇总前审核的主要内容是关于资料的_____。

   A. 系统性　　B. 广泛性　　C. 准确性　　D. 及时性

   E. 完整性

10. 次数分布数列根据分组标志的特征可以分为_____。

    A. 变量数列　　　　　　　　　B. 组距变量数列

    C. 单项变量数列　　　　　　　D. 品质数列

    E. 异距变量数列

三、简答题

1. 什么是统计调查？统计调查有哪几种组织形式？

2. 普查、典型调查、重点调查和抽样调查各有什么特点和区别？

3. 在我国统计调查实际中，为什么要强调多种形式的统计调查的结合应用？如何结合应用？

4. 什么是统计报表？试述统计报表的种类及其作用。

5. 为什么要对统计资料进行审核？审核的方法有哪几种？

6. 什么是统计分组？它有什么作用？

7. 什么是分组标志？在统计研究工作中怎样选择分组标志和确定分组界限？

8. 什么是分布数列？有哪些种类？怎样编制分布数列？

9. 什么叫全距、组距、组中值、上限、下限、频数和频率？试举例说明。

10. 试述统计汇总组织方法和技术方法的种类。

11. 统计表是怎样构成的？它在统计研究中有什么重要作用？

12. 编制统计表时应注意哪些问题？

四、计算分析题

1. 设某班 50 名学生的统计学原理考试成绩如下：

    50 70 71 72 73 73 72 71 60 68
    69 70 70 81 82 75 76 78 77 80
    81 83 84 85 90 92 95 86 87 83
    89 90 92 93 94 78 79 81 76 73
    55 72 69 70 80 81 84 67 68 69

    上述数据比较分散零乱，不易直接看出其基本特征。试将这些数据由小到大顺序排列，确定最大值和最小值，并计算全距。

2. 对 1 题中由小到大顺序排列的数据进行分组，并编制频数分布表。

3. 对 2 题中的频数分布表进行扩展，把较小制累计和较大制累计数值列入表格中。

4. 根据 3 题所得的数值绘制频数分布直方图、频数分布折线图、累计频数分布折线图（即较小制累计和较大制累计频数分布折线图）以及频数分布曲线图。

第三章 集中趋势和离散趋势

搜集到的统计调查资料经过统计分组整理,编制成频数分布表之后,虽已简明、直观,但仍不能全面描述研究对象在量的方面的综合特点和一般水平。因此,有必要进行一系列的集中趋势的测度。集中趋势是对频数分布资料的集中状况和平均水平的综合测度。然而,为了全面描述研究对象的情况,仅仅用集中趋势方法来测度其集中性和共性是不够的,还要用离散趋势方法来测度其离散性和差异性。离散趋势是对频数分布资料的差异程度和离散程度的测度,用来衡量集中趋势所测数值的代表性,或者反映变量值的稳定性和均匀性。

第一节 集中趋势的测度

常用来表述数列集中趋势的测度有算术平均数、调和平均数、几何平均数、中位数和众数。这些测度在统计学中也称为平均指标或平均数,可以用来反映标志值的典型水平和标志值分布的中心位置或集中趋势。

一、算术平均数

算术平均数是平均指标中最重要的一种。一般不特别说明时,所称的"平均数"就是指算术平均数。算术平均数的定义公式如下:

$$算术平均数 = \frac{总体标志总量}{总体单位总量}$$

例如,某厂某月工人工资总额为 180 000 元,工人总数为 200 人,则该月工人的平均工资为 $\frac{180\,000}{200} = 900(元)$,就是算术平均数。

计算算术平均数时,标志总量和单位总量必须属于同一总体,分子和分母所包含的口径必须一致。否则,计算出来的平均数指标便失去了科学性。算术平均数,可分为简单算术平均数和加权算术平均数两种。

(一) 简单算术平均数

计算算术平均数在不具备总体的标志总量和单位总量资料时,要依据总体各个单位的具体资料来计算。将总体的各个单位标志值简单相加,然后除以单位个数,求出的平均标志值,叫做简单算术平均数。简单算术平均数的计算公式为:

$$\overline{X} = \frac{X_1 + X_2 + X_3 + \cdots + X_n}{N} = \frac{\sum_{i=1}^{n} X_i}{N} \tag{3-1}$$

式中:$\overline{X}$——算术平均数;

X_i——第 i 个单位的标志值,$i = 1, 2, 3, \cdots, n$;

N——总体单位数;

$\sum$——求和符号。

例如,某工厂生产班组有 12 个工人,每个工人日产某种产品件数为:17,15,18,16,17,16,14,17,16,15,18,16,则该生产班组的每人平均日产量用简单算术平均数计算如下:

$$\overline{X} = \frac{17+15+18+16+17+16+14+17+16+15+18+16}{12}$$

$$= \frac{195}{12} = 16.25(件)$$

(二) 加权算术平均数

当资料中被平均的变量值重复出现时,例如某个变量值 X 重复出现 f 次,按照简单平均法,就要对变量值 X 连加 f 次。为了简化计算,可以用 X 乘以 f 来代替同一变量值 X 的连加 f 次。用这种方法计算的平均数就称为加权算术平均数。其计算公式为:

$$\overline{X} = \frac{\sum_{i=1}^{n} X_i f_i}{\sum_{i=1}^{n} f_i}$$

简写为：

$$\overline{X} = \frac{\sum Xf}{\sum f} \tag{3-2}$$

式中：X_i（或 X）——标志值；

f_i（或 f）——标志值 X_i（或 X）出现的次数或权数；

n——组数；

$\sum_{i=1}^{n} X_i f_i$（或 $\sum Xf$）——标志总量。

【例3-1】 某车间有工人120人，他们每人每日生产某种零件数编制成单项数列如表3-1所示。求平均每个工人日产多少件。

表 3-1 某车间工人人数及日产量资料

工人按日产量零件分组(件) (X)	工人数(人) (f)	每个工人生产件数×工人数(件) (Xf)
20	10	200
22	12	264
24	25	600
26	30	780
30	18	540
32	15	480
33	10	330
合　计	120	3 194

解：根据表 3-1 资料，所计算的加权算术平均数为：

$$\overline{X} = \frac{\sum Xf}{\sum f} = \frac{3\ 194}{120} = 26.62（件）$$

式(3-2)表明，平均数的大小，不仅取决于总体各单位的标志值，而且受单位标志值重复出现的次数的影响。所以，统计学里把式(3-2)中的 f_i（或 f）也称作为权数[①]，即它对平均的

[①] 权数可以分为绝对数权数和相对数权数。相对数权数 $W_i = \dfrac{f_i}{\sum f_i}$，则式(3-2)的加权平均数可以表述为：$\overline{X} = \sum X_i W_i$，式中，$W_i$ 为 X_i 的权数（X_i 出现的相对次数）。

结果起权衡轻重的作用。

显然,如果各组次数完全相等,则f对各组标志值产生同等的影响,它不再起权衡轻重的作用,这时,加权算术平均数就等于前述的简单算术平均数,所以可把简单算术平均数看作加权算术平均数的一个特例。即,当各组的次数f_i相等时:$f_1=f_2=\cdots=f_n=f$,则:

$$\bar{X}=\frac{\sum Xf}{\sum f}=\frac{f\sum X}{Nf}=\frac{\sum X}{N}$$

如果我们所掌握的资料不是单项数列资料,而是组距数列资料时,计算算术平均数的方法与上述方法基本相同。只是先要计算出各组的组中值$\frac{(下限+上限)}{2}$,然后以各组组中值代表该组标志值进行计算。

【例 3-2】 某企业青年班组工人每月工资分组资料如表 3-2 所示。

表 3-2 某企业青年班组每月工资分组资料

月工资分组(元)	组中值(元)(X)	工人人数(人)(f)	各组工人工资总额(元)(Xf)
500~600	550	10	5 500
600~700	650	10	6 500
700~800	750	30	22 500
800~900	850	40	34 000
900~1 000	950	10	9 500
合 计	—	100	78 000

以各组的组中值为标志值代入加权算术平均数的公式得:

$$\bar{X}=\frac{\sum Xf}{\sum f}=\frac{78\,000}{100}=780(元)$$

利用组中值计算的算术平均数,是以假定各组内的标志值均匀分布为前提的,而计算的结果同实际情况可能会有一些偏差,因此是平均数的近似值。

二、调和平均数

调和平均数又称"倒数平均数",它是根据各标志值的倒数来计算的平均数。具体地说,调和平均数就是各个标志值倒数的算术平均数的倒数。但计算结果并非是算术平均数的倒数。调和平均数应用并不广泛,统计工作中往往是把调和平均数的计算形式,作为算术平均数的变形来使用的。

调和平均数也分简单调和平均数和加权调和平均数两种。如以$\bar{X}_H$代表调和平均数,以

N 代表资料项数,则简单调和平均数的计算公式为:

$$\frac{1}{\overline{X}_H} = \frac{\frac{1}{X_1} + \frac{1}{X_2} + \cdots + \frac{1}{X_n}}{N}$$

即:

$$\overline{X}_H = \frac{N}{\frac{1}{X_1} + \frac{1}{X_2} + \cdots + \frac{1}{X_n}} = \frac{N}{\sum \frac{1}{X}} \tag{3-3}$$

【例 3-3】 有 3 种苹果,一种是每千克 1.00 元,一种是每千克 0.80 元,一种是每千克 0.50 元,现在各买 1 元,求平均每千克的价格。

解:用式(3-3)计算可得:

$$\overline{X}_H = \frac{N}{\sum \frac{1}{X}} = \frac{3}{\frac{1}{1.0} + \frac{1}{0.8} + \frac{1}{0.50}} = 0.71(元/千克)$$

显然,这个计算结果同实际情况相符合,因为,分别用 1 元买得第一种苹果 1 千克,第二种苹果 1.25 千克,第三种苹果 2 千克,3 元共买到 4.25 千克,平均每千克为 3÷4.25 = 0.71(元)。

若设 m 为权数,则加权调和平均数的计算公式为:

$$\frac{1}{\overline{X}_H} = \frac{\frac{m_1}{X_1} + \frac{m_2}{X_2} + \frac{m_3}{X_3} + \cdots + \frac{m_n}{X_n}}{m_1 + m_2 + m_3 + \cdots + m_n}$$

则:

$$\overline{X}_H = \frac{m_1 + m_2 + m_3 + \cdots + m_n}{\frac{m_1}{X_1} + \frac{m_2}{X_2} + \frac{m_3}{X_3} + \cdots + \frac{m_n}{X_n}} = \frac{\sum_{i=1}^{n} m_i}{\sum_{i=1}^{n} \frac{m_i}{X_i}} \tag{3-4}$$

在统计的实际应用中,若已知标志值和标志总量时,则可把式(3-4)作为算术平均数的变形来使用。其变形形式为:

$$\overline{X}_H = \frac{\sum m}{\sum \frac{m}{X}} = \frac{\sum Xf}{\sum \frac{Xf}{X}} = \frac{\sum Xf}{\sum f} = \overline{X} \quad (这里 m = Xf)$$

【例 3-4】 某工厂本月购进某材料 4 批,每批价格以及采购金额如表 3-3 所示,求这 4 批材料的平均价格。

解:平均每千克价格 $\overline{X}_H$ 为:

$$\bar{X}_H = \frac{\sum_{i=1}^{4} m_i}{\sum_{i=1}^{4} \frac{m_i}{X_i}} = \frac{50\,000}{1\,219} = 41.02(元)$$

表 3-3　某工厂某材料价格和金额资料

	价格(元/千克) (X)	采购金额(元) (m)	采购量(千克) $\left(\frac{m}{X}\right)$
第一批	35	10 000	286
第二批	40	20 000	500
第三批	45	15 000	333
第四批	50	5 000	100
合　计	—	50 000	1 219

三、几何平均数

几何平均数是计算平均比率和平均速度最适用的一种方法。几何平均数有简单几何平均数和加权几何平均数之分。

简单几何平均数是 N 个标志值连乘积的 n 次方根。其计算公式为：

$$\bar{X}_G = \sqrt[n]{X_1 \cdot X_2 \cdot \cdots \cdot X_n} = \sqrt[N]{\prod X} \tag{3-5}$$

式中：$\bar{X}_G$——几何平均数；

X——标志值；

N——标志值的次数；

$\prod$——连乘的符号。

在用几何平均数法计算平均数时，如果 N 大于 2，可采用对数法来计算。将式(3-5)两边同时取对数，可得：

$$\log \bar{X}_G = \frac{1}{N}(\log X_1 + \log X_2 + \cdots + \log X_{n-1} + \log X_n)$$

$$= \frac{1}{N} \sum \log X \tag{3-6}$$

所以，几何平均数也称为对数平均数。

【例 3-5】 某工厂生产羊毛衫的产量及其逐年发展速度资料如表 3-4 所示，则我们可以应用几何平均数来计算年平均发展速度。

表 3-4　某工厂羊毛衫产量资料

年　份	产量(万件)	各年产量与上年产量的比例 (即逐年的发展速度,X)	各年发展速度的对数 (log X)
2001	381	—	—
2002	410	1.076	0.031 8
2003	449	1.095	0.039 4
2004	505	1.124	0.050 8
2005	538	1.065	0.027 3
2006	585	1.087	0.036 2
合　计	—	—	0.185 5

$$\overline{X}_G = \sqrt[5]{X_1 \cdot X_2 \cdot X_3 \cdot X_4 \cdot X_5}$$

$$\log \overline{X}_G = \frac{\log X_1 + \log X_2 + \log X_3 + \log X_4 + \log X_5}{5}$$

$$\log \overline{X}_G = \frac{0.185\ 5}{5} = 0.037\ 1$$

$$\overline{X}_G = 1.090 = 109.0\%$$

这就是说,该厂在这 5 年间,羊毛衫产量年平均发展速度为 109%,即每年平均递增 9%。

几何平均数的加权公式为:

$$\overline{X}_G = \sqrt[\sum_{i=1}^{k} f_i]{X_1^{f_1} \cdot X_2^{f_2} \cdot X_3^{f_3} \cdot \cdots \cdot X_k^{f_k}} \tag{3-7}$$

式中:X_i——标志值($i=1,2,\cdots,k$);

f_i——标志值 X_i 重复出现的次数($i=1,2,\cdots,k$)。

需要指出的是,当把几何平均数应用于经济现象时,必须注意经济现象本身的特点。只有当标志总量表现为各个标志值的连乘积时,才适合采用几何平均数方法来计算平均标志值。一般来说,计算社会经济现象在各个时期的平均发展速度时,要采用几何平均数。例如,工农业总产值年平均发展速度、全国人口年平均发展速度等。

四、中位数

中位数和前面计算的几种平均数不同,它是一种按其在数列中的特殊位置而决定的平均数。把总体各单位标志值按大小顺序排列后,处在中点位次的标志值就是中位数,它将全部标志值分成两个部分,一半标志值比它大,一半标志值比它小,而且比它大的标志值个数和比它小的标志值个数相等。

要求得中位数,首先要确定中位数的位次。对于中位数的位次由以下公式确定:

$$中位数位次 = \frac{N+1}{2} \qquad (3\text{-}8)$$

当总体位数 N 为奇数时,中位数就是中位数位次上的那个数据;而当 N 为偶数时,中位数是中位数位次上两项数据的算术平均数。例如,某生产小组有 9 个生产工人生产的某种零件,按日产量顺序排列如下:16,17,18,20,20,22,23,23,25。则中位数就是第 5 项 $\left(\frac{9+1}{2}=5\right)$ 上的数据,为 20 件。如果假定第 10 个工人的日产量为 26 件,则总的项数成为偶数,其中位数为第 5 项和第 6 项的平均数,即中位数为:

$$\frac{20+22}{2} = 21(件)$$

在分组资料时求中位数的位次公式为:

$$中位数位次 = \frac{\sum f}{2} \qquad (3\text{-}9)$$

式中,$\sum f$ 为总次数。

下面用某市百货公司系统所属商店年销售额的组距资料(如表 3-5 所示)来说明中位数的计算过程。

表 3-5 某百货公司所属商店年销售额资料

商店按年销售额分组(万元)	商店数(个)
50～60	24
60～70	48
70～80	105
80～90	60
90～100	27
100～110	21
110～120	12
120～130	3
合 计	300

按式(3-9),确定中位数的位次为 $\frac{\sum f}{2} = \frac{300}{2} = 150$。它说明中位数应使这个数列中各有

150个商店的年销售额在其上下。在组距数列中，各组距数值是按大小顺序排列的。这样，计算各组的累计商店数，至第二组止为24+48=72个，至第三组止为72+105=177个，可见，至第三组的累计次数已超过150个，中位数就在第三组内，即中位数应在年销售额70万～80万元的组内。

再计算中位数的近似值。我们从这样的假定出发，即中位数所在组内的各个数值是分布均匀的。这样，可从中位数在该组内的位次比例来推算它的近似值。中位数在该组内的位次为150-72=78，它与全组商店数的比例为78/105=0.743。按该组组距数值80-70=10万元加以推算，则中位数距该组下限的差值为0.743×10=7.43万元。于是，从中位数所在组的下限加上这个数字：70+7.43=77.43万元，即为中位数。

以上计算过程，可以概括为如下的中位数计算公式：

$$M_e = L + \frac{\frac{\sum f}{2} - S_{m-1}}{f_m} i \tag{3-10}$$

式中：M_e——中位数；

L——中位数所在组的下限；

f_m——中位数所在组的次数；

$\sum f$——总次数即各组次数总和；

S_{m-1}——小于中位数组的各组次数之和；

i——中位数所在组的组距。

将上述分析数据代入式(3-10)，得：

$$M_e = 70 + \frac{\frac{300}{2} - 72}{105} \times 10 = 70 + 7.43 = 77.43（万元）$$

式(3-10)是中位数的下限公式。中位数也可按中位数所在组的上限进行测算。其上限公式为：

$$M_e = U - \frac{\frac{\sum f}{2} - S_{m+1}}{f_m} i \tag{3-11}$$

式中：U——中位数所在组的上限；

S_{m+1}——大于中位数组的各组次数之和。

根据表 3-5 资料,利用式(3-11)计算其中位数为:

$$M_e = 80 - \frac{\frac{300}{2} - 123}{105} \times 10 = 80 - 2.57 = 77.43(万元)$$

其结果同用下限公式计算的结果相一致。

中位数的最大特点是:它是序列中间 1 项或 2 项的平均数,不受极端值的影响,所以在当一个变量数列中含有特大值与特小值的情况下,采用中位数较为适宜。正由于中位数的这一特点,在统计研究中,当遇到掌握统计资料不多而且各标志值之间差异程度较大或频数分布有偏态时,为避免计算标志值所得的算术平均数偏大或偏小,就可利用中位数来表示现象的一般水平。例如,在工业产品质量检验或分析时间数列的季节变动时,常常要用到中位数。

五、众数

众数也是一种位置平均数。众数是指总体单位中,标志值出现次数最多的那个数值。单项数列中,频数最多组的标志值就是众数。但在组距数列的条件下,先要确定众数所在组,然后计算以求得近似的众数值。下面仍用表 3-5 的资料,来说明其计算过程。

由表 3-5 可知,年销售额在 70 万~80 万元这一组的商店数最多,即为众数组。为了确定众数的具体数值,可用下限公式或上限公式加以计算。其下限公式为:

$$M_0 = L + \frac{d_1}{d_1 + d_2} \times i \tag{3-12}$$

式中:M_0——众数;

L——众数组的下限;

d_1——众数组次数与上一组次数之差;

d_2——众数组次数与下一组次数之差;

i——众数组的组距。

根据表 3-5,用式(3-12)可求得众数为:

$$M_0 = 70 + \frac{57}{57 + 45} \times 10 = 70 + 5.6 = 75.6(万元)$$

众数的上限公式为:

$$M_0 = U - \frac{d_2}{d_1 + d_2} \times i \qquad (3\text{-}13)$$

式中,U 为众数组的上限。

根据表 3-5,用式(3-13)可求得众数为:

$$M_0 = 80 - \frac{45}{57 + 45} \times 10 = 80 - 4.4 = 75.6(万元)$$

两者的计算结果是一致的。

众数的计算只适用于单位数较多,且存在明显的集中趋势的情况。否则,计算众数是没有意义的。

众数既然是总体中出现次数最多的标志值,因而就可以利用这一特点为统计工作服务。例如,为了掌握集市贸易上某种商品的价格水平,就不必全面登记这种商品的全部贸易量和贸易额来加以平均计算,而可以用市场上最普遍的成交价格来代替。假定市场上这种商品最多的成交价格每 500 克为 2.30 元,则 2.30 元就可用来代表这种商品的一般价格水平。

第二节 离散趋势的测度

仅仅用集中趋势的测度来描述数列的分布特征是不够的。例如,有个班的男生和女生某种测验分数分别为:

女生:72,76,77,78,80,81,81,84,84,85,87,87

男生:50,63,63,70,74,82,88,95,95,97,97,98

这两个数列的平均数都是 81 分,但离散程度却不同。女生的得分比较集中、整齐,即变异较小,从而平均数的代表程度较高;男生的得分比较分散,参差不齐,即变异较大,平均数的代表程度也就较低。离散趋势的测度,在统计学中也称为标志变异指标,是用来描述数列中标志值的离散趋势与离散程度的。

常用的标志变异指标有极差、四分位差、平均差、方差和标准差、离散系数、偏度和峰度等。

一、极差

极差是指一个数列中两个极端值即最大值和最小值之间的差异。计算极差是测定标志

变异程度最简单的方法,根据极差的大小能说明标志值变动范围的大小。其公式为:

$$极差 = 最大标志值 - 最小标志值 \qquad (3-14)$$

仍以上述测验成绩为例,女生得分的极差是 15,男生得分的极差是 48,说明男生得分的离散程度比较大。

根据组距数列求极差的计算公式为:

$$极差 = 最高组上限 - 最低组下限 \qquad (3-15)$$

在实际工作中,极差可用来检查产品质量的稳定性和进行质量控制。因为在正常生产的条件下,产品质量比较稳定,极差在一定范围内波动。若极差超过给定的范围,就说明有不正常情况产生。所以,利用极差有助于及时发现问题,以便采取措施,保证产品质量。

极差是测定标志变动程度的一种粗略方法,它计算简便,易于理解。但它只受极端值的影响,测定的结果往往不能反映数据的实际离散程度。

二、四分位差

四分位差是根据四分位数计算的。首先把变量各单位标志值从小到大排序,再将数列四等分,处于四分位点位次的标志值就是四分位数,记作 M_1,M_2,M_3,第一个四分位数 M_1(也称为下四分位数)反映了有四分之一的标志值小于 M_1,第二个四分位数 M_2 即为中位数 M_e,第三个四分位数 M_3(也称为上四分位数)反映了有四分之一的数据大于 M_3,而有一半的数据介于 M_1 与 M_3 之间。

四分位差的计算公式为:

$$四分位差 = (M_3 - M_1)/2 \qquad (3-16)$$

其意义是去掉数列中四分之一最小的部分和四分之一最大的部分,即去掉小于 M_1 和大于 M_3 的标志值,再根据中间 50% 部分来测定四分之一全距为多少。

四分位差反映了中间 50% 数据的离散程度,其数值越小,中间的数据越集中;数值越大,中间的数据越分散。此外,四分位差是以中位数为中心点,而中位数处于数据的中间位置,因此四分位差在一定程度上也说明了中位数对一组数据的代表程度。

四分位差的计算步骤是:先寻找四分位数,然后根据四分位差的计算公式计算。在寻找四分位数的方法上未分组资料和分组资料存在差别。下面我们分别从这两个方面介绍四分位差的计算过程。

1. 由未分组资料计算四分位数

首先是确定四分位数的位次，再找出对应位次的标志值即为四分位数。设样本容量为 n，

$$M_1 \text{ 的位次} = (n+1)/4 \tag{3-17}$$

$$M_3 \text{ 的位次} = 3(n+1)/4 \tag{3-18}$$

如果 $(n+1)/4$ 计算出来的位次恰好是整数，这时各位位次上的标志值即为相应的四分位数。如果 $(n+1)/4$ 计算出来的位次不是整数，这时可用插值法计算四分位数，即与该位次相邻的两个整数位次上的标志值的加权算术平均数，权数的大小取决于两个整数位次与四分位次距离的远近，距离越近，权数越大。

假设样本容量为 20 时，则：

$$\frac{20+1}{4} = 5.25 \; ; \; \frac{3(20+1)}{4} = 15.75$$

按插值法可得：

$$\frac{X_6 - M_1}{M_1 - X_5} = \frac{6 - 5.25}{5.25 - 5} \; ; \; \frac{X_{16} - M_3}{M_3 - X_{15}} = \frac{16 - 15.75}{15.75 - 15}$$

整理得：

$$\text{第一个四分位数 } M_1 = 0.75 X_5 + 0.25 X_6 ;$$

$$\text{第二个四分位数 } M_3 = 0.25 X_{15} + 0.75 X_{16}$$

式中：X_i——第 i 个位次上的标志值。

这时就可以按照公式 $(M_3 - M_1)/2$ 求得四分位差。

2. 由分组资料计算四分位数

四分位数的计算公式如下。

第 i 个四分位数的计算公式为：

$$M_i = L_i + \frac{\dfrac{i \sum f}{4} - S_{mi-1}}{f_{mi}} \times d_i \quad (i = 1, 2, 3, \cdots) \tag{3-19}$$

式中：L_i——第 i 个四分位数所在组的下限；

f_{mi}——第 i 个四分位数所在组的次数；

$\sum f$——总次数,即为各组次数总和;

S_{mi-1}——小于第 i 个四分位数所在组的各组次数之和;

d_i——第 i 个四分位数所在组的组距。

【例3-6】 使用表3-5的某市百货公司系统所属商店年销售额的组距资料来说明分组数据的四分位差计算过程。

解:首先确定 M_1 的位次 $\dfrac{\sum f}{4} = \dfrac{300}{4} = 75$,它说明第一个四分位数是位于70~80组的。

$L_1 = 70$,$f_{m1} = 105$,$S_{m1-1} = 24 + 48 = 72$,$d_1 = 80 - 70 = 10$。

$M_1 = 70 + \dfrac{75 - 72}{105} \times 10 \approx 70.29$(万元)。

确定 M_3 的位次 $\dfrac{3\sum f}{4} = \dfrac{900}{4} = 225$,它说明第三个四分位数是位于80~90组的。

$L_3 = 80$,$f_{m3} = 60$,$S_{m3-1} = 24 + 48 + 105 = 177$,$d_3 = 90 - 80 = 10$。

$M_3 = 80 + \dfrac{225 - 177}{60} \times 10 = 88$(万元)。

四分位差 $= \dfrac{M_3 - M_1}{2} = \dfrac{88 - 70.29}{2} = 8.86$(万元)。

根据计算结果,可以得出该百货公司所属商店中有25%的商店年销售额是在70.29万元以下的,而有25%的商店年销售额是在88万元以上,有一半的商店的年销售额是介于70.29万元和88万元之间。四分位差为8.86万元,说明中间的50%的商店年销售额比较集中。

四分位差是对极差指标的一种改进。与极差相比,四分位差因不受极值的影响,在反映数据的离散程度方面比极差准确,具有较高的稳定性;同时,对于存在开口的组距数列,不能计算极差,但可以计算四分位差。但是,它和极差的计算方法一样,也是只由两个标志值确定的,不能充分利用数列的全部信息,也无法反映标志值的一般变动。

三、平均差

平均差是各单位标志值对平均数的离差绝对值的平均数。由于各个标志值对算术平均数的离差有正有负,其和为0,因此需采用离差的绝对值来计算平均数。平均差仅反映总体各单位标志值对其平均数的平均离差量。平均差愈大,表明标志变异程度愈大;反之,则表明标志变异程度愈小。

平均差通常用字母 A.D. 表示。在资料未分组时,其计算公式为:

$$A.D. = \frac{\sum |X - \overline{X}|}{N} \tag{3-20}$$

【例 3-7】 某联营企业第一生产班组和第二生产班组各 10 个工人,日产量资料如表 3-6 所示。试分别计算其平均差。

表 3-6 平均差计算表

第一组 ($\overline{X}=8$ 件)			第二组 ($\overline{X}=8$ 件)		
日产量(件) (X)	离 差 ($X - \overline{X}$)	离差绝对值 ($\|X - \overline{X}\|$)	日产量(件) (X)	离 差 ($X - \overline{X}$)	离差绝对值 ($\|X - \overline{X}\|$)
7	−1	1	1	−7	7
7	−1	1	2	−6	6
8	0	0	4	−4	4
8	0	0	7	−1	1
8	0	0	8	0	0
8	0	0	9	1	1
8	0	0	10	2	2
8	0	0	12	4	4
9	1	1	12	4	4
9	1	1	15	7	7
合计 80	0	4	合计 80	0	36

解:

第一组平均差 $A.D. = \dfrac{\sum |X - \overline{X}|}{N} = \dfrac{4}{10} = 0.4$(件)

第二组平均差 $A.D. = \dfrac{\sum |X - \overline{X}|}{N} = \dfrac{36}{10} = 3.6$(件)

由此可见,第一组平均差比第二组小,所以第一组平均数的代表性比第二组大。

在资料经过分组后,平均差的计算公式为:

$$A.D. = \frac{\sum |X - \overline{X}| f}{\sum f} \tag{3-21}$$

【例 3-8】 某车间 64 个工人按日生产量编制成变量数列,如表 3-7 的(1)、(2)两栏所示。

表 3-7 平均差计算表

($\overline{X} = 57.81$)

工人按日产量分组(件)	工人数(人)(f)	组中值(件)(X)	离差绝对值($|X-\overline{X}|$)	$|X-\overline{X}|f$
(1)	(2)	(3)	(4)	(5)=(2)×(4)
30～40	4	35	22.81	91.24
40～50	10	45	12.81	128.10
50～60	20	55	2.81	56.20
60～70	24	65	7.19	172.56
70～80	6	75	17.19	103.14
合　　计	64	—	—	551.24

将表 3-7 中的有关数据代入式(3-21),得：

$$A.D. = \frac{551.24}{64} = 8.61（件）$$

四、方差和标准差

平均差对离差采用绝对值,避免了正负离差求和时互相抵消的问题,但绝对值不便于代数运算,而方差和标准差可弥补这一不足。

方差的公式为：

$$\sigma^2 = \frac{\sum(X-\overline{X})^2}{N} \tag{3-22}$$

式中：σ^2——方差；

　　　X——变量值；

　　　$\overline{X}$——算术平均数；

　　　N——总体单位数。

将方差开平方,得到的即为标准差,这是为了使变异量单位同数据单位一致。标准差也称为均方差。其公式为：

$$\sigma = \sqrt{\frac{\sum(X-\overline{X})^2}{N}} \tag{3-23}$$

式中,σ 表示标准差。

【例 3-9】 测得 10 株丰产 3 号小麦株高数据如表 3-8 的第二栏所示。试计算这 10 株小麦株高的方差和标准差。

表 3-8　10 株丰产 3 号小麦株高方差和标准差计算表

株号 i	X_i（厘米）	$X - \overline{X}$	$(X_i - \overline{X})^2$	X_i^2
1	113	0	0	12 769
2	121	8	64	14 641
3	113	0	0	12 769
4	114	1	1	12 996
5	113	0	0	12 769
6	114	1	1	12 996
7	115	2	4	13 225
8	106	-7	49	11 236
9	111	-2	4	12 321
10	110	-3	9	12 100
合　计	1 130	0	132	127 822

解：根据表 3-8 资料计算得：

$$\overline{X} = \frac{1\,130}{10} = 113（厘米）$$

$$\sum(X_i - \overline{X})^2 = 132$$

方差为 $\sigma^2 = \dfrac{\sum(X - \overline{X})^2}{N} = \dfrac{132}{10} = 13.2$

标准差为 $\sigma = \sqrt{\dfrac{\sum(X_i - \overline{X})^2}{N}} = \sqrt{13.2} = 3.63$（厘米）

需要指出的是，$\sigma = \sqrt{\dfrac{\sum(X - \overline{X})^2}{N}}$ 是总体标准差，而样本标准差为 $S = \sqrt{\dfrac{\sum(X - \overline{X})^2}{n-1}}$。

根据［例 3-9］，此例 $S = \sqrt{\dfrac{132}{9}} = 3.83$（厘米）。

当样本较大时，由于 $\sqrt{\dfrac{1}{n-1}}$ 几乎等于 $\sqrt{\dfrac{1}{n}}$，因此常用公式 $\sqrt{\dfrac{\sum(X - \overline{X})^2}{n}}$ 代替公式 $\sqrt{\dfrac{\sum(X - \overline{X})^2}{n-1}}$ 来计算样本标准差 S，并用于估计总体标准差 σ。但在小样本的情况下，

$$S = \sqrt{\frac{\sum(X-\overline{X})^2}{n-1}} \text{ 较 } S = \sqrt{\frac{\sum(X-\overline{X})^2}{n}} \text{ 为总体标准差 } \sigma \text{ 的更优良的估计量}.$$

当资料是分组数据时,方差和标准差的计算可采用加权形式。其公式为:

$$\sigma^2 = \frac{\sum(X_i - \overline{X})^2 f}{\sum f} \tag{3-24}$$

$$\sigma = \sqrt{\frac{\sum(X_i - \overline{X})^2 f}{\sum f}} \tag{3-25}$$

式中:X_i——各组组中值;

f——各组次数;

$\overline{X}$——加权算术平均数。

【例 3-10】 100 株玉米穗位分组资料如表 3-9 所示。试计算方差和标准差。

表 3-9 100 株玉米穗位方差和标准差计算表

组限(厘米)	组中值(厘米)(X)	次数(f)	$X-\overline{X}$	$(X-\overline{X})^2$	$(X-\overline{X})^2 f$
70~79.9	75	3	−37.3	1 391.29	4 173.87
80~89.9	85	9	−27.3	745.29	6 707.61
90~99.9	95	13	−17.3	299.29	3 890.77
100~109.9	105	16	−7.3	53.29	852.64
110~119.9	115	26	2.7	7.29	189.54
120~129.9	125	20	12.7	161.29	3 225.80
130~139.9	135	7	22.7	515.29	3 607.03
140~149.9	145	4	32.7	1 069.29	4 277.16
150~159.9	155	2	42.7	1 823.29	3 646.58
合计	—	100	—	—	30 571.00

解:由表 3-9 可得:

$$\overline{X} = \frac{\sum Xf}{\sum f} = \frac{11\,230}{100} = 112.3 \text{(厘米)}$$

$$\sigma^2 = \frac{\sum(X-\overline{X})^2 f}{\sum f} = \frac{30\,571}{100} = 305.71$$

$$\sigma = \sqrt{\frac{\sum(X-\bar{X})^2 f}{\sum f}} = \sqrt{\frac{30\ 571}{100}} = 17.48(\text{厘米})$$

五、离散系数

上述的各种标志变异度指标，都是对总体中各单位标志值变异测定的绝对量指标。在统计研究中，为了对不同的总体的标志变异度进行对比分析，往往还需要有测定总体中各单位标志值变异的相对量指标即离散系数，以消除不同总体之间在计量单位和平均水平方面的不可比因素。

常用的离散系数主要有平均差系数（$V_{A.D.}$）和标准差系数（V_σ）两种。其公式分别为：

$$V_{A.D.} = \frac{A.D.}{\bar{X}} \times 100\% \tag{3-26}$$

$$V_\sigma = \frac{\sigma}{\bar{X}} \times 100\% \tag{3-27}$$

【例3-11】 甲、乙两村粮食平均产量及平均差、标准差、平均差系数、标准差系数如表3-10所示。

表3-10 平均差系数和标准差系数计算表

队别	平均亩产（千克）（$\bar{X}$）	平均差（千克）（$A.D.$）	标准差（千克）（σ）	平均差系数(%)（$V_{A.D.}$）	标准差系数(%)（V_σ）
甲	1 000	35	45	3.5	4.5
乙	1 250	40	49	3.2	3.92

从表3-10中的平均差和标准差来看，似乎乙村的标志变异程度高于甲村，但从其离散系数来看，标志变异程度乙村却低于甲村。这说明乙村的粮食平均亩产具有较大代表性。

六、偏度和峰度

集中趋势和离散趋势是变量数列分布的两个重要特征，但要全面了解变量数列分布的特点，我们还需要知道数列分布的形状是否对称、偏斜程度以及分布的扁平程度等。偏度和峰度就是从分布形状上对分布特征做进一步的描述。

（一）偏度

偏度是用来反映变量数列分布偏斜程度的指标。变量数列的单峰钟形分布有对称分布和非对称分布两种，非对称分布也即为偏态分布，具体包括：(1)右偏分布；(2)左偏分布。

可以利用平均数、中位数、众数的位置关系来大致判断分布是否对称。对称分布的一个基本特征是平均数、中位数、众数合而为一,即 $\overline{X} = M_e = M_0$。在偏态分布的情况下,三者是彼此分离,$\overline{X}$,M_0 分居两边,M_e 介于两者之间,且有近似的关系:$M_0 - M_e = 2(M_e - \overline{X})$。若众数在左边,平均数在右边,即 $\overline{X} > M_e > M_0$ 则称为右偏分布;若众数在右边,平均数在左边,即 $\overline{X} < M_e < M_0$,则称为左偏分布,如图 3-1 所示。

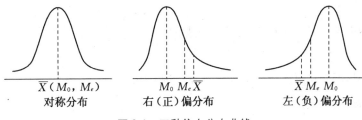

图 3-1　三种偏态分布曲线

为了准确地测定分布的偏斜程度和进行比较分析,需要计算偏度系数。偏度系数的计算方法通常有两种:

1. Pearson 偏度系数

Pearson 偏度系数是以标准差为度量单位计算的众数与算数平均数的离差,用 SK 表示。

$$SK = \frac{\overline{X} - M_0}{\sigma} \tag{3-28}$$

SK 为无量纲的系数,通常取值在 $-3 \sim +3$ 之间。其绝对值大,表明偏斜程度大;反之,则表明偏斜程度小。

当 $\overline{X} = M_0$,$(\overline{X} - M_0) = 0$,$SK = 0$,分布为对称分布;

当 $\overline{X} > M_0$,$(\overline{X} - M_0) > 0$,$SK > 0$,分布呈右偏态,也称为正偏态;

当 $\overline{X} < M_0$,$(\overline{X} - M_0) < 0$,$SK < 0$,分布呈左偏态,也称为负偏态。

2. 动差法

动差又称为"矩","矩"的概念原是物理学中表示力与力臂对重心关系的术语,这个关系与统计学变量与权数对平均数的关系在性质上很相似,故可用"矩"来描述频数分布的性质。取变量中的 A 值为中心点时,定义变量 X 关于 A 的 K 阶矩为:

$$M = \frac{\sum (X - A)^K}{n} \text{(未分组资料) 或者 } M = \frac{\sum (X - A)^K f}{\sum f} \text{(分组资料)}。$$

当 $A=0$ 时,即变量以原点为中心,M 称为原点 K 阶矩。如取 K 为 $1,2,3$ 时,便有:

一阶原点矩 $M_1 = \dfrac{\sum X}{n}$(未分组资料)或者 $M_1 = \dfrac{\sum Xf}{\sum f}$(分组资料),即算术平均数;

二阶原点矩 $M_2 = \dfrac{\sum X^2}{n}$(未分组资料)或 $M_2 = \dfrac{\sum X^2 f}{\sum f}$(分组资料);

三阶原点矩 $M_3 = \dfrac{\sum X^3}{n}$(未分组资料)或 $M_3 = \dfrac{\sum X^3 f}{\sum f}$(分组资料)。

当 $A=\bar{X}$ 时,即变量以算术平均数为中心,M 称为 K 阶中心矩,用 m_K 表示。如取 K 为 $1,2,3$ 时,便有:

一阶中心矩 $m_1 = \dfrac{\sum(X-\bar{X})}{n} = 0$(未分组资料)或 $m_1 = \dfrac{\sum(X-\bar{X})f}{\sum f} = 0$(分组资料);

二阶中心矩 $m_2 = \dfrac{\sum(X-\bar{X})^2}{n}$(未分组资料)或 $m_2 = \dfrac{\sum(X-\bar{X})^2 f}{\sum f}$(分组资料),即为方差 σ^2;

三阶中心矩 $m_3 = \dfrac{\sum(X-\bar{X})^3}{n}$(未分组资料)或 $m_3 = \dfrac{\sum(X-\bar{X})^3 f}{\sum f}$(分组资料)。

中心矩计算比原点矩繁杂。一般可以按照中心矩各项展开后得到的原点矩来计算。例如,三阶中心矩展开后为:$m_3 = M_3 - 3M_2 M_1 + 2M_1^3$。

统计上采用三阶中心矩来计算偏度系数,是因为中心矩本身可以通过高于平均数的离差之和与低于平均数的离差之和的比较来显示分布的对称性与非对称性。显然,当高于平均数的离差之和与低于平均数的离差之和相等时,全部离差之和等于 0,分布为对称分布;当这两种离差之和不相等,经正、负相互抵消之后,结果便可显示出分布的偏斜程度。由于一阶中心矩恒为 0;而偶数阶(即 $K=2,4,6$ 等)时,任何离差经过平方后都为正值,没有正负消减,所以这两种中心矩都不能用于测定偏度,惟独奇次阶的中心矩能满足正负离差和的比较,其中又以三阶中心矩最为简单,故常用 m_3 与 σ^3 比较的相对数来测定偏度。这种方法计算的偏度系数记为 α。

$$\alpha = \dfrac{m_3}{\sigma^3} \quad (m_3 \text{ 为三阶中心矩}) \tag{3-29}$$

从偏度系数的公式可以得出:

$\alpha=0$,说明高于平均数的变量次数与低于平均数的变量次数相等,分布呈对称;

$\alpha<0$,说明高于平均数的变量次数比低于平均数的变量次数更多,分布呈负(左)偏态;α 值越小,负偏程度愈高;

$\alpha>0$,说明低于平均数的变量次数比高于平均数的变量次数更多,分布呈正(右)偏态;α 值越大,正偏程度愈高。

【例3-12】 使用表3-5的某市百货公司系统所属商店年销售额的组矩资料来说明分组数据的偏度系数计算过程。

表 3-11 各阶中心矩计算表

年销售额分组	组中值	商店数	f	$(X-\overline{X})$	$(X-\overline{X})^2 f$	$(X-\overline{X})^3 f$	$(X-\overline{X})^4 f$
50~60	55	24	0.08	-24.8	49.203 2	-1 220.239 36	30 261.936 128
60~70	65	48	0.16	-14.8	35.046 4	-518.686 72	7 676.563 456
70~80	75	105	0.35	-4.8	8.064	-38.707 2	185.794 56
80~90	85	60	0.20	5.2	5.408	28.121 6	146.232 32
90~100	95	27	0.09	15.2	20.793 6	316.062 72	4 804.153 344
100~110	105	21	0.07	25.2	44.452 8	1 120.210 56	28 229.306 112
110~120	115	12	0.04	35.2	49.561 6	1 744.568 32	61 408.804 864
120~130	125	3	0.01	45.2	20.430 4	923.454 08	41 740.124 416
合 计	—	300	1	0	232.96	2 354.784	174 452.9

注:为了方便计算,这里的 f 取做频率,而不是频数。

解:根据表 3-11 中数据,可得:

$$\overline{X}=79.8,\ M_0=75.6$$

$$\sigma=\sqrt{\frac{\sum(X-\overline{X})^2 f}{\sum f}}=15.26,\ \sigma^3=3\ 553.56,\ \sigma^4=54\ 227.32$$

$$m_3=\frac{\sum(X-\overline{X})^3 f}{\sum f}=2\ 354.784,\ m_4=\frac{\sum(X-\overline{X})^4 f}{\sum f}=174\ 452.9$$

$$SK=\frac{\overline{X}-M_0}{\sigma}=\frac{79.8-75.6}{15.26}=0.275$$

$$\alpha=\frac{m_3}{\sigma^3}=\frac{2\ 354.784}{3\ 553.56}=0.663$$

偏度系数 α 和偏度系数 SK 计算方法不同,因此,根据同一资料计算的结果也不相同。由计算出的偏度系数可知,该百货公司所属300家商店年销售额的次数分布呈右偏分布,偏斜程度不大。这说明300家商店中低于年平均销售额水平79.8万元的商店数要多于高于年平均销售额水平的商店数。

(二) 峰度

在社会经济现象中,许多变量数列的曲线与正态分布的曲线相比,其顶部的形态会有所不同,而这种差异通常具有重要的社会经济意义。峰度就是用来反映变量数列曲线顶端尖峭或扁平程度的指标,它是统计学中描述次数分布的另一特征指标。

测定分布的峰度可用标准差的四次方除以四阶中心矩的方法来计算。峰度系数记为 β。

$$\beta = \frac{m_4}{\sigma^4} \tag{3-30}$$

其中,m_4 为四阶中心矩,$m_4 = \dfrac{\sum(X-\bar{X})^4}{n}$(未分组资料),或 $m_4 = \dfrac{\sum(X-\bar{X})^4 f}{\sum f}$(分组资料)。

σ 为标准差,$\sigma = \sqrt{\dfrac{\sum(X-\bar{X})^2}{n}}$(未分组资料),或 $\sigma = \sqrt{\dfrac{\sum(X-\bar{X})^2 f}{\sum f}}$(分组资料)。

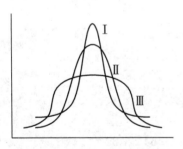

图 3-2 不同峰度的分布曲线

一般来说,当 $\beta = 3$ 时,变量数列的曲线为正态曲线(如图3-2中曲线Ⅱ);

当 $\beta > 3$ 时,为尖顶曲线(如图3-2中曲线Ⅰ),表明变量数列的次数比较集中于众数的位置,使得次数分布曲线的顶部较正态分布曲线更为陡峭,且 β 越大,顶部尖峭程度越高;

当 $\beta < 3$ 时,为平顶曲线(如图3-2中曲线Ⅲ),表明变量数列的次数在众数附近比较分散,使得次数分布曲线的峰顶较正态分布曲线更为平滑,且 β 值越小,顶部就更趋平坦;

当 $\beta = 1.8$ 时,变量数列的曲线呈矩形分布;

当 $\beta < 1.8$ 时,变量数列的曲线就呈U形分布。

需注意的是,统计软件中计算的峰度系数 β 值,是在此基础上再减去3后的值。

使用表3-11中计算结果,由式(3-30)可得商店年销售额的组距资料的峰度系数:

$$\beta = \frac{m_4}{\sigma^4} = \frac{174\ 452.9}{54\ 227.32} = 3.217$$

由计算出的峰度系数可知,该百货公司所属300家商店年销售额的次数分布曲线的顶部较正态分布曲线稍微陡峭。这说明,这300家商店的年销售额在75.6万元附近比较集中。

案例分析

一、研究背景

目前国际金融危机虽然有一定的缓和,但国内的经济环境依然不是十分良好,伴随国内通胀压力,泡沫经济凸显等因素的影响,公司首当其冲的任务就是对相应的风险做好防范。通过对财务报告的分析,企业能发现影响运作的瓶颈所在,找到企业运营的高风险区域,从而对症下药,对经营策略进行调整,寻找有效方法规避和防范风险。财务分析报告中,利润是至关重要的一个部分,它是企业经营效果的综合反映,也体现了企业经营的最终成果。利润水平的高低,能直接和间接地反映出公司的经营策略是否恰当,投资决策是否有成效。那么,我们对利润指标的分析,是否只需停留在观察利润是否显著增加,利润水平是否提高呢?还是要通过其他的统计指标去发现看似"喜人"的数据背后存在的隐忧呢?我们通过接下来的例子,进行具体的实证分析。

某集团公司对他们所属的24家商店在过去五年的业绩情况进行了统计。我们选择其中2008年和2013年利润的数据(用占总营业额的百分比表示)来进行分析。统计汇总如表3-12:

表3-12 2008年和2013年的利润水平(用占总营业额百分比表示)   (单位:%)

序 号	1	2	3	4	5	6	7	8	9	11	12
2008年	2.40	5.81	1.88	2.25	2.12	2.71	2.17	6.24	5.35	10.54	5.66
2013年	6.69	2.96	8.30	13.00	2.05	1.90	2.66	4.39	3.51	3.15	14.56
序 号	13	14	15	16	17	18	19	20	21	23	24
2008年	3.11	2.60	4.53	5.56	6.27	4.64	4.44	4.64	5.77	5.91	8.61
2013年	2.30	1.04	1.18	4.49	11.62	1.60	12.82	2.30	2.71	11.64	−1.80

二、思考问题

利润水平的高低,能反映一个公司的盈利能力。根据表 3-12 中的数据,通过本章所学习到的统计指标去对 2008 年和 2013 年的利润水平进行分析,如何判断该集团在这几年的盈利能力是否有所提高,管理及发展决策是否适当?

三、问题分析

根据本章节学到的知识,我们可以利用集中趋势和离散程度的指标进行细致分析。通过计算,我们得到一系列的指标统计汇总如表 3-13。

首先,我们注意到 2008 年至 2013 年这段时期内平均利润水平有所上升,即占营业额的比例从 4.69% 上升到 5.24%,对这家公司而言,显然是个好消息。但是仅仅依据均值,我们无法获知是大多数商店的利润上升了,还是少数商店的利润上升了。因此,我们需要借助其他指标来进一步分析。

表 3-13　2008 年和 2013 年的利润水平各项统计指标

	2008 年	2013 年
样本量	24	24
均值	4.69	5.24
中位数	4.64	3.33
众数	4.64	2.30
标准差	2.70	4.53
标准差系数	0.576	1.157
最小值	−1.07	−1.80
最大值	10.54	14.56
极差	5.805	8.18
第一四分位数	2.55	2.237 5
第三四分位数	5.835	8.39
四分位差	3.285	6.152 5
偏度系数(SK)	0.385	0.804
峰度系数(β)	3.552	2.468

通过分析中位数指标,我们可了解到,2008 年有一半商店的利润水平至少占营业额的 4.64%,而在 2013 年一半商店其利润水平只能维持在 3.33%,从这个角度看,这家公司的业绩实质上是恶化了,因为只有一部分商店增加了利润,但是大部分商店的利润并没有改善,甚至有了恶化。而从标准差系数这个指标来看,同样也说明了这一点,2008 年的标准差系数

为0.576,而2013年的标准差系数为1.157,达到了2008年的两倍,说明2013年的各商店的利润水平离平均利润水平的距离更松散。

极差和四分位差也说明了这点,这两年里的最低利润水平没有发生大的变化,分别是 -1.07% 和 -1.80%(负号表明亏损而不是盈利),最高利润水平却显著提高了:从2008年的10.54%上升到2013年的14.56%。而且这期间,第一四分位数保持在2.4%左右的水平上,没有显著变化,第三四分位数却显著提高了,说明在过去这段期间业绩最差的25%家商店利润水平没有显著的改善,而高利润水平的25%家商店的利润确是显著提高。

因此我们可得出结论,在过去的这段时间里,小部分高利润水平的商店业绩明显提高,而低利润水平的商店业绩并未改善。这就隐含了平均利润水平的上升可能来自一小部分高利润水平商店利润的大幅度提高,而不是大多数商店的利润水平提高的结果。但我们依然无法从上述指标分析中判断出具体某一家商店的利润水平在这期间内的变化情况,比如,2008年低利润水平商店的利润在2013年时提高了,减少了,还是没变?2008年高利润水平的商店在2013年时是否还维持高利润水平?

由偏度系数可知,2008年和2013年,这两年的商店利润水平分布呈右偏分布。这说明,这两年里低于平均利润水平的商店数要比高于平均利润水平的多;但2013年的利润水平分布右偏更为严重一些,即2013年时的利润水平分布与2008年的利润水平分布相比,有更多的商店数利润水平是低于平均水平的。从峰度系数来看,与正态分布曲线相比,2008年时的利润水平分布曲线更为陡峭,2013年的较为平坦,说明2008年利润水平在众数4.64%附近的商店较为集中,而2013年利润水平在众数2.3%附近的商店比较分散。

通过上述分析我们了解到,在关注利润水平的时候,不能仅仅去看平均利润水平,而更应该布眼全局,从集中趋势和离散程度各项指标去考虑。在本案例中,集团应该需要调整经营策略,要从利润水平获得大幅度提升的几家商店中总结成功经验,并调整低利润水平商店的经营策略,从而能够避免少数商店利润水平增加大多数商店利润水平较低的局面,使集团能够获得长久稳定的发展。因而作为该集团公司的管理者接下来很想知道的是,究竟是哪些商店提高了利润,而哪些没有?这需要借助一些新的指标来做进一步的分析。

参考文献

[1] 康文俊.浅谈企业财务分析存在问题与措施[J].西部财会,2013,(6):25~26.

[2] 徐国祥.统计学[M].格致出版社,上海人民出版社,2014.

本章小结

→ 1. 集中趋势是将研究对象中各个变量值的差异抽象化，用一个代表数值来反映全部变量值的集中状况和一般水平。常用的集中趋势的测度指标有算术平均数、调和平均数、几何平均数、中位数和众数，这些指标也称为平均指标。它们各有特点和适用的条件，计算方法不同，对同一资料的计算结果也不同。因此，必须根据研究的具体目的和数据的分布特点，正确地加以选择和运用。

→ 2. 离散趋势用来描述数列中变量值(标志值)的离散程度，也称为标志变异指标，是与平均指标相匹配的重要特征值。常用的标志变异指标有极差、四分位差、平均差、方差、标准差、偏度和峰度等。在这些指标中，标准差是最为重要的一种，是进行统计推断的基础指标。

→ 3. 统计研究中，为了对不同的总体标志变动度进行对比分析，往往需要计算离散系数，以消除不同总体之间在计量单位、平均水平方面的不可比因素。

思考与练习

一、单项选择题

1. 平均数反映了_____。

   A. 总体分布的集中趋势　　　　　　B. 总体中总体单位分布的集中趋势

   C. 总体分布的离散趋势　　　　　　D. 总体变动的趋势

2. 已知某局所属12个工业企业的职工人数和工资总额，要求计算该局职工的平均工资，应该采用_____。

   A. 简单算术平均法　　　　　　　　B. 加权算术平均法

   C. 加权调和平均法　　　　　　　　D. 几何平均法

3. 某公司下属5个企业，已知每个企业某月产值计划完成百分比和实际产值，要求计算该公司平均计划完成程度,应采用加权调和平均数的方法计算,其权数是_____。

　　A. 计划产值　　　　B. 实际产值　　　　C. 工人数　　　　D. 企业数

4. 中位数和众数是一种_____。

　　A. 代表值　　　　　B. 常见值　　　　　C. 典型值　　　　D. 实际值

5. 四分位数实际上是一种_____。

　　A. 算术平均数　　　　　　　　　　　　B. 几何平均数

　　C. 位置平均数　　　　　　　　　　　　D. 数值平均数

6. 离散趋势指标中,最容易受极端值影响的是_____。

　　A. 极差　　　　　　B. 平均差　　　　　C. 标准差　　　　D. 标准差系数

7. 方差是数据中各变量值与其算术平均数的_____。

　　A. 离差绝对值的平均数　　　　　　　　B. 离差平方的平均数

　　C. 离差平均数的平方　　　　　　　　　D. 离差平均数的绝对值

8. 一组数据的偏态系数为1.3,表明该组数据的分布是_____。

　　A. 正态分布　　　　B. 平顶分布　　　　C. 左偏分布　　　D. 右偏分布

9. 四分位差排除了数列两端各_____单位标志值的影响。

　　A. 10%　　　　　　B. 15%　　　　　　C. 25%　　　　　D. 35%

10. 当一组数据属于左偏分布时,则_____。

　　A. 平均数、中位数与众数是合而为一的

　　B. 众数在左边,平均数在右边

　　C. 众数的数值较小,平均数的数值较大

　　D. 众数在右边,平均数在左边

二、多项选择题

1. 在各种平均数中,不受极端值影响的平均数是_____。

　　A. 算术平均数　　　　　　　　　　　　B. 调和平均数

　　C. 中位数　　　　　　　　　　　　　　D. 几何平均数

　　E. 众数

2. 平均数的作用是_____。

　　A. 反映总体的一般水平

　　B. 对不同时间、不同地点、不同部门的同质总体进行平均

C. 测定总体各单位的离散程度

D. 测定总体各单位分布的集中趋势

E. 反映总体的规模

3. 众数是_____。

    A. 位置平均数

    B. 总体中出现次数最多的标志值

    C. 不受极端值的影响

    D. 适用于总体单位数多,明显集中趋势的情况

    E. 处于变量数列中点位置的那个标志值

4. 几何平均数主要适用于_____。

    A. 标志值的代数和等于标志值总量的情况

    B. 标志值的连乘积等于总比率的情况

    C. 标志值的连乘积等于总速度的情况

    D. 具有等比关系的变量数列

    E. 求平均比率时

5. 中位数是_____。

    A. 由标志值在变量数列中所处的位置决定的

    B. 根据标志值出现的次数决定的

    C. 总体单位水平的平均值

    D. 总体一般水平的代表值

    E. 不受总体中极端数值的影响

6. 不同数据组间各标志值的差异程度可以通过标准差系数进行比较,因为标准差系数_____。

    A. 消除了不同数据组各标志值的计量单位的影响

    B. 消除了不同数列平均水平高低的影响

    C. 消除了各标志值差异的影响

    D. 数值的大小与数列的差异水平无关

    E. 数值的大小与数列的平均数大小无关

7. 下列指标中,反映数据组中所有数值变异大小的指标有_____。

   A. 四分位差　　　B. 平均差　　　C. 标准差　　　D. 极差

   E. 离散系数

8. 若一组数据的偏度系数是-0.25,则下列说法正确的有_____。

   A. 平均数、中位数与众数是分离的

   B. 众数在左边,平均数在右边

   C. 数据的极端值在右边,数据分配曲线向右延伸

   D. 众数在右边,平均数在左边

   E. 数据的极端值在左边,数据分配曲线向左延伸

9. 关于峰度系数,下列说法正确的有_____。

   A. 当 $\beta=3$ 时,次数分配曲线为正态曲线

   B. 当 $\beta<3$ 时,为平顶曲线

   C. 当 β 接近于1.8时,次数分配趋向一条水平线

   D. 当 β 小于1.8时,次数分配曲线是"U"形分配

   E. 如果 β 的数值越大于3,则次数分配曲线的顶端越尖峭

10. 关于极差,下列说法正确的有_____。

    A. 只能说明变量值变异的范围

    B. 不反映所有变量值差异的大小

    C. 反映数据的分配状况

    D. 最大的缺点是受极端值的影响

    E. 最大的优点是不受极端值的影响

三、简答题

1. 试述平均数在统计分析中的作用。

2. 平均数有哪几种?应用最广泛的是哪一种?它们在统计应用中各有什么用途?

3. 试述算术平均数的数学性质。

4. 常用的标志变异指标有哪些?各种指标的作用和局限性怎样?

5. 为什么要计算离散系数?常用的离散系数有哪几种?

四、计算和分析题

1. 某市地毯公司所属三个工厂的全年销售额和利润率分别如表3-14所示。

表 3-14 某市地毯公司所属三个工厂全年销售与利润情况

	销售额(千元)	利润率(%)
一 厂	2 000	8.2
二 厂	3 000	5.6
三 厂	5 000	4.2

要求：

(1) 试计算利润率的简单平均数；

(2) 试计算以销售额加权的平均利润率；

(3) 试问综合利润率应是简单平均数还是加权平均数？为什么？

2. 设市场上某种蔬菜早市每千克价格为 0.25 元，中市每千克价格为 0.20 元，晚市每千克价格为 0.10 元。试计算各买 1 千克的平均价格和各买 1 元的平均价格。

3. 某工业公司所属的 12 个企业按产值计划完成程度的分组资料如表 3-15 和表 3-16 所示。

表 3-15 某工业公司 12 个企业产值计划完成情况分组

按产值计划完成程度分组(%)	组中值(%)	企业数(个)	计划产值(万元)
90~100	95	2	1 200
100~110	105	7	12 800
110~120	115	3	2 000
合　计	—	12	16 000

表 3-16 某工业公司 12 个企业产值计划完成情况分组资料

按产值计划完成程度分组(%)	组中值(%)	实际产值(万元)
90~100	95	1 140
100~110	105	13 440
110~120	115	2 300
合　计	—	16 880

要求：

(1) 根据表 3-15 资料，应该用什么方法计算产值计划平均完成程度？为什么？并计算之。

(2) 根据表 3-16 资料，应该用什么方法计算产值计划平均完成程度？为什么？并计算之。

(3) 试比较以上两者计算结果是否一致，如果是一致的，请说明原因。

4. 某企业 2008～2013 年各年工业产值(按不变价格计算)资料如表 3-17 所示。

表 3-17　某企业 2008~2013 年各年工业产值

	2008 年	2009 年	2010 年	2011 年	2012 年	2013 年
工业总产值（万元）	250	275	286	303	327	377

要求：根据表 3-17 资料计算 2008~2013 年的平均发展速度。

5. 某工厂有 59 个工人，对某种部件装配时间的分组资料如表 3-18 所示。

表 3-18　某工厂某种部件装配时间分组资料

装配时间分组（分）	组中值（分）(X)	工人人数（人）(f)
16~20	18	1
20~24	22	6
24~28	26	14
28~32	30	23
32~36	34	10
36~40	38	5
合　　计	—	59

要求：根据表 3-18 资料分别计算算术平均数、中位数和众数。

6. 2013 年某市某家用电器商场每个售货员的销售额最高为 60 万元，最低为 20 万元。其分组数列的统计资料如表 3-19 所列。

表 3-19　某家电商场销售额分组统计资料

按每个售货员的销售额分组（万元）	售货员人数（人）
20~30	5
30~40	35
40~50	45
50~60	15
合　　计	100

要求：根据表 3-19 资料计算极差、四分位差、平均差、标准差及各自的离散系数。

7. 某企业某车间甲、乙两个班各有工人 6 名，每人日产零件数如下：

甲班：6，10，13，16，19，20

乙班：9，11，12，14，18，20

要求：根据上述资料，分别计算甲、乙两个班的全距和标准差，并加以比较说明。

8. 某农村抽样调查队对某县两个乡的小麦产量分别进行抽样调查，结果如表 3-20 所示。

表 3-20　某县两个乡小麦产量抽样调查结果　　　　　　　　（单位：千克）

	甲 乡	乙 乡
每亩平均产量	350	480
标 准 差	40	52

要求：试比较两个样本的变异程度大小。

9. 某市某企业有 1 000 名工人，某年底按工人工资额分组的分布数列如表 3-21 所示。

表 3-21　某企业按工人工资额分组统计资料

工人按工资额分组（元）	组中值 X（元）	工人数 f（人）	累计工人数（人）
300～400	350	20	20
400～500	450	50	70
500～600	550	180	250
600～700	650	250	500
700～800	750	200	700
800～900	850	150	850
900～1 000	950	100	950
1 000～1 100	1 050	30	980
1 100～1 200	1 150	20	1 000
合　　计	—	1 000	—

要求：

(1) 绘制工人按工资额分组的频数分布曲线图；

(2) 分别计算算术平均数、众数、中位数和标准差。

10. A、B 两商店在 2013 年最后 100 天里的日销售额分组的分布数列如表 3-22 所示。

表 3-22　A、B 商店的日销售额分组统计资料

日销售额分组（元）	A 商店	B 商店
700～900	9	2
900～1 100	27	14
1 100～1 300	24	25
1 300～1 500	18	37
1 500～1 700	13	14
1 700～1 900	5	5
1 900～2 100	4	3
合　　计	100	100

要求：分别计算 A、B 商店日销售额的均值、中位数、四分位数、众数、标准差、四分位差，以及偏度和峰度系数，并进行对比分析。

第四章 相对指标和指数

对比,是一种重要的统计分析法。相对指标和指数,都属于对比分析法。通过两个相互联系的事物之间数量关系的对比,来说明事物发展程度、结构,以及两个相联系事物之间的关系的指标,称为相对指标。利用相对指标,不仅使我们可以对研究对象的认识更深入一步,而且还可以对一些不便直接对比的现象,进行更为有效的分析。指数是一种特殊的相对数,在本章是专指不能直接相加现象在不同时期比较的综合相对数。本章主要阐述五个常用的相对指标,并且对统计指数的理论、方法及其应用作重点论述。

第一节 相 对 指 标

一、相对指标概述

相对指标又称相对数,是指两个相互联系的统计指标之比。它对事物的绝对水平和绝对差异进行了抽象,更能简明、清楚地表达事物之间的数量关系,在社会经济活动以及在统计和计划工作中都有着广泛的应用。

相对指标的作用主要在于能使原来不能直接相比较的数量指标具有可比性。不同总体的总量指标所代表的事物的性质、规模是不相同的,往往无法直接对比。在这种情况下,只有将它们转化成适当的相对数,才可以进行对比。

相对数的种类很多,根据其表现形式的不同可分为如下两类。

1. 有名数

凡是由两个性质不同而又有联系的绝对数或平均数指标对比计算所得的相对数,一般都是有名数,且多用复合计量单位。如人口密度,单位为"人/平方公里";平均每人分摊的粮食产量,单位为"千克/人"等。

2. 无名数

无名数可以根据不同的情况分别采用倍数、百分数和千分数等来表示。

倍数是将对比的基数转化为 1,如果两个数的对比相差很大时,则常用倍数来表示。百分数是将对比的基数转化为 100%,这是相对指标中最常用的一种表现形式。当相对指标中的分子分母的数值较为接近时,则采用百分数较合适。千分数是将对比的基数转化为 1 000‰,它适用于对比数的分子数值比分母数值小得多的情况,如人口出生率、死亡率等,均用千分数表示。

二、几种常用的相对指标

根据相互对比的指标的性质和实际工作的需要,可以将常用的相对指标分为:计划完成相对数、结构相对数、比较相对数、动态相对数、强度相对数和比例相对数等六种。

(一) 计划完成相对数

计划完成相对数有时也称计划完成百分数,是将实际完成量与计划指标进行对比,对比结果一般用百分数表示。其计算公式如下:

$$计划完成相对数 = \frac{报告期实际完成数}{报告期计划数} \times 100\%$$

【例 4-1】 某钢铁厂 2013 年计划生产钢 450 万吨,实际生产 467 万吨,完成计划 103.78%。

检查计划完成情况,一般从两个方面进行:①检查报告期计划完成情况,在报告期(如年、季、月)终了时,检查整个报告期完成了本期计划的多少。如[例 4-1]是以报告期全年实际生产量和年度计划相比的。②累计完成计划百分数。这是从报告期的期初(如年初、季初或月初)开始,截至目前止完成本期计划的程度。例如,[例 4-1]中某钢铁厂 2013 年计划生产钢 450 万吨,这是全年计划,如果从 2013 年 1 月 1 日开始累计到 8 月底生产钢 325 万吨,则累计完成全年的进度是 72.22%。

(二) 结构相对数

它是总体构成部分的数值对总体数值之比,也就是部分与全体之比。计算各部分在总体中所占的比重，这样的相对数，就是结构相对数。结构相对数常用百分数来表示，而且各部分比重的总和应等于100%，其计算公式为：

$$结构相对数 = \frac{总体构成部分的数值}{总体数值} \times 100\%$$

【例 4-2】 2013 年某市社会劳动者总数为 771.11 万人，其中第一产业劳动者为 102.27 万人，第二产业劳动者为 459.12 万人，第三产业劳动者为 209.72 万人。因此，2013 年该市社会劳动者结构相对数计算如下：

$$第一产业劳动者人数占全社会劳动者人数的比重 = \frac{102.27}{771.11} \times 100\% = 13.26\%$$

$$第二产业劳动者人数占全社会劳动者人数的比重 = \frac{459.12}{771.11} \times 100\% = 59.54\%$$

$$第三产业劳动者人数占全社会劳动者人数的比重 = \frac{209.72}{771.11} \times 100\% = 27.20\%$$

结构相对数的主要作用有以下几点：

（1）通过结构相对数可以说明一定时间、空间条件下总体结构的特征。例如，我国某地区 2013 年消费在国民收入中的比重由 2010 年的 63.5% 上升到 70% 左右，积累在国民收入中的比重相应由 36.5% 下降到 30% 左右，这反映该地区在经济转型时期国民收入分配比例的变化。

（2）通过不同时期结构相对数的变化，可以看出事物的变化过程及其发展趋势。例如，某商店纺织品销售情况如表 4-1 所示。

表 4-1 某市某棉布商店几种纺织品销售构成

商品	2012 年		2013 年	
	销售量（万米）	比重（%）	销售量（万米）	比重（%）
棉 布	72.0	75	78.2	68
化纤布	11.5	12	18.4	16
丝 绸	4.8	5	6.9	6
呢 绒	7.7	8	11.5	10
合 计	96.0	100	115.0	100

由表 4-1 可看出，棉布销售量虽然稳步上升，但其销售比重则呈下降的趋势。其他纺织

品的销售量与比重则均呈上升的趋势,这说明随着工农业生产的发展,社会的物质生活水平在不断提高,消费者的购买力有转向高档商品的趋势。

(3) 通过结构相对数分析研究各构成部分所占的比重是否合理,为改进工作提供依据。例如,工业企业通过成本构成的分析,发现薄弱环节,可采取改进措施降低成本;又如,商业企业的商品流通费用总额中,如果商品损耗支出所占比重过大,这就说明该企业在经营管理中有问题,必须加以查明。

(三) 比较相对数

比较相对数是指同一时期不同地区、不同单位之间同类指标之比,用以反映事物发展不平衡的相对差异程度。一般用倍数或百分数表示,其计算公式为:

$$比较相对数 = \frac{某一现象的数值}{同一时期另一同类现象的数值} \times 100\%$$

通过对同一时间内不同地区、不同部门、不同单位以及不同国别的同类现象指标对比,可以清晰看出现象之间的相对差异程度。例如,1981 年我国的人口(100 072 万人)为美国人口(22 981 万人)的 4.35 倍,我国的国土面积(960 万平方公里)为美国的国土面积(936.3 万平方公里)的 102.53%,但我国的森林面积(11 978 万公顷)却只有美国森林面积(28 446 万公顷)的 42.11%。

(四) 动态相对数

动态相对数是表明同一现象不同时期的两个指标之比,在统计中又称发展速度。通常用来作为比较指标所属的时期叫做基期,与基期对比的时期叫做报告期。对比的结果,可用百分数或倍数来表示。其计算公式为:

$$动态相对数 = \frac{某一现象报告期数值}{同一现象基期数值} \times 100\%$$

【例 4-3】 某地区外贸进出口总额 2003 年为 335.1 万元,2013 年为 756.4 万元,2013 年与 2003 年比,其动态相对数为 756.4/335.1 = 225.72%,即该地区 2013 年外贸进出口总额为 2003 年的 225.72%(或 2.26 倍)。

在统计分析中,为了更好地发挥动态相对数的作用,根据研究的目的,选择适当时期的基期资料作为对比的基础是十分重要的。比如,为了研究某一现象本期比上期的发展程度,可将本期数值与上期数值对比;为了消除由于季节变动对现象发展的影响,可将本期数值与上年同期数值对比;为突出说明某一现象的发展速度,可将本期数值与历史上重要时期的数值对比等。

(五) 强度相对数

强度相对数说明现象发展的强度、密度或普遍程度。它是由两个性质不同但又有联系的总量指标进行对比,用来反映社会现象之间的相互关系。其计算公式为:

$$强度相对数 = \frac{某一总体的总量}{另一有联系的总体总量}$$

强度相对数指标有正指标和逆指标之分。

【例 4-4】 某城市人口为 100 万,有零售商业机构 5 000 个,该市零售商业网密度指标如下:

$$某市零售商业网密度(正指标) = \frac{5\,000}{100} = 50(个/万人)$$

上述的零售商业网密度指标是个强度相对数,说明该市每万人中有 50 个零售商业机构为他们服务。这个强度指标的数值越大,表示零售商业网的密度越大,它是从正方向说明零售商业网密度的。所以称为强度相对数的正指标。如果把作为比数的分子和分母互换一下,则:

$$某市零售商业网密度(逆指标) = \frac{1\,000\,000}{5\,000} = 200(人/个)$$

这个强度相对数指标(200 人/个),说明该市每个零售商业机构所服务的人数是 200 人。指标的数值越大,表示零售商业网的密度越小,它是从反方向来说明零售商业网密度的,所以称为强度相对数的逆指标。

强度相对数虽有正、逆两种指标,但一般视哪一个指标更能清楚地说明所研究的问题而加以使用。如研究人口密度时,便使用正指标,即人口数对土地面积之比。

强度相对数有一个与其他相对数不同的特点。它不是用百分数或倍数来表示,而是一个"有名数",并且往往采用的是双重计量单位。这个双重计量单位是由形成相对数的分子分母的原有计量单位所合成的。例如,上述用人口数除以零售商业机构数得到的零售商业密度指标,其计量单位就是"人/个"。强度相对数虽然也含有平均的意思(如按全国人口分摊的每人平均国民收入),在表现形式上类似统计平均数。但两者有所区别,统计平均数(算术平均数)是指同一总体的标志值总量与单位总量之比,反映总体内各单位标志值的平均数;而强度相对数则是两个不同性质的总体总量之比,反映两个现象之间的相互关系。

(六) 比例相对数

比例相对数是将总体内某一部分数值与另一部分数值相比所得到的相对数,常用系数或倍数表示。计算公式为:

$$\text{比例相对数} = \frac{\text{总体中某一部分数值}}{\text{总体中另一部分数值}}$$

三、计算和运用相对数时应注意的问题

(一) 注意保持对比指标数值的可比性

由于相对数是两个指标之间的对比,对比结果的正确性直接取决于指标的可比性。例如,计算结构相对数和比较相对数必须是同类现象;计算动态相对数必须是同类现象在不同时期的比较;计算强度相对数必须是有联系的两个总体指标。如果把非同类现象或无联系总体的指标拿来对比,便会失去相对数的实际意义,以致得出不正确的结论。所以,在计算和应用相对数时,必须注意检查指标的涵义、范围、时间、地点和计算方法是否可比。对于国与国之间的有关指标对比,尤其要注意历史发展的具体条件。

(二) 注意同绝对数相结合应用

相对数是通过事物间的对比,用一个抽象化的比值来表明其相互关系的。把现象的具体规模和水平进行抽象,就难以反映现象的绝对量差别,为了进一步说明问题,在利用相对数时,要将相对数与绝对数结合运用,进行分析。

(三) 注意各种相对数的结合应用

一种相对数只说明某一方面的情况,若把各种相对数指标联系起来研究问题,就可以比较全面地说明所研究现象的特征及其发展的规律性。例如,将动态相对数和结构相对数结合起来计算我国国民经济的发展速度和比例关系,了解我国由于国民经济发展速度的变化所引起的比例关系的变化情况,从而可为宏观经济调控提供科学依据。

第二节　指数的概念和分类

一、指数的概念

从广义上讲,凡是能说明现象变动的相对数都是指数。例如,上一节所阐述的动态相对数、比较相对数和计划完成相对数,都可以叫做指数。但从狭义上讲,指数是用来表明不能直接相加和不能直接对比的现象在不同时期间的相对变动程度。例如,要综合说明全部工业产

品的产量变动,由于各种工业产品的实物单位不同(如钢产量以吨为单位、机床以台为单位),不能采用直接相加的方法求出各个时期的总产量,因而就无法将两个时期的总产量直接对比来说明全部工业品产量的综合变动。又如,由于不同种类的商品价格不能简单地直接相加,因而要研究两个时期的各种商品价格就不能通过简单汇总然后对比的方法来说明价格的综合变动。所以,狭义的指数是专指不能直接相加现象在不同时期内比较的综合相对数。统计学中关于指数的理论与方法,主要是指这种狭义指数的编制理论与方法。

二、指数的分类

(一)数量指数和质量指数

按所反映现象的特征不同,可分为数量指标指数和质量指标指数两种。

数量指标指数,常称数量指数,反映现象的总规模、水平或工作总量的变化。例如,产品产量指数、商品销售量指数等,这些指数是根据产量、销售量等数量指标计算的。

质量指标指数,常称质量指数,反映工作质量的变动情况。例如,劳动生产率指数、价格指数等,它们是根据劳动生产率、成本、价格等质量指标计算的。

(二)定基指数、环比指数和同比指数

按计算指数时所用的基期不同,可分为定基指数、环比指数和同比指数三种。

指数通常是每间隔一段时间就编制一次,这样就形成了一个指数数列,来反映现象在时间上不断变化的情况。在一个指数数列中,如果各期指数都是以某一个固定时期作为基期的,称为定基指数;如果各期指数是以它前一期作为基期的,称为环比指数;如果各期指数是以上一年的同期作为基期的,称为同比指数。定基指数的基期是固定不变的;环比指数和同比指数的基期是随着报告期的变化而变化的,一般环比指数以上一期作为基期,而同比指数以上一年的同期作为基期。

(三)个体指数和总指数

按所反映现象的范围不同,可分为个体指数和总指数两种。

个体指数是说明单个事物或现象在不同时期上的变动程度。例如,一种商品的价格指数、一种产品的产量指数和成本指数等。

总指数是说明多种事物或现象在不同时期上的综合变动程度。例如,几种产品综合的产量指数、全部商品的物价指数等,都是总指数。

以上几种分类中,最常用的是第三种。

三、个体指数的编制

个体指数是反映单个事物或现象报告期相对于基期变动的相对指标。个体指数的编制

比较容易,只要把反映该现象的报告期指标和基期指标直接对比就可以了。下面由表 4-2 所示资料举例说明。

表 4-2　某商品销售资料

	单　位	基　期	报告期
销售价	元/千克	1	2
销售量	万/千克	10	40
销售额	万元	10	80

现设 K 为个体指数,p_0、p_1 分别为基期和报告期价格;q_0、q_1 分别为基期和报告期销售量,则有关的个体指数分别为:

$$销售价个体指数\ K_p = \frac{p_1}{p_0} = \frac{2}{1} = 200\%$$

$$销售量个体指数\ K_q = \frac{q_1}{q_0} = \frac{40}{10} = 400\%$$

$$销售额个体指数\ K_{pq} = \frac{p_1 q_1}{p_0 q_0} = \frac{80}{10} = 800\%$$

第三节　总指数的编制方法

总指数是反映多种现象或事物报告期相对于基期的综合变动相对指标。总指数的编制方法主要分为综合指数法和平均数指数法。

一、综合指数法

设某商店三种商品报告期和基期的销售情况如表 4-3 所示。根据该表资料,可以编制三个总指数(总指数用 $\overline{K}$ 表示),即销售额总指数($\overline{K}_{pq}$)、销售量总指数($\overline{K}_q$)、销售价格总指数($\overline{K}_p$)。

销售额总指数的计算是容易的,它实际上就是一种简单的相对数,将报告期的销售额和基期的销售额相比,即可求得其总指数:

$$销售额总指数 = \overline{K}_{pq} = \frac{\sum p_1 q_1}{\sum p_0 q_0} = \frac{3\ 952}{4\ 020} = 0.983\ 1\ 或\ 98.31\%$$

表 4-3 某商店商品销售情况

商品名称	计量单位	销售量		价格(元)		销售额(元)	
		基期	报告期	基期	报告期	基期	报告期
		q_0	q_1	p_0	p_1	$p_0 q_0$	$p_1 q_1$
甲	件	200	250	4.2	4.0	840	1 000
乙	米	750	800	3.6	3.0	2 700	2 400
丙	台	50	46	9.6	12.0	480	552
合计	—	—	—	—	—	4 020	3 952

然而,销售量总指数和销售价格总指数就不易计算了。因为三种不同商品的销售量和价格是不能直接相加的。下面分别以销售量总指数和销售价格总指数为代表讨论数量指数和质量指数的编制方法。

(一) 数量指数的编制

数量指标总指数的编制方法有两种:一种是类似于销售额总指数的编制,因其为综合指标,可直接相加,只要分别汇总报告期的指标和基期的指标,然后加以对比即可;另一种是类似于销售量总指数的编制,因其为非综合指标,不能直接相加,要通过同度量因素把指标过渡到具有可加性,然后分子分母的指标分别相加后再对比。这种通过同度量因素综合分子分母的指标再对比求总指数的方法,称为综合指数法。这里以销售量总指数为例加以说明。

销售量总指数是反映多种商品销售量变动的总指数。不同种类的商品,由于计量单位不一样,其实物量是不能相加的。因此,就需要把各种性质不同的实物量过渡到性质相同的价值量。在编制数量指数的过程中,可以通过价格把不同的实物量转化为价值量,即销售价×销售量=销售额($p \times q = pq$)。在统计学中,一般把相乘以后使得不能直接相加的指标过渡到可以直接相加的指标的那个因素,叫做同度量因素或同度量系数。在这里,销售价格便是使各种商品的销售量过渡到能够直接相加的价值量的同度量因素。

同度量因素所属的时期有报告期、基期和特定期等,不同期的同度量因素,其数值是不同的。由于在计算总指数时同度量因素在分子分母上的时期必须是固定的,因而把同度量因素固定在报告期或基期或特定期上计算总指数的结果也是不同的。那么,同度量因素究竟应当固定在哪个时期上为好呢?对于这个问题,统计学界是有不同主张的,因而就产生了采用不同的同度量因素的各种总指数公式。现分别按不同时期的价格为同度量因素逐一列出商品销售量的总指数公式。

(1) 以基期价格(p_0)为同度量因素的销售量总指数：

$$\overline{K}_q = \frac{\sum q_1 p_0}{\sum q_0 p_0} \tag{4-1}$$

(2) 以报告期价格(p_1)为同度量因素的销售量总指数：

$$\overline{K}_q = \frac{\sum q_1 p_1}{\sum q_0 p_1} \tag{4-2}$$

(3) 以特定期价格(p_n)为同度量因素的销售量总指数：

$$\overline{K}_q = \frac{\sum q_1 p_n}{\sum q_0 p_n} \tag{4-3}$$

运用同度量因素计算总指数的公式，也称为综合指数公式。将表 4-3 数据代入式(4-1)，得该商店销售量总指数为：

$$\overline{K}_q = \frac{\sum q_1 p_0}{\sum q_0 p_0} = \frac{250 \times 4.2 + 800 \times 3.6 + 46 \times 9.6}{200 \times 4.2 + 750 \times 3.6 + 50 \times 9.6}$$

$$= \frac{4\,371.6}{4\,020} = 1.087\,5 \text{ 或 } 108.75\%$$

$$\sum q_1 p_0 - \sum q_0 p_0 = 4\,371.6 - 4\,020 = 351.6(元)$$

计算结果表明，由于销售量增加了 8.75%，使销售额增加了 351.6 元。

式(4-1)是德国经济学家埃蒂思·拉斯贝尔(E.Laspeyres)在 1864 年所提出的，也称拉斯贝尔数量指数公式。

将表 4-3 数据代入式(4-2)，得该商店销售量总指数为：

$$\overline{K}_q = \frac{\sum q_1 p_1}{\sum q_0 p_1} = \frac{250 \times 4.0 + 800 \times 3.0 + 46 \times 12.0}{200 \times 4.0 + 750 \times 3.0 + 50 \times 12.0}$$

$$= \frac{3\,952}{3\,650} = 1.082\,7 \text{ 或 } 108.27\%$$

$$\sum q_1 p_1 - \sum q_0 p_1 = 3\,952 - 3\,650 = 302(元)$$

计算结果表明，由于销售量增长了 8.27%，使销售额增加了 302 元。

式(4-2)是德国经济学家哈曼·派许(H. Paasche)在1874年提出的,也称为派许数量指数公式。

再设某一特定时期(比如2005年)的销售价格为:甲商品每件4.1元,乙商品每米3.4元,丙商品每台10元,将此特定期价格(用记号 p_n 表示)与表4-3中的销售量数据代入式(4-3),得销售量总指数为:

$$\overline{K}_q = \frac{\sum q_1 p_n}{\sum q_0 p_n} = \frac{250 \times 4.1 + 800 \times 3.4 + 46 \times 10}{200 \times 4.1 + 750 \times 3.4 + 50 \times 10}$$

$$= \frac{4\,205}{3\,870} = 1.086\,6 \text{ 或 } 108.66\%$$

$$\sum q_1 p_n - \sum q_0 p_n = 4\,205 - 3\,870 = 335(元)$$

计算结果表明,由于销售量增长了8.66%,使销售额增加了335元。

式(4-3)是按特定价格 p_n 做同度量因素的销售量总指数。这里的特定价格可理解为不变价格或固定价格,它是汇总多种商品销售量并进行分析的有效工具。并可利用其做各种不同的换算。即各环比指数的连乘积等于相应的定基指数,相邻的两个定基指数相除等于相应的环比指数,据此进行换算可节省计算的工作量。

通过上述分析,可以看出,运用不同的指数公式计算结果有所不同。这是由于综合指数都要假定同度量因素不随基期或报告期的变动而变动,而这是不符合实际情况的。因此,计算结果都带有近似性,这是指数方法的局限性。实际编制销售量总指数,究竟采用哪一个价格作为同度量因素,要根据不同的研究对象、目的以及资料取得的易难程度来选用相应的计算公式,并根据具体情况进行某些修正,使得到的指数合乎客观实际。

(二) 质量指数的编制

在上述编制数量指数的过程中,是以质量因素作为同度量因素固定在某一个时期上的。同样,在编制质量指数的过程中,就应采用相应的数量因素作为同度量因素固定在某一个时期上。仍以表4-3资料为例,说明质量指数的编制方法。

表4-3中的甲商品、乙商品和丙商品是三种不同的商品,单位商品的销售价格(以下简称物价)不能直接相加。为了能综合反映该商店各种物价的变动情况,就需要用各种商品的销售量作为同度量因素,将其转化为可以相加的价值量。那么,作为同度量因素的销售量究竟应该固定在什么时期呢?对于这个问题,统计学界也有不同的主张和看法,因而产生了各种

不同的指数公式。

(1) 以基期销售量(q_0)作为同度量因素的物价总指数：

$$\overline{K}_p = \frac{\sum p_1 q_0}{\sum p_0 q_0} \tag{4-4}$$

(2) 以报告期销售量(q_1)作为同度量因素的物价总指数：

$$\overline{K}_p = \frac{\sum p_1 q_1}{\sum p_0 q_1} \tag{4-5}$$

(3) 以某一特定期销售量(q_n)作为同度量因素的物价总指数：

$$\overline{K}_p = \frac{\sum p_1 q_n}{\sum p_0 q_n} \tag{4-6}$$

将表4-3数据代入式(4-4)，得该商店物价总指数为：

$$\overline{K}_p = \frac{\sum p_1 q_0}{\sum p_0 q_0} = \frac{200 \times 4.0 + 750 \times 3.0 + 50 \times 12.0}{200 \times 4.2 + 750 \times 3.6 + 50 \times 9.6}$$

$$= \frac{3\,650}{4\,020} = 0.908\,0 \text{ 或 } 90.80\%$$

$$\sum p_1 q_0 - \sum p_0 q_0 = 3\,650 - 4\,020 = -370(\text{元})$$

计算结果表明，由于物价下跌了9.2%，使销售额减少了370元。

式(4-4)是拉斯贝尔所提出的，称为拉斯贝尔物价指数公式。

将表4-3数据代入式(4-5)，得该商店物价总指数为：

$$\overline{K}_p = \frac{\sum p_1 q_1}{\sum p_0 q_1} = \frac{250 \times 4.0 + 800 \times 3.0 + 46 \times 12.0}{250 \times 4.2 + 800 \times 3.6 + 46 \times 9.6}$$

$$= \frac{3\,952}{4\,371.6} = 0.904\,0 \text{ 或 } 90.40\%$$

$$\sum p_1 q_1 - \sum p_0 q_1 = 3\,952 - 4\,371.6 = -419.6(\text{元})$$

计算结果表明，由于物价下跌了9.6%，使销售额减少了419.6元。

式(4-5)是哈曼·派许提出来的，称为派许物价指数公式。

设该商店 2005 年的销售量为特定期销售量:甲商品 220 件,乙商品 760 米,丙商品 47 台。将该销售量及表 4-3 的物价数据代入式(4-6),则得该商店物价总指数为:

$$\overline{K}_p = \frac{\sum p_1 q_n}{\sum p_0 q_n} = \frac{220 \times 4.0 + 760 \times 3.0 + 47 \times 12.0}{220 \times 4.2 + 760 \times 3.6 + 47 \times 9.6}$$

$$= \frac{3\,724}{4\,111.2} = 0.905\,8 \text{ 或 } 90.58\%$$

$$\sum p_1 q_n - \sum p_0 q_n = 3\,724 - 4\,111.2 = -387.2(元)$$

计算结果表明,由于物价下跌了 9.42%,使销售额减少了 387.2 元。

类似于销售量总指数的分析,计算物价总指数究竟采用哪一个公式,要根据具体情况而定,一般还应依据实际情况作某些修正,使结果客观真实。

需要说明的是,以上总量指标(销售额)由两个因素(价格和销售量)构成,要计算其中一个因素的报告期相对于基期的变动程度(即这个因素的指数),就要把另一个因素固定起来。同理,当一个总量指标是由两个以上因素构成,在运用综合指数法计算其中一个因素的指数时,就要把其他因素都作为同度量因素固定起来,以便考察要观察的那个因素报告期相对于基期的变动程度。

二、平均数指数法

在实际统计工作中,有时受到统计资料的限制,不能直接利用综合指数公式编制总指数,而是以个体指数为基础采取平均数形式编制总指数,这种方法就称为平均数指数法。习惯上,把用综合指数法求出的指数称为综合指数;把用平均数指数法求出的指数称为平均数指数,实际上这两者都是总指数。平均数指数有两种表现形式:一种是算术平均数指数;另一种是调和平均数指数。

(一) 算术平均数指数的编制

算术平均数指数是对个体指数的算术加权平均。这种指数形式实际上是拉斯贝尔综合指数公式的变形,下面以销售量指数为例加以说明。

以基期物价为同度量因素的销售量综合指数公式即式(4-1)为:

$$\overline{K}_q = \frac{\sum q_1 p_0}{\sum q_0 p_0}$$

设 $K_q = \dfrac{q_1}{q_0}$ 为销售量个体指数，则 $q_1 = K_q q_0$。

将其代入式(4-1)，便可得算术平均数指数的计算公式：

$$\overline{K}_q = \frac{\sum q_1 p_0}{\sum q_0 p_0} = \frac{\sum K_q q_0 p_0}{\sum q_0 p_0} \tag{4-7}$$

式(4-7)就是以销售量个体指数为变量，以基期销售额为权数的算术平均数指数公式。公式的形式虽然变了，但其经济内容及计算结果与式(4-1)完全一致。

现将表 4-3 资料改由表 4-4 所示。

利用式(4-7)，计算得销售量总指数为：

表 4-4 算术平均数指数计算表

商品名称	销售量个体指数 $(K_q = q_1/q_0)$	基期销售额(元) $(q_0 p_0)$
甲	1.250 0	840
乙	1.066 7	2 700
丙	0.920 0	480
合　计	—	4 020

$$\overline{K}_q = \frac{\sum K_q q_0 p_0}{\sum q_0 p_0} = \frac{1.25 \times 840 + 1.066\ 7 \times 2\ 700 + 0.92 \times 480}{840 + 2\ 700 + 480}$$

$$= \frac{4\ 371.69}{4\ 020} = 1.087\ 5\ 或\ 108.75\%$$

这个计算结果同用式(4-1)计算的结果完全一致。由此可见，当编制指数时，在只掌握个体指数和基期资料的情况下，运用算术平均数指数公式编制总指数就比较方便。

(二) 调和平均数指数的编制

编制调和平均数指数，是对个体指数按调和平均数形式进行加权计算。这种指数实际上是派许综合指数公式的变形，下面以物价指数为例加以说明。

以报告期的销售量为同度量因素的物价综合指数公式即式(4-5)为：

$$\overline{K}_p = \frac{\sum q_1 p_1}{\sum q_1 p_0}$$

设 $K_p = \dfrac{p_1}{p_0}$ 为个体物价指数,则 $p_0 = \dfrac{p_1}{K_p} = \dfrac{1}{K_p} p_1$。

将其代入式(4-5),便可得调和平均数指数的计算公式:

$$\overline{K}_p = \frac{\sum q_1 p_1}{\sum q_1 p_0} = \frac{\sum q_1 p_1}{\sum \dfrac{1}{K_p} q_1 p_1} \tag{4-8}$$

式(4-8)所表示的就是以个体物价指数为变量,以报告期商品销售额为权数的调和平均数指数公式。公式的形式虽然变了,但其经济内容及计算结果与式(4-5)完全一致。

现将表 4-3 资料改变成如表 4-5 所示。

表 4-5 调和平均数指数计算表

商品名称	商品价格个体指数 $\left(K_p = \dfrac{p_1}{p_0}\right)$	报告期商品销售额(元) $(q_1 p_1)$
甲	0.9524	1 000
乙	0.8333	2 400
丙	1.2500	552
合　计	—	3 952

利用式(4-8),计算得物价总指数为:

$$\overline{K}_p = \frac{\sum q_1 p_1}{\sum \dfrac{1}{K_p} q_1 p_1} = \frac{1\,000 + 2\,400 + 552}{\dfrac{1\,000}{0.9524} + \dfrac{2\,400}{0.8333} + \dfrac{552}{1.2500}} = \frac{3\,952}{4\,371.6}$$

$$= 0.9040 \text{ 或 } 90.40\%$$

这个计算结果同利用式(4-5)所计算的结果是完全一致的。由此可见,当编制总指数时,在所掌握的是个体指数和报告期资料的情况下,则应用调和平均数指数公式就比较方便。

第四节　我国物价指数的编制和应用

物价指数是一种非常重要的指数,与人民的生活息息相关。居民消费价格指数和零售物价指数是我国政府统计部门所编制的两种重要指数。编制这两种指数的目的主要在于观察市场价格水平的涨跌程度,分析物价变动所引起的经济后果,研究居民实际收入的变化,以便为有关部门制定物价政策、进行宏观调控和抑制通货膨胀等提供依据。

一、居民消费价格指数的编制

(一) 居民消费价格指数的意义和作用

居民消费价格指数(Consumer Price Index,简称 CPI)是度量一组代表性消费商品及服务项目价格水平随着时间而变动的相对数,反映居民家庭购买的消费品及服务价格水平的变动情况。它是宏观经济分析和决策、价格总水平监测和调控以及国民经济核算的重要指标。其按年度计算的变动率通常被用作反映通货膨胀(或紧缩)程度的指标。这一指标影响着政府制定货币、财政、消费、价格、工资、社会保障等政策,同时也直接影响居民的生活水平评价。

(二) 我国居民消费价格指数的类型和编制方法

1. 居民消费价格指数的类型

根据不同的分类目的和分类对象,我国居民消费价格指数主要有三种分类方法:

(1) 按城乡居民收入水平和消费构成分类。

按照城乡居民的收入水平和消费构成不同,可分为城市居民消费价格指数和农村居民消费价格指数。

城市居民消费价格指数是反映城市居民家庭所购买的生活消费品价格和服务项目价格变动趋势及程度的相对数。通过分析城市居民消费价格指数的变动,可以观察和分析消费品的零售价格和服务项目价格变动对城市职工货币工资的影响,作为研究城市职工生活和确定工资政策的依据。农村居民消费价格指数是反映农村居民家庭所购买的生活消费品和服务项目价格变动趋势及程度的相对数。通过观测农村居民消费价格指数的变动,可以观察农村消费品零售价格和服务项目价格变动对农村居民生活消费支出的影响,直接反映农民生活水平的实际变化情况,为分析和研究农村居民生活问题提供依据。

城市居民消费价格指数和农村居民消费价格指数使用同样的方法和过程计算,其权数分别来源于城市和农村住户调查,城市住户调查大约有 40 000 个样本,农村住户调查大约有 60 000 个样本。

(2) 按消费品和服务项目的不同用途分类。

按消费品和服务项目的用途不同,可分为食品、烟酒及用品、衣着、家庭设备用品及维修服务费、医疗保健及个人、交通和通信、娱乐教育文化用品及服务、居住共八大类居民消费价格指数。每大类可分为许多中类,每个中类又可分为许多基本分类。居民消费价格指数共包括 251 个基本分类,上述八大类居民消费价格指数的基本分类数量分别是 54、9、39、31、36、

28、35、19。

(3) 按指数计算方法的不同分类。

按指数计算方法的不同,居民消费价格指数分为定基指数、环比指数、同比指数和年度指数等。

2. 居民消费价格指数的编制

居民消费价格指数的编制过程主要按下列几个步骤进行:

第一步,选择代表商品和代表规格品。

代表商品需选择那些消费量大、价格变动有代表性的商品。代表规格品的选择原则有:①销售数量(金额)大;②价格变动趋势和变动程度有较强的代表性,即选中规格品的价格变动特征与未选中规格品之间价格变动的相关性愈高愈好;③选中的代表规格品之间,性质相隔愈远愈好,价格变动特征的相关性愈低愈好;④选中的工业消费品必须是合格产品,产品包装上有注册商标、产地、规格等级等标识。

根据居民家庭消费支出调查资料,确定大约600种代表规格品。规格品的数量每年可适当变动,但一年变动一般不超过10个。各省(区、市)根据当地实际情况决定本地的代表规格品。

第二步,选择调查市县和调查点。

居民消费价格指数采用划类选择法抽选价格调查市县和价格调查点。

对于城市的抽选,首先将辖区内所有城市以年平均工资为标志从高到低排队,其次将各个城市的常住人口数累计起来,然后依据所需调查城市的数量进行等距抽样。对于县的抽选,首先将辖区内所有县以年人均纯收入为标志从高到低排队,其次将各个县的人口数累计起来,然后依据所需调查县的数量进行等距抽样。对于价格调查点的抽选,首先将各种类型的商店、农贸市场、服务网点分别以人均销售额、成交额和经营规模为标志,从高到低排队,其次分别将销售额、成交额和经营规模累计起来,然后依据所需调查点的数量进行等距抽样。

第三步,价格的调查与计算。

价格调查的原则如下:①同一规格品的价格必须同质可比;②如果商品的挂牌价格与实际成交价格不一致,应调查采集实际成交价格;③对于与居民生活密切相关、价格变动较频繁的商品,至少每5天调查一次价格,一般性商品每月调查采集2~3次价格,工业品每月采价1~3次,对于政府监管的价格,如电、公共交通和饮用水等的价格,一般是每月采价1次。价格调查方法采用定人、定点、定时直接调查。代表规格品的平均价格采用简单算术平均法计算。例如,某市某月大米(基本分类)中的特粳散装大米这种规格品平均价格的计算(见表4-6)。

表 4-6 某市某月特粳散装大米(规格品)价格采集表

大 米	单位	规格等级	第一次调查	第二次调查	第三次调查	
某农贸市场	千克	特粳散装	2.60	2.60	2.60	—
某粮油商店	千克	特粳散装	2.13	2.20	2.20	—
某集市贸易	千克	特粳散装	2.20	2.20	2.20	—
平均价格	元					2.33

将报告期平均价格除以基期平均价格便是代表规格品的单项指数(即个体指数)。如已知该地上月特粳散装大米每千克为 2.22 元,这种规格大米的单项指数为 (2.33÷2.22)×100% = 105%。

第四步,权数的确定。

居民消费价格指数的计算权数根据 10 万多户城乡居民家庭消费支出构成确定。其中全省(区、市)城市和农村权数分别根据全省(区、市)城镇居民家庭生活消费支出调查资料和农村居民家庭生活消费现金支出资料整理计算。全省(区、市)权数根据城市和农村权数按城乡人均消费支出金额和人口加权平均计算。全国权数根据各省、自治区、直辖市的权数按各地人均消费支出金额和人口加权平均计算。大类、中类和基本分类的权数依次分层计算。

现举例说明居民消费价格指数权数的计算,见表 4-7。

表 4-7 某市某年居民消费价格指数食品大类的权数计算表

类别及品名	消费品零售额或居民购买食品支出额(元)		权数(‰)	
一、食品	1 773 120.43		1 000	
1. 粮食		140 659.37		79
大米		55 298.36		393
面粉		58 272.85		414
粮食制品		4 326.52		31
其他		22 761.64		162
2. 淀粉及薯类		23 307.92		13
3. 干豆类及豆制品		33 578.26		19
4. 油脂		72 273.66		41
5. 肉禽及其制品		388 620.82		219
6. 蛋		129 694.39		73
7. 水产品		16 007.76		9
8. 菜		196 281.13		111
9. 调味品		35 963.18		20
10. 糖		19 566.59		11
11. 茶及饮料		92 453.22		52
12. 干鲜瓜果		109 449.84		62
13. 糕点饼干		174 043.14		98
14. 奶及奶制品		60 003.07		34
15. 在外用膳食品		29 749.62		17
16. 其他食品及加工服务费		251 468.46		142

大类权数为大类支出额占所有大类支出额之和的比重;中类权数为中类支出额占所在大类支出额的比重;基本分类权数为基本分类支出额占所在中类支出额的比重。

如：

$$\text{大米(基本分类)权数} = \frac{55\ 298.36}{140\ 659.37} \times 1\ 000‰ = 393‰$$

$$\text{粮食(中类)权数} = \frac{140\ 659.37}{1\ 773\ 120.43} \times 1\ 000‰ = 79‰$$

第五步，价格指数的计算。

(1) 基本分类指数的计算。

① 月环比指数的计算。

根据所属代表规格品价格变动相对数，采用几何平均法计算，计算公式为：

$$K_t = \sqrt[n]{G_{t1} \times G_{t2} \times \cdots \times G_{tn}} \times 100\% \tag{4-9}$$

其中，G_{t1}，G_{t2}，$\cdots$，G_{tn} 分别为第 1 个至第 n 个规格品报告期(t)价格与上期($t-1$)价格对比的相对数。

② 定基指数的计算。

$$I_{\text{基}} = K_1 \times K_2 \times \cdots \times K_t \tag{4-10}$$

其中，K_1，K_2，$\cdots$，K_t 分别表示基期至报告期间各期的月环比指数。

首轮基期为 2000 年，每 5 年更换一次基期。

(2) 类别及总指数逐级加权平均计算，计算公式为：

$$L_t = \left(\sum W_{t-1} \frac{P_t}{P_{t-1}} \right) \times L_{t-1} \tag{4-11}$$

其中，W 表示权数；P 表示价格；t 和 $t-1$ 分别表示报告期和报告期的上一时期；$\frac{P_t}{P_{t-1}}$ 表示本期环比指数。

(3) 全省(区)指数的计算。

全省(区)指数根据全省(区)城市和农村指数按城乡居民人均消费支出金额和人口数加权平均计算。

(4) 全国指数的计算。

全国城市(农村)指数根据各省(区、市)指数按各地人均消费支出金额和人口数加权平均计算。全国指数根据全国城市和农村指数按城乡居民人均消费支出金额和人口数加权平均计算。

现举例说明居民消费价格指数的计算步骤,见表 4-8。

表 4-8 某市某月居民消费价格指数计算表(以 2000 年为基期)

类别及品名	规格等级	计量单位	权数(‰)	本月环比指数(%)	上月定基指数(%)	本月定基指数(%)
居民消费价格指数			1 000	102.96	99.2	102.14
一、食品			561	106.05	98.0	103.93
1. 粮食			79	102.07	97.2	99.21
大米			414	103.1	96.5	99.49
	特粳散装大米	千克		105.1		
	乐惠牌(10 公斤袋装)	千克		101.14		
面粉			393	103.79	97.3	100.99
粮食制品			31	100.8	97.4	98.18
其他			162	95.5	98.1	93.69
2. 淀粉及薯类			13	101.2	98.2	99.4
3. 干豆类及豆制品			19	100.3	98.9	99.2
4. 油脂			41	119.6	94.8	113.4
5. 肉禽及其制品			219	106.6	98.7	105.2
6. 蛋			73	101.7	101.5	103.2
7. 水产品			9	126.4	91.4	115.5
8. 菜			111	118.9	102.7	122.1
9. 调味品			20	98.8	103.6	102.4
10. 糖			11	101.5	96.9	98.4
11. 茶及饮料			52	98.3	101.8	100.1
12. 干鲜瓜果			62	111.0	95.8	106.3
13. 糕点饼干			98	100.6	99.4	100.0
14. 奶及奶制品			34	102.0	97.7	99.7
15. 在外用膳食品			17	101.2	99.4	100.6
16. 其他食品及加工服务费			142	103.0	97.1	100.0
二、烟酒及用品			132	98.9	100.5	99.4
三、衣着			84	98.4	98.2	96.6
四、家庭设备用品及维修服务费			22	97.6	99.6	97.2
五、医疗保健及个人用品			13	98.6	99.2	97.8
六、交通和通信			44	98.0	100.0	98.0
七、娱乐教育文化用品及服务			66	98.5	101.8	100.3
八、居住			78	101.3	99.1	100.4

首先,由各代表规格品的单项指数计算基本分类环比指数,然后根据基本分类环比指数和基本分类上月定基指数计算基本分类本月定基指数。

例如,大米包括两种代表规格品,这一基本分类的环比指数为:

$$K^{(大米)} = \sqrt{G_1 \times G_2} \times 100\% = \sqrt{1.051 \times 1.011\,4} \times 100\% = 103.1\%$$

大米(基本分类)的定基指数为：

$$I_{\text{基}}^{(\text{大米})} = 1.031 \times 0.965 = 99.49\%$$

其次,根据基本分类的环比指数计算中类环比指数和中类定基指数。例如粮食中类环比指数为：

$$L_{\text{环比}}^{(\text{粮食})} = \sum W_{t-1} \frac{P_t}{P_{t-1}}$$

$$= 1.031 \times \frac{414}{1\,000} + 1.037\,9 \times \frac{393}{1\,000} + 1.008 \times \frac{31}{1\,000} + 0.955 \times \frac{162}{1\,000}$$

$$= 102.07\%$$

粮食中类定基指数为：

$$L_t^{(\text{粮食})} = \left(\sum W_{t-1} \frac{P_t}{P_{t-1}} \right) \times L_{t-1}^{(\text{粮食})}$$

$$= 1.020\,7 \times 0.972 = 99.21\%$$

再次,根据中类环比指数计算大类环比指数和定基指数。例如,食品大类的环比指数为：

$$L_{\text{环比}}^{(\text{食品})} = 1.020\,7 \times \frac{79}{1\,000} + 1.012 \times \frac{13}{1\,000} + \cdots + 1.03 \times \frac{142}{1\,000}$$

$$= 106.05\%$$

食品大类的定基指数为：

$$L_t^{(\text{食品})} = 1.060\,5 \times 0.98$$

$$= 103.93\%$$

最后,根据八个大类的环比指数计算居民消费价格环比指数和定基指数。

该市某月居民消费价格环比指数为：

$$L_{\text{环比}} = 1.061 \times \frac{561}{1\,000} + 0.989 \times \frac{132}{1\,000} + \cdots + 1.013 \times \frac{78}{1\,000}$$

$$= 102.96\%$$

该市某月居民消费价格定基指数为：

$$L_t = 1.029\,6 \times 0.992$$

$$= 102.14\%$$

第六步,指数的换算。

$$L_{环比} = \frac{报告期(月)定基指数}{上期(月)定基指数} \qquad (4\text{-}12)$$

$$L_{同比} = \frac{报告期(月)定基指数}{上年同期(月)定基指数} \qquad (4\text{-}13)$$

$$L_{年度} = \frac{本年累计定基指数的平均数}{上年累计定基指数的平均数} \qquad (4\text{-}14)$$

二、零售物价指数的编制

我国的零售物价指数是全面反映市场零售物价总水平变动趋势和程度的相对数。它可反映零售商品的平均价格水平,为国家制定经济政策提供依据。由于研究范围和城乡经济条件的不同,可分为全国零售物价指数,包括全国城市零售物价指数和全国农村零售物价指数;又可分为各省(区、市)零售物价指数,包括各省(区、市)城市零售物价指数和各省(区、市)农村零售物价指数。这种分类可满足研究各种问题的需要。

我国编制零售物价指数的商品分类是全国统一规定的。全部商品包括:食品,饮料,烟酒,服装、鞋帽,纺织品,中西药品,化妆品,书报杂志,文化体育用品,日用品,家用电器,首饰,燃料,建筑装潢材料,机电产品,共14大类。在大类内分中类,中类内分小类,小类内再分商品。例如,在食品这一大类中,可分为粮食、油脂、肉禽蛋、水产品、鲜菜、干菜、鲜果、干果、其他食品和餐饮食品共10个中类;在粮食中类中又可分为细粮和粗粮2个小类;在细粮小类中又可分为面粉、大米、江米(糯米)、挂面共4个商品。大类、中类、小类中各部分零售额比重之和等于100%。这样,各小类的加权算术平均数指数便是中类指数,同样,各中类的和大类的加权算术平均数指数,分别是大类指数和总指数。

现以表4-9为例说明零售物价指数的编制方法。

表4-9 某市商品零售物价指数

类别及品名	规格等级牌号	计量单位	平均价格(元)		权数(%)	以基期价格为100	
			基期	本期		指数(%)	指数×权数
甲	乙	丙	(1)	(2)	(3)	(4)=(2)/(1)	(5)=(4)×(3)
总指数					100		123.25
一、食品大类					27	141.93	38.32
1. 粮食中类					13	126.12	16.40
(1) 细粮小类					98	125.83	123.31
面粉	富强粉	千克	1.8	2.4	10	133.33	13.33
大米	标二	千克	2.4	3.0	90	125.00	112.50

续表

类别及品名	规格等级牌号	计量单位	平均价格(元)		权数(%)	以基期价格为100	
			基期	本期		指数(%)	指数×权数
甲	乙	丙	(1)	(2)	(3)	(4)=(2)/(1)	(5)=(4)×(3)
(2) 粗粮小类					2	140.63	2.81
2. 油脂中类					3	150.26	4.51
3. 肉禽蛋中类					26	158.30	41.16
4. 水产品中类					16	125.32	20.05
5. 鲜菜中类					11	180.80	19.89
6. 干菜中类					1	111.00	1.11
7. 鲜果中类					4	120.20	4.81
8. 干果中类					1	109.80	1.10
9. 其他食品中类					7	135.00	9.45
10. 餐饮食品中类					18	130.28	23.45
二、饮料、烟酒大类					12	108.25	12.99
三、服装、鞋帽大类					9	115.48	10.39
四、纺织品大类					2	110.20	2.20
五、中西药品大类					3	120.86	3.63
六、化妆品大类					4	115.34	4.61
七、书报杂志大类					2	105.24	2.10
八、文化体育用品大类					4	109.31	4.37
九、日用品大类					21	125.44	26.34
十、家用电器大类					8	96.28	7.70
十一、首饰大类					1	130.25	1.30
十二、燃料大类					2	140.54	2.81
十三、建筑装潢材料大类					4	138.24	5.53
十四、机电产品大类					1	96.21	0.96

各类零售物价指数的计算步骤如下。

(1) 计算各个代表品个体零售物价指数,如大米的个体价格指数为:

$$K_p = \frac{p_1}{p_0} = \frac{3.0}{2.4} = 125\%$$

(2) 把各个体指数乘上相应的权数后相加,再计算其算术平均数,即得小类指数,如细粮小类指数为:

$$\bar{K}_p = \frac{\sum K_p p_0 q_0}{\sum p_0 q_0}$$

$$= \sum K_p W = 133.33 \times 0.10 + 125.00 \times 0.90$$

$$= 125.83\%$$

(3) 把各小类指数分别乘上相应的权数后,再计算其算术平均数,即得中类指数。如粮食中类指数为:

$$\overline{K}_p = \sum K_p W = 125.83 \times 0.98 + 140.60 \times 0.02 = 126.12\%$$

(4) 把各中类的指数乘上相应的权数后,计算其算术平均数,即得大类指数,如食品大类指数为:

$$\overline{K}_p = \sum K_p W$$
$$= 126.12 \times 0.13 + 150.26 \times 0.03 + 158.30 \times 0.26$$
$$+ 125.32 \times 0.16 + 180.80 \times 0.11 + 111.00 \times 0.01$$
$$+ 120.20 \times 0.04 + 109.80 \times 0.01 + 135.00 \times 0.07$$
$$+ 130.28 \times 0.18 = 141.93\%$$

(5) 把各大类指数乘上相应的权数后,计算其算术平均数即得总指数为:

$$\overline{K}_p = \sum K_p W$$
$$= 141.93 \times 0.27 + 108.25 \times 0.12 + 115.48 \times 0.09$$
$$+ 110.20 \times 0.02 + 120.86 \times 0.03 + 115.34 \times 0.04$$
$$+ 105.24 \times 0.02 + 109.31 \times 0.04 + 125.44 \times 0.21$$
$$+ 96.28 \times 0.08 + 130.25 \times 0.01 + 140.54 \times 0.02$$
$$+ 138.24 \times 0.04 + 96.21 \times 0.01 = 123.25\%$$

在编制零售物价指数时,应注意以下几个问题。

(1) 代表规格品种的选择问题。由于商品的品种、规格繁多,在编制零售物价指数时,不可能也没有必要把它们都包括进去。目前我国规定必报商品为353种,但为反映各地区商品销售的特点,各地可根据当地实际情况再适当增加一些商品,但增选商品一般不得超过45种。在每一类商品中,应选择零售量大、生产和销售前景较好、价格变动趋势有代表性的代表规格品种计算价格指数。

(2) 价格资料的调查和平均价格的计算问题。零售价格的调查采用抽样调查的方法,对抽选的调查点进行定时定点定员直接调查。根据商品销售额的比重以及农贸市场商品成交额的大小,选择那些经营品种比较齐全、商品销售额或成交额大的中心市场作为价格调查点。同一种商品的零售价格,一般每个大中城市确定3~5个调查点,小城市和县城确定2~3个调查点。对于农贸市场,一般每个大中城市确定3～5个,小城市和县城确定1～2个进行调查。对与居民生活密切相关、价格变动比较频繁的商品,至少每5天应调查1次,一般性商品每月调查2～3次,国家控制价格的一些主要商品或价格变动相当稳定的一些商品,可视情况,按月或按季调查1次价格。

同一商品的平均价格由同时调查的几个调查点的价格简单平均计算。各种商品的月平均价格,用月内各次调查的价格按简单算术平均法计算,年平均价格用年内各月份价格按简单算术平均法计算。

(3) 权数资料的来源和各类零售价格指数编制问题。大类商品的权数根据商品流转统计中商品销售构成资料计算。具体商品的权数根据典型调查资料推算。鲜菜、鲜果的权数每月计算1次,其余商品及大中小类权数每年计算1次。

各抽中市、县按月和年度编制商品零售价格指数。市、县商品零售价格指数根据各调查商品的基期和报告期的平均价格采用加权算术平均公式计算。全省(区)商品零售价格指数,是在全省(区)城市和农村单项商品零售价格指数的基础上,根据城乡商品零售额资料,确定每一种商品城乡间的比重,加权计算出全省(区)单项商品零售价格指数,然后按加权算术平均公式分别汇总计算。全国商品零售价格指数,是在全国城市和农村单项商品零售价格指数的基础上,根据城乡商品零售额资料,确定每种商品城乡间的比重,加权汇总计算出全国单项商品的零售价格指数,然后按加权算术平均公式汇总计算。

居民消费价格指数与零售物价指数的调查方法和计算公式是相同的。但两者也有区别,主要表现在以下两个方面。

1. 编制的角度不同

零售物价指数是从商品卖方的角度出发,着眼于零售市场,观察零售商品的平均价格水平及其对社会经济的影响;居民消费价格指数是从商品买方角度出发,着眼于人民生活,观察居民生活消费品及服务项目价格的变动对城乡居民生活的影响。

2. 包括的范围不同

它主要体现在两者所包括的项目和具体商品的不同上。零售物价指数分14大类,它既包括生活消费品,又包括建筑装潢材料和机电产品等,但它不包括非商品形态的服务项目。居民消费品价格指数分8大类,它既包括生活消费品,又包括服务项目。

编制居民消费价格指数的类权数和大部分商品和服务项目的权数是根据住户调查中居民的实际消费构成计算,部分在住户调查中不编码汇总计算的商品和服务项目,其权数可根据典型调查资料推算。

居民消费价格指数也按加权平均法进行计算。它是按月、按年、分各省(区、市)农村和城市,以及全国农村和城市及其全国居民来编制的。

三、居民消费价格指数和零售物价指数的应用

居民消费价格指数和零售物价指数除了其本身的编制目的和意义外,还在此基础上编制其他各种派生的指数,因而具有重要的应用价值。它们可具体应用如下。

1. 可应用于反映通货膨胀

通货膨胀是一种常见的经济现象,即流通中的货币数量比商品数量相对的过剩,从而引起货币价值下跌,物价水平持续不断的上升,并对经济发生严重影响。通货膨胀率是说明通货膨胀严重程度的指标,它反映一定时期内商品价格水平持续上升的幅度。它一般以居民消费价格指数来表示,其计算公式为:

$$通货膨胀率 = \frac{报告期居民消费价格指数 - 基期居民消费价格指数}{基期居民消费价格指数} \times 100\%$$

如果通货膨胀率大于0,则说明存在通货膨胀;如果小于0,则说明出现通货紧缩现象,即物价下跌,币值提高。

通货膨胀率除了用居民消费价格指数计算外,还可采用零售物价指数来计算,其计算公式相同。

2. 可用来反映货币购买力变动

货币购买力是指单位货币能够购买到的消费品和服务的数量。消费品和服务的价格越高,单位货币购买到的消费品和服务的数量越少。所以,货币购买力的变动与消费品和劳务价格的变动呈反比关系。因此,居民消费价格指数的倒数就成为货币购买力指数。从100%中减去货币购买力指数,就是货币比基期贬值的百分比。货币购买力指数的计算公式为:

$$货币购买力指数 = \frac{100\%}{居民消费价格指数} \times 100\%$$

3. 可用来反映对职工实际工资的影响

货币工资是职工劳动报酬的名义工资收入。职工货币工资除以居民消费者价格指数,才是职工按基期价格计算的实际工资收入。因此,消费品和服务项目的价格变动对职工的实际工资发生直接的影响。在一定的货币工资条件下,价格愈低,所能购买到的消费品和服务的

数量愈多;反之,则愈少。所以,实际工资的多少与居民消费价格指数呈反比关系,即:

$$职工实际工资指数 = \frac{职工平均工资指数}{居民消费价格指数} \times 100\%$$

$$= 职工平均工资指数 \times 货币购买力指数$$

实际工资指数是指两个不同时期实际工资的对比,它说明职工在不同时期得到的货币工资额实际能够买到的消费品和服务项目在数量上的增减变化。

4. 可用来作为其他经济时间序列的紧缩因子

如果将居民消费价格指数对工资、个人消费支出、零售额以及投资额等进行调整后,这些经济时间序列值就不再受通货膨胀因素的影响。

【例 4-5】 假设某公司在 2007 年 1 月 1 日以 10% 的利息率投资了 100 000 元,试计算其 2012 年底的价值,并根据居民消费价格指数(2000 年 = 100)计算投资购买力。其计算结果如表 4-10 所示。其中,投资额被消费价格指数除,从中可以发现其投资的名义价值虽然增长了 10%,但是其购买力的增长却大大地减少了。表 4-10 第(4)栏的时间序列值已消除了通货膨胀因素对其的影响。

表 4-10 时间序列值的通货紧缩

年 份	城市居民消费价格指数(2000 年 = 100)	每年底的投资值(元)(按现行价格计算)	每年底的投资值(元)(按 2000 年不变价格计算)
(1)	(2)	(3)	(4) = (3) ÷ (2)
2007	107.6	110 000	102 230
2008	109.6	121 000	110 401
2009	113.6	133 100	117 165
2010	118.3	146 410	123 762
2011	124.0	161 051	129 880
2012	130.7	177 156	135 544

第五节 指数因素分析法的评价、改进及其应用

一、指数因素分析法的评价

在许多统计学论著中,一般都是用指数体系来进行因素分析的。由于同度量因素选择的

基准不同,就产生了三种指数体系。为了对这三种指数体系作出评价,现给出表4-11。

表4-11 某商店商品销售情况

品名	计量单位	销售量		销售价(元)		销售额(元)			
		基期(q_0)	报告期(q_1)	基期(p_0)	报告期(p_1)	基期(p_0q_0)	报告期(p_1q_1)	p_0q_1	p_1q_0
甲	件	50	60	2.0	2.4	100	144	120	120
乙	千克	100	120	1.0	1.2	100	144	120	120
合计	—	—	—	—	—	200	288	240	240

由于同度量因素选择的基准不同,产生了下列三个指数体系。

(1) 以报告期销售量计算销售价格总指数和以基期销售价格计算销售量总指数的指数体系为:

$$\text{相对数:} \frac{\sum p_1 q_1}{\sum p_0 q_0} = \frac{\sum p_1 q_1}{\sum p_0 q_1} \times \frac{\sum p_0 q_1}{\sum p_0 q_0}$$

$$\frac{288}{200} = \frac{288}{240} \times \frac{240}{200}$$

$$144\% = 120\% \times 120\%$$

上述计算结果表明,销售额总指数(144%) = 销售价格总指数(120%) × 销售量总指数(120%)。

$$\text{绝对数:} \sum p_1 q_1 - \sum p_0 q_0 = \left(\sum p_1 q_1 - \sum p_0 q_1\right) + \left(\sum p_0 q_1 - \sum p_0 q_0\right)$$

$$288 - 200 = (288 - 240) + (240 - 200)$$

$$88(\text{元}) = 48(\text{元}) + 40(\text{元})$$

上述计算结果表明,销售额的增减额(88元) = 由于销售价格变动对销售额的影响值(48元) + 由于销售量变动对销售额的影响值(40元)。

(2) 以基期销售量计算销售价格总指数和以报告期销售价格计算销售量总指数的指数体系为:

$$\text{相对数:} \frac{\sum p_1 q_1}{\sum p_0 q_0} = \frac{\sum p_1 q_0}{\sum p_0 q_0} \times \frac{\sum p_1 q_1}{\sum p_1 q_0}$$

$$\frac{288}{200} = \frac{240}{200} \times \frac{288}{240}$$

$$144\% = 120\% \times 120\%$$

上述计算结果表明,销售额总指数(144%)=销售价格总指数(120%)×销售量总指数(120%)。

绝对数:$\sum p_1 q_1 - \sum p_0 q_0 = (\sum p_1 q_0 - \sum p_0 q_0) + (\sum p_1 q_1 - \sum p_1 q_0)$

$$288 - 200 = (240 - 200) + (288 - 240)$$

$$88(元) = 40(元) + 48(元)$$

上述计算结果表明,销售额的增减额(88元)=由于销售价格变动对销售额的影响值(40元)+由于销售量变动对销售额的影响值(48元)。

在上述两个指数体系中,我们看到:第一,在相对数分析中,销售价格和销售量两者的变化幅度都一样,其指数都是120%,也就是说,销售价格和销售量的变动对销售额的影响是相同的。但是在绝对数分析中,两者的影响值却不一样,很显然,此例中相对数分析和绝对数分析发生矛盾。第二,按基期或报告期的销售价格计算销售量总指数对销售额的影响程度,在形式上都无可非议,但计算结果却不一样。当销售量总指数按报告期销售价格计算时,销售量对销售额的影响值为48元,成为影响销售额的主要因素;当销售量总指数按基期销售价格计算时,销售量对销售额的影响值为40元,变成了次要因素,究竟哪个正确,令人无法解释。

(3) 当销售价格总指数按基期销售量计算和销售量总指数按基期销售价格计算时,可得如下的指数体系:

相对数:$\dfrac{\sum p_1 q_1}{\sum p_0 q_0} = \dfrac{\sum p_1 q_0}{\sum p_0 q_0} \times \dfrac{\sum p_0 q_1}{\sum p_0 q_0} \times \left(\dfrac{\sum p_1 q_1}{\sum p_0 q_1} \div \dfrac{\sum p_1 q_0}{\sum p_0 q_0}\right)$

$$\dfrac{288}{200} = \dfrac{240}{200} \times \dfrac{240}{200} \times \left(\dfrac{288}{240} \div \dfrac{240}{200}\right)$$

$$144\% = 120\% \times 120\% \times (120\% \div 120\%)$$

上述计算结果表明,销售额总指数(144%)=销售价格总指数(120%)×销售量总指数(120%)×销售价格和销售量同时变动的交互影响指数(120%÷120%)。

绝对数:$\sum p_1 q_1 - \sum p_0 q_0 = (\sum p_1 q_0 - \sum p_0 q_0) + (\sum p_0 q_1 - \sum p_0 q_0)$
$$+ [(\sum p_1 q_1 - \sum p_0 q_1) - (\sum p_1 q_0 - \sum p_0 q_0)]$$

$$288 - 200 = (240 - 200) + (240 - 200) + [(288 - 240) - (240 - 200)]$$

$$88(元) = 40(元) + 40(元) + 8(元)$$

上述计算结果表明,销售额增减额(88元)=销售价格单纯变动影响值(40元)+销售量单纯变动影响值(40元)+销售价格和销售量两者交互影响值(8元)。

在这个指数体系中,我们看到,交互影响指数为100%(120%÷120%),这表明交互影响指数的变动对销售额没有影响。而在绝对数分析中,交互影响值都为8元,这又表明对销售额有影响,这显然不合道理。

我们指出,利用指数体系进行因素分析时的缺陷,并不意味着对它全盘否定,如果研究任务只是要求对影响总体的各个因素做粗略的估计,使用这种方法也未尝不可。但是,随着经济管理水平的提高,因素分析日趋重要,经济学中各门学科几乎都需要它,开展企业管理分析和经济活动分析更离不开它。因此,有必要提高指数因素分析法的精度,从而探索新的途径,使因素分析法更臻完善。

二、增量因素分析法

(一)增量因素分析法的基本理论

指数因素分析法的缺陷,在于利用相对数和绝对数分析时常会出现矛盾,影响因素分析的科学性。如果根据数学分析中有关多元函数增量分析的理论,采用增量因素分析法,可使因素分析法更臻完善。

在数学分析中,对于任意二元函数:

$$w = f(p, q)$$

其全增量可以表示为:

$$\Delta w = f'_p(p_0, q_0)\Delta p + f'_q(p_0, q_0)\Delta q + 0(\sqrt{\Delta p^2 + \Delta q^2})$$

$$= f(p_0 + \Delta p, q_0 + \Delta q) - f(p_0, q_0) \tag{4-15}$$

$$= \frac{\partial w}{\partial p}\Delta p + \frac{\partial w}{\partial q}\Delta q + \omega\rho \tag{4-16}$$

那么,这个 $\omega\rho$ 是什么呢?对于函数 $w = p \cdot q$,其增量可用图4-1表示,这个 $\omega\rho$ 就是 p 和 q 两者同时变动对 w 影响的交互影响值:

如果我们对 $w = p \cdot q$ 的增量用式(4-16)来分析,则:

$$\frac{\partial w}{\partial p} = f'_p(p_0, q_0) = (p \cdot q)' = q|_{q_0} = q_0$$

$$\frac{\partial w}{\partial q} = f'_q(p_0, q_0) = (p \cdot q)' = p|_{p_0} = p_0$$

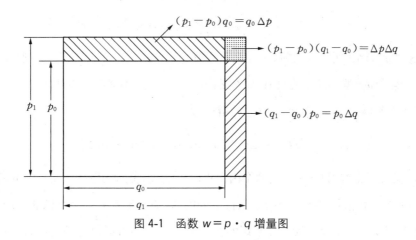

图 4-1 函数 $w = p \cdot q$ 增量图

$$\Delta w = \frac{\partial w}{\partial p}\Delta p + \frac{\partial w}{\partial q}\Delta q + \omega\rho = q_0\Delta p + p_0\Delta q + \omega\rho$$

$$\omega\rho = \Delta w - (q_0\Delta p + p_0\Delta q) = \Delta p\Delta q$$

因此，$w = p \cdot q$ 的增量为：

$$\Delta w = q_0\Delta p + p_0\Delta q + \Delta p\Delta q$$

这个分析结果与图 4-1 所显示的完全一致。

在式（4-16）中 $\frac{\partial w}{\partial p}$ 和 $\frac{\partial w}{\partial q}$ 不依赖于 Δp 和 Δq，而 ω 是依赖于 Δp、Δq 的，且当 $\rho = \sqrt{(\Delta p)^2 + (\Delta q)^2} \to 0$ 时，$\omega \to 0$（这里 $\omega\rho$ 是比 ρ 较高阶的无穷小）。由于 $f'_p(p_0, q_0)\Delta p$ 和 $f'_q(p_0, q_0)\Delta q$ 与函数增量之差 $\omega\rho$，当 Δp 和 $\Delta q \to 0$ 时，是比 $f'_p(p_0, q_0)\Delta p$ 和 $f'_q(p_0, q_0)\Delta q$ 的高阶无穷小，因此可以说，$f'_p(p_0, q_0)\Delta p$ 和 $f'_q(p_0, q_0)\Delta q$ 是 Δw 的重要部分，又由于 $f'_p(p_0, q_0)\Delta p$ 和 $f'_q(p_0, q_0)\Delta q$ 分别为 Δp 和 Δq 的线性函数，所以，通常就把 $f'_p(p_0, q_0)\Delta p$ 和 $f'_q(p_0, q_0)\Delta q$ 叫做 Δw 的线性主部，并分别表示对 Δw 的基本影响，而把 $\omega\rho$ 叫做 Δw 的非线性的附加部分，表示对 Δw 的附加影响。

因此，对于任意二元函数 $w = f(p, q)$，其增量可分解为三个部分，即：

（1）$f'_p(p_0, q_0)\Delta p$ 表示由于 p 的单纯变动对总体 w 的影响值；

（2）$f'_q(p_0, q_0)\Delta q$ 表示由于 q 的单纯变动对总体 w 的影响值；

（3）$\omega\rho$ 表示由于 p 和 q 两者同时变动对 Δw 的交互影响值，其计算公式为：

$$\omega\rho = \Delta w - [f'_p(p_0, q_0)\Delta p + f'_q(p_0, q_0)\Delta q]$$

（二）在运用增量分析模型时应考虑的几个问题

（1）数学分析中全增量的原理告诉我们，当自变量在某点的增量绝对值很小时，函数在该点的相应增量近似地等于函数在该点的导数与自变量增量的乘积，即：

$$\Delta w \approx f'_p(p_0, q_0)\Delta p + f'_q(p_0, q_0)\Delta q$$

上述这个等式删去了 $\omega\rho$，因为 $\omega\rho$ 是高阶无穷小量，在一定条件下趋于零。然而，在管理统计分析中，这个 $\omega\rho$ 就是确定的数值，而不是高阶无穷小量，不能忽略不计。

(2) 图 4-1 告诉我们，函数 $w = p \cdot q$ 的增量为：

$$\Delta w = q_0\Delta p + p_0\Delta q + \omega\rho = q_0\Delta p + p_0\Delta q + \Delta p\Delta q$$

式中，$\Delta p\Delta q$ 是交互影响因素，它是由两个因素指标相应增量的乘积所构成的，以 p 和 q 两者同时变动为前提。如果其中有一个指标保持不变的话，那么不管另一个指标的变动多大，交互影响因素还是为零。这就说明了交互影响指标 p 和 q 是两者同时运动的结果。这是交互影响指标的一个重要特点，对此我们应该有充分的认识。

(3) 由 $w = p \cdot q$ 的增量公式中可知，在测定 p 变动对总体 w 的影响程度时，是以基期的 q 作为同度量因素的，而在考虑 q 的变动对总体 w 的影响时，也是以基期的 p 作为同度量因素的，这也是增量因素分析的一个重要特点。事实上，这种假定条件是完全符合因素分析应从基期出发的原则的。为了比较各个因素影响程度的大小，把各个同度量因素固定在基期，这样就有了对比的基础，从而能够达到因素分析的目的。

(4) 在上面的分析中，出现了偏导数的概念，然而，在具体计算时，我们并不需要偏导数的知识，运用偏导数只是为了说明增量因素分析法的理论和计算方法。例如，对于 $w = p \cdot q$，我们用偏导数计算 p 的变动值为：

$$\Delta w_p = f'_p(p_0, q_0)\Delta p = (p \cdot q)'\Delta p = q\Delta p \Big|_{q=q_0}^{p=p_0} = q_0\Delta p$$

事实上，在计算中我们只需把 p 变动的增量乘上其他因素指标的基期值就可以了。

(5) 增量因素分析法不仅适用于因素指标是乘积关系的函数形式，而且也适用于因素指标呈任何函数关系的形式，因此，它开拓了因素分析的研究领域，而指数因素分析法只能用于因素指标呈乘积关系的形式。

(三) 增量因素分析法的应用

1. 增量因素分析法在乘积式两因素分析中的应用

如前所述，指数因素分析法的三种指数体系都存在着相对数分析和绝对数分析不一致的矛盾，而运用增量因素分析法就可以很好地解决这个问题。仍以表4-8资料为例，得：

$$\Delta w = w_1 - w_0 = \sum p_1 q_1 - \sum p_0 q_0$$
$$= 288 - 200$$
$$= 88(元)$$

其中:(1) $\Delta w_p = \sum q_0 \Delta p = 50 \times (2.4 - 2) + 100 \times (1.2 - 1)$
$= 40(元)$

(2) $\Delta w_q = \sum p_0 \Delta q = 2.0 \times (60 - 50)$
$+ 1.0 \times (120 - 100) = 40(元)$

(3) $\Delta w_{pq} = \sum \Delta p \Delta q = (2.4 - 2.0) \times (60 - 50)$
$+ (1.2 - 1.0) \times (120 - 100) = 8(元)$

这三者之间的绝对数体系为:

$$\Delta w = \Delta w_p + \Delta w_q + \Delta w_{pq}$$

$$= \sum q_0 \Delta p + \sum p_0 \Delta q + \sum \Delta p \Delta q$$

$$88(元) = 40(元) + 40(元) + 8(元)$$

这三者之间的相对数体系为:

$$\frac{\Delta w}{w_0} = \frac{\Delta w_p}{w_0} + \frac{\Delta w_q}{w_0} + \frac{\Delta w_{pq}}{w_0}$$

$$\frac{88}{200} = \frac{40}{200} + \frac{40}{200} + \frac{8}{200}$$

即:$44\% = 20\% + 20\% + 4\%$。

计算结果表明,在相对数分析中销售量和销售价两者的变动方向和变动幅度都一样,销售量和销售价的增长速度均为 20%,其影响值均为 40 元,交互影响因素的相对数为 4%,绝对数为 8 元。三者影响销售总额增加了 88 元,增长率为 44%,而且每一个构成要素增加一个百分点的值均为 2 元,即:

销售总额增减每一个百分点的值 $= \frac{88}{44} = 2(元)$;

销售量增减每一个百分点的值 $= \frac{40}{20} = 2(元)$;

销售价增减每一个百分点的值 $= \frac{40}{20} = 2(元)$;

销售量和销售价同时变动每增减一个百分点的值 $= \frac{8}{4} = 2(元)$。

经过验证,相对数分析和绝对数分析完全一致。

2. 增量因素分析法在乘积式多因素分析中的应用

增量因素分析法不仅适用于两个因素指标的乘积形式,而且还适用于多个因素指标的乘积形式。例如:

$$商品销售利润额 = 商品销售量 \times 销售单价 \times 销售利润率$$

$$\sum qpm = \sum (q \times p \times m)$$

而商品销售利润额的增量可表示为:

$$\Delta w = \frac{\partial w}{\partial q}\Delta q + \frac{\partial w}{\partial p}\Delta p + \frac{\partial w}{\partial m}\Delta m + \omega\rho$$

$$= f'_q(q_0, p_0, m_0)\Delta q + f'_p(q_0, p_0, m_0)\Delta p$$

$$+ f'_m(q_0, p_0, m_0)\Delta m + \omega\rho$$

$$\Delta w = w_1 - w_0 = \sum q_1 p_1 m_1 - \sum q_0 p_0 m_0$$

其中,(1) q 变动对总体 w 的单纯影响值为:

$$\Delta w_q = f'_q(q_0, p_0, m_0)\Delta q = \sum [(qpm)\Delta q]' \Big|_{\substack{q=q_0 \\ p=p_0 \\ m=m_0}}$$

$$= \sum p_0 m_0 \Delta q$$

(2) p 变动对总体 w 的单纯影响值为:

$$\Delta w_p = f'_p(q_0, p_0, m_0)\Delta p = \sum [(qpm)\Delta p]' \Big|_{\substack{q=q_0 \\ p=p_0 \\ m=m_0}}$$

$$= \sum q_0 m_0 \Delta p$$

(3) m 变动对总体 w 的单纯影响值为:

$$\Delta w_m = f'_m(q_0, p_0, m_0)\Delta m = \sum [(qpm)\Delta m]' \Big|_{\substack{q=q_0 \\ p=p_0 \\ m=m_0}}$$

$$= \sum q_0 p_0 \Delta m$$

(4) 它们的交互影响值为:

$$\omega\rho = \Delta w_{qpm}$$

$$= \Delta w - [\sum p_0 m_0 \Delta q + \sum q_0 m_0 \Delta p + \sum q_0 p_0 \Delta m]$$

$$= [\sum q_0 \Delta p \Delta m + \sum p_0 \Delta q \Delta m$$

$$+ \sum m_0 \Delta q \Delta p + \sum \Delta q \Delta p \Delta m]$$

从而：

$$\Delta w = \left[\sum p_0 m_0 \Delta q + \sum q_0 m_0 \Delta p + \sum q_0 p_0 \Delta m\right]$$

$$+ \left[\sum q_0 \Delta p \Delta m + \sum p_0 \Delta q \Delta m + \sum m_0 \Delta q \Delta p + \sum \Delta q \Delta p \Delta m\right]$$

即：

$$利润额增量 = \begin{pmatrix} 因素\ q\ 变动的 \\ 单纯影响值 \end{pmatrix} + \begin{pmatrix} 因素\ p\ 变动的 \\ 单纯影响值 \end{pmatrix} + \begin{pmatrix} 因素\ m\ 变动的 \\ 单纯影响值 \end{pmatrix}$$

$$+ \begin{pmatrix} 因素\ p\ 和\ m\ 变动的 \\ 交互影响值 \end{pmatrix} + \begin{pmatrix} 因素\ q\ 和\ m\ 变动的 \\ 交互影响值 \end{pmatrix}$$

$$+ \begin{pmatrix} 因素\ q\ 和\ p\ 变动的 \\ 交互影响值 \end{pmatrix} + \begin{pmatrix} 因素\ q、p、m\ 同时 \\ 变动的交互影响值 \end{pmatrix}$$

从上式中可知，商品销售利润额的增量，除了包括三个因素单纯变动的影响值外，还包括四个交互影响值，前面三个交互影响值是任意两个因素同时变动所形成的，最后一个交互影响值是由三个因素的同时变动而形成的。在一般情况下，为了便于分析，我们只需列出一个总的交互影响值，就是只要把总量指标的增量减去各个因素单纯变动的影响值就可以得到总的交互影响值，而不必计算各个因素之间的交互影响值。如用相对数分析，则可用下列公式：

$$\frac{\Delta w}{w_0} = \frac{\Delta w_q}{w_0} + \frac{\Delta w_p}{w_0} + \frac{\Delta w_m}{w_0} + \frac{\Delta w_{qpm}}{w_0}$$

兹以某商店的商品销售利润、销售量、销售价和销售利润率资料（见表 4-12）为例加以说明。

表 4-12　某商店商品销售利润因素分析

商品	计量单位	销售量		销售单价(元)		销售利润率(%)		销售利润额(元)	
		基期	报告期	基期	报告期	基期	报告期	基期	报告期
		q_0	q_1	p_0	p_1	m_0	m_1	$q_0 p_0 m_0$	$q_1 p_1 m_1$
甲	件	800	960	5 600	5 120	10	15	448 000	737 280
乙	台	800	800	2 880	2 816	25	30	576 000	675 840
合计	—	—	—	—	—	—	—	1 024 000	1 413 120

$$\Delta w = w_1 - w_0 = \sum q_1 p_1 m_1 - \sum q_0 p_0 m_0$$

$$= 1\,413\,120 - 1\,024\,000 = 389\,120(元)$$

其中,(1) 销售量变动对销售利润额的单纯影响值为：

$$\Delta w_q = \sum p_0 m_0 \Delta q = 5\,600 \times 0.10 \times (960 - 800) + 2\,880 \times 0.25 \times (800 - 800)$$

$$= 89\,600(元)$$

(2) 销售单价变动对销售利润额的单纯影响值为：

$$\Delta w_p = \sum q_0 m_0 \Delta p = 800 \times 0.10 \times (5\,120 - 5\,600)$$

$$+ 800 \times 0.25 \times (2\,816 - 2\,880)$$

$$= -51\,200(元)$$

(3) 销售利润率变动对销售额的单纯影响值为：

$$\Delta w_m = \sum q_0 p_0 \Delta m = 800 \times 5\,600 \times (0.15 - 0.10)$$

$$+ 800 \times 2\,880 \times (0.3 - 0.25)$$

$$= 339\,200(元)$$

(4) 销售量、销售单价和销售利润率的交互影响值为：

$$\Delta w_{qpm} = \Delta w - \left[\sum p_0 m_0 \Delta q + \sum q_0 m_0 \Delta p + \sum q_0 p_0 \Delta m \right]$$

$$= 389\,120 - (89\,600 - 51\,200 + 339\,200)$$

$$= 11\,520(元)$$

按相对数分析为：

$$\frac{\Delta w}{w_0} = \frac{\Delta w_q}{w_0} + \frac{\Delta w_p}{w_0} + \frac{\Delta w_m}{w_0} + \frac{\Delta w_{qpm}}{w_0}$$

$$\frac{389\,120}{1\,024\,000} = \frac{89\,600}{1\,024\,000} - \frac{51\,200}{1\,024\,000} + \frac{339\,200}{1\,024\,000} + \frac{11\,520}{1\,024\,000}$$

或：38% = 8.75% - 5% + 33.13% + 1.12%。

分析结果表明,由于商品销售量增加,因而商品销售利润上升8.75%,商品销售利润额增加 89 600 元;由于销售单价下降,因而销售利润下降 5%,减少销售利润额 51 200 元;由于销售利润率提高,因而利润上升 33.13%,增加利润额 339 200 元;由于三者的交互影响作用,因而利润上升 1.12%,利润额增加 11 520 元。

3. 增量因素分析法在平均指标变动分析中的应用

增量因素分析法在分析各个因素的影响程度时,把各个因素的所属时期都固定在基期,并承认交互影响因素的存在,这实际上是对指数因素分析法的修正。这种方法同样适用于分析平均指标的变动情况。

现以某煤炭管理局所属企业的采煤量、工人数和劳动生产率资料(见表 4-13)为例加以说明。

表 4-13 某煤炭管理局所属企业采煤量情况

煤矿名	采煤量(吨)		工人数(人)				劳动生产率(吨/人)	
	基期	报告期	基期		报告期		基期	报告期
	$q_0 t_0$	$q_1 t_1$	t_0	$\dfrac{t_0}{\sum t_0}$	t_1	$\dfrac{t_1}{\sum t_1}$	q_0	q_1
甲	40 000	99 000	800	0.444 4	900	0.642 9	50.00	110.00
乙	36 000	21 600	1 000	0.555 6	500	0.357 1	36.00	43.20
合计	76 000	120 600	1 800	1.000 0	1 400	1.000 0	42.22	86.14

劳动生产率总平均指数为:

$$\frac{\bar{q}_1}{\bar{q}_0} = \frac{\sum q_1 t_1}{\sum t_1} \div \frac{\sum q_0 t_0}{\sum t_0}$$

$$= \frac{120\ 600}{1\ 400} \div \frac{76\ 000}{1\ 800}$$

$$= \frac{86.14}{42.22} = 2.040\ 3 \text{ 或 } 204.03\%$$

总体平均增量为:

$$\Delta w = \bar{q}_1 - \bar{q}_0 = 86.14 - 42.22 = 43.92(\text{吨/人})$$

总体平均增长率为:

$$\frac{\bar{q}_1 - \bar{q}_0}{\bar{q}_0} = \frac{86.14 - 42.22}{42.22} = 1.040\ 3 \text{ 或 } 104.03\%$$

影响该煤炭管理局劳动生产率总平均增加 43.92 吨/人，增长率 104.02% 的因素有三个：其一是两矿劳动生产率的变化，其二是工人人数结构的变化，其三是两矿劳动生产率和工人人数的同时变化。但从表 4-13 的分析中看不出各个因素的影响程度和影响方向，也分不出影响劳动生产率变动的主要因素是什么，哪个因素是次要因素。为此，我们应用增量因素分析法做进一步分析。

(1) 各矿劳动生产率单纯变动的影响值。根据增量因素分析法的原理，为了研究两矿劳动生产率对全局劳动生产率的影响，我们把工人结构变动因素固定在基期，则两矿劳动生产率的变动对总体的影响值为：

$$\Delta w_q = \frac{\sum q_1 t_0}{\sum t_0} - \frac{\sum q_0 t_0}{\sum t_0} = \frac{110 \times 800 + 43.2 \times 1\,000}{800 + 1\,000}$$

$$- \frac{50 \times 800 + 36 \times 1\,000}{800 + 1\,000}$$

$$= 72.89 - 42.22 = 30.67 (吨/人)$$

$$影响总体的增长率 = \left(\frac{\sum q_1 t_0}{\sum t_0} - \frac{\sum q_0 t_0}{\sum t_0} \right) \bigg/ \frac{\sum q_0 t_0}{\sum t_0}$$

$$= \frac{30.67}{42.22} = 0.726\,4 \text{ 或 } 72.64\%$$

这说明，报告期总的劳动生产率比基期提高 72.62%，在绝对数上每人平均增产 30.66 吨。

(2) 工人结构变动的单纯影响值。根据增量因素分析法的原理，在研究工人结构变动时把两矿劳动生产率固定在基期，则工人结构变动对总体的影响值为：

$$\Delta w_t = \frac{\sum q_0 t_1}{\sum t_1} - \frac{\sum q_0 t_0}{\sum t_0}$$

$$= \frac{50 \times 900 + 36 \times 500}{1\,400} - \frac{76\,000}{1\,800}$$

$$= 45 - 42.22 = 2.78 (吨/人)$$

$$影响总体的增长率 = \left(\frac{\sum q_0 t_1}{\sum t_1} - \frac{\sum q_0 t_0}{\sum t_0} \right) \bigg/ \frac{\sum q_0 t_0}{\sum t_0}$$

$$= \frac{2.78}{42.22} = 0.065\ 8 \text{ 或 } 6.58\%$$

这说明,由于工人人数结构发生变动,因而劳动生产率上升6.58%,每人平均增产2.78吨。

(3) 两矿劳动生产率和工人结构同时变动的交互影响值为:

$$\Delta w_{qt} = \sum (q_1 - q_0)\left(\frac{t_1}{\sum t_1} - \frac{t_0}{\sum t_0}\right)$$

$$= (110 - 50) \times (0.642\ 9 - 0.444\ 4) + (43.2 - 36) \times (0.357\ 1 - 0.555\ 6)$$

$$= 11.91 - 1.43 = 10.48 (\text{吨}/\text{人})$$

$$\text{影响总体的增长率} = \sum (q_1 - q_0)\left(\frac{t_1}{\sum t_1} - \frac{t_0}{\sum t_0}\right) \bigg/ \frac{\sum q_0 t_0}{\sum t_0}$$

$$= \frac{10.48}{42.22} = 0.248\ 2 \text{ 或 } 24.82\%$$

这说明,由于两矿劳动生产率和工人结构同时变动,因而劳动生产率上升24.82%,每人平均增产10.48吨。

上述三方面的关系是:

绝对数:$\Delta w = \Delta w_q + \Delta w_t + \Delta w_{qt}$

$$= \left(\frac{\sum q_1 t_0}{\sum t_0} - \frac{\sum q_0 t_0}{\sum t_0}\right) + \left(\frac{\sum q_0 t_1}{\sum t_1} - \frac{\sum q_0 t_0}{\sum t_0}\right)$$

$$+ \sum (q_1 - q_0)\left(\frac{t_1}{\sum t_1} - \frac{t_0}{\sum t_0}\right)$$

即:$43.92(\text{吨}/\text{人}) = 30.66(\text{吨}/\text{人}) + 2.78(\text{吨}/\text{人}) + 10.48(\text{吨}/\text{人})$。

相对数:$\dfrac{\Delta w}{\bar{q}_0} = \dfrac{\Delta w_q}{\bar{q}_0} + \dfrac{\Delta w_t}{\bar{q}_0} + \dfrac{\Delta w_{qt}}{\bar{q}_0}$

$$\left(\frac{\sum q_1 t_1}{\sum t_1} - \frac{\sum q_0 t_0}{\sum t_0}\right) \div \frac{\sum q_0 t_0}{\sum t_0}$$

$$= \left(\frac{\sum q_1 t_0}{\sum t_0} - \frac{\sum q_0 t_0}{\sum t_0}\right) \div \frac{\sum q_0 t_0}{\sum t_0}$$

$$+ \left[\frac{\sum q_0 t_1}{\sum t_1} - \frac{\sum q_0 t_0}{\sum t_0} \right] \div \frac{\sum q_0 t_0}{\sum t_0}$$

$$+ \sum (q_1 - q_0) \left[\frac{t_1}{\sum t_1} - \frac{t_0}{\sum t_0} \right] \div \frac{\sum q_0 t_0}{\sum t_0}$$

$$104.02\% = 72.62\% + 6.58\% + 24.82\%$$

从上面的分析中,可以看出影响该煤炭管理局劳动生产率增长的主要因素是两矿工人劳动生产率普遍提高的结果。

案例分析

一、研究背景

钢铁产业是国民经济当中不可或缺的一个基础产业,同时它也是国家工业发展水平的标志。改革开放以来,我国的钢铁产业成绩斐然,粗钢产量连年世界第一。但随着中国经济进入"新常态",经济增速由高速增长转为中高速增长,钢铁产业也随之出现了一些新的发展特征,如:钢铁产量低增长,消费量低增长,钢铁企业低效益,等等。

我国的钢铁产量首次出现下降的趋势,发生在2015年,而受供求变化的影响,2016年钢价更是呈现出了高低震荡的形势。价格与供求有着重要的关系,而盈亏又跟价格密切相关,在"新常态"下,我国钢铁行业需要从供给端出发,加快自身的结构改革和技术创新,实现转型升级。

在接下来的案例中,我们通过2015年、2016年这两年的宝山钢铁股份有限公司(以下简称宝钢)主营业务分产品的数据,进行实证分析。数据如表4-14、表4-15:

表4-14 宝钢集团2015年主营业务分产品情况

	生产量(万吨)	销售量(万吨)	销售单价(百万元/万吨)	营业收入(百万元)	营业成本(百万元)	毛利率(%)
冷轧碳钢板卷	946	945	44.08	41 655	35 695	14.31
热轧碳钢板卷	889	884	25.95	22 937	20 259	11.67
钢管产品	164	161	46.27	7 450	7 520	-0.94
其他钢铁产品	232	225	34.18	7 691	7 413	3.60
合计	2 231	2 215		79 733	70 887	11.09

表 4-15 宝钢集团 2016 年主营业务分产品情况

	生产量（万吨）	销售量（万吨）	销售单价（百万元/万吨）	营业收入（百万元）	营业成本（百万元）	毛利率（%）
冷轧碳钢板卷	987	973	44.23	43 033	33 117	23
热轧碳钢板卷	959	1 004	28.48	28 593	22 262	22.1
钢管产品	153	156	40.20	6 271	6 254	0.3
其他钢铁产品	276	275	31.20	8 581	7 637	11
合　　计	2 375	2 408		86 478	69 270	19.9

二、思考问题

（1）若以 2015 年为基期，2016 年为报告期，我们可以运用这一章中哪些相对指标去分析以上的数据，并能从中得出哪些结论？

（2）我们知道，毛利润总额＝营业收入×毛利率＝销售量×销售单价×毛利率，运用三因素增量分析法，我们可以分别获得销售量、销售单价和毛利率单纯变动对毛利润总额的影响，也可得出这三个因素的交叉影响。试分析数据并思索，从中能得出什么经验和启发。

三、问题分析

（1）以 2015 年为基期，2016 年为报告期，我们可以先从动态相对数和结构相对数的角度，对宝钢集团这两年的商品销售量和营业收入进行分析。动态相对数是表明同一现象不同时期的两个指标之比，在统计中又称为发展速度。通过动态相对数的分析，我们可以得到销售量和营业收入的发展速度；而通过结构相对数的分析，我们可以了解到这两年下商品销售量和销售收入总体结构的特征。2015 年、2016 年商品销售量结构相对数见表 4-16。

表 4-16 2015 年、2016 年主营业务分产品销售量情况

商　　品	2015 年		2016 年	
	销售量（万吨）	比重（%）	销售量（万吨）	比重（%）
冷轧碳钢板卷	945	42.66	973	40.41
热轧碳钢板卷	884	39.91	1 004	41.69
钢管产品	161	7.27	156	6.48
其他钢铁产品	225	10.16	275	11.42
合　　计	2 215	100.00	2 408	100.00

从表 4-16 中我们可以看到，以 2015 年为基期，2016 年为报告期，销售量的发展速度为 $\frac{2\,408}{2\,215} \times 100\% = 108.71\%$，即 2016 年的销售总量是 2015 年的销售总量的 108.71%，销售量有

增加的趋势,说明国内的需求侧尚有被满足的空间。其次,2015年冷轧碳钢板卷的销售量为945万吨,占当年全部销售量的42.66%,是当年销售量最多商品。而到了2016年,冷轧碳钢板卷的销售量为973,仅占当年销售量的40.41%。与此同时,热轧碳钢板卷的销售量从2015年的884万吨提高到了2016年的1 004万吨;占总销售量的比重也从2015年的39.91%提高到了2016年的41.69%,一跃成为当年占销售总量最大比重的产品。虽然冷轧碳钢板卷的销售量稳步上升,但其销售比重则呈下降的趋势,而热轧碳钢板卷和其他钢铁产品的销售量和销售比重均呈上升趋势,这反映了2015年、2016年这两年内,对于钢材产品种类的需求已经发生了变化的态势。

根据营业收入结构相对数分析,我们还可以得到宝钢集团营业收入的比例变化和发展趋势。营业收入结构相对数数据见表4-17。

表4-17 2015年、2016年主营业务分产品营业收入情况

商品	2015年		2016年	
	营业收入(百万元)	比重(%)	营业收入(百万元)	比重(%)
冷轧碳钢板卷	41 655	52.24	43 033	49.76
热轧碳钢板卷	22 937	28.77	28 593	33.06
钢管产品	7 450	9.34	6 271	7.25
其他钢铁产品	7 691	9.65	8 581	9.92
合 计	79 733	100.00	86 478	100.00

首先,从表4-17我们可以看到,以2015年为基期,2016年为报告期,营业收入的发展速度为$\frac{86\ 478}{79\ 733}\times 100\%=108.46\%$,即2016年的营业收入是2015年营业收入的1.08倍,近似于销售量的发展速度。其次,在2015年宝钢集团的主营业务中,冷轧碳钢板卷的营业收入为41 655百万元,占当年营业收入总额的52.24%,与位居营业收入比重第二、营业收入比重占28.77%的热轧碳钢板卷的差距将近24个百分点。说明了虽然全年营业收入很高,各主营商品的营业收入皆都不俗,但主营业务之间的营业收入差距较大,商品结构不是很合理。而到了2016年,冷轧碳钢板卷的营业收入稳步上涨到了43 033百万元,而其比重则从2015年的52.24%降到了2016年的49.76%;2016年热轧碳钢板卷的营业收入也是稳步提升,从2015年的22 937百万元提高到了2016年的28 593万元,占营业收入总额的比重也从2015年的28.77%提高到了2016年的33.06%,相比于2015年,2016年占总销售收入比重的第一名和第二名之间的差距已经缩小到了16个百分点。这反映了公司对主营产品的结

构调整已经取得了一些成果,且在总销售量和总营业收入指标上都有喜人的收获,也说明了在经济新常态下,钢铁产业应该从供给侧的角度进行调整,改善供给侧环境,优化供给侧机制,给经济发展提供新动力。

钢铁产业在经济新常态下,过剩产能已成为制约经济转型的一大障碍。在这种情况下,钢铁行业应该采取什么措施,促进经济又好又快发展呢?我们来对比一下2015年和2016年宝钢集团的主营业务分产品的生产量销售量和库存量的情况。

表4-18 2015年、2016年宝钢集团主营业务分产品生产量和销售量   (单位:万吨)

商品	2015年		2016年	
	生产量	销售量	生产量	销售量
冷轧碳钢板卷	946	945	987	973
热轧碳钢板卷	889	884	959	1 004
钢管产品	164	161	153	156
其他钢铁产品	232	225	276	275
合 计	2 231	2 215	2 375	2 408

若我们定义:

$$生产销售完成量相对数 = \frac{当期实际销售量}{当期生产量} \times 100\%$$

从上式中我们易知,若生产销售完成量相对数大于100%,则表示供大于求,有产能过剩的情况存在。通过运用生产销售完成量相对数这个指标,更利于分析公司集团在经济新常态下,如何控制产能和库存。以表4-18中的数据为基础,得出2015年的总生产销售完成量相对数为100.68%,2015年、2016年各分产品生产销售完成量相对数计算,如表4-19所示。

表4-19 2015年、2016年宝钢集团主营业务生产销售完成量相对数   (单位:%)

商品	2015年	2016年
冷轧碳钢板卷	100.11	101.44
热轧碳钢板卷	100.57	95.52
钢管产品	101.86	98.08
其他钢铁产品	103.11	100.36
合 计	100.68	98.55

由表 4-19 可以看到，在 2015 年，不管是总生产销售完成量相对数，还是各分产品生产销售量完成相对数，其数值都大于 100%，这表明在 2015 年有较严重的供大于求且产能过剩的情况出现。而到了 2016 年，在营业收入发展速度为 108.45% 的情况下，总生产销售量完成相对数为 98.55%，表明通过 2016 年的调整，企业已经控制住了产能过剩的情况，特别是在分产品中，热轧碳钢板卷的生产完成相对数的数值仅为 95.52%，在其产量大幅增加的情况下依然出现供不应求的现象，证明在经济新常态下，降产能并调整供给结构，能更好地启动内需，促进经济更快更好地发展。

(2) 我们知道，毛利润总额＝营业收入×毛利率＝销售量×销售单价×毛利率，在本案例中，我们可以通过表 4-14 和表 4-15 中的数据分析宝钢集团 2015—2016 年主营业务分产品营业收入毛利润额和销售量、单价、毛利润率之间的影响关系。

我们定义：

主营业务分产品营业收入毛利润额＝分产品销售量×单价×毛利润率

其中，w 为主营业务分产品营业收入毛利润额（以下简称毛利润总额），q 为分产品销售量，p 为单价，m 为毛利润率，则上式可以表示为：

$$w = \sum q \times p \times m$$

而毛利润总额的增量可表示为：

$$\Delta w = \frac{\partial \omega}{\partial q} \Delta q + \frac{\partial \omega}{\partial p} \Delta p + \frac{\partial \omega}{\partial m} \Delta m + \omega \rho$$

销售量、单价、和毛利润率的交互影响值 $\omega \rho$ 为：

$$\omega \rho = \sum q_0 \Delta p \Delta m + \sum p_0 \Delta q \Delta m + \sum m_0 \Delta q \Delta p + \sum \Delta q \Delta p \Delta m$$

从而有：

$$\Delta \omega = \left[\sum p_0 m_0 \Delta q + \sum q_0 m_0 \Delta p + \sum q_0 p_0 \Delta m \right]$$
$$+ \left[\sum q_0 \Delta p \Delta m + \sum p_0 \Delta q \Delta m + \sum m_0 \Delta q \Delta p + \sum \Delta q \Delta p \Delta m \right]$$

根据表 4-14 和表 4-15 中的数据，可以得到，假设以 2015 年为基期，2016 年为报告期，就有：

$$\Delta w = w_1 - w_0 = \sum q_1 p_1 m_1 - \sum q_0 p_0 m_0$$
$$= 17\,179.36 - 8\,844.42 = 8\,334.94(万元)$$

其中主营业务分产品销售量变动对毛利润总额的单纯影响值为：

$$\Delta w_q = \sum p_0 m_0 \Delta q = 603.68(万元)$$

销售单价变动对毛利润总额的单纯影响值为：

$$\Delta w_p = \sum q_0 m_0 \Delta p = 266.28(万元)$$

毛利润率变动对毛利润总额的单纯影响值为：

$$\Delta w_m = \sum q_0 p_0 \Delta m = 6\,673.66(万元)$$

同样，我们可以计算出销售量、销售单价和毛利润率的交互影响值为：

$$\Delta w_{qpm} = \Delta w - \Delta w_q - \Delta w_p - \Delta w_m = 791.32(万元)$$

按相对数分析为：

$$\frac{\Delta w}{w_0} = \frac{\Delta w_q}{w_0} + \frac{\Delta w_p}{w_0} + \frac{\Delta w_m}{w_0} + \frac{\Delta w_{qpm}}{w_0}$$

$$\frac{8\,334.94}{79\,733} = \frac{603.68}{79\,733} + \frac{266.28}{79\,733} + \frac{6\,673.66}{79\,733} + \frac{791.32}{79\,733}$$

或：

$$11.09\% = 0.76\% + 0.33\% + 8.37\% + 1.63\%$$

一系列结果表明，由于主营业务分产品销售量的全面增加，使得营业毛利润率上升 0.76%，毛利润额增加了 603.68 万元；由于销售单价的调整，使得营业毛利润上升 0.33%，毛利润额增加了 266.28 万元；由于毛利润率的全面增加，使得毛利润率上升了 8.37%，毛利润额增加了 6 673.66 万元；这三者的交互影响作用使得毛利润率上升了 1.63%，毛利润额增加了 791.32 万元。

从上面的数据计算结果我们可以看到，2015—2016 年间，宝钢集团的营业收入有大幅的增加，这是销量和单价影响的结果。但是在毛利润额这一方面，销售量和单价的影响是很微小的，相反，毛利润率的变动对毛利润额的影响十分突出。那么，在经济新常态下，若在销售量和销售单价不存在大幅度变动的情况下，如何影响毛利润率从而使公司能更好地发展呢？

我们知道，毛利润率 = $\frac{营业收入-营业成本}{营业收入}$。从表4-14和表4-15中，我们可以得到2015年和2016年宝钢集团主营业务分产品营业收入和营业成本对比，结果如表4-20所示：

表4-20　2015年、2016年主营业务分产品营业收入和营业成本　（单位：百万元）

商　　品	2015年		2016年	
	营业收入	营业成本	营业收入	营业成本
冷轧碳钢板卷	41 655	35 695	43 033	33 117
热轧碳钢板卷	22 937	20 259	28 593	22 262
钢管产品	7 450	7 520	6 271	6 254
其他钢铁产品	7 691	7 413	8 581	7 637
合　　计	79 733	70 887	86 478	69 270

从表4-20我们可以看到，相较于2015年，2016年的毛利润之所以能够大幅度全面提高的原因，不仅仅在于营业收入的提高。通过对比2015年的数据我们可以发现，2016年的营业成本在冷轧碳钢板卷、钢管产品和其他钢铁产品这三项上，都有相当幅度的降低。利用毛利润率公式计算得出，毛利润不仅仅受到营业收入的影响，也受到营业成本高低的影响，在营业收入相同的分产品中，营业成本越低，其利润率就越高。故而，可以给公司提供一个思路，促进公司经济又快又好发展，即不仅仅要拉动内需，也要从供给侧出发，在去产能的同时注意降成本，推动生产结构的转型，促进经济又快又好发展。

通过对宝钢集团的2015年和2016年间主营业务分产品的数据进行分析，我们可以了解到，在经济新常态的大环境下，想要促进企业经济又快又好的发展，在适度扩大总需求的同时，更要着力加强供给侧的结构性改革。

在我国，产能过剩的产业不仅有钢铁、煤炭、水泥、玻璃、石油、石化、铁矿石、有色金属等几大产业领域也都或多或少地存在产能过剩的问题。通过对本案例的分析，我们可以了解到，在企业供给侧结构性改革过程中，须化解产能过剩的问题。在宝钢集团的案例中，首先，企业通过降低产量的增长率，同时调整分产品生产比重，达到降低中低端供给、提高中高端供给，从而达到促进营业收入稳步增长的目的。其次，通过对毛利润总额的分析，得出在供给侧改革过程中，降成本也是促进经济转型的一个有效途径。在毛利润总额的影响因素中，毛利润率相较于销售产量和销售单价，其对毛利润总额有更大的影响。所以，在企业运营中，不仅要把注意力放在营业收入上,也要通过降成本,为企业谋得更多的收益,这样才能更好地促进企业生产结构的转型。

参考文献

[1] 宝山钢铁股份有限公司.宝山钢铁股份有限公司2016年年度报告[J/OL]. http://file.finance.sina.com.cn/211.154.219.97:9494/MRGG/CNSESH_STOCK/2017/2017-4/2017-04-28/3355885.

[2] 宝山钢铁股份有限公司.宝山钢铁股份有限公司2015年年度报告[J/OL]. http://file.finance.sina.com.cn/211.154.219.97:9494/MRGG/CNSESH_STOCK/2016/2016-3/2016-03-31/2301733.

[3] 徐国祥.统计学[M].格致出版社,上海人民出版社,2014.

本章小结

→ 1. 相对指标是两个相互联系的统计指标之比,反映现象的数量特征、数量关系和变动程度,可用于社会经济现象、工作业绩、比较和评价。常用的相对指标有计划完成相对数、结构相对数、比较相对数、动态相对数、强度相对数和比例相对数六种。

→ 2. 计算和运用相对指标时,应注意保持对比指标数值的可比性,应注意同绝对数相结合应用,应注意各种相对指标的结合应用。

→ 3. 从广义上讲,凡是能说明现象变动的相对数都是指数,但从狭义上讲,指数是用来表明不能直接相加和不能直接对比现象在不同时期的相对变动程度。指数在社会经济统计中不但用于测定诸如价格、产量等的综合变动,而且可用于总量变动的因素分析等。

→ 4. 指数可分为数量指数和质量指数、定基指数和环比指数以及同比指数、个体指数和总指数。其中最重要的是总指数,它又可分为综合指数和平均数指数。

→ 5. 编制综合指数的一般方法原则可概括为:(1)同度量因素与指数化因素相乘后必须是有实际经济意义的总量指标;(2)数量指标指数一般以质量指标为同度量因素,质量指标指数一般以数量指标为同度量因素;(3)同度量因素的固定时期必须以指数的经济意义为依据。平均数指数是以总量指标为权数对个体指数进行加权平均的总指数。其中,加权算术平均数指数通常用来计算数量指标指数,而加权调和平均数指数通常用来计算质量指标指数。

→ 6. 居民消费价格指数和零售物价指数是我国政府统计部门所编制的两种重要指数。它们可用来观察市场价格水平的涨跌程度,分析物价变动所引起的经济后果,研究居民实际收入的变化,为有关部门制定物价政策、进行宏观调控和抑制通货膨胀等提供依据。

→ 7. 利用指数体系可进行因素分析,但传统指数体系因素分析会出现相对数分析和绝对数分析相矛盾的情况。增量因素分析法可克服上述矛盾。

思考与练习

一、单项选择题

1. 属于不同总体的不同性质指标对比的相对数是_____。

   A. 动态相对数　　　　　　　　B. 比较相对数

   C. 结构相对数　　　　　　　　D. 强度相对数

2. 下面属于结构相对数的有_____。

   A. 人口出生率　　　　　　　　B. 产值利润率

   C. 恩格尔系数　　　　　　　　D. 工农业产值比

3. 第五次人口普查结果,我国每10万人中具有大学程度的为3 611人。该数字资料为_____。

   A. 绝对数　　　　　　　　　　B. 比较相对数

   C. 强度相对数　　　　　　　　D. 结构相对数

4. 统计指数按其反映的对象范围不同分为_____。

   A. 简单指数和加权指数　　　　B. 综合指数和平均指数

   C. 个体指数和总指数　　　　　D. 数量指标指数和质量指标指数

5. 总指数编制的两种形式是_____。

   A. 算术平均指数和调和平均指数　B. 个体指数和综合指数

   C. 综合指数和平均指数　　　　　D. 定基指数和环比指数

6. 综合指数是一种_____。

   A. 简单指数 B. 加权指数

   C. 个体指数 D. 平均指数

7. 某市居民以相同的人民币在物价上涨后少购商品15％,则物价指数为_____。

   A. 17.6％ B. 85％

   C. 115％ D. 117.6％

8. 某公司三个企业生产同一种产品,由于各企业成本降低使公司平均成本降低15％,由于各种产品产量的比重变化使公司平均成本提高10％,则该公司平均成本报告期比基期降低_____。

   A. 5.0％ B. 6.5％ C. 22.7％ D. 33.3％

9. 编制数量指标指数一般是采用_____做同度量因素。

   A. 基期质量指标 B. 报告期质量指标

   C. 基期数量指标 D. 报告期数量指标

10. 编制质量指标指数一般是采用_____做同度量因素。

    A. 基期质量指标 B. 报告期质量指标

    C. 基期数量指标 D. 报告期数量指标

二、多项选择题

1. 指数的作用包括_____。

   A. 综合反映事物的变动方向 B. 综合反映事物的变动程度

   C. 利用指数可以进行因素分析 D. 研究事物在长时间内的变动趋势

   E. 反映社会经济现象的一般水平

2. 拉斯贝尔综合指数的基本公式有_____。

   A. $\dfrac{\sum p_1 q_1}{\sum p_0 q_1}$ B. $\dfrac{\sum p_1 q_0}{\sum p_0 q_0}$ C. $\dfrac{\sum q_1 p_1}{\sum q_0 p_1}$ D. $\dfrac{\sum q_1 p_0}{\sum q_0 p_0}$

   E. $\dfrac{\sum p_1 q_1}{\sum p_0 q_0}$

3. 编制综合指数的一般方法原则可以概括为_____。

   A. 同度量因素与指数化因素相乘后必须是有实际经济意义的总量指标

   B. 数量指标指数一般以质量指标为同度量因素

C. 质量指标指数一般以数量指标为同度量因素

D. 同度量因素的固定时期必须以指数的经济意义为依据

E. 同度量因素必须定在基期水平

4. 平均数变动因素分析的指数体系中包括的指数有_____。

   A. 可变组成指数   B. 固定构成指数

   C. 结构影响   D. 算术平均指数

   E. 调和平均指数

5. 同度量因素的作用有_____。

   A. 平衡作用   B. 权数作用

   C. 稳定作用   D. 同度量作用

   E. 调和作用

6. 计算和运用相对数时应注意的问题有_____。

   A. 注意保持对比指标数值的可比性

   B. 注意保持对比指标数值的可加性

   C. 注意使用同度量因素

   D. 注意各种相对数的结合应用

   E. 注意同绝对数相结合运用

7. 指数按计算形式不同可分为_____。

   A. 简单指数   B. 总指数

   C. 数量指标指数   D. 质量指标指数

   E. 加权指数

8. 比较相对数适用于_____。

   A. 计划水平与实际水平之比   B. 先进与落后之比

   C. 不同国家间之比   D. 不同时间状态之比

   E. 实际水平与标准水平之比

9. 反映国民经济产业结构的相对数是_____。

   A. 国民生产总值   B. 第一、二、三产业产值之比

   C. 各产业增长速度   D. 各产业比上年增长量

   E. 各产业占的比重

10. 假设某国 GDP 平均每年增长 7.5%，到 2022 年可达到 16 000 亿美元，占全球比重 4.1%，人均 GDP 11 182 美元。该资料中用到的指标有_____。

A. 绝对数 B. 动态相对数 C. 比较相对数 D. 强度相对数

E. 结构相对数

三、简答题

1. 常用的相对指标有哪几种？它们在统计分析中各有何作用？
2. 试述强度相对数和平均数的区别。
3. 试述计算和运用相对数时应注意的问题。
4. 统计指数按不同标志可分为哪些种类？
5. 什么叫同度量因素？它在编制指数时有何作用？
6. 编制数量指数时有哪些公式？应怎样选择应用？
7. 编制质量指数时有哪些公式？应怎样选择应用？
8. 如何编制算术平均数指数和调和平均数指数？它们在经济分析中如何应用？
9. 当一个总量指标是由两个以上因素构成时，如何运用综合指数法分析其中各个因素在时间上的变动程度？
10. 简要说明我国零售物价指数和居民消费价格指数的编制方法。

四、计算和分析题

1. 某市某季度三个国营百货商店的零售计划执行情况如表 4-21 所示。

要求：

(1) 计算表中所缺的指标数值；

(2) 对表 4-21 中三个百货商店的计划完成情况做简要的分析。

表 4-21 某市三个国营百货商店的零售计划执行情况

商　品	本　季			上季实际零售额（万元）	本季与上季相比（%）
	计划零售额（万元）	实际零售额（万元）	完成计划百分数（%）		
第一百货商店	100	110		90	
第二百货商店	150		100	130	
第三百货商店		237.5	95	160	
合　计	500				

2. 某集团公司所属 20 个企业的季度生产计划执行情况如表 4-22 所示。

表 4-22 某集团公司所属 20 个企业的季度生产计划执行情况

企业按总产值计划完成程度分组(%)	企业数		总产值(万元)			工人数			劳动生产率		
	企业数	比重(%)	计划	实际	完成计划(%)	计划	实际	完成计划(%)	计划	实际	完成计划(%)
70～100	4		1 200	972		600	600				
100	9		3 600	3 600		1 200	1 200				
100～110	5		2 300	2 418		700	735				
110～130	2		1 400	1 680		350	350				
合计	20										

要求：

(1) 试计算表 4-22 空格内的指标；

(2) 试从挖掘潜力的角度分析该集团公司生产计划的完成情况。

3. 某工厂生产情况如下：

(1) 年度计划工业总产值为 250 万元，实际于 11 月 10 日即达到国家计划，到年末完成工业总产值 300 万元，试计算工业总产值计划完成程度百分数。问提前多少时间完成计划任务？

(2) 该厂实际职工人数为 800 人，计划规定劳动生产率为 0.3 万元，试计算该年劳动生产率计划完成程度。

(3) 该厂产品成本计划规定降低 5%，实际降低 10%，试计算产品成本降低计划完成程度的百分数。

4. 区分下列统计指标是总量指标、相对指标还是平均指标，并说明其理由。

(1) 某年全国粮食总产量；

(2) 某年某县粮食单位面积产量；

(3) 某年某省人口出生率、死亡率；

(4) 某年商品的价格；

(5) 某年某商店的年初职工人数和年底职工人数；

(6) 单位产品成本；

(7) 某地区人口密度；

(8) 成本利润率。

5. 某工厂生产三种产品,其 2012 年及 2013 年的单位成本及产量资料如表 4-23 所示。

表 4-23　某工厂三种产品 2012 年和 2013 年的单位成本及产量资料

产品名称	单位成本(元/件)		产量(千件)	
	2012 年	2013 年	2012 年	2013 年
甲	200	180	20	30
乙	680	620	4	6
丙	70	68	25	32

已知三种产品的生产量增长为 45.45%。

要求:

(1) 计算各种产品的个体成本指数;

(2) 计算三种产品的成本总指数;

(3) 通过指数体系计算三种产品的生产支出总额指数。

6. 某商店的报告期销售额以及各种商品的销售价格报告期比基期升降幅度资料如表 4-24 所示。

表 4-24　某商店的报告期销售额及销售价格升降幅度

商品名称	报告期销售额(万元)	销售价格的升降(%)
甲	124	上升 0.09
乙	280	下降 2.10
丙	182	下降 8.80

要求:根据表 4-24 的资料计算三种商品的物价总指数。

7. 假设下列三种商品的个体物价指数及基期销售额如表 4-25 所示。

表 4-25　三种商品的个体物价指数及基期销售额

商品	个体物价指数	基期销售额(万元)
甲	1.25	364
乙	1.00	880
丙	0.96	450

要求:

(1) 计算三种商品的物价总指数;

(2) 计算由于价格提高而增加的销售额。

8. 某商店三种商品的单价、销售量和销售额资料如表 4-26 所示。

表 4-26　某商店三种商品的单价、销售量和销售额资料

商品名称	计量单位	价格(元)		销售量		销售额(万元)	
		基期	报告期	基期	报告期	基期	报告期
		p_0	p_1	q_0	q_1	p_0q_0	p_1q_1
甲	件	0.25	0.20	400	600	100	120
乙	千克	0.40	0.36	500	600	200	216
丙	米	0.50	0.60	200	180	100	108

要求：

（1）计算三种商品的总销售额指数和销售增加额；

（2）分别用拉氏和派氏公式编制三种商品的物价总指数，并比较其结果；

（3）分别用拉氏和派氏公式编制三种商品的销售量总指数，并比较其结果。

第五章 抽样和抽样分布

为了进一步阐明统计推断的理论依据,本章讨论正态分布、抽样和抽样分布问题。抽样的目的是为了推断总体的数量特征,但这种推断必定伴有某种程度的不确定性,需要用概率来表示其可靠程度,这是统计推断的一个重要特点。本章的学习,可以使读者认识到通过样本推断总体的科学性。为此,本章重点阐述正态分布、抽样及抽样中的几个基本概念、随机抽样设计、样本平均数及两个样本平均数之差的抽样分布、总体比率和两个总体比率之差的抽样分布,以及 t 分布、χ^2 分布和 F 分布等。

第一节 正 态 分 布

一、正态分布在统计学中的地位

正态分布是统计和抽样的理论基础,在统计中具有极其重要的理论意义和实践意义,主要表现在以下三个方面。

(1) 客观世界中有许多随机现象都服从或近似服从正态分布。例如,人的身高和智商、测量某一零件直径时的误差、各类设备的使用寿命、植物的生长以及其他许多随机变量,都服从或近似服从正态分布。这些随机变量的共同特点是与平均数比较接近的数值出现的次数较多,而与平均数相差较大的数值出现的次数较少,即"中间大,两头小"。

(2) 正态分布具有很好的数学性质。根据中心极限定理,很多分布的极限是正态分布,在抽样时有些总体虽然不知其确定的分布,但随着样本容量的增大,很多统计量可以看作近似正态分布的。例如,如前所述,即使中等大小的 n 值,二项分布的计算也是很麻烦的,因此,在实际应用中常常利用正态分布来近似二项分布。

(3) 尽管经济管理活动中的有些变量是正偏斜的,但这丝毫不影响正态分布在抽样应用中的地位。我们在实际应用中所处理的变量并不是严格的连续型变量的这一事实,也不影响正态分布的可用性。这就是说,在许多实际问题中,将离散型变量作为按正态分布性质的连续型分布是很便利的。

现在举一个近似正态分布的实例。某企业 96 名工人的日产量资料如表 5-1 所示。经过整理作直方图如图 5-1 所示。

表 5-1　某企业 96 名工人日产量数据

日产量(件)	频　数	频率(%)
18～20	2	2.1
20～22	9	9.4
22～24	28	29.2
24～26	30	31.2
26～28	21	21.9
28～30	5	5.2
30～32	1	1.0
合　　计	96	100.0

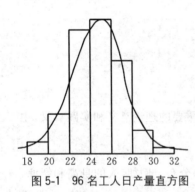

图 5-1　96 名工人日产量直方图

由图 5-1 可看出 96 名工人日产量的分布是中间大两头小。如果工人数增多,日产量的分组间隔缩小,图形就逐渐转化为分布密度曲线或概率密度曲线 $f(x)$。可见,分布密度曲线 $f(x)$ 实际上就是直方图的极限分布或理论分布。

二、正态分布的密度函数及其数学性质

如果对于随机变量 X 的分布函数 $F(x)$,存在着非负的函数 $f(x)$,使对于任意实数 x 有:

$$F(x) = \int_{-\infty}^{x} f(t) \, dt$$

则称 $f(x)$ 为 X 的概率密度函数,简称"概率密度"。

连续型随机变量 X 的密度函数为:

$$f(x) = \frac{1}{\sqrt{2\pi}\sigma} e^{\frac{-(x-\mu)^2}{2\sigma^2}} \quad (-\infty < x \leqslant +\infty)$$

式中,μ,σ 是两个参数,且 $-\infty < \mu < +\infty$,$0 < \sigma < +\infty$,则称 X 服从参数 μ,σ 的正态分布,记作:

$$X \sim N(\mu, \sigma^2)$$

只有当参数 μ,σ 都确定后,正态分布的密度函数才完全确定。正态分布密度函数 $f(x)$ 的图形如图 5-2 所示。

根据概率密度函数的定义,可求得随机变量 x 的分布函数为:

$$F(x) = \frac{1}{\sqrt{2\pi}\sigma} \int_{-\infty}^{x} e^{\frac{-(t-\mu)^2}{2\sigma^2}} dt$$

若 $X \sim N(\mu, \sigma^2)$,则 X 在 (a,b) 内取值的概率为:

$$P(a < x < b) = \frac{1}{\sqrt{2\pi}\sigma} \int_{a}^{b} e^{\frac{-(t-\mu)^2}{2\sigma^2}} dt$$

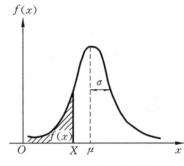

图 5-2 密度函数曲线

其分布曲线如图 5-3 所示。

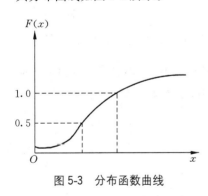

图 5-3 分布函数曲线

从图 5-2 可以看出正态密度曲线具有如下的特征:

(1)服从正态分布的随机变量,取值区域是整个 x 轴,曲线无论向左或向右延伸均以 x 轴为渐近线。

(2)密度曲线都在 x 轴的上方,它和 x 轴所围成的区域,其总面积为 1。

(3)在 $x = \mu$ 处,曲线达到最高点 $\left[f(\mu) = \frac{1}{\sqrt{2\pi}\sigma} \right]$。

曲线的形状呈钟形,"中间大,两头低"。

(4)曲线以 $x = \mu$ 为对称轴,在距离对称轴两边相同距离 $\mu \pm \sigma$ 处,各有一个曲线上升与下降的转折点,即拐点。参数 μ 称为均值,σ 称为标准差,σ^2 称为方差。

(5)均值 μ 是正态分布密度曲线的位置参数,μ 的数值不同,曲线最高点的横坐标则不同。如果 $\mu = 0$,则密度曲线的对称轴就与 y 轴重合,如图 5-4 所示。标准差 σ 是正态分布函数曲线的形状参数,它正好等于曲线拐点与纵轴之间的距离。它的数值大小反映了曲线的"胖""瘦"程度,如图5-5所示。σ越大,曲线"矮而胖",随机变量在均值μ附近出现的密度越小;σ越小,曲线"高而瘦",随机变量在均值μ附近出现的概率越大。

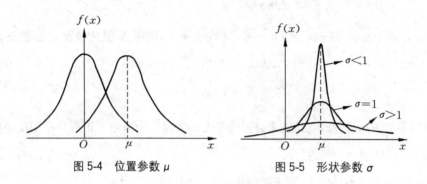

图5-4 位置参数 μ 图5-5 形状参数 σ

三、 标准正态分布、正态分布表及其应用

设$\mu=0$,$\sigma=1$的正态分布称为标准正态分布,一般习惯用$\Phi(x)$表示它的概率密度函数,其公式为:

$$\varphi(x) = \frac{1}{\sqrt{2\pi}} e^{-\frac{x^2}{2}}$$

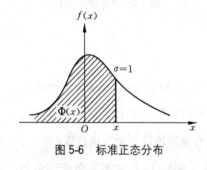

图5-6 标准正态分布

根据上述公式,对任何实数x的$\varphi(x)$值,可查阅正态分布的密度函数表,即附表1得到。由于正态分布是连续型随机变量,在某一点的概率趋近于0,所以这张表在实际中应用较少。但是当二项分布试验次数很大时,计算某一点的概率比较困难,而n较大时,二项分布又趋近于正态分布,所以可用正态分布的概率密度来近似计算。这一点将在后面阐述。

标准正态分布的分布函数为:

$$\Phi(x) = \frac{1}{\sqrt{2\pi}} \int_{-\infty}^{x} e^{-\frac{t^2}{2}} dt$$

其图形如图5-6所示。在附表2(正态分布的分布函数表)上所查得的概率就是图5-6阴影的面积。

图5-6所示的正态分布表比较常用,但在有些统计学论著中,对这种正态分布函数积分表$\Phi(x)$的编排还采用了如下两种主要形式:

(1) 以 O 为起点,即:

$$\Phi(x) = \int_0^x \frac{1}{\sqrt{2\pi}} e^{-\frac{t^2}{2}} dt$$

其查表所得的概率是图 5-7 阴影部分的面积。

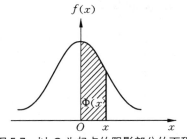
图 5-7　以 O 为起点的阴影部分的面积

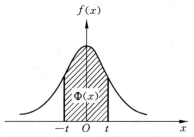
图 5-8　在 O 左右两侧包括的面积

(2) 以 O 为起点取 t 值,以 $F(t)$ 表示在 O 的左右两侧包括的面积,表上查到的概率就是图 5-8 阴影部分的面积。

在图 5-8 的情况下,一些常用的 t 值应该记住,如:

$t = 1 \quad P(-1 \leqslant X < 1) = 0.6826$

$t = 2 \quad P(-2 \leqslant X < 2) = 0.9545$

$t = 3 \quad P(-3 \leqslant X < 3) = 0.9975$

$t = 1.96 \quad P(-1.96 \leqslant X < 1.96) = 0.9500$

$t = 2.58 \quad P(-2.58 \leqslant X < 2.58) = 0.9900$

由于标准正态分布的标准差为 1,所以 t 值取 1,就是一个标准差,t 值取 2 就是两个标准差,依此类推。由于正态分布的对称性,因此只要有其中的一种表,都可以推算所需要的概率。

利用正态分布表,不仅可以简捷地求出标准正态分布函数的数值,而且还可以通过随机变量的标准化变换,求得任何正态分布的分布函数值。下面讨论正态分布的标准化。

一般情况下,若 $X \sim N(\mu, \sigma^2)$,则有:

$$F(x) = \frac{1}{\sqrt{2\pi}\sigma} \int_{-\infty}^{x} e^{-\frac{(t-\mu)^2}{2\sigma^2}} dt$$

若令 $y = \frac{t - \mu}{\sigma}$,代入上式得:

$$F(x) = \frac{1}{\sqrt{2\pi}} \int_{-\infty}^{\frac{x-\mu}{\sigma}} e^{-\frac{y^2}{2}} dy = \Phi\left(\frac{x-\mu}{\sigma}\right)$$

于是：
$$P(x_1<X<x_2)=\Phi\left(\frac{x_2-\mu}{\sigma}\right)-\Phi\left(\frac{x_1-\mu}{\sigma}\right)$$

可见，如果 $x\sim N(\mu,\sigma^2)$，则 $\left(\frac{x-\mu}{\sigma}\right)\sim N(0,1)$。

正态分布 $N(\mu,\sigma^2)$ 和标准正态分布 $N(0,1)$ 面积之和的对应关系如下：

当 $x=\mu+\sigma$ 时，$z=\frac{x-\mu}{\sigma}=\frac{\mu+\sigma-\mu}{\sigma}=1$

当 $x=\mu-\sigma$ 时，$z=\frac{x-\mu}{\sigma}=\frac{\mu-\sigma-\mu}{\sigma}=-1$

当 $x=\mu+2\sigma$ 时，$z=\frac{x-\mu}{\sigma}=\frac{\mu+2\sigma-\mu}{\sigma}=2$

当 $x=\mu-2\sigma$ 时，$z=\frac{x-\mu}{\sigma}=\frac{\mu-2\sigma-\mu}{\sigma}=-2$

依此类推，其对应关系见图 5-9 和图 5-10。

比较图 5-9 和图 5-10，可以看出：

（1）图 5-9 是以 $x=\mu$ 为对称，而图 5-10 是以 $z=0$ 为对称。

（2）图 5-9 中组距 $[\mu,\mu+\sigma]$ 的面积与图 5-10 中组距 $[0,1]$ 的相同；图 5-9 中组距 $[\mu+\sigma,\mu+2\sigma]$ 的面积与图 5-10 中组距 $[1,2]$ 之间的面积相同，其余依此类推。

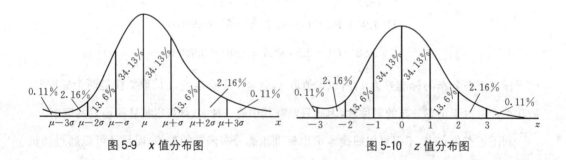

图 5-9　x 值分布图　　　　　　　图 5-10　z 值分布图

（3）由于标准正态分布 $N(0,1)$ 的图形是惟一的，因此，使用标准正态分布已无须使用者自己进行计算，而是只要学会查表就可以了。

下面我们举几个实例说明其应用过程。

【例 5-1】　某企业生产日光灯，日光灯的使用寿命呈正态分布，其均值为 1 000 小时，标准差为 200 小时，试求使用寿命在下列范围内的比重：

（1）使用寿命在 800~1 200 小时之间；

（2）使用寿命在 1 150~1 450 小时之间；

(3) 使用寿命在 920~1 450 小时之间;

(4) 使用寿命小于 920 小时。

解:以 x 表示日光灯的使用寿命,已知 $x \sim N(1\,000, 200^2)$。

(1) 若 $x = 1\,200$,则 $z = \dfrac{x-\mu}{\sigma} = \dfrac{1\,200 - 1\,000}{200} = +1$

若 $x = 800$,则 $z = \dfrac{x-\mu}{\sigma} = \dfrac{800 - 1\,000}{200} = -1$

$$P(800 \leqslant X \leqslant 1\,200) = P\left(\dfrac{800 - 1\,000}{200} \leqslant \dfrac{x - 1\,000}{200} < \dfrac{1\,200 - 1\,000}{200}\right)$$

$$= P(-1 \leqslant z < 1)$$

$$= \Phi(1) - \Phi(-1)$$

$$= \Phi(1) - [1 - \Phi(1)]$$

$$= 0.841\,3 - [1 - 0.841\,3]$$

$$= 0.841\,3 - 0.158\,7$$

$$= 0.682\,6 \text{ 或 } 68.26\%$$

其图形如图 5-11(a)所示。

(2) 若 $x = 1\,450$,则 $z = \dfrac{1\,450 - 1\,000}{200} = 2.25$

若 $x = 1\,150$,则 $z = \dfrac{1\,150 - 1\,000}{200} = 0.75$

$$P(1\,150 \leqslant X < 1\,450) = P\left(\dfrac{1\,150 - 1\,000}{200} \leqslant \dfrac{x - 1\,000}{200} < \dfrac{1\,450 - 1\,000}{200}\right)$$

$$= P(0.75 \leqslant z < 2.25)$$

$$= \Phi(2.25) - \Phi(0.75)$$

$$= 0.987\,8 - 0.773\,4$$

$$= 0.214\,4 \text{ 或 } 21.44\%$$

其图形如图 5-11(b)所示。

(3) 若 $x = 1\,450$,则 $z = \dfrac{1\,450 - 1\,000}{200} = 2.25$

若 $x=920$，则 $z = \dfrac{920-1\,000}{200} = -0.40$

$$P(920 \leqslant X < 1\,450) = P\left(\dfrac{920-1\,000}{200} \leqslant \dfrac{x-1\,000}{200} < \dfrac{1\,450-1\,000}{200}\right)$$

$$= P(-0.40 \leqslant z < 2.25)$$

$$= \Phi(2.25) - \Phi(-0.40)$$

$$= \Phi(2.25) - [1 - \Phi(0.40)]$$

$$= 0.987\,8 - [1 - 0.655\,4]$$

$$= 0.987\,8 - 0.344\,6$$

$$= 0.643\,2 \text{ 或 } 64.32\%$$

其图形如图 5-11(c) 所示。

(4) 若 $x=920$，则 $z = \dfrac{920-1\,000}{200} = -0.40$

$$P(X < 920) = P\left(\dfrac{X-1\,000}{200} < \dfrac{920-1\,000}{200}\right)$$

$$= P(z < -0.40) = \Phi(-0.4)$$

$$= 1 - \Phi(0.4) = 1 - 0.655\,4 = 0.344\,6 \text{ 或 } 34.46\%$$

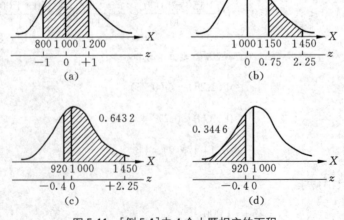

图 5-11　[例 5-1] 中 4 个小题相应的面积

其图形如图 5-11(d)所示。

【例 5-2】 某企业生产日光灯,日光灯的使用寿命呈正态分布,其均值为 1 000 小时,标准差为 200 小时,试求:(1)以均值为中心,95%的使用寿命在什么范围之内?(2)使用寿命最高的 5%的日光灯其使用寿命超过多少小时?

解:本题是给出概率求 x 的取值。

(1) $P\left(\left|\dfrac{x-\mu}{\sigma}\right|<\alpha\right)=0.95$,查表得 $\alpha=1.96$

因此:
$$P\left(-\alpha<\dfrac{x-\mu}{\sigma}<\alpha\right)=P\left(-1.96<\dfrac{x-1\,000}{200}<1.96\right)$$
$$=P(1\,000-1.96\times200<X<1\,000+1.96\times200)$$
$$=P(608<X<1\,392)$$

所以,95%的使用寿命在 608 小时至 1 392 小时之间。

(2) $P(X<x)=1-0.05$

$$P\left(\dfrac{X-\mu}{\sigma}<\dfrac{x-\mu}{\sigma}\right)=P(Z<z)=0.95$$

查表得 $z=1.645$,则:

$$\dfrac{x-\mu}{\sigma}=\dfrac{x-1\,000}{200}<1.645 \quad x<1\,329$$

所以,寿命最高的 5%的日光灯的使用寿命高于 1 329 小时。

正态分布还可用作二项分布的逼近。经验法则告诉我们,当 $np\geq5$ 且 $n(1-p)\geq5$ 时,正态分布是二项分布的恰当的逼近。这使我们有可能计算大二项分布即二项分布表不适用的概率。为了应用正态分布,我们可取 $\mu=np$ 和 $\sigma=\sqrt{npq}$,然后再把原变量值变换为 z 值。同时,又因为正态分布是连续分布,而二项分布属离散分布,故在做近似计算时,为得到更好的结果,需对计数做某种校正。这种校正称连续校正。当我们把正态分布用作二项分布的近似时,必须考虑以下事实,即对于二项分布来说 $P(X=x)$ 是包括 x 的矩形面积。因此,在把 x 值变换成 z 值时,连续校正就是根据不同情况对 x 加 0.5 或从 x 减 0.5。

下面我们举两个例子来说明怎样用正态分布概率来近似计算二项分布概率。[例 5-3]通过正态曲线的计算求得二项分布中单项概率的近似值,[例 5-4]说明二项分布中若干项之和的相应的计算。

【例 5-3】 有一批产品,一级品占 30%,现重复抽取 20 件,求一级品为 8 件的概率,即 $P(X=8)$ 是多少?

解:此题中,$n=20$,$p=0.3$,$q=0.7$,要求 $X=8$ 的概率,用二项分布计算为:

$$P(X=8) = f(8) = C_{20}^{8}(0.3)^{8}(0.7)^{12}$$

先查二项分布表,再求所需概率:

$$P(X=8) = F(8) - F(7) = 0.886\ 7 - 0.772\ 3 = 0.114\ 4$$

其图形如图 5-12 所示。如果把直方图的顶部中点连接起来,所得的曲线近似于正态的曲线。可以看出 $P(X=8)$ 的概率约等于正态曲线与直线 $X=7.5$,$X=8.5$ 以及 x 轴所夹的曲边形面积,所以,可以用正态分布来近似计算。为了说明这一点,让我们用连续校正和正态近似来求 X 处于 $x_1=7.5$ 和 $x_2=8.5$ 之间的概率。先将 X 值变换为 z 值:

$$z_1 = \frac{x_1 - np}{\sqrt{npq}} = \frac{7.5 - 20 \times 0.3}{\sqrt{20 \times 0.3 \times 0.7}} = 0.73$$

$$z_2 = \frac{x_2 - np}{\sqrt{npq}} = \frac{8.5 - 20 \times 0.3}{\sqrt{20 \times 0.3 \times 0.7}} = 1.22$$

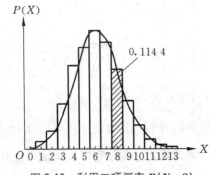 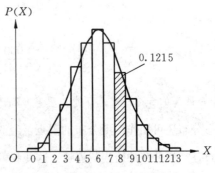

图 5-12 利用二项概率 $P(X=8)$ 　　图 5-13 利用正态近似 $P(7.5<X<8.5)$

$$P(7.5<X<8.5) = P(0.73<z<1.22)$$
$$= \Phi(1.22) - \Phi(0.73)$$
$$= 0.888\ 8 - 0.767\ 3 = 0.121\ 5$$

这与严格的概率值 0.114 4 很接近。其图形如图 5-13 所示,其阴影部分给出了 $X=8$ 时的概率,即 $P(X=8)$。

【例 5-4】 有一批产品,一级品占 20%,现重复抽取 100 件,求一级品不少于 14 件和不多于 24 件的概率。

解:根据二项分布:

$$P(14 \leqslant X \leqslant 24) = \sum_{x=14}^{24} C_{100}^{x}(0.2)^{x}(0.8)^{100-x}$$

由于 $n = 100$,故无法查二项分布表,但可用正态分布作近似计算:

$$n = 100,\ p = 0.2,\ np = 100 \times 0.2 = 20$$

$$\sigma = \sqrt{npq} = \sqrt{100 \times 0.2 \times 0.8} = 4$$

$$P(13.5 < X < 24.5) = P\left(\frac{13.5 - 20}{4} < \frac{x - 20}{4} < \frac{24.5 - 20}{4}\right)$$

$$= P(-1.63 < z < 1.13)$$

$$= \Phi(1.13) - \Phi(-1.63) = \Phi(1.13) - [1 - \Phi(1.63)]$$

$$= 0.8708 - [1 - 0.9484] = 0.8708 - 0.0516$$

$$= 0.8192\ \text{或}\ 81.92\%$$

第二节 抽样及抽样中的几个基本概念

一、抽样的概念和特点

抽样就是从所研究的对象中随机地取出其中一部分来观察,由此而获得有关总体的信息。例如,某企业生产了一批彩色显像管,根据设计要求其平均使用寿命不得低于 5 000 小时,我们要了解该批产品是否达到了设计要求。为了达到目的,我们只能随机地抽取其中一小部分作试验,而要想对该产品作全面试验是不行的,这是因为对每个显像管进行试验具有破坏性。假定我们随机抽取了 30 只做试验,测得平均使用时间为 4 950 小时。在下结论认为这些产品未达到设计标准时,要冒一定的风险,因为这既可能是这批产品质量普遍达不到标准的反映,也可能是由于抽样时抽到了其中质量较差的产品这一原因所致。然而,若能根据试验的结果掌握这些产品平均使用时间的概率分布,那么我们就可以推断出如果这批产品平均使用寿命达到 5 000 小时,而我们抽到的样本平均使用时间在 4 950 小时及以下的概率有多大,如果这概率很小,譬如说 1%,那么这种可能性很小的事件竟在一次试验中发生了,据此可以推断这批产品平均使用时间不到 5 000 小时。这样可以通过这一随机变量的概率分布来确定我们所下结论的可靠程度。这个例子说明了抽样的三个特点。

(1) 遵守随机原则。随机原则是指在抽样时每个单位有同等被抽中的机会。只有遵守随机原则，才能使抽取的部分单位具有充分的代表性。

(2) 推断被调查现象的总体特征。抽样的最终目的是根据样本数据推断被调查现象的总体特征。

(3) 计算推断的准确性和可靠性。我们可把推断的误差控制在一定的精确程度和可靠程度上，以满足实际工作的需要。

鉴于抽样的上述特点，它在工商管理领域具有极其广泛的应用，具体体现在以下五个方面。

(1) 当某些现象不可能采用全面调查时，可以利用抽样作出推断。有些现象要经过破坏性或消耗性的试验才能了解其情况，如灯泡的使用寿命和轮胎的行驶里程等，都要做破坏性的试验，无法采用全面调查。对于某些无限总体不能采用全面调查，而只能从中抽出样本进行检验。例如，要检查大批量生产的某种小零件的质量，就不可能进行全面调查。

(2) 当某些现象没有必要采用全面调查时，可利用抽样作出推断。例如，对城市居民的家计调查和市场购买力调查等，完全可采用抽样方法，因为它可节省大量的人力、物力和财力，并能得到事半功倍的效果。

(3) 抽样调查和全面调查结合，可以相互补充，也可以对全面资料起到检验核对的作用。

(4) 对于某些总体的假设需要依靠抽样法进行假设检验。例如，要检验一项工艺改革方案实施以后，是否收到明显的效果，就需要对总体进行假设检验，然后利用抽样方法判断这一假设的真伪，以便作出决断。

(5) 它可用于现代化工业大批量生产过程中的产品质量控制。在连续大量生产产品过程中进行抽样检验，观察工序过程是否正常，便于及时采取措施，预防废次品的产生。

二、抽样法的几个基本概念

(一) 样本统计量和总体参数

无论是总体还是样本，都可以用诸如平均数、中位数、众数、比率(或成数)以及标准差和方差等集中趋势指标和离散趋势指标来描述它们的特征。当它们用来描述样本的特征时，称为样本统计量；当它们用来描述总体特征时，称为总体参数。

为统一名称，统计学家习惯上用小写的拉丁字母表示样本统计量，用小写的希腊字母或大写的拉丁字母表示总体参数。表 5-2 列出了样本统计量和总体参数的符号。

表 5-2 样本统计量和总体参数符号

名 称	样 本	总 体
定 义	从总体中抽出的部分单位数	研究对象的全部单位总数
特 征	统 计 量	参 数
符 号	样本容量:n 样本平均数:$\bar{x}$ 样本比率:$\tilde{p}$ 样本标准差:s 样本方差:s^2	总体容量:N 总体平均数:μ 总体比率:p 总体标准差:σ 总体方差:σ^2

(二) 随机抽样和判断抽样

随机抽样和判断抽样都是从总体中抽取样本的方法。但两者有明显的区别。随机抽样是按随机原则,即按概率规律抽取样本,在总体中所有单位被抽中的机会是均等的。被抽中的样本单位数即样本容量不带任何个人或集体的主观意见。被选的概率可以事先确定,抽样所出现的误差可以通过概率理论加以测量并确定在一定范围之内。判断抽样是一种非随机抽样,它是根据个人或集体的设想或经验,从总体中有目的地抽取样本。采用这种方法往往是由于人力、物力和财力条件以及时间的限制所致。当然,要想使判断抽样获得比较好的效果,其条件必须是抽样人具有丰富的关于总体的专业知识。但是,由于判断抽样是凭主观设想和判断抽取样本的,因此,抽样的结果就不能用概率方法来加以分析。这是随机抽样和判断抽样的根本区别。在本书中,只限于有关随机抽样的阐述。

(三) 非抽样误差和抽样误差

抽样调查中的误差是指样本统计量和总体相应参数之间的差距。这种误差大致可分为两类,即非抽样误差和抽样误差。

非抽样误差是指在调查登记过程中发生的误差和由于主观因素破坏了随机原则而产生的系统性的偏差。在全面调查和抽样调查中,都存在着登记性误差,系统性的偏差也是人为因素所致。因此,这种非抽样误差往往与调查员的训练水平和工作态度有关,通过努力是可以避免这种误差的。

抽样误差仅仅是指由于抽样的随机性而带来的偶然的代表性误差,不包括登记性误差和不遵守随机原则造成的偏差。总的来说,抽样误差是进行抽样调查所固有的误差,由于从总体中按随机原则抽取的样本,其结构不可能和总体完全一致,因而样本平均数或比率与总体平均数或比率之间必然会发生误差。抽样误差是具有随机性质的误差,根据抽样结果而作出的决断就有脱离实际而遭受一定损失的风险。但是,一般来说,抽样误差同样受大数定律的支配,因此,我们可运用概率统计的理论和方法把误差控制到最小的限度,从而对总体参数作出科学的推断或估计。

第三节 随机抽样设计

在进行随机抽样时,由于所研究现象的特点和工作条件的不同,可以设计各种不同的抽样方式。但不同的抽样方式,对于抽样的结果有很大的影响,所以在研究问题时,应根据研究的目的和要求以及视具体情况选择抽样方式。在工商管理中应用得较多的抽样方式有纯随机抽样、等距抽样、类型抽样、整群抽样和多阶段抽样等。

一、纯随机抽样

纯随机抽样也称简单随机抽样,是抽样中最基本的方式。其他各种抽样方式,都是以纯随机抽样原则为依据采取排队、分类、分层或分群方式而形成的。纯随机抽样是对总体的所有容量不做任何的分类和排队,完全按随机原则逐个抽取样本容量。

为了保证随机样本的随机性和代表性,在抽取样本时可采用抽签法和随机数字法。

抽签法就是将总体容量全部加以编号,并编成相应的号签,然后将号签充分混合后逐个抽取,直到抽到预定需要的样本容量为止。然而,如果总体容量很多,这时编制号签的工作量很大,并且很难掺和均匀。因此,当总体容量很多时采用这种方法是不合适的。

随机数字法是最简便易行又符合随机原则的方法。统计学家设计的抽样方式在某种程度上都依赖于随机数表。使用随机数表的目的是为了消除抽取样本时的人为偏差。本书最后的附表3列出了这类随机数表。许多电子计算机程序以及统计书籍都提供了随机数表。下面我们再现其中的一部分,并用例子说明其运用过程。

由电子计算机生成的随机数表

8	9	8	6	3	1	8	5	8	1	8	8	4	9	1	9	6	6	9	9
7	8	5	9	5	3	7	1	7	9	6	1	9	3	2	2	3	3	7	
9	4	3	2	4	5	6	3	4	9	4	0	3	2	1	9	2	3	6	2
7	3	1	2	1	7	5	3	4	1	7	9	0	5	3	3	0	0	9	
0	2	1	2	8	7	2	6	6	6	5	5	4	2	1	5	5	9	1	9

例如,利用上述随机数表在1个含有97个数的总体中抽取样本容量为5的随机样本。

假设该总体由某公司某部门工作的 97 名职员所组成,并假定在该总体中随机抽取 5 名职员进行采访。其抽取过程如下：

(1) 可用字母顺序,或用职员的工龄、身份证号等任何方便的办法将职员从 1 到 97 进行编号,而究竟采用哪一种办法是无所谓的。

(2) 利用该随机数表从 1 到 97 中随机抽取 5 个数。由于指定给某个职员的最大编号含有 2 位数,因此,可把此随机数表看作 2 位数即从 00 到 99 来处理。为了便于说明,以该随机数表中第一排第四个位置的 6 作为起点,这就得到了下列 2 位数的集合,即：

$$63,18,58,18,84,91,96,69,\cdots$$

因此,抽取编号为 63、18、58、84 和 91 的职员作为采访对象,而对那些不在职员编号里的数字只需跳过就行。

二、等距抽样

等距抽样也称机械抽样或系统抽样。它是先将总体各单位按某一有关标志(或无关标志)排队,然后相等距离或相等间隔抽取样本单位。根据需要抽取的样本单位数(n)和全及总体单位数(N),可以计算出抽取各个样本单位之间的距离和间隔,即：$K=N/n$,这就等同于将排列的全部总体单位划分为 K 个相等的间隔。然后按此间隔依次抽取必要的样本单位。例如,要从某企业全部 5 000 名职工中,随机抽取 100 人进行家庭收入水平调查时,可按与研究目的无直接关系的"无关标志"编号排列,即通常采用按姓名笔画多少顺序编号排列,然后每隔 50 名($K=5\ 000\div 100=50$)抽取一名职工。如果在第一间隔内的 1～50 人中随机确定抽取第 7 名职工作为起点,即作为第一个样本单位,以后每隔 50 人抽取一名,依次抽第 57、第 107、第 157、……直到第 957 为止,总共抽取 50 名职工组成一个抽样总体。

等距抽样的好处,首先在于能保证被抽取的单位在全及总体中均匀地分布。按照有关标志排列,即按顺序排列的标志与实际调查的标志之间有密切联系,例如职工家计调查按平均工资的多少顺序排列,农产量调查按平均亩产量的高低依次排列等。这样的等距抽样所组成的样本可以缩小各单位之间的差异程度,要比按无关标志排列的等距抽样更为优越。其次,在于能使抽样过程大大简化。如果总体单位按顺序排列后,只要确定最初间隔内的第一个抽取单位的位置或编号,其余需要抽取的单位的位置或编号便随之确定。实际上,特别是农作物在地块里顺序排列的距离位置,工业流水线大量生产产品的时间顺序排列,以及企业目录、职工名册等,利用等距抽样手续就比较简便。正由于等距抽样的上述优点,所以它广泛地被采用。

应用等距抽样抽取样本时,要注意抽样间隔或样本距离和现象本身的节奏性或循环周期相重合的问题。例如,农作物产量实割实测抽样调查,农作物的抽样间隔就不宜和田垄的长度或间隔相重,借以避免产生系统性误差而影响抽样总体的代表性。

三、类型抽样

类型抽样又称分类抽样或分层抽样。它是先将全及总体中的所有单位按某一主要标志分组,然后在各组中采用纯随机抽样或等距抽样方式,抽取一定数目的调查单位构成所需的样本。采取这种方法,由于各单位之间的差异因划类或分层而缩小,这就比较容易选出有代表性的样本。这种方法最适宜于总体情况比较复杂,各类型或层次之间的差异较大,而总体单位又较多的情形。

类型抽样实际上是分组法和抽样原理的结合运用。对分组法来说,能划出性质比较接近的各组,以减少变量值之间的变异程度;对于抽样原理来说,能遵守随机原则,可视大数定律的正确运用。因此,类型抽样较简单纯随机抽样更为精确,能够以较少的抽样单位数得到比较准确的推断结果。特别是当全及总体各单位变量值大小悬殊、各组标志变动程度很大时,划分类型能保证各组都有选中的机会,这就是类型抽样的显著特色。

然而,在每个类型组中应该抽取多少样本单位数,是进行抽样前必须考虑的问题。一般有以下两种方法。

(一)类型比例抽样

即按统一的比例来确定各类型组应抽选的样本单位数。通常各类型的单位数 N_i 是不等的,有时相差很大,若采用等数分配方法,即 $n_1 = n_2 = \cdots = n_K$,将产生不合理的抽样偏差。因此,宜采用类型比例抽样,也就是说,按照总体单位数在各组之间的比例,分配各组的抽样单位数,也即各类型中抽取的样本单位数 n_i 占该类型组所有单位数 N_i 的比例是相等的,等同于样本单位总数 n 占总体单位数 N 的比例,即:

$$\frac{n_1}{N_1} = \frac{n_2}{N_2} = \frac{n_3}{N_3} = \cdots = \frac{n_K}{N_K} = \frac{n}{N}$$

各类型组应抽取的样本单位数为:

$$n_i = \frac{n}{N}N_i = \frac{N_i}{N}n \quad (i = 1, 2, 3, \cdots, K)$$

按此比例(n/N)从每组的 N_i 单位中抽取 n_i 单位即构成一个抽样总体,其样本容量为:

$$n = n_1 + n_2 + n_3 + \cdots + n_K = \sum_{i=1}^{K} n_i$$

由于类型比例抽样考虑到了各类型的权宜,不会产生人为的抽样偏差,又加之资料容易获得,因此在实际工作中被普遍采用。

(二) 类型适宜抽样

总体单位划分类型后,各类型组不仅包含的单位数不同,而且各类型标志变动程度(σ_i)也不同,因此,在抽取样本单位数时,应该考虑这种因素的影响。变动程度(σ_i)大的类型组要多抽样本单位数,变动程度(σ_i)小的类型组可少抽样本单位数,使得各类型组的变动程度(σ_i)在所有类型变动程度之和$\sum_{i=1}^{K}\sigma_i$中的比例相等,等同于$\frac{n_i}{n}$或$\frac{N_i}{N}$。此外,还可将各类型组单位数N_i和变动程度σ_i结合考虑,使得$N_i\sigma_i$在所有类型组之和$\sum_{i=1}^{K}N_i\sigma_i$中所占比例等于$\frac{n_i}{n}$或$\frac{N_i}{N}$,即:

$$\frac{n_i}{n} = \frac{N_i\sigma_i}{\sum_{i=1}^{K}N_i\sigma_i}$$

从而求得各类型的样本单位数为:

$$n_i = nN_i\sigma_i / \sum_{i=1}^{K}N_i\sigma_i$$

上述方法称为类型适宜抽样。用这种方法求得的抽样单位数,可使抽样误差最小。但在实际工作中,由于事先很难确定各组变动程度(σ_i),因此,大多数情况下不采用这种方法。

四、整群抽样

以上三种抽样方式,都是以全及总体的单位为抽样单位,而整群抽样是在全及总体中以群(或组)为单位,按纯随机抽样方式或等距抽样方式,抽取若干群(或组),然后对所抽中的各群(或各组)中的全部单位一一进行调查。例如,验收人员检查一批货物,以便确定其损坏程度。这批货物由1 000个密封盒组成,每盒装有10个零件。如果验收人员想抽取100个零件作为样本,可能要开启100个密封盒。而启封的盒不易存放和管理,所以验收人员希望少开盒,然后对抽出的每一盒中的所有零件都进行检查,这就是整群抽样方法。在这里,以每一盒作为一群,抽取这些群的随机样本,被抽中的群中的所有单位都是样本单位。

在某些情况下,由于研究对象的特点不适宜采用单个抽取样本单位时,就可采用整群抽样方式。如研究大批量生产流水线上的工业产品的质量,不可能逐个地抽取样本单位,而更适宜于在某段时间内成批抽取样本单位数进行观察。又如研究对象所处地区分散,这时采用整群抽样,相对集中地调查样本单位,调查起来比较方便,可以节省人力、物力和财力。

五、多阶段抽样

以上所述的几种抽样方式称为单阶段抽样,即都是从总体中进行一次抽样就产生一个完整的样本。但在实际工作中,总体包括的单位很多,而且分布很广,要通过一次抽样抽选出样本是很困难的。在这种情况下,可将整个抽样程序分成若干阶段,然后逐阶段进行抽样,以完成整个抽样过程,这种抽样方式称为多阶段抽样。例如,我国的农产量抽样调查,如果由一个省的全部地块中,一次直接抽取实测样本单位是十分困难的。因此,一般是先由省抽县,由抽中的县内再抽乡、村,由抽中的乡、村抽地块,最后才由抽中的地块再抽样本单位。

多阶段抽样除在农产量调查中的应用外,近年来,它在质量检查方面的应用日益广泛[①]。在工业产品检验中,或进口商品检验的抽查中,通常次品在一定比率之下就认为这批产品合格,在一定比率之上就认为这批产品不合格,拒绝出厂或验收。如一次抽验200件产品作为样本,以次品不超过10件作为合格标准,这是第一阶段抽样。在实际工作中,往往可以不必检验全部200件就可以作出合格或不合格的判断。例如,在开始检验的20件中就有10件不合格,很显然其余180件就不必再检验了。根据这种经验,我们可以设想订立这样的一种检验规则:从总体中随机抽选80件,如果次品不超过4件就认为产品合格,如果次品超过6件就定为产品不合格,如果次品为5~6件,则再抽查120件,即前后共检验200件。如果在总共抽查的200件中,次品不超过5件为合格,超过5件为不合格,这样,在第二次抽样后最终判断为合格与否,就称为第二阶段抽样。依次类推,还可采用第三阶段、第四阶段或更多阶段的抽样。当然,多阶段抽样所划分的抽样阶段不宜过多,一般以划分两、三个阶段,至多四个阶段为宜。多阶段抽样的显著优点就是能降低抽样成本。从上面产品检验的例子可知,如果第一阶段抽样就能作出判断,则第二阶段抽样比第一阶段抽样节省费用。

以上是随机抽样的五种抽样设计方案。其中,有的还有重复抽样和不重复抽样之分。重复抽样就是把已经抽取出来的总体单位仍旧放回原来的一般总体中,再进行第二次抽取;把第二次抽取出来的总体单位仍放回原来的一般总体中,再进行第三次抽取等。这样在每次抽取时,使已被抽中的总体单位有被重复抽中的可能,总体单位数始终保持不变,而各个单位被抽选的机会也先后等同。由于一般总体单位数总是很多的,而把每次抽中的总体单位仍旧放回原来的一般总体中,不仅手续太繁,而且抽样实践中也没有必要把一个单位重复抽取几次

[①] 李志伟、吴家楹、施家珍编:《统计分析概论(修订版)》,对外贸易教育出版社1989年版,第309页。

来调查,所以重复抽样实际上极少采用。不重复抽样则是将已经抽选出来的单位数不再放回去,而从剩下的总体中抽选,就是说总体中的每个单位只能被抽中一次,不会被重复抽选出来,如等距抽样和整群抽样等,都属于不重复抽样。

第四节 样本平均数的抽样分布

一、抽样分布的概念

在抽样中,由于样本是随机抽取的,对每一个特定的样本,统计量都有一个相应的数值。可见统计量是一个随机变量,其取值随样本的不同而不同。假如从一个总体中随机抽出容量相同的各种样本,则从这些样本计算出的某统计量所有可能值的分布,称为这个统计量的抽样分布。

构造抽样分布包括以下几个步骤:①从容量为 N 的有限总体中随机抽出容量为 n 的所有可能样本;②算出每个样本的统计量数值;③将这些来自不同样本的不同统计量观察值加以分组排列,把对应于每个观察值的相对出现的频数排成另一列。这时不难发现,这些全部可能的样本统计量形成了一个概率分布,这个分布即抽样分布。

我们可以通过一个例子来说明样本平均数的抽样分布。

【例5-5】 假定某公司聘用的10位销售人员构成一个总体。该10位销售人员分别在公司工作了 1,2,…,10 年,现要了解他们以往在公司工作的年数。设 X 为随机变量,即销售人员在公司工作的年数。现在我们采用重复抽样方法,取样本容量 n 为 2。试构造样本平均数的抽样分布。

解:构造该例样本平均数抽样分布的步骤如下:

(1) 抽选样本容量 $n=2$ 的全部可能样本。由于采用重复抽样方法,故共有 $N^n = 10^2 = 100$ 个样本。这些样本如表 5-3 所示。

(2) 计算每一个样本的样本平均数 $\bar{x}$。这些样本平均数为表 5-3 中括号内的数值。

(3) 将各种不同的 $\bar{x}$ 值及其频数分布编成表 5-4 和制成图 5-14,就构成了该总体的抽样分布。

该抽样分布的平均值为 5.5。每个样本都有它的平均值,虽然所有的个别样本的平均值一般不会与总体平均值相同,但它们却趋向于接近总体平均值。由图 5-14 可知,$\bar{x}$ 的数值在 5.5 处出现得最频繁。

表 5-3 总体容量为 10 和样本容量为 2 的所有 100 个可能样本

第二次抽取	第 一 次 抽 取									
	1	2	3	4	5	6	7	8	9	10
1	1, 1 (1)	1, 2 (1.5)	1, 3 (2)	1, 4 (2.5)	1, 5 (3)	1, 6 (3.5)	1, 7 (4)	1, 8 (4.5)	1, 9 (5)	1, 10 (5.5)
2	2, 1 (1.5)	2, 2 (2)	2, 3 (2.5)	2, 4 (3)	2, 5 (3.5)	2, 6 (4)	2, 7 (4.5)	2, 8 (5)	2, 9 (5.5)	2, 10 (6)
3	3, 1 (2)	3, 2 (2.5)	3, 3 (3)	3, 4 (3.5)	3, 5 (4)	3, 6 (4.5)	3, 7 (5)	3, 8 (5.5)	3, 9 (6)	3, 10 (6.5)
4	4, 1 (2.5)	4, 2 (3)	4, 3 (3.5)	4, 4 (4)	4, 5 (4.5)	4, 6 (5)	4, 7 (5.5)	4, 8 (6)	4, 9 (6.5)	4, 10 (7)
5	5, 1 (3)	5, 2 (3.5)	5, 3 (4)	5, 4 (4.5)	5, 5 (5)	5, 6 (5.5)	5, 7 (6)	5, 8 (6.5)	5, 9 (7)	5, 10 (7.5)
6	6, 1 (3.5)	6, 2 (4)	6, 3 (4.5)	6, 4 (5)	6, 5 (5.5)	6, 6 (6)	6, 7 (6.5)	6, 8 (7)	6, 9 (7.5)	6, 10 (8)
7	7, 1 (4)	7, 2 (4.5)	7, 3 (5)	7, 4 (5.5)	7, 5 (6)	7, 6 (6.5)	7, 7 (7)	7, 8 (7.5)	7, 9 (8)	7, 10 (8.5)
8	8, 1 (4.5)	8, 2 (5)	8, 3 (5.5)	8, 4 (6)	8, 5 (6.5)	8, 6 (7)	8, 7 (7.5)	8, 8 (8)	8, 9 (8.5)	8, 10 (9)
9	9, 1 (5)	9, 2 (5.5)	9, 3 (6)	9, 4 (6.5)	9, 5 (7)	9, 6 (7.5)	9, 7 (8)	9, 8 (8.5)	9, 9 (9)	9, 10 (9.5)
10	10, 1 (5.5)	10, 2 (6)	10, 3 (6.5)	10, 4 (7)	10, 5 (7.5)	10, 6 (8)	10, 7 (8.5)	10, 8 (9)	10, 9 (9.5)	10, 10 (10)

表 5-4 由表 5-3 中的样本算出的 $\bar{x}$ 的抽样分布

$\bar{x}$	频 数	相对频数(%)
1	1	1.00
1.5	2	2.00
2	3	3.00
2.5	4	4.00
3	5	5.00
3.5	6	6.00
4	7	7.00
4.5	8	8.00
5	9	9.00
5.5	10	10.00
6	9	9.00
6.5	8	8.00
7	7	7.00
7.5	6	6.00
8	5	5.00
8.5	4	4.00
9	3	3.00
9.5	2	2.00
10	1	1.00
合 计	100	100.00

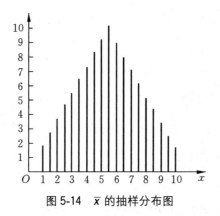

图 5-14 $\bar{x}$ 的抽样分布图

现在我们来计算抽样分布的平均值 $\mu_{\bar{x}}$。根据表 5-3 资料，其平均值 $\mu_{\bar{x}}$ 为：

$$\mu_{\bar{x}} = \frac{\sum \bar{x}_i}{N^n} = \frac{550}{100} = 5.5$$

而总体的均值为：

$$\mu = \frac{\sum X}{N} = \frac{1+2+3+4+5+6+7+8+9+10}{10} = \frac{55}{10} = 5.5$$

由此可见，$\bar{x}$ 的抽样分布的平均值等于原总体的平均值。

$\bar{x}$ 的方差 $\sigma_{\bar{x}}^2$ 的计算结果为：

$$\sigma_{\bar{x}}^2 = \frac{\sum (\bar{x}_i - \mu_{\bar{x}})^2}{N^n}$$

$$= \frac{(1-5.5)^2 + (1.5-5.5)^2 + \cdots + (10-5.5)^2}{100}$$

$$= \frac{412.5}{100} = 4.125$$

而总体的方差为：

$$\sigma^2 = \frac{\sum (x_i - \mu)^2}{N} = 8.25$$

由此可见，抽样分布的方差不等于总体的方差。然而，抽样分布的方差等于总体方差除以用来获得抽样分布的样本容量，即：

$$\sigma_{\bar{x}}^2 = \frac{\sigma^2}{n} = \frac{8.25}{2} = 4.125$$

抽样分布的标准差为:

$$\sigma_{\bar{x}} = \frac{\sigma}{\sqrt{n}}$$

需要指出,从总体中抽取全部可能样本来构造平均数的抽样分布,只是出于理论研究的需要,其目的纯粹是为了能概括出有关平均数抽样分布的一般规律,以便加以应用,而并非在实践中都要一一构造这样的抽样分布。

二、正态分布总体

正态分布只是一个数学概念,在实际问题中,几乎没有一个变量能够严格地服从正态分布,本书所说的正态分布,是指那种近似的正态分布,我们可用正态分布的性质对总体作出描述。

因此,当被抽样总体服从正态分布时,样本平均数 $\bar{x}$ 的抽样分布具有下列性质:

(1) 样本平均数 $\bar{x}$ 的分布仍然是正态分布;

(2) 样本平均数 $\bar{x}$ 分布的平均值 $\mu_{\bar{x}}$ 等于总体的平均数 μ;

(3) 样本平均数 $\bar{x}$ 分布的方差 $\sigma_{\bar{x}}^2$ 等于总体的方差除以样本容量,即 $\sigma_{\bar{x}}^2 = \frac{\sigma^2}{n}$。

上述这些结论对正态分布总体进行推断时经常要用到。

三、中心极限定理

若从非正态分布总体中抽样,那么样本平均数的抽样分布性质又如何呢? 我们可用中心极限定理来分析。

中心极限定理是统计学中一个十分重要的定理,它奠定了抽样的理论基础,并把正态分布广泛应用于抽样推断。其内容为:给出一个具有任意函数形式的总体,其平均值 μ 和方差 σ^2 有限。在对该总体进行抽样时,随着样本容量 n 的增大,由这些样本算出的样本平均数 $\bar{x}$ 的抽样分布将近似服从平均数为 μ 和方差为 σ^2/n 的正态分布。简言之,若统计量 $z = \frac{\bar{x} - \mu}{\sigma/\sqrt{n}}$,则 Z 近似标准正态分布。

中心极限定理说明了不仅从正态分布的总体中抽取样本时,样本平均数这一统计量服从正态分布,即使是从非正态的总体进行抽样,只要样本容量 n 足够大,样本平均数也趋向正态分布。

上面曾说过"样本容量足够大",那么,样本容量究竟该多大才能使抽样分布逼近于正态分布呢? 这主要以考虑统计量能近似正态分布为原则,因此还取决于总体分布情况。总体偏离正态分布越远，所需的样本容量就越大。一般情况下，通常习惯上以 $n \geq 30$ 作为大样本，即所谓的样本容量足够大。

四、有限总体修正系数

上面提到的 $\sigma_{\bar{x}} = \dfrac{\sigma}{\sqrt{n}}$ 这个公式只适用于无限总体，以及适用于简单随机抽样中从一个有限总体内采用重复抽样的方法。但是，在实际工作中，经常采用的是不重复抽样，于是就产生了一个问题，即在对有限总体采用不重复抽样时，伴随着抽样工作的进行，总体单位数将会不断减少，总体各单位被抽中的概率也将发生变化。要解决这一问题，就必须知道从有限总体中不重复抽样时，样本平均数的抽样分布。对此，可作如下的描述：

若抽样是对有限总体的不重复抽样，样本平均数的抽样分布的平均值 $\mu_{\bar{x}}$ 就等于总体平均数 μ，而标准差 $\sigma_{\bar{x}}$ 则为：

$$\sigma_{\bar{x}} = \frac{\sigma}{\sqrt{n}} \sqrt{\frac{N-n}{N-1}}$$

当样本容量足够大，即大到可以用中心极限定理时，样本平均数的抽样分布将逼近正态分布。$\dfrac{\sigma}{\sqrt{n}}\sqrt{\dfrac{N-n}{N-1}}$ 与 $\dfrac{\sigma}{\sqrt{n}}$ 相比，多了一个 $\sqrt{\dfrac{N-n}{N-1}}$。这里，N 为总体容量，n 为样本容量，$\sqrt{\dfrac{N-n}{N-1}}$ 称为有限总体修正系数。当 N 很大时，根号里分母的 N 可以不用减 1，直接写成 $\sqrt{\dfrac{N-n}{N}}$ 或 $\sqrt{1-\dfrac{n}{N}}$。当样本容量少于总体容量的 5% 时，大多数从事实际工作的统计工作者都不用有限总体修正系数。值得注意的是，不重复抽样情形下的 $\sigma_{\bar{x}}$ 恒小于重复抽样下的 $\sigma_{\bar{x}}$。

五、应用案例

讨论样本平均数的抽样分布的目的，在于在后面的章节中能把握应用这一概念来进行推断。但是，我们在目前就能回答，给出平均值为 μ、方差为 σ^2 的总体，容量为 n 的简单随机样本将产生一个大于某一指定值 $\bar{x}_0$ 的样本平均数的概率有多大。

【例 5-6】 某类钢制产品的重量，经过多次衡量，取得有差异的一系列数据，这些数据近似地服从正态分布，设平均值为 2 800 公斤，方差为 9 000 公斤。现假定从该总体中抽出容量为 10 的随机样本。问这个样本的平均重量小于或等于 2 750 公斤的概率为多大？

解：我们抽出的容量为 10 的样本是这一总体中所能抽出的全部可能样本中的一个。图 5-15 表示了总体的分布情况。由于这个总体近似地服从正态分布，所以，抽样分布也服从正态分布。这样,就可以用图 5-16 中的阴影部分的面积表示样本平均数落在这一区域内的概率。

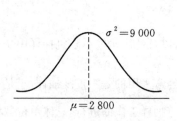

图 5-15 总体分布

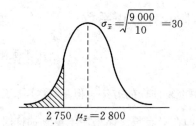

图 5-16 容量为 10 的诸样本的 $\bar{x}$ 的抽样分布

现将 $\bar{x}$ 的值变换为标准正态分布的 z 值,即:

$$z = \frac{\bar{x} - \mu_{\bar{x}}}{\sigma_{\bar{x}}} = \frac{2\,750 - 2\,800}{\sqrt{\frac{9\,000}{10}}} = \frac{-50}{30} = -1.67$$

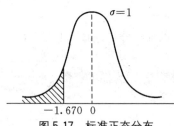

图 5-17 标准正态分布

-1.67 表示样本平均数 $\bar{x}$ 位于抽样分布平均数 $\mu_{\bar{x}}$ 以下,其距离相当于标准差 $\sigma_{\bar{x}}$ 的 1.67 倍,如图 5-17 所示。

查附表 2 可得与 $z = 1.67$ 相对应的概率为 0.952 5。因此本例的阴影部分的面积即概率为:

$$P(z \leq -1.67) = 1 - 0.952\,5$$
$$= 0.047\,5$$

【例 5-7】 从某地区统计中得知,该地区郊区平均每一家庭年收入为 3 160 元,标准差为 800 元。从此郊区抽取 50 个家庭为一随机样本,平均每年家庭收入为以下数字的概率是多少:(1) 多于 3 000 元;(2) 少于 3 000 元;(3) 在 3 200 元到 3 300 元之间。

解:本题并没有告诉我们总体服从正态分布,但因这里的样本容量足够大,$n = 50$,中心极限定理告诉我们此时不论总体服从什么分布,$\bar{x}$ 的抽样分布至少近似服从正态分布。

(1) 根据我们已掌握的知识,不难算出样本平均数的抽样分布的平均值 $\mu_{\bar{x}}$ 和抽样标准差 $\sigma_{\bar{x}}$:

$$\mu_{\bar{x}} = \mu = 3\,160$$

$$\sigma_{\bar{x}} = \frac{\sigma}{\sqrt{n}} = \frac{800}{\sqrt{50}} = 113.14$$

当 $\bar{x}$ 为 3 000 元时,有:

$$z = \frac{\bar{x} - \mu_{\bar{x}}}{\sigma/\sqrt{n}} = \frac{3\,000 - 3\,160}{113.14} = -1.41$$

$$P(\bar{x} > 3\,000) = P(z > -1.41)$$

查附表2得：

$$P(z > -1.41) = 0.920\,7$$

计算结果表明，平均每年家庭收入多于3 000元的概率为92.07%。

(2) 查附表2得：

$$P(\bar{x} < 3\,000) = P(z < -1.41) = 1 - 0.920\,7 = 0.079\,3$$

计算结果表明，平均每年家庭收入少于3 000元的概率为7.93%。

(3) 我们要找的概率为(查附表2)：

$$P(3\,200 < \bar{x} < 3\,300) = P\left(\frac{3\,200 - 3\,160}{800/\sqrt{50}} < z < \frac{3\,300 - 3\,160}{800/\sqrt{50}}\right)$$

$$= P(0.35 < z < 1.24)$$

$$= \Phi(1.24) - \Phi(0.35)$$

$$= 0.892\,5 - 0.636\,8 = 0.255\,7$$

计算结果表明，平均每年家庭收入在3 200元到3 300元之间的概率为25.57%。

【例5-8】 从海外A地区、B地区和C地区到货三批大豆，分别为1 000包、10 000包和100 000包，已知三批大豆中平均每包重量都为100公斤，标准差都是4公斤。现从每批中都按不重复抽样抽取样本容量 $n=500$ 包的样本，来测定这3批大豆的每包平均重量，要求分别标出样本平均重量短秤半公斤以上的概率。

解：从A地区大豆抽样的 $\sigma_{\bar{x}} = \frac{\sigma}{\sqrt{n}}\sqrt{\frac{N-n}{N-1}}$

$$= \frac{4}{\sqrt{500}} \times \sqrt{\frac{1\,000 - 500}{1\,000 - 1}}$$

$$= \frac{4}{\sqrt{500}}\sqrt{\frac{500}{999}}$$

$$= 0.126\,6$$

从 B 地区大豆抽样的 $\sigma_{\bar{x}} = \dfrac{\sigma}{\sqrt{n}}\sqrt{\dfrac{N-n}{N-1}} = \dfrac{4}{\sqrt{500}} \times \sqrt{\dfrac{10\,000 - 500}{10\,000 - 1}}$

$$= \dfrac{4}{\sqrt{500}} \times \sqrt{\dfrac{9\,500}{9\,999}}$$

$$= 0.174\,4$$

从 C 地区大豆抽样的 $\sigma_{\bar{x}} = \dfrac{\sigma}{\sqrt{n}}\sqrt{\dfrac{N-n}{N-1}} = \dfrac{4}{\sqrt{500}} \times \sqrt{\dfrac{100\,000 - 500}{100\,000 - 1}}$

$$= \dfrac{4}{\sqrt{500}} \times \sqrt{\dfrac{99\,500}{99\,999}}$$

$$= 0.178\,4$$

如果不做有限总体修正,则:

$$\sigma_{\bar{x}} = \dfrac{\sigma}{\sqrt{n}} = \dfrac{4}{\sqrt{500}} = 0.178\,9$$

从计算结果来分析,A 地区的样本容量占有限总体容量的比例最大,达到 50%,校正与不校正的差距也最大,抽样标准差 0.126 6 比 0.178 9 小 29.23%。其他两批校正与否的差别很小,这主要是因为 B 地区和 C 地区大豆的样本容量分别占 B 地区和 C 地区大豆总体容量的 5% 和 0.5%。虽然 B 地区大豆总量为 C 地区大豆总量的 10 倍,但校正系数几乎相等,$\sigma_{\bar{x}}$ 分别为 0.178 4 和 0.174 4,相差甚微。这说明 N 和 n 之间的比例超过一定界限,校正与否影响不大。

根据上述样本平均数 $\bar{x}$ 抽样分布的标准差,样本平均数 $\bar{x}$ 短秤半公斤以上的概率分别为:

A 地区:

$$P(\bar{x} \leqslant 99.5) = P\left(z \leqslant \dfrac{99.5 - 100}{0.126\,6} = -3.95\right)$$

$$= 1 - 0.999\,95 = 0.000\,05$$

注意,在附表 2 中,z 值大于 3.49 后的数值是没有的,故这里只能用该表下半部分中 $z = 3.891$ 来近似地代替,其相应的概率为 0.999 95。

B 地区:

$$P(\bar{x} \leqslant 99.5) = P\left(z \leqslant \dfrac{99.5 - 100}{0.174\,4} = -2.87\right)$$

$$= 1 - 0.9979 = 0.0021$$

C 地区：

$$P(\bar{x} \leqslant 99.5) = P\left(z \leqslant \frac{99.5 - 100}{0.1784} = -2.80\right)$$

$$= 1 - 0.9974 = 0.0026$$

计算结果表明，样本平均重量不足 99.5 公斤的概率甚小，而在 N 对 n 比例较大时，概率的差别也很小。

第五节　两个样本平均数之差的抽样分布

一、两个样本平均数之差抽样分布的基本原理

在某些情况下，需要对来自两个不同总体的平均数进行比较，例如，比较两种管理方法下的工作效率等。为了通过样本数据对两个总体平均数之差作出推断，就需要知道两个样本平均值之差（$\bar{x}_1 - \bar{x}_2$）的抽样分布的性质。

假定甲乙两个工厂生产同一种电子元件产品，现在我们要了解两个厂的产品之间究竟有多大的差别。一般只需从两厂生产的产品中各自抽取一个样本进行试验，计算出它们的平均数进行比较。设甲厂生产这种元件的样本平均使用寿命为 $\bar{x}_1$，乙厂生产这种元件的样本平均使用寿命为 $\bar{x}_2$。由于随机抽样的原因，$\bar{x}_1$ 和 $\bar{x}_2$ 都是随机变量，于是 $\bar{x}_1 - \bar{x}_2$ 也是一个随机变量，它同样构成一个抽样分布。但要用 $\bar{x}_1 - \bar{x}_2$ 去推断 $\mu_1 - \mu_2$，就必须了解 $\bar{x}_1 - \bar{x}_2$ 的抽样分布。从原理上讲，在确定样本容量的情况下，从两个总体中抽取全部可能的样本，这些样本之差所构成的分布就是 $\bar{x}_1 - \bar{x}_2$ 的抽样分布。假定两个总体都近似服从正态分布，那么 $\bar{x}_1 - \bar{x}_2$ 也服从正态分布。无论两个样本容量 n_1 和 n_2 是否相等，也无论两个总体 σ_1^2 和 σ_2^2 是否相等，无论是取自无限总体还是取自有限总体，上述结论都可存在。因此，我们可对两个样本平均数之差的抽样分布做如下的描述。

如果有两个正态总体，其平均数分别为 μ_1 和 μ_2，方差分别为 σ_1^2 和 σ_2^2，那么从两个正态总体中抽取的容量分别为 n_1 和 n_2 的两个独立样本的平均数之差 $\bar{x}_1 - \bar{x}_2$ 也一定服从正态分布。样本平均数之差的抽样分布的平均数为：

$$\mu_1 - \mu_2$$

样本平均数之差的抽样分布的标准差为：

$$\sqrt{\frac{\sigma_1^2}{n_1}+\frac{\sigma_2^2}{n_2}}$$

上面所讲的两个样本独立,是指一个样本中容量的抽取对另一个样本中容量的抽取没有影响。如果是从两个非正态总体中抽取两个独立的样本,这时,只要能够保证抽取足够大的样本容量,即 $n \geq 30$,那么,根据中心极限定理,样本平均数之差的抽样分布就会逼近正态分布,其平均数同样为:

$$\mu_1 - \mu_2$$

其标准差同样为:

$$\sqrt{\frac{\sigma_1^2}{n_1}+\frac{\sigma_2^2}{n_2}}$$

二、应用实例

【例5-9】 甲、乙两个工厂生产某种型号的西装,甲厂平均日产量为160件,且服从正态分布,标准差为21件;乙厂平均日产量为130件,也服从正态分布,标准差为26件。现从甲、乙两厂各随机抽取6天计算平均日产量,问出现甲厂比乙厂的平均日产量低的概率有多大?

解:由于两个已知总体都服从正态分布,所以6天的平均日产量 $\bar{x}_1$ 和 $\bar{x}_2$ 也分别服从正态分布,从而 $\bar{x}_1 - \bar{x}_2$ 也是正态分布,即 $\bar{x}_1 - \bar{x}_2$ 服从以均值为 $\mu_1 - \mu_2$、方差为 $\left(\frac{\sigma_1^2}{n_1}+\frac{\sigma_2^2}{n_2}\right)$ 的正态分布,可写成:

$$\bar{x}_1 - \bar{x}_2 \sim N\left(\mu_1 - \mu_2, \frac{\sigma_1^2}{n_1}+\frac{\sigma_2^2}{n_2}\right)$$

根据题意,甲厂的平均日产量低于乙厂的平均日产量,就意味着 $\bar{x}_1 \leq \bar{x}_2$,即 $\bar{x}_1 - \bar{x}_2 \leq 0$,则:

$$P(\bar{x}_1 - \bar{x}_2 \leq 0) = P\left[\frac{\bar{x}_1 - \bar{x}_2 - (\mu_1 - \mu_2)}{\sqrt{\frac{\sigma_1^2}{n_1}+\frac{\sigma_2^2}{n_2}}} \leq \frac{0-(160-130)}{\sqrt{\frac{21^2}{6}+\frac{26^2}{6}}}\right]$$

$$= P\left(z \leq \frac{-30}{13.64}\right) = P(z \leq -2.2)$$

$$= 1 - \Phi(2.2) = 1 - 0.9861 = 0.0139$$

计算结果表明,甲厂平均日产量低于乙厂平均日产量的可能性极小,其概率连2%都不到。

【例5-10】 一个市场分析人员研究顾客在甲、乙两个不同类型的食品杂货店中所花费的时间,他在两个商店中各观察了一个由75名顾客组成的样本,发现商店甲的顾客所花费的平均时间为 55 分钟，商店乙的顾客所花的平均时间是 49 分钟。假定甲、乙两个商店的顾客所花平均时间的真值无差别，且标准差对每个总体来说都是 15 分钟，问观察到样本差（$\bar{x}_甲 - \bar{x}_乙$）≥ 55 - 49 ≥ 6 分钟的概率有多大？对这两个样本应做哪些假定？

解：假定这两个样本是相互独立的，并且是从两个服从正态分布的总体中抽取的。因而 $\bar{x}_甲 - \bar{x}_乙$ 的抽样分布服从均值为 $\mu_甲 - \mu_乙$、方差为 $\left(\dfrac{\sigma_甲^2}{n_甲} + \dfrac{\sigma_乙^2}{n_乙}\right)$ 的正态分布。在此例中，即使总体不服从正态分布，但其样本容量却足够大，$n_甲$ 和 $n_乙$ 分别为 75，从而根据中心极限定理，$\bar{x}_甲 - \bar{x}_乙$ 仍然近似服从正态分布。为了计算出所求的概率，现根据 z 值的计算公式，将这个正态分布转换为如下的标准正态分布：

$$z = \frac{(\bar{x}_甲 - \bar{x}_乙) - (\mu_甲 - \mu_乙)}{\sqrt{\dfrac{\sigma_甲^2}{n_甲} + \dfrac{\sigma_乙^2}{n_乙}}}$$

由此可得：

$$z = \frac{6 - 0}{\sqrt{\dfrac{15^2}{75} + \dfrac{15^2}{75}}} = 2.45$$

$$P(z \geqslant 2.45) = 0.0071$$

【例 5-11】 两家工厂生产同一种灯泡。甲厂在对该产品的说明中指出其平均使用寿命 $\mu_1 = 2100$ 小时，标准差 $\sigma_1 = 46$ 小时；乙厂在对该产品的说明中指出其平均使用寿命 $\mu_2 = 2000$ 小时，标准差 $\sigma_2 = 42$ 小时。现从甲厂随机抽取样本容量 $n_1 = 60$ 的样本，从乙厂随机抽取样本容量 $n_2 = 40$ 的样本，进行试验。问这两个样本的平均使用寿命之差介于 90～130 小时之间的概率有多大？

解：虽然本例没有说明总体是否服从正态分布，但由于本例的样本容量足够大，均大于 30，因此，根据中心极限定理，我们可以把 $\bar{x}_1 - \bar{x}_2$ 的抽样分布看作为近似正态分布来处理。

根据题意，可得：

$$z_1 = \frac{\bar{x}_1 - \bar{x}_2 - (\mu_1 - \mu_2)}{\sqrt{\dfrac{\sigma_1^2}{n_1} + \dfrac{\sigma_2^2}{n_2}}} = \frac{90 - (2100 - 2000)}{\sqrt{\dfrac{46^2}{60} + \dfrac{42^2}{40}}} = -1.12$$

$$z_2 = \frac{\bar{x}_1 - \bar{x}_2 - (\mu_1 - \mu_2)}{\sqrt{\dfrac{\sigma_1^2}{n_1} + \dfrac{\sigma_2^2}{n_2}}} = \frac{130 - (2100 - 2000)}{\sqrt{\dfrac{46^2}{60} + \dfrac{42^2}{40}}} = 3.37$$

于是得到所求的概率为：

$$P(-1.12 \leq z \leq 3.37) = \Phi(3.37) - \Phi(-1.12)$$
$$= 0.9996 - (1 - 0.8686)$$
$$= 0.8682 \text{ 或 } 86.82\%$$

计算结果表明，甲、乙两厂生产的灯泡的平均使用寿命之差介于 90～130 小时之间的概率为 86.82%。

第六节 样本比率的抽样分布

一、样本比率抽样分布的基本原理

上述讨论的抽样分布，都涉及的是计量变量的抽样分布。但是在实际应用中，也常常会碰到纯属计数变量的抽样分布。样本比率就是一个例子。从一个计数变量的总体中抽取固定容量的样本，计算其具有某种特征单位数所占的比率，其所有可能的样本比率所形成的分布就是样本比率的抽样分布。例如，在某批产品容量为 N 的总体中，其全部容量可分为具有某种属性（如合格品）和不具有某种属性（如不合格品），前者的容量为 N_1，后者的容量为 N_2，显然 $N_1 + N_2 = N$，在总体中合格品数 (N_1) 占总体单位数 (N) 的比率，就是总体比率 $\left(\dfrac{N_1}{N}\right)$，即总体参数，用 $p = \dfrac{N_1}{N}$ 表示。若从中抽取容量为 n 的一个样本，得到合格品数为 n_1，合格品的比率为 $\dfrac{n_1}{n}$，称为样本比率，即样本统计量，用 $\tilde{p} = \dfrac{n_1}{n}$ 表示。由于每次从中抽取容量为 n 的一个样本，其中合格品的比率随着抽取到的样本的不同而变化，因此，样本比率 $\tilde{p}$ 是一个随机变量，构成一个抽样分布。

事实上，样本比率的抽样分布与二项分布有着密切的联系。当总体服从二项分布时，它的所有单位可以分成两类，每一类具有一个特定的属性或特征。如前面所说的合格品和不合格品。习惯上，往往是只指定其中一个属性或特征，具备这一属性或特征的单位称"成功"的单位，不具备这一属性或特征的单位称为"失败"的单位。在二项分布总体中，成功单位数与总体全部单位数之比称总体比率，记作 p。从二项分布总体中抽样，样本成功单位数与样本容量之比称为样本比率，记作 $\tilde{p}$。可以证明，样本比率抽样分布的平均值就是总体比率 p，其方差为：

$$\sigma_{\tilde{p}}^2 = \frac{pq}{n} = \frac{p(1-p)}{n}$$

需要指出，当样本容量较大时，二项分布就接近于正态分布。因此，在大样本情况下，样本比率的抽样分布将近似地服从正态分布。除要求 n 比较大外，还要求 p 不要趋近于 0 或 1，并且满足 np 和 $n(1-p)$ 大于 5。

上述情况适用于当从无限总体中抽样，或者从有限总体中大量重复抽样的情况。但是，如果从有限总体中采用不重复抽样时，并且抽样比重较大时，即 $\frac{n}{N} > 0.05$ 时，样本比率 $\tilde{p}$ 的抽样分布的方差就要做修正，其公式为：

$$\sigma_{\tilde{p}}^2 = \frac{pq}{n}\frac{N-n}{N-1} = \frac{p(1-p)}{n}\frac{N-n}{N-1}$$

二、应用实例

在实际工作中，常常需要确定这样的问题：已知一个总体中具有某种属性的比率 p，如果从这个总体中取出的一个容量为 n 的样本，那么，此样本中也具有这种属性的单位所占的比率落入某一指定区域内的概率有多大？

【例 5-12】 假定我们已知办公室人员所填写的表格中有 5% 至少包括一处笔误。如果我们检查一个由 475 份表格组成的简单随机样本，其中至少含一处笔误的表格所占的比例在 3% 和 7.5% 之间的概率有多大？

解：在本例中，由于 n 较大，p 较小，$np = 475 \times 0.05 = 23.75 > 5$，因此，可利用正态近似处理，即可认为样本比率 $\tilde{p}$ 的抽样分布近似服从平均值 $\mu_{\tilde{p}} = 0.05$ 和方差 $\sigma_{\tilde{p}}^2 = p(1-p)/n$ 的正态分布。将 $\tilde{p}$ 值变换为服从标准正态分布的 z 值，即：

$$z = \frac{\tilde{p} - p}{\sqrt{\frac{p(1-p)}{n}}}$$

再将例题中的数据代入上述公式，得：

$$z_1 = \frac{0.03 - 0.05}{\sqrt{\frac{0.05 \times (1-0.05)}{475}}} = \frac{-0.02}{0.01} = -2$$

$$z_2 = \frac{0.075 - 0.05}{\sqrt{\dfrac{0.05 \times (1 - 0.05)}{475}}} = \frac{0.025}{0.01} = 2.5$$

于是所求的概率为(查附表2):

$$P(-2 \leq z \leq 2.5) = \Phi(2.5) - \Phi(-2)$$

$$= 0.9938 - (1 - 0.9772)$$

$$= 0.971 \text{ 或 } 97.1\%$$

第七节 两个样本比率之差的抽样分布

一、两个样本比率之差抽样分布的基本原理

在某些情形下,管理人员希望对来自两个不同总体的比率进行比较,为此,必须借助于两个样本数据进行推断,以便确定观察到样本比率之差等于某一指定值的概率。对两个样本比率之差的抽样分布可做如下的描述。

如果有两个总体,它们的某种特征的单位数所占的比例分别为 p_1 和 p_2,现从这两个总体中分别抽出容量为 n_1 和 n_2 的两个独立随机样本,其样本比率分别为 $\tilde{p}_1$ 和 $\tilde{p}_2$,当 n_1 和 n_2 很大时,两个样本比率之差 $\tilde{p}_1 - \tilde{p}_2$ 的抽样分布就近似于正态分布,并且,其平均值和方差分别为:

$$\mu_{\tilde{p}_1 - \tilde{p}_2} = p_1 - p_2$$

$$\sigma^2_{\tilde{p}_1 - \tilde{p}_2} = \frac{p_1(1 - p_1)}{n_1} + \frac{p_2(1 - p_2)}{n_2}$$

为回答与两个样本比率之差的有关概率问题,可利用下列公式把 $\tilde{p}_1 - \tilde{p}_2$ 的值变换为服从正态分布的变量 z 的值:

$$z = \frac{(\tilde{p}_1 - \tilde{p}_2) - (p_1 - p_2)}{\sqrt{\dfrac{p_1(1 - p_1)}{n_1} + \dfrac{p_2(1 - p_2)}{n_2}}} \sim N(0, 1)$$

二、应用实例

【例5-13】 某调查研究机构经调查后所示的统计资料表明,A类企业5年内用于研究市场情况的市场调查预算增加了18%,而B类企业只增加了10%。现在要问:(1)如果从每类企业中各抽选90个企业组成两个独立随机样本,样本比率之差的抽样分布的平均值和标准差有

多大?(2)样本比率之差($\tilde{p}_A - \tilde{p}_B$)位于0.06和0.11之间的概率有多大?(3)如果从每一类企业中各观察一个容量为90的简单随机样本,将观察到这一差值小于或等于0.03的概率有多大?

解:假定$\tilde{p}_A - \tilde{p}_B$的抽样分布近似服从正态分布,则:

(1) 样本比率之差的抽样分布的平均值和标准差分别为:

$$\mu_{\tilde{p}_A - \tilde{p}_B} = p_A - p_B = 0.18 - 0.10 = 0.08$$

$$\sigma_{\tilde{p}_A - \tilde{p}_B} = \sqrt{\frac{p_A(1-p_A)}{n_A} + \frac{p_B(1-p_B)}{n_B}}$$

$$= \sqrt{\frac{0.18 \times (1-0.18)}{90} + \frac{0.10 \times (1-0.10)}{90}}$$

$$= \sqrt{0.00164 + 0.001}$$

$$= 0.0514$$

(2) 为求$\tilde{p}_A - \tilde{p}_B$位于0.06和0.11之间的概率,必须先求出$z_1$和$z_2$的值:

$$z_1 = \frac{(\tilde{p}_A - \tilde{p}_B) - (p_A - p_B)}{\sqrt{\frac{p_A(1-p_A)}{n_A} + \frac{p_B(1-p_B)}{n_B}}} = \frac{0.06 - 0.08}{0.0514} = -0.39$$

$$z_2 = \frac{(\tilde{p}_A - \tilde{p}_B) - (p_A - p_B)}{\sqrt{\frac{p_A(1-p_A)}{n_A} + \frac{p_B(1-p_B)}{n_B}}} = \frac{0.11 - 0.08}{0.0514} = 0.58$$

于是,所求的概率为:

$$P(-0.39 \leq z \leq 0.58) = \Phi(0.58) - \Phi(-0.39)$$

$$= 0.7190 - (1 - 0.6517)$$

$$= 0.3707 \text{ 或 } 37.07\%$$

(3) $\tilde{p}_A - \tilde{p}_B$小于或等于0.03的概率为:

$$P(\tilde{p}_A - \tilde{p}_B \leq 0.03) = P\left\{\frac{(\tilde{p}_A - \tilde{p}_B) - (p_A - p_B)}{\sqrt{\frac{p_A(1-p_A)}{n_A} + \frac{p_B(1-p_B)}{n_B}}}\right.$$

$$\left. \leq \frac{0.03 - 0.08}{\sqrt{\frac{0.18 \times (1-0.18)}{90} + \frac{0.10 \times (1-0.10)}{90}}}\right\}$$

$$= P\left(z \leqslant \frac{-0.05}{0.0514}\right) = P(z \leqslant -0.97)$$

$$= 1 - 0.8340 = 0.166 \text{ 或 } 16.6\%$$

【例 5-14】 某公司市场研究人员的调查报告表明,在 A 市场有 15% 的人喜欢该公司生产的某种牌号的牙膏,而在 B 市场则有 9% 的人喜欢该产品。如果从 A、B 两个市场中各抽取由 120 人组成的独立随机样本,问样本比率之差 $(\tilde{p}_A - \tilde{p}_B)$ 的数值大于或等于 0.14 的概率有多大?

解:由于此例没有说明总体服从何种分布,但因其样本容量足够大,n_1 和 n_2 都为 120,因此,根据中心极限定理,可认为近似服从正态分布。根据题意得:

$$\mu_{\tilde{p}_A - \tilde{p}_B} = 0.15 - 0.09 = 0.06$$

$$\sigma_{\tilde{p}_A - \tilde{p}_B} = \sqrt{\frac{0.15 \times (1 - 0.15)}{120} + \frac{0.09 \times (1 - 0.09)}{120}}$$

$$= 0.0418$$

于是所求的概率为:

$$P[(\tilde{p}_A - \tilde{p}_B) \geqslant 0.14] = P\left(z \geqslant \frac{0.14 - 0.06}{0.0417}\right)$$

$$P(z \geqslant 1.92) = 1 - 0.9726 = 0.0274 \text{ 或 } 2.74\%$$

计算结果表明 $\tilde{p}_A - \tilde{p}_B$ 值大于或等于 0.14 的概率为 2.74%。

第八节　t 分布、χ^2 分布和 F 分布

以上所讨论的样本平均数的抽样分布、两个样本平均数之差的抽样分布、样本比率的抽样分布以及两个样本比率之差的抽样分布,一般都要求正态分布的总体方差已知,此时不要求样本容量的大小。如果不服从正态分布,则要求样本容量足够大,按照中心极限定理来进行推断。然而在实际工作中,抽取足够多的样本容量进行调查意味着人力、物力和财力的增加,尤其对一些具有破坏性的试验来说也不宜抽取太多的样本容量。也就是说,对大样本进行观察受到某些条件的限制。因此,有必要研究小样本的抽样分布问题。本节主要讨论 t 分布、χ^2 分布和 F 分布。

一、t 分布

关于 t 分布的早期理论工作,是英国统计学家威廉·西利·戈塞特(Willam Sealy Gosset)在 1900 年进行的。

t 分布是小样本分布,小样本一般是指 $n<30$。t 分布适用于当总体标准差 σ 未知时用样本标准差 s 代替总体标准差 σ,由样本平均数推断总体平均数以及两个小样本之间差异的显著性检验等。

(一) t 分布的性质

如前所述,从平均值为 μ、方差为 σ^2 的正态总体中抽取容量为 n 的一个样本,其样本平均数 $\bar{x}$ 服从平均值为 μ、方差为 $\frac{\sigma^2}{n}$ 的正态分布,因此,$\frac{\bar{x}-\mu}{\sigma/\sqrt{n}} \sim N(0,1)$。但是总体方差 σ^2 往往是未知的,从而只能用 s^2 来代替,如果 n 很大,那么,s^2 就是 σ^2 的一个较好的估计量,$\frac{\bar{x}-\mu}{s/\sqrt{n}}$ 仍然是一个近似的标准正态分布。如果 n 较小,s^2 常常与 σ^2 差异较大,因此统计量 $t=\frac{\bar{x}-\mu}{s/\sqrt{n}}$ 就不再是一个标准正态分布。那么,t 分布的状况究竟如何呢?下面是 t 分布所具有的性质。

(1) t 分布是对称分布,且其均值为 0。这一点与标准正态分布完全相同。

(2) 当样本容量 n 较小时,t 分布的方差大于 1;当 n 增大到大于或等于 30 时,t 分布的方差就趋近于 1,t 分布也就渐近于标准正态分布,这时可用标准正态分布来代替 t 分布。可见样本容量的大小是 t 分布和标准正态分布相区别的重要条件之一。当样本容量足够大,用 s^2 来代替 σ^2 就具有较好的可靠性。

(3) t 分布是一个分布族,对于不同的样本容量都对应着不同的分布,且其均值都为 0。

(4) 与标准正态分布相比,t 分布的中心部分较低,两个尾部较高。

(5) 变量 t 的取值范围在 $-\infty$ 与 $+\infty$ 之间。

t 分布与标准正态分布的比较如图 5-18 所示。

(二) 自由度

由图 5-18 可知,不同的样本容量有不同的 t 分布。若用统计术语则可表述为:对每一个可能的自由度,都有一个不同的 t 分布。这里,自由度是指可以自由选择的数值的个数。例如,假设有 4 个数,它们的和是 20。此时,3 个数可以

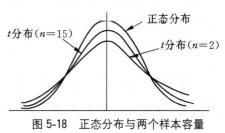

图 5-18 正态分布与两个样本容量不同的 t 分布

自由取值,比如取 3、5、10,但第四个数值就不能自由地取值,而必须是 2,这样才能满足 4 个数之和为 20 的要求。因此,总和为 20 就是一个限制条件,在这一条件下,可以自由取值的变量数是 4－1＝3。可同样推理,在样本容量为 10 的一个样本中,可以有 9 个自由度,也就是说,如果样本容量为 n,自由度就是 $n-1$。当我们选择一个 t 分布去估计一个总体平均数时,就要用到自由度。例如,如果用一个样本容量 $n=15$ 的样本估计总体平均数,那就要用 14 个自由度,以便选择适当的 t 分布。

(三) t 分布表的使用

本书最后的附表 4 给出了 t 分布全部的常用数。在使用该表时,必须同时具备置信度和自由度两个条件。置信度表示被估计的总体参数落入置信区间的概率。然而,t 分布表给出的是 α 值,即表示所估计的总体参数不落入置信区间的概率,或落入置信区间以外的可能性。α 的数值是由 100% 减去给定的置信度后得到的。如果在 90% 的置信度下作出一个估计,那么就要查 t 分布表中的 $\alpha=0.10$ 那一栏 (100%－90%＝0.10)。如果要找出与 95%、98%、99% 置信度相应的 t 值,就必须分别在 α 值为 0.05、0.02、0.01 的各栏中查找。另外,还必须指定自由度。例如,我们希望在 90% 的置信度下,对容量为 14 的样本作出一个估计。那么,就要从 $\alpha=0.10$ 那一栏下,找到自由度为 13($n-1$＝14－1＝13)那一行相交的数字,这个数字为 1.771。数值 1.771 表明,如果从平均数两侧分别加减 1.771 个标准差,那么,在这两个界限之内曲线下的面积是 90%,而在两个界限之外曲线下的面积是 10%。图 5-19 便是对这一问题的说明。

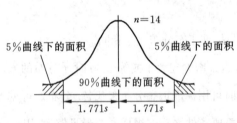

图 5-19 置信度为 90%、自由度为 13 的 t 分布

二、χ^2 分布

χ^2(卡方)分布是海尔墨特(Hermert)和 K. 皮尔生(K. Pearson)分别于 1875 年和 1890 年导出的。它主要适用于对拟合优度检验和独立性检验,以及对总体方差的估计和检验等。

χ^2 分布是一种抽样分布。当我们对正态随机变量 X 随机地重复抽取 n 个数值,将每一个 x 值变换成标准正态变量,并对这 n 个新的变量分别取平方再求和之后,就得到一个服从 χ^2 分布的变量,即:

$$\sum z^2 = \frac{(x_1-\mu)^2}{\sigma^2} + \frac{(x_2-\mu)^2}{\sigma^2} + \cdots + \frac{(x_n-\mu)^2}{\sigma^2} = \sum_{i=1}^{n} \frac{(x_i-\mu)^2}{\sigma^2}$$

如同 t 值一样,变量:

$$\chi^2 = \sum_{i=1}^{n} \frac{(x_i - \mu)^2}{\sigma^2}$$

不服从正态分布,它有自己的分布,即 χ^2 分布。χ^2 分布的自由度为 n。图5-20给出了若干个不同自由度的 $\chi^2(n)$ 分布。

从图5-20中可看出 $\chi^2(n)$ 分布具有以下几个特点。

(1) χ^2 分布是一个以自由度 n 为参数的分布族,自由度 n 决定了分布的形状,对于不同的 n,有不同的 χ^2 分布。这一点与 t 分布相同。

(2) χ^2 分布是一种非对称分布。这一点与 t 分布和标准正态分布不同。但是,χ^2 分布的这种非对称分布一般为正偏分布。当自由度 n 达到相当大时,χ^2 分布就接近于正态分布。

图 5-20 与几种自由度相对应的 χ^2 分布

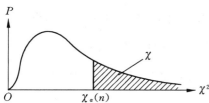

图 5-21 χ^2 分布右端尾部所包括的面积

(3) χ^2 分布的变量值始终为正。

可以证明 χ^2 分布的平均值为 n,方差为 $2n$。

本书最后的附表5给出了 χ^2 分布表。在表体中给出的是与表的左端列中所列出的各具体自由度数相对应的 χ^2 值。该值所切断的 χ^2 分布的右端尾部所包括的面积的比例,列在表的上端横行中。这样的尾部如图5-21所示,它度量了 $P(\chi^2 > \chi_\alpha^2)$。对于 $n=9$,$\chi_{0.05}^2 = 16.92$,$P(\chi^2 > 16.92) = 0.05$,也就是说,对于9个自由度,得到的检验统计量 χ^2 的值大于或等于16.92的概率为5%。若对于 $n=9$,根据关于总体的某些假设,对于某样本我们得到一个 $\chi^2 = 12$ 的值,我们可以从 χ^2 分布表中确定 $P(\chi^2 > n)$ 位于0.30和0.20之间,因此,可认为在每100个事例中,仅仅由于偶然性就会有20到30个事例出现大于或等于12的 χ^2 值。

三、F 分布

F 分布是以统计学家费希尔(R.A.Fisher)姓氏的第一个字母命名的。F 分布定义为两个独立的 χ^2 分布被各自的自由度除以后的比率这一统计量的分布,F 分布的用途很广,可用于方差分析、协方差分析和回归分析等。

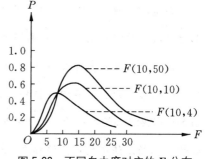

图 5-22 不同自由度对应的 F 分布

F 分布与 χ^2 分布一样,也是一种非对称分布。它有两个自由度,即 $n_1 - 1$ 和 $n_2 - 1$,相应

的分布记作 $F(n_1-1, n_2-1)$，n_1-1 通常称为分子自由度，n_2-1 通常称为分母自由度。图 5-22 是与若干组不同自由度相对应的 F 分布。

本书附表 6 给出了 F 分布表。查表时，常常要用到 F 分布的一条重要性质：

$$F_{1-\frac{\alpha}{2}}(n_1-1, n_2-1) = \frac{1}{F_{\frac{\alpha}{2}}(n_2-1, n_1-1)}$$

因为 F 分布表中不含 $1-\frac{\alpha}{2}$ 对应的 $F_{1-\frac{\alpha}{2}}$ 的值，所以，先取与 $\frac{\alpha}{2}$ 对应的 $F_{\frac{\alpha}{2}}$ 值，然后取倒数得 $F_{1-\frac{\alpha}{2}}$。

案例分析

一、研究背景

随着中国经济的快速发展，人民生活水平逐步提高，家用汽车的普及率不断上升，中国逐渐步入汽车社会。我国橡胶工业协会的数据显示，2017 年中国轮胎外胎累计产量达到了 9.26 亿条，累计增长 5.4%。随着近年中国轮胎行业生产规模的快速扩张，中国逐步成为世界上最大的轮胎生产国。

伴随着市场对汽车和轮胎的需求不断增加，因汽车和轮胎的安全缺陷引起的事故次数也越来越多。美国国家公路交通安全管理局统计数据显示，每年在高速公路的事故中，因为轮胎的失效导致的死亡人数占比逐年递增。近年来，轮胎产品缺陷导致的问题不断增多，费尔斯通轮胎召回事件和锦湖轮胎召回事件的发生，使得越来越多的消费者开始关注轮胎的质量问题。

在这种情况下，某轮胎制造公司为了提高本企业轮胎产品的市场竞争力，计划对其轮胎生产技术进行一次升级，以期提升本企业生产轮胎的质量，为用户提供更好的安全保障。该制造公司的生产车间目前生产 A 型号的轮胎，每个生产车间每天可以生产 A 型号轮胎 1 000 条，根据以往的实验数据和回访信息可知，A 型号轮胎的行驶里程的总体分布满足均值 80 000 公里，标准差为 5 000 公里。但由于车间生产设备的老化，公司担心生产的 A 型号轮胎已经无法达到原来的标准，公司想对目前的 A 型号产品就是否还能达到以前的标准做一些检验。同时，为了使公司的轮胎产品能够拥有更好的质量并具有更强的市场竞争力占据更大的市场份额，公司拟对车间的生产技术和设备进行一次升级，升级后可以生产

B型号的轮胎,每个车间每天的产量可提高到2 000条,据市场上已经采用相同升级后设备和生产技术的制造公司的试验数据可以得到,B型号轮胎的行驶里程的均值可以达到85 000公里,但是由于其他一些核心生产工艺的差别,导致各个生产公司的B型号轮胎的公司的标准差是不相同的。目前该轮胎制造公司想对升级前和升级后轮胎的轮胎行驶里程情况进行一些统计分析,检验一下这次的生产技术升级之后的产品相对于原来的型号是否有确切的提高效果。

二、思考问题

（1）轮胎里程试验耗时、昂贵且复杂。轮胎厂家希望知道目前所生产的A型号轮胎是否还能达到以前的标准,并且想知道更新生产技术和设备后生产的B型号轮胎的性能指标。但对轮胎的使用寿命的试验是破坏性的,无法采用全面调查。运用本章所学的知识,我们应该如何对生产出的轮胎进行调查和检验?

（2）通过调查收集数据后,轮胎厂家认为,如果生产出的轮胎行驶里程能达到78 000公里则为合格,那么如何去判断生产的A型号的轮胎是否还能达到合格要求?

（3）在对车间的设备和生产技术进行升级后,我们无法得知B型号轮胎的性能指标情况,运用本章的知识,检验B型号的轮胎是否比A型号的轮胎的性能要好。

三、问题分析

（1）在本案例中,轮胎厂家想对生产出的A型号和B型号轮胎进行质量检测,并对最终的行驶里程进行数据分析,但对轮胎的试验是不能进行全面调查的。因对轮胎须做破坏性试验,所以我们需要利用抽样获得数据,再作出推断。

我们可以把厂家的一个生产车间每天生产出来的轮胎看成一个总体,即对于A型号轮胎来说,其总体是生产车间每天生产出来的1 000条轮胎,通过对这1 000条轮胎构造纯随机抽样,抽样出50条轮胎作为样本,通过对样本进行分析从而推断出A轮胎是否因为生产设备老化而导致产品质量下降。

通过使用随机数表法对这1 000条轮胎总体进行随机抽样。构造的抽取过程如下:

① 按照生产出的先后顺序对这1 000条轮胎从0到999进行编号。

② 利用本书附表6随机数表,从0到999中随机抽取50个数。由于指定的轮胎编号含有三位数,因此,可把此随机数表看作3位数,即从000到999来处理。依据此方法,我们抽取编号为11,49,63,115,131,152,178,180,192,193,221,244,261,269,275,339,353,368,377,390,404,460,468,489,506,537,547,549,568,599,607,609,688,

706,709,730,753,772,810,825,832,853,865,882,889,912,942,966,982 和 991 的轮胎作为样本容量为 50 的样本。

通过上面的步骤，我们就构造好了样本容量为 50 的来自总体的抽样样本。把来自 A 型号轮胎的总体的样本称为样本 1，对样本 1 中的轮胎进行试验，得到数据，推断轮胎总体的产品质量信息。

对于 B 型号的轮胎，我们不仅仅要通过抽样进行轮胎使用寿命的试验，还要通过抽样得出的数据，对总体进行推断。进行随机抽样的步骤同上，先按产品生产出来的先后顺序，对这 2 000 条轮胎从 0 到 1999 号进行编码，再通过随机数表抽出 50 条轮胎组成样本。通过以上步骤，抽取了编号为 7,70,110,151,180,207,243,291,325,348,385,444,483,581,673,740,795,885,907,913,934,957,967,974,1009,1046,1086,1124,1125,1183,1199,1202,1235,1262,1368,1435,1436,1585,1639,1660,1668,1671,1720,1737,1759,1778,1851,1906,1914 和 1976 的轮胎做为样本 2。

(2) 我们按照(1)中的步骤抽样出样本 1，之后对样本 1 中的轮胎进行行驶里程试验，轮胎厂家认为，如果生产出的轮胎其行驶里程依然能达到 78 000 公里的话，则可以认为生产车间的设备的老化程度还没有影响生产轮胎的质量。换一种思路思考，如果生产车间的设备没有发生老化的问题，那么总体依然服从均值为 80 000、标准差为 5 000 的分布。虽然这里并不知道轮胎总体是否服从正态分布，但因这里的样本容量足够大，即 $n = 50$，中心极限定理告诉我们，此时不论总体服从什么分布，样本 1 均值 $\bar{x}$ 的抽样分布至少近似服从正态分布，那么我们就可以根据对样本 1 轮胎的实验数据进行推断，假如样本 1 的抽样分布依然来自原来生产出来的轮胎总体分布，那么就可以通过样本 1 的均值 $\bar{x}$ 抽样分布推算出轮胎行驶里程小于 78 000 公里的概率。如果此概率过小的话，我们就可以认为生产车间的设备老化的可能性很大，有很大的可能因为生产车间的设备老化而影响了现在 A 型号轮胎的质量。

通过对样本 1 中轮胎的行驶里程试验可以得到各个轮胎行驶里程的数据，如表 5-5 所示。

运用第五章中学到的知识，我们不难算出样本平均数的抽样分布的平均值 $u_{\bar{x}}$ 和抽样标准差 $\sigma_{\bar{x}}$：

$$u_{\bar{x}} = \mu = 80\,000$$

$$\sigma_{\bar{x}} = \frac{\sigma}{\sqrt{n}} = \frac{5\,000}{\sqrt{50}} = 707.21$$

表 5-5　样本 1 中 A 型号轮胎进行行驶里程实验后数据

序号	行驶里程	序号	行驶里程	序号	行驶里程
1	69 382	19	68 170	37	69 911
2	71 149	20	72 330	38	80 132
3	79 809	21	74 577	39	86 232
4	75 667	22	72 784	40	71 852
5	73 359	23	74 326	41	87 311
6	81 082	24	73 885	42	80 518
7	72 894	25	77 136	43	83 526
8	73 527	26	62 572	44	79 552
9	71 671	27	74 236	45	71 523
10	75 407	28	74 959	46	75 640
11	76 716	29	74 901	47	74 478
12	77 115	30	79 717	48	80 230
13	79 645	31	78 409	49	80 184
14	82 142	32	71 036	50	82 584
15	86 813	33	79 306		
16	72 448	34	69 197		
17	76 260	35	74 718		
18	78 346	36	87 943		

对表 5-5 中的数据进行计算,得出:$\bar{x} = \dfrac{\sum_{i=1}^{50} x_i}{50} = \dfrac{3\,817\,283}{50} = 76\,345.66$。接下来我们计算,假设在生产车间的设备没老化的情况下,样本均值小于 78 000 公里的概率:

$$P(\bar{x} < 78\,000) = P\left(\dfrac{\bar{x} - u}{\sigma/\sqrt{n}} < \dfrac{78\,000 - 80\,000}{707.21}\right) = P(z < -2.82) = 0.002\,4$$

从上面的概率我们可以得到,如果样本 1 依然抽自于机器未老化情况下所生产的轮胎总体,则样本均值小于 78 000 的概率是 0.002 4。这个概率值很小,根据小概率事件的定义,在一次抽样中小概率发生的可能为 0,如果这种可能性在很小的试验中发生了,则可以推断样本 1 不是来自机器未老化下所生产的轮胎总体。

根据以上计算已知 $\bar{x} = 76\,345.66 < 78\,000$,所以我们可以推断,生产车间的设备已经发生了老化现象,导致生产出的轮胎质量不能达到以前的标准。所以制造公司对生产车间的设备升级和技术的更新迫在眉睫。

(3) 在对车间的设备和生产技术进行更新升级后,我们无法得知 B 型号轮胎的性能指标情况,通过运用本章的知识去检验B型号的轮胎是否比A型号的轮胎的性能更好。

现在厂家要检验B型号的轮胎是否比A型号的轮胎的性能更好,我们运用本章的知识点可以从如下的两个思路去着手思考:

① 假设经过生产技术的升级和生产设备的更新,生产的轮胎质量没有变,还是和以前生产的A型号一样,则我们可以用A型号轮胎的总体分布对B型号轮胎的抽样分布进行推断,那么均值的抽样分布在一次抽样中能抽到大于某一值的概率很小的话,则可以推断B型号轮胎比A型号轮胎质量好。由(2)可知,假如样本2也是来自A型号轮胎总体,则样本2平均值的抽样分布的均值$u_{\bar{x}}$和标准差$\sigma_{\bar{x}}$分别为:

$$u_{\bar{x}} = \mu = 80\,000$$

$$\sigma_{\bar{x}} = \frac{\sigma}{\sqrt{n}} = \frac{5\,000}{\sqrt{50}} = 707.21$$

在厂家对样本2中的B型号轮胎进行试验收集数据后,可以得到样本2中B型号轮胎的行驶里程如表5-6所示。

表5-6 样本2中B型号轮胎进行行驶里程实验后数据

序号	行驶里程	序号	行驶里程	序号	行驶里程
1	89 590	19	83 670	37	81 749
2	86 110	20	93 932	38	83 574
3	80 862	21	86 224	39	91 952
4	84 170	22	81 808	40	86 400
5	85 175	23	82 882	41	77 135
6	84 339	24	78 714	42	85 276
7	80 343	25	88 040	43	77 305
8	88 522	26	90 331	44	78 182
9	79 535	27	86 321	45	81 746
10	89 450	28	77 291	46	95 105
11	81 970	29	89 201	47	87 735
12	80 556	30	79 354	48	85 742
13	89 337	31	83 534	49	81 529
14	86 715	32	88 454	50	91 514
15	81 612	33	79 204		
16	79 672	34	83 942		
17	87 109	35	82 927		
18	88 153	36	87 376		

由表 5-6 中数据,通过计算可以得到:

$$\bar{x} = \frac{\sum_{i=1}^{50} x_i}{50} = \frac{4\,231\,346}{50} = 84\,626$$

接下来我们计算,如果样本 2 来自 A 型号轮胎的总体,那么样本 2 平均值抽样分布在依次抽样中大于 84 000 公里的概率为:

$$P(\bar{x} > 84\,000) = P\left(\frac{\bar{x} - u}{\sigma/\sqrt{n}} > \frac{84\,000 - 80\,000}{707.21}\right) = P(z > 5.65)$$

$$= 1 - P(z \leqslant 5.65) = 0.000\,000\,008$$

此概率如此之小,以至于我们可以推断,B 型号轮胎与 A 型号轮胎有很大的差别,即 B 型号轮胎质量有了极大的提高。

接下来我们考虑第二种思路。

② 对于 B 型号轮胎,我们只知道其总体分布的均值 $u = 85\,000$,对于总方差 σ^2 我们无从得知,从而只能用 s^2 来代替。因此,B 型号轮胎的样本均值的抽样分布服从 t 分布,但因为样本 2 的样本容量 $n = 50 > 30$,我们可以把样本 2 的抽样分布看成正态分布,则样本 2 均值的抽样分布 $\frac{\bar{x} - \mu}{s/\sqrt{n}}$ 仍然是一个近似的标准正态分布。然后,我们可以通过 B 型号轮胎和 A 型号轮胎的样本平均数之差的抽样分布,来推断 B 型号轮胎比 A 型号轮胎的行驶里程短的概率有多大。如果这个概率很小,就证明 B 型号轮胎普遍比 A 型号轮胎质量要好,生产技术的更新带来了轮胎质量的提升。

由表 5-6 中的数据,通过计算可以得到:

$$\bar{x} = \frac{\sum_{i=1}^{50} x_i}{50} = \frac{4\,231\,346}{50} = 84\,626$$

$$s = \sqrt{\frac{\sum_{i=1}^{50}(x_i - \bar{x})^2}{n - 1}} = 4\,454$$

由于样本容量 $n = 50$ 足够大,因此可以用 s^2 作为 σ^2 的一个估计量,则 $\sigma = s = 4\,454$。通过运用本章中两个样本平均数之差的抽样分布的知识,来构造 B 型号轮胎和 A 型号轮胎行驶里程的样本平均数之差的抽样分布。

由收集到的数据我们知道,虽然 B 型号轮胎和 A 型号轮胎分别是两个非正态总体,但样

本容量 $n_1 = n_2 = 50 > 30$，那么，根据中心极限定理，样本平均数之差的抽样分布就会逼近正态分布，其平均数为：

$$u_1 - u_2$$

其标准差为：

$$\sqrt{\frac{\sigma_1^2}{n_1} + \frac{\sigma_2^2}{n_2}}$$

均值分别为 $u_1 = 85\,000$ 和 $u_2 = 80\,000$，标准差分别为 $\sigma_1 = 4\,454$ 和 $\sigma_2 = 5\,000$，则 B 型号轮胎样本的均值和 A 型号样本轮胎样本的均值差服从以均值为 $\mu_1 - \mu_2$、方差为 $\left(\frac{\sigma_1^2}{n_1} + \frac{\sigma_2^2}{n_2}\right)$ 的正态分布，可写成：

$$\bar{x}_1 - \bar{x}_2 \sim N\left(\mu_1 - \mu_2, \frac{\sigma_1^2}{n_1} + \frac{\sigma_2^2}{n_2}\right),$$

按照我们之前的思路，通过 B 型号和 A 型号轮胎的样本平均数之差的抽样分布来推断 B 型号轮胎比 A 型号轮胎的平均行驶里程短的概率有多大。如果这个概率很小，就证明 B 型号轮胎普遍比 A 型号轮胎质量要好，生产技术的更新带来了轮胎质量的提升。假若 B 型号轮胎比 A 型号轮胎的平均行驶里程短，就意味着 $\bar{x}_1 \leq \bar{x}_2$，即 $\bar{x}_1 - \bar{x}_2 \leq 0$，则：

$$P(\bar{x}_1 - \bar{x}_2 \leq 0) = P\left[\frac{\bar{x}_1 - \bar{x}_2 - (\mu_1 - \mu_2)}{\sqrt{\frac{\sigma_1^2}{n_1} + \frac{\sigma_2^2}{n_2}}} \leq \frac{0 - (85\,000 - 80\,000)}{\sqrt{\frac{4\,454^2 + 5\,000^2}{50}}}\right]$$

$$= P\left(z \leq \frac{-5\,000}{947}\right) = P(z \leq -5.27) \approx 0$$

可以看到，B 型号轮胎比 A 型号轮胎的平均行驶里程短的概率近乎为 0，所以我们有理由认为，由于机器设备的更新和生产技术的升级使得 B 型号轮胎的质量有很大的提高。

参考文献

[1] 贾俊平.统计学[M].清华大学出版社,2006.

[2] 李朝鲜.社会经济统计学[M].经济科学出版社,2006.

[3] 徐国祥.统计学[M].格致出版社,上海人民出版社,2014.

本章小结

→ 1. 正态分布是最为常见且应用最为广泛的连续型随机变量的概率分布,是统计和抽样的理论基础,在统计中具有重要的理论意义和实践意义。包括二项分布在内的其他许多分布,随着样本容量 n 的逐渐增大而逼近正态分布。因此,在大样本条件下,通常用正态分布近似地处理其他非正态分布的随机变量。正态分布 $N(0, 1)$ 称为标准正态分布。它是构造正态分布概率表的基础。

→ 2. 抽样就是从所研究的对象中随机地抽出其中一部分来观察,由此而获得有关总体的信息。它具有三个特点:①遵守随机原则;②推断被调查对象的总体特征;③计算推断的准确性和可靠程度。样本统计量是根据观测值计算的样本指标,包括样本平均数、样本比率、样本标准差和样本方差等;总体参数是根据总体中的全部数据计算的指标,用来表明总体的特征,包括总体平均数、总体比率、总体标准差和总体方差等。抽样的目的就是要通过样本统计量来估计总体参数。

→ 3. 随机抽样的方式有纯随机抽样、等距抽样、类型抽样、整群抽样和多阶段抽样等。它们都有其各自的特点和适用场合。实际工作中,采用何种抽样调查方式,需根据调查研究的目的和具体条件进行选择。抽样还有重复抽样和不重复抽样之分。

→ 4. 如果能从总体中抽取所有可能的样本,则所得到的所有统计量的数值将形成一个概率分布,这种概率分布称为抽样分布。样本平均数的抽样分布是一个最基本和最重要的分布。当被抽样总体服从正态分布时,样本平均数的抽样分布具有以下性质:①样本平均数的分布仍然是正态分布;②样本平均数分布的平均值 $\mu_{\bar{x}}$ 等于总体平均数 μ;③样本平均数分布的方差 $\sigma_{\bar{x}}^2$ 等于总体方差除以样本容量,即 $\sigma_{\bar{x}}^2 = \sigma^2/n$。以上性质在重复抽样的条件下有效。若采用不重复抽样,以上第①、第②条性质仍然有效,但第③条性质应改为样本平均数分布的方差 $\sigma_{\bar{x}}^2 = \dfrac{\sigma^2}{n}\left(\dfrac{N-n}{N-1}\right)$。两个总体平均数之差的抽样分布、总体比率的抽样分布和两个总体比率之差的抽样分布的基本原理与样本平均数的抽样分布相同。

→ 5. 中心极限定理奠定了抽样的理论基础。它说明了不仅从正态分布的总体中抽取样本时,样本平均数这一统计量服从正态分布,即使是从非正态的总体中进行抽样,只要样本容量足够大($n \geq 30$),样本平均数也趋于正态分布。

→ 6. t 分布是小样本分布,小样本一般是指 $n<30$。t 分布适用于当总体标准差 σ 未知时用样本标准差 s 代替总体标准差 σ,由样本平均数推断总体平均数以及两个小样本之间差异的显著性检验等。

思考与练习

一、单项选择题

1. 对于正态分布,下列说法错误的是_____。

   A. 客观世界中有许多随机现象都服从或近似服从正态分布

   B. 正态分布具有很好的数学性质

   C. 尽管经济管理活动中的有些变量是正偏斜的,但这丝毫不影响正态分布在抽样应用中的地位

   D. 若在实际应用中所处理的变量并不是严格的连续型变量,则不能使用正态分布

2. 关于分布的对称性,下列说法错误的是_____。

   A. 正态分布是对称分布　　　　　B. χ^2 分布是非对称分布

   C. t 分布是非对称分布　　　　　D. F 分布是非对称分布

3. 一般说来,使样本单位在总体中分布最不均匀的抽样组织方式是_____。

   A. 简单随机抽样　　　　　　　　B. 分层抽样

   C. 等距抽样　　　　　　　　　　D. 整群抽样

4. 样本平均数和全及总体平均数_____。

   A. 前者是一个确定值,后者是随机变量

   B. 前者是随机变量,后者是一个确定值

   C. 两者都是随机变量

   D. 两者都是确定值

5. 当总体内部差异比较大时,比较适合的抽样组织方式是_____。

   A. 纯随机抽样　　B. 整群抽样　　C. 分层抽样　　D. 简单随机抽样

6. 对某种连续生产的产品进行质量检验,要求每隔一小时抽出 10 分钟的产品进行检验,这种抽查方式是_____。

   A. 简单随机抽样　　　　　　　B. 类型抽样

   C. 等距抽样　　　　　　　　　D. 整群抽样

7. 中心极限定理可保证在大量观察下_____。

   A. 样本平均数趋近于总体平均数的趋势

   B. 样本方差趋近于总体方差的趋势

   C. 样本平均数分布趋近于正态分布的趋势

   D. 样本比例趋近于总体比例的趋势

8. 纯随机抽样的结果_____。

   A. 完全由抽样方式所决定　　　B. 完全由随机性所决定

   C. 完全由主观因素决定　　　　D. 全由客观因素决定

9. 分层抽样中,用比例分配法分配样本的思想是_____。

   A. 来自各层的样本单位数与其层的大小成反比例

   B. 来自各层的样本单位数与其层的大小成正比例

   C. 从某一层抽取的样本单位数与该层的标志变动度有关

   D. 从某一层抽取的样本单位数与该层的单元调查费用有关

10. 根据抽样测定 100 名 4 岁男孩身体发育情况的资料,平均身高为 95 cm,标准差为 4 cm。用_____概率可确信 4 岁男孩平均身高在 93.8~96.2 cm 之间。

    A. 68.27%　　B. 90%　　C. 95.45%　　D. 99.74%

11. 满足下面哪一条件时,可以认为抽样成数的概率分布近似正态分布?_____。

    A. $n \geq 30$　$np \geq 5$　$nq \geq 5$　　　　B. $n \geq 30$　$np \leq 5$　$nq \leq 5$

    C. $n \geq 30$　$np \geq 5$　$nq \leq 5$　　　　D. $n \geq 30$　$np \leq 5$　$nq \geq 5$

12. 设总体均值为 100,总体方差为 25,在大样本情况下,无论总体的分布形式如何,样本平均数的分布都是服从或近似服从_____。

    A. $N(100, 25)$　　　　　　　B. $N(100, 5/\sqrt{n})$

    C. $N(100/n, 25)$　　　　　　D. $N(100, 25/n)$

二、多项选择题

1. 抽样组织方式有_____。

   A. 简单随机抽样　　B. 分层抽样　　C. 机械抽样　　D. 整群抽样

   E. 重置抽样

2. 下列哪些说法是对的？_____。

   A. 全及总体是惟一确定的　　　　B. 样本指标是随机变量

   C. 样本是惟一的　　　　　　　　D. 样本指标可有多个

   E. 总体指标只有一个

3. 抽样的特点是_____。

   A. 遵循随机原则　　　　　　　　B. 与典型调查的特点相同

   C. 推断被调查现象的总体特征　　D. 通过综合汇总达到调查目的

   E. 计算推断的准确性和可靠性

4. 以下是样本统计量的是_____。

   A. 样本平均数　　B. 样本比例　　C. 样本标准差　　D. 样本容量

   E. 样本方差

5. 重复抽样的特点是_____。

   A. 每次抽样时,总体单位数始终不变

   B. 每次抽选时,总体单位数逐渐减少

   C. 各单位被抽中的机会在各次抽选中相等

   D. 各单位被抽中的机会在各次抽选中不等

   E. 各次抽选相互独立

三、简答题

1. 什么是正态分布？它有哪些特点？

2. 试述正态分布在统计学中的应用。

3. 什么是抽样？抽样的主要特点有哪些？抽样在工商管理领域中有哪些应用？

4. 简述样本统计量和总体参数、随机抽样和判断抽样、非抽样误差和抽样误差的基本概念。

5. 什么是纯随机抽样？什么是等距抽样？什么是类型抽样？什么是整群抽样？什么是多阶段抽样？它们的特点和适用条件是什么？

6. 什么是抽样分布？试举例说明样本平均数的抽样分布。

7. 试述中心极限定理的基本内容。

8. 试述两个样本平均数之差抽样分布的基本原理。

9. 什么是 t 分布？它有哪些重要性质？它在什么场合加以运用？

10. 什么是 χ^2 分布？它的适用场合是什么？

11. 什么是 F 分布？它的适用场合是什么？

四、计算和分析题

1. 已知某地区高中学生的成绩表给出的得分服从正态分布，平均分为 500，标准差为 100，试求：

    (1) 得分少于 600 的概率是多少？

    (2) 得分在 450～650 之间的概率是多少？

    (3) 得分在 600～650 之间的概率是多少？

    (4) 得分大于多少分的概率为 0.85？

2. 袋装糖重量的均值为 50 千克，标准差为 10 千克。假设每袋重量呈正态分布，1 袋重量符合如下要求的概率为多少？

    (1) 45～65 千克之间；

    (2) 少于 50 千克；

    (3) 多于 67 千克；

    (4) 少于 38 千克。

3. 某批发商店的经理正考虑一新的销售计划。已知每个顾客购买额的均值为 200 元，标准差为 15 元。如果随机抽取 36 名顾客，试计算平均购买额超过 204 元的概率。

4. 在某大城市中，某股份公司设有 5 个工资级别，该公司人员的平均工资为 30 500 元，标准差为 1 138 元，请考虑：

    (1) 是否可以认为，在这 5 个级别的人员中，99.7% 的人所挣工资在 27 086～33 914 元之间？为什么？

    (2) 这样说是否正确：如果反复地从这些级别中每次抽取 100 人的简单随机样本，这些人的平均工资约有 99.7% 的次数在 30 158.60～30 841.40 元之间。

    (3) 这样说是否正确：如果反复地从这些级别中每次抽取 10 000 个人员的简单随机样本，这些人的平均工资约有 99.7% 的次数在 30 272.40～30 727.60 元之间，为什么？

第六章　参数估计

统计推断就是根据样本的信息,对总体的特征作出推断,它包括参数估计和假设检验。参数估计和假设检验在实际工作的应用中往往是结合在一起的。但为了说明问题的方便,我们把假设检验放在第七章中予以具体讨论,本章重点研究参数估计问题,内容包括点估计和区间估计的概念、总体平均数和两个总体平均数之差的区间估计、总体比率和两个总体比率之差的区间估计、样本容量的确定以及总体方差的区间估计等。

第一节　参数估计概述

一、点估计和区间估计

事实上,对总体的参数估计可分为点估计和区间估计两大类。

为说明点估计,有必要明确一下估计量和估计值的概念。对总体参数进行估计的相应的样本统计量称为估计量。常用的估计量有:①样本平均数 $\bar{x} = \frac{1}{n}\sum_{i=1}^{n} x_i$ 是总体平均数的估计量;②样本方差(或样本标准差) $s^2 = \frac{1}{n-1}\sum_{i=1}^{n}(x_i - \bar{x})^2$ 为总体方差(或总体标准差)的估计量;③样本比率 $\tilde{p} = \frac{a}{n}$ 为总体比率的估计量,其中 a 为样本中具有规定特征的单位数。例如,100 个女生的平均身高,即样本平均数 $\bar{x}$ 就是一个估计量。而估计值是统计量中的一个具体数值。例如,100 个女生的平均身高为1.62米,这个 1.62 米就是一个估计值。因此,估计值也就是样本估计量的具体观察值。

点估计是根据样本数据计算的一个估计值。例如,要估计一批产品的平均使用寿命,可以从总体中抽取一个样本并计算这个样本数值来估计这一批产品的平均寿命。假如计算出的平均寿命是 1 000 小时,用这个数值估计这一批产品的平均寿命,就是点估计。

点估计的优点在于它能够明确地估计总体参数,但一般该值不会等于总体参数的真值。它与真值的误差以及估计可靠性怎样,我们无法知道。而区间估计则可弥补这种不足之处。

区间估计是通过样本来估计总体参数可能位于的区间。例如,某批产品的平均使用寿命为 1 000 小时,这是对该批产品平均寿命参数的点估计值,仅靠这样一个点估计值往往是不够的。这是由于该批产品的使用寿命若近似地服从正态公布,那么,将会有一半产品的使用寿命数达不到总体平均数的标准。因此,必须提出该产品使用寿命的上限和下限,即给出一个可以控制的范围,从而使这一范围能够承担起必要的风险。如果我们说,该产品的平均使用寿命在 800～1 200 小时之间,这就是它的区间估计值。

一般地,在点估计中,我们用某个统计量作为总体参数的估计量;在区间估计中,我们就要寻找两个统计量 $\hat{\theta}_1(x_1, x_2, \cdots, x_n)$ 和 $\hat{\theta}_2(x_1, x_2, \cdots, x_n)$ 分别来估计总体参数 θ 的下限和上限,使总体参数 θ 包括在区间 $[\hat{\theta}_1, \hat{\theta}_2]$ 内的概率为 $P(\hat{\theta}_1 \leq \theta \leq \hat{\theta}_2) = 1 - \alpha$。该式的含义在于有 $100(1-\alpha)\%$ 的把握断定 θ 的真值在区间 $[\theta_1, \theta_2]$ 内。α 是事先给定的一个小正数,$1-\alpha$ 就是估计区间 $[\theta_1, \theta_2]$ 包括 θ 真值的概率,称为置信概率,也称作置信水平或置信系数,所以估计区间 $[\hat{\theta}_1, \hat{\theta}_2]$ 称作参数 θ 的置信水平 $1-\alpha$ 的置信区间,区间的边界称为置信限,$\hat{\theta}_1$ 为置信下限,$\hat{\theta}_2$ 为置信上限。

二、估计量的优良标准

在对总体参数作出估计时,并非所有的估计量都是优良的,从而产生了评价估计量是否优良的标准。对于点估计量来说,一个好的估计量有如下三个标准。

(一) 无偏性

如果样本统计量的期望值等于该统计量所估计的总体参数,则这个估计量叫做无偏估计量。这是一个好的估计量的一个重要条件。用样本平均数作为总体平均数的点估计时,就符合这一要求。无偏性也就是没有系统的偏差,它是从平均意义上讲的,即如果这种估计方法重复进行,则从估计量所获得的平均数等于总体参数。显然,如果说一个估计量是无偏的,并不是保证用于单独一次估计中没有随机性误差,只是没有系统性的偏差而已。若以 θ 代表被估计的总体参数,$\hat{\theta}$ 代表 θ 的无偏估计量,则用数学式表示为:

$$E(\hat{\theta}) = \theta$$

我们知道,总体参数中最重要的一个参数是总体平均数 μ,样本平均数 $\bar{x}$ 是它的一个无偏估计量,即 $E(\bar{x}) = \mu$。另外,样本方差也是总体方差的无偏估计量。

(二) 一致性

当样本容量 n 增大时,如果估计量越来越接近总体参数的真值时,就称这个估计量为一致估计量。估计量的一致性是从极限意义上讲的,它适用于大样本的情况。如果一个估计量是一致估计量,那么,采用大样本就更加可靠。当然,在样本容量 n 增大时,估计量的一致性会增强,但调查所需的人力、物力也相应增加。

(三) 有效性

有效性的概念是指估计量的离散程度。如果两个估计量都是无偏的,其中方差较小的(对给定的样本容量而言)就可认为相对来说是更有效的。严格地说,如果 $\hat{\theta}_1$ 和 $\hat{\theta}_2$ 是 θ 的两个无偏估计量,它们的相对有效性按下述比率决定:

$$\frac{\sigma^2_{\hat{\theta}_2}}{\sigma^2_{\hat{\theta}_1}}$$

其中,$\sigma^2_{\hat{\theta}_1}$ 是较小的方差。

举例来说,从一个平均数为 μ、方差为 σ^2 的正态分布总体中抽出一个简单随机样本,其样本容量为 n。假定要了解作为总体均值 μ 的估计量的样本均值 $\bar{x}$ 和样本中位数 m_d 哪一个更有效。这两个估计量都是无偏的。这里,样本均值 $\bar{x}$ 的方差是 $\sigma^2_{\bar{x}} = \sigma^2/n$。可以证明,样本中位数 m_d 的方差近似地为 $\sigma^2_{m_d} = 1.57\sigma^2/n$。因此,$\bar{x}$ 对 m_d 的相对有效性为:

$$\frac{\sigma^2_{m_d}}{\sigma^2_{\bar{x}}} = \frac{1.57\sigma^2/n}{\sigma^2/n} = 1.57$$

我们可以根据样本容量来说明这一结果。如果用样本中位数而不用样本均值作为正态分布总体均值 μ 的估计量,那么,为了获得与样本均值提供的同样精度,样本容量就需要增大57%。换言之,样本中位数所需的样本容量是样本均值的157%。

以上这三个标准并不是孤立的,而应该联系起来看。如果一个估计量满足这三个标准,这个估计量就是一个好的估计量。数理统计已证明,用样本平均数来估计总体平均数和用样本比率来估计总体比率时,它们是无偏的、一致的和有效的。

第二节 总体平均数的区间估计

由于估计时的条件不同,例如,是否知道总体分布,是否知道总体方差,是大样本还是小样本,是重复抽样还是不重复抽样,因此,对总体平均数估计的公式也有所不同,从而有必要对它们分别进行阐述。

一、样本取自总体方差已知的正态分布

区间估计的方法是以抽样分布的理论为基础的。这里讨论总体平均数的区间估计,其适合的分布就是平均数的抽样分布。我们已经知道,如果总体服从正态分布$N(\mu, \sigma^2)$,那么$\bar{x}$的抽样分布仍是正态分布,分布的平均数$\mu_{\bar{x}} = \mu$,标准差$\sigma_{\bar{x}} = \sigma/\sqrt{n}$。经过变换,变量$z = (\bar{x} - \mu)/\sigma_{\bar{x}}$则服从标准正态分布。这里,不论$\mu$取什么值,在$\bar{x}$的全部数值中,有95.5%处在平均值$\mu$的两个标准差的范围内,即以$\mu$为中心,以$\mu - 2\sigma_{\bar{x}}$和$\mu + 2\sigma_{\bar{x}}$为边界的区间大约包含了全部$\bar{x}$值的95.5%。用公式表示为:

$$P\left[-2 \leqslant \frac{\bar{x} - \mu}{\sigma/\sqrt{n}} \leqslant 2\right] = 0.955$$

$$P[\mu - 2\sigma/\sqrt{n} \leqslant \bar{x} \leqslant \mu + 2\sigma/\sqrt{n}] = 0.955$$

其图形如图6-1所示。

然而在实际情形下,由于上述表达式中的μ是一个未知数,因此,$\mu \pm 2\sigma_{\bar{x}}$并不能提供什么信息。但如果将$\mu$用其估计量$\bar{x}$代替,情况就不同了。在$\bar{x} \pm 2\sigma_{\bar{x}}$中,我们有一个$\mu$的区间估计值,即:

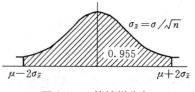

图6-1 $\bar{x}$的抽样分布

$$\bar{x} - 2\sigma_{\bar{x}} \leqslant \mu \leqslant \bar{x} + 2\sigma_{\bar{x}}$$

上式表明,总体平均数μ有95.5%的可能性位于样本平均数的正负两个标准差范围之内。同时,这一区间还有这样的一个性质,对$\sigma_{\bar{x}}$前的系数做不同的变换,就可得到不同的置信度。

一般地说,若置信水平为$1 - \alpha$,由于:

$$P(|\bar{x} - \mu| \leqslant z_{\frac{\alpha}{2}}\sigma_{\bar{x}}) = 1 - \alpha$$

因此:

$$P\left(\bar{x} - z_{\frac{\alpha}{2}} \frac{\sigma}{\sqrt{n}} \leq \mu \leq \bar{x} + z_{\frac{\alpha}{2}} \frac{\sigma}{\sqrt{n}}\right) = 1 - \alpha$$

当抽到某一具体样本平均数的估计值 $\bar{x}$ 时,若规定置信水平为 $1-\alpha$,则双边区间估计的公式为:

$$\bar{x} \pm z_{\frac{\alpha}{2}} \sigma_{\bar{x}}$$

我们可对上式做如下的解释:如从正态分布总体取出一个容量为 n 的简单随机样本,并构造区间 $\bar{x} \pm z_{\frac{\alpha}{2}} \frac{\sigma}{\sqrt{n}}$,那么,我们可以有 $100(1-\alpha)\%$ 的把握说这个区间包含总体平均数 μ。$z_{\frac{\alpha}{2}}$ 值称为概率度,与给定的置信水平有关,可以通过查正态分布表得到。

现在,我们把总体平均数区间估计的步骤归纳如下。

(1) 确定置信水平,即可靠性或把握程度。一般来说,估计要求比较精确,置信程度也要求高些,在社会经济现象中通常用 95% 就可以了。

(2) 根据置信度并利用标准正态分布表确定 z 值。

(3) 抽取一个容量为 n 的样本。

(4) 算出样本平均数 $\bar{x}$ 和标准差 $\sigma_{\bar{x}}$。在重复抽样时,样本平均数的标准差为 $\sigma_{\bar{x}} = \frac{\sigma}{\sqrt{n}}$,有限总体不重复抽样时,$\sigma_{\bar{x}} = \frac{\sigma}{\sqrt{n}} \cdot \sqrt{\frac{N-n}{N-1}}$。

(5) 构造置信区间为 $\bar{x} \pm z_{\frac{\alpha}{2}} \sigma_{\bar{x}}$。

【例 6-1】 某制造厂质量管理部门的负责人希望估计移交给接收部门的 5 500 包原材料的平均重量。一个由 250 包原材料组成的随机样本所给出的平均值 $\bar{x} = 65$ 千克。总体标准差 $\sigma = 15$ 千克。假定 95% 的置信区间已能令人满意,并假定总体为正态分布,试构造总体未知的平均值 μ 的置信区间。

解:本题中,已知总体服从正态分布,所以样本平均值也服从正态分布。已知 $\bar{x} = 65$,$\sigma = 15$。查标准正态分布表,与置信水平 95% 相对应的 z 值为:$z_{\frac{\alpha}{2}} = z_{\frac{0.05}{2}} = z_{0.025} = 1.96$。所以,总体平均数的置信区间为:

$$\bar{x} \pm z_{\frac{\alpha}{2}} \sigma / \sqrt{n} = 65 \pm 1.96 \times \frac{15}{\sqrt{250}}$$

$$= 65 \pm 2.40$$

即在 62.60~67.40 千克之间。于是,我们有 95% 的把握说总体平均值 μ 介于 62.60 和 67.40

千克之间。

二、样本取自总体方差已知的非正态分布

在很多情况下,我们遇到的总体为非正态分布,但中心极限定理告诉我们,当样本容量 n 足够大,无论总体服从什么分布,$\bar{x}$ 的抽样分布将近似服从正态分布。因此,我们仍可以用 $\bar{x} \pm z_{\frac{\alpha}{2}} \sigma_{\bar{x}}$ 公式来近似求出总体平均 μ 的置信区间。

【例 6-2】 某职业介绍所的职员从申请某一职业的 1 000 名申请者中采用不重复抽样方式随机抽取了 200 名申请者,借此来估计 1 000 名申请者考试的平均成绩。已知由 200 名申请者构成的样本平均分 $\bar{x} = 78$ 分,由以往经验已知总体方差为 90,但该职员不知总体服从何种分布。试求 μ 的 90% 的置信区间。

解:根据中心极限定理,由于这个问题的样本容量足够大,$n=200$,因此,可看作总体近似服从正态分布。又因为是有限总体的不重复抽样,所以,在计算标准差时需乘以有限总体修正系数,即:

$$\sigma_{\bar{x}} = \frac{\sigma}{\sqrt{n}} \sqrt{\frac{N-n}{N-1}} = \frac{\sqrt{90}}{\sqrt{200}} \times \sqrt{\frac{1\,000-200}{1\,000-1}} = 0.60$$

当要求可靠程度为 90% 时,查表得 $z_{\frac{\alpha}{2}} = 1.645$,所以:

$$P(78 - 1.645 \times 0.60 \leq \mu \leq 78 + 1.645 \times 0.60) = 0.90$$

$$P(77 \leq \mu \leq 79) = 0.90$$

从而我们可以有 90% 的把握说,总体平均值处在 77~79 分之间。

此题中,我们在计算标准差时,乘上了有限总体修正系数 $\sqrt{\frac{N-n}{N-1}}$,这是因为样本容量 200 已超过了总体容量 1 000 的 5%。

三、总体方差未知且小样本时的总体平均数的置信区间

上述构造总体平均数置信区间的方法,只有在总体方差已知时才能应用。但是总体平均数未知而总体方差已知的情况是不多见的,一般情况是两者均未知。若 σ 未知时,$\sigma_{\bar{x}}$ 就不能计算出来,从而也就不能构造 $\bar{x} \pm z_{\frac{\alpha}{2}} \sigma_{\bar{x}}$ 的置信区间。这时,我们可以计算样本标准差 s,并用它来估计 σ,从而 $\sigma_{\bar{x}}$ 的估计值就变成了 $s_{\bar{x}}$,即:

$$s_{\bar{x}} = \frac{s}{\sqrt{n}}$$

由于用 $s_{\bar{x}}$ 来代替 $\sigma_{\bar{x}}$,因此公式中的 z 就不合适了,因为 z 来自关系:

$$z = \frac{\bar{x} - \mu_{\bar{x}}}{\sigma_{\bar{x}}} = \frac{\bar{x} - \mu_{\bar{x}}}{\sigma/\sqrt{n}}$$

上式服从正态分布。现在由于 σ 未知,只能用 $s_{\bar{x}}$ 代替 $\sigma_{\bar{x}}$,于是新的变量为:

$$t = \frac{\bar{x} - \mu_{\bar{x}}}{s_{\bar{x}}} = \frac{\bar{x} - \mu_{\bar{x}}}{s/\sqrt{n}}$$

这时 t 已不是标准化的正态随机变量,它服从的是 t 分布。t 分布的自由度为 $n-1$。在小样本情况下,我们可借用 t 分布来估计总体平均数。不过,用小样本进行估计时必须注意它的应用条件:①小样本估计的理论依据是总体应视为正态分布,但在现实中这一点很难做到,因此,至少要求总体近似服从正态分布。②由于每次抽取的观察值 x_i 是独立的,而且 $x_i \sim N(\mu, \sigma^2)$,因此从理论上讲,在抽取样本时应采取随机重复抽样方式。但在实际工作中,若 N 很大而 n 较小时,则 n/N 非常小,因此,抽取 n 个单位时对独立性的影响不大。③ t 分布也可用于大样本,当 $n>30$ 时,t 分布和正态分布的出入不大。

【例 6-3】 为了估计 1 分钟 1 次广告的平均费用,抽出了 15 个电视台的随机样本。样本的平均值 $\bar{x}=2\,000$ 元,其标准差 $s=1\,000$ 元。假定所有被抽样的这类电视台近似服从正态分布,试构造总体平均值为 95% 的置信区间。

解:总体近似服从正态分布,但方差未知,$\bar{x}=2\,000$,$s=1\,000$,$n=15$。为了求概率度,查自由度 $n-1=14$ 的 t 分布表,与置信水平 95% 相应的 t 值为:

$$t_{\alpha/2}(n-1) = t_{0.025}(14) = 2.145$$

由于本题可认为是一个较大的总体,所以不必采用总体修正系数:

$$s_{\bar{x}} = s/\sqrt{n} = 1\,000/\sqrt{15} = 258.20$$

故置信区间为:

$$\bar{x} \pm t_{\frac{\alpha}{2}} s_{\bar{x}}$$

$$2\,000 \pm 2.145 \times 258.2,\text{即}[1\,446.16,\ 2\,553.84]$$

显然我们有 95% 的把握说明,总体平均数处在 1 446.16~2 553.84 元之间。

四、σ 未知且大样本时总体平均数的区间估计

当 σ 未知但样本容量 $n>30$,即大样本时,可用标准正态分布近似地当作 t 分布。因此,在实际工作中,只有在小样本的情况下,即样本容量 $n<30$ 时,才应用 t 分布,而对于大样本,则通常采用正态分布来构造总体平均数的置信区间。另外,根据中心极限定理,从非正态总

体中抽样时,只要能够抽取大样本,那么,样本平均数的抽样分布就会服从正态分布。这时,我们也就能够用 $\bar{x} \pm z_{\frac{\alpha}{2}} \sigma_{\bar{x}}$ 来构造置信区间,但由于 σ 是未知的,因此,只能用 $\bar{x} \pm z s_{\bar{x}}$ 来构造置信区间。

【例6-4】 某百货店通过 100 位顾客的随机样本研究购买额。均值和标准差分别为 24.75 元和 5.50 元。试构造总体均值的 90% 的置信区间。

解:尽管不知道该题的总体服从何种分布,也不知道总体的标准差,但是由于其 $n = 100 > 30$,即大样本,故可认为样本平均数的分布服从正态分布;同时,由于 $n > 30$,使得样本标准差 s 成了总体标准差 σ 的很好的估计值。从而可用 $\bar{x} \pm z_{\frac{\alpha}{2}} s_{\bar{x}}$ 来构造其置信区间。本题中,已知 $s = \sqrt{\dfrac{\sum (x - \bar{x})^2}{n - 1}} = 5.5$,因而:

$$s_{\bar{x}} = \frac{s}{\sqrt{n}} = \frac{5.5}{\sqrt{100}} = 0.55$$

$$z_{\frac{\alpha}{2}} = z_{\frac{0.10}{2}} = z_{0.05} = 1.645$$

$$\bar{x} \pm z_{\frac{\alpha}{2}} s_{\bar{x}} = 24.75 \pm 1.645 \times 0.55$$

$$= 24.75 \pm 0.90$$

即 [23.85, 25.65]。因此,我们有 90% 的把握说总体平均数落在 23.85 元和 25.65 元之间。

第三节　两个总体平均数之差的区间估计

一、两个正态总体且方差已知

我们经常希望对来自两个不同总体的平均数进行比较。两个总体平均数之差为 $\mu_1 - \mu_2$。但是,如果我们无法直接得到这种差值数据时,那么只能用样本数据对其作出估计。第五章中,曾讨论了关于两个样本平均数之差的抽样分布问题,并且已经知道,当两个总体均服从正态分布,$\bar{x}_1 - \bar{x}_2$ 也服从正态分布,或者不管被抽样的两个总体是否服从正态分布,只要被抽出的两个随机样本相互独立,而且样本容量足够大,那么,根据中心极限定理,样本平均数之差的抽样分布就逼近正态分布。其标准差为:

$$\sigma_{\bar{x}_1 - \bar{x}_2} = \sqrt{\frac{\sigma_1^2}{n_1} + \frac{\sigma_2^2}{n_2}}$$

根据这一结论,计算 $\mu_1 - \mu_2$ 的置信水平为 $1-\alpha$ 的置信区间可以利用下面的公式:

$$(\bar{x}_1 - \bar{x}_2) \pm z_{\frac{\alpha}{2}} \sqrt{\frac{\sigma_1^2}{n_1} + \frac{\sigma_2^2}{n_2}}$$

【例 6-5】 某银行负责人想知道存户存入两家银行的钱数,他从每一家银行各抽选了 1 个由 25 个存户组成的随机样本。样本平均值如下:银行 A:$\bar{x}_A = 450$ 元;银行 B:$\bar{x}_B = 325$ 元。两个总体均服从方差分别为 $\sigma_A^2 = 750$ 和 $\sigma_B^2 = 850$ 的正态分布。试构造 $\mu_A - \mu_B$ 的 95% 的置信区间。

解:由于两个总体均服从正态分布,因此,$\bar{x}_A - \bar{x}_B$ 也服从正态分布,从而计算总体均值之差的置信区间为:

$$(\bar{x}_A - \bar{x}_B) \pm z_{\frac{\alpha}{2}} \sqrt{\frac{\sigma_A^2}{n_A} + \frac{\sigma_B^2}{n_B}}$$

已知 $\sigma_A^2 = 750$,$\sigma_B^2 = 850$,$\bar{x}_A = 450$,$\bar{x}_B = 325$,$z_{\frac{\alpha}{2}} = z_{\frac{0.05}{2}} = 1.96$,所以,95% 的置信区间为:

$$\left[450 - 325 - 1.96 \times \sqrt{\frac{750}{25} + \frac{850}{25}}, \ 450 - 325 + 1.96 \times \sqrt{\frac{750}{25} + \frac{850}{25}} \right]$$

即 [109.32,140.68],这就意味着有 95% 的把握认为总体均值之差在 109.32~140.68 元之间。

二、两个总体服从正态分布,它们的方差未知但相等

当我们想估计两个总体平均数之差而总体方差未知时,就不能利用上式了。如果两个总体均服从正态分布,总体方差未知但已知它们相等,并从这两个总体中各抽选一个独立随机样本,那么就可以利用 t 分布,从而构造出 $\mu_1 - \mu_2$ 的置信区间。

当两个总体方差相等时,首先要求出它们的共同方差 σ^2 的一个估计值 s_p^2,因为两个样本方差都有理由作为共同方差 σ^2 的估计值。通常我们计算它们的加权平均数,权数就是它们的自由度,即:

$$s_p^2 = \frac{(n_1-1)s_1^2 + (n_2-1)s_2^2}{n_1 + n_2 - 2}$$

这时估计量 $\bar{x}_1 - \bar{x}_2$ 标准差为:

$$\sqrt{\frac{s_p^2}{n_1} + \frac{s_p^2}{n_2}} = s_p \sqrt{\frac{1}{n_1} + \frac{1}{n_2}}$$

可以证明:

$$t = \frac{(\bar{x}_1 - \bar{x}_2) - (\mu_1 - \mu_2)}{s_p \sqrt{\frac{1}{n_1} + \frac{1}{n_2}}}$$

服从自由度 $n_1 + n_2 - 2$ 的 t 分布。同时可以用 t 分布的 t 值作为 $\mu_1 - \mu_2$ 的置信区间的概率度。对以上结果可归纳如下。

如果两个总体服从正态分布，它们的方差未知但相等，则当我们从这两个总体抽选出两个独立随机样本时，$\mu_1 - \mu_2$ 的 $100(1-\alpha)\%$ 置信区间为：

$$(\bar{x}_1 - \bar{x}_2) \pm t_{\frac{\alpha}{2}} s_p \sqrt{\frac{1}{n_1} + \frac{1}{n_2}}$$

或，

$$(\bar{x}_1 - \bar{x}_2) \pm t_{\frac{\alpha}{2}} \sqrt{\frac{(n_1-1)s_1^2 + (n_2-1)s_2^2}{n_1 + n_2 - 2}} \cdot \sqrt{\frac{1}{n_1} + \frac{1}{n_2}}$$

【例 6-6】 某工厂中有两台生产金属棒的机器。一个随机样本由机器 A 生产的 11 根金属棒组成，另一个随机样本由机器 B 生产的 21 根金属棒组成。两个样本分别给出两台机器所生产金属棒的长度数据如下：$\bar{x}_A = 6.10$ 英寸，$\bar{x}_B = 5.95$ 英寸；$s_A^2 = 0.018$，$s_B^2 = 0.020$。假定两个总体近似服从正态分布，且总体方差相等，试构造 $\mu_A - \mu_B$ 的 95% 的置信区间。

解：根据总体方差相等的假设，可以算出共同方差 σ^2 的一个估计值 s_p^2：

$$s_p^2 = \frac{(n_A - 1)s_A^2 + (n_B - 1)s_B^2}{n_A + n_B - 2}$$

$$= \frac{(11-1) \times 0.018 + (21-1) \times 0.020}{11 + 21 - 2} = 0.019$$

$\mu_A - \mu_B$ 的置信区间为：

$$(\bar{x}_A - \bar{x}_B) \pm t_{\frac{\alpha}{2}} s_p \sqrt{\frac{1}{n_A} + \frac{1}{n_B}}$$

自由度为 $11 + 21 - 2 = 30$，可靠性为 95%，$t_{\frac{\alpha}{2}} = 2.042$，代入上式得：

$$(6.10 - 5.95) \pm 2.042 \times \sqrt{0.019} \times \sqrt{\frac{1}{11} + \frac{1}{21}} = 0.15 \pm 0.10$$

所以，两台机器所生产金属的平均长度差别在 0.05～0.25 英寸之间，这种估计的可靠性为 95%。

三、两个总体均服从正态分布，它们的方差未知且不等

当两个总体方差不等时，即使两个总体均服从正态分布，我们在构造两个平均值之差的置信区间时也不能用前面提到的 t 分布，这是因为当两个总体方差不等时，统计量：

$$t' = \frac{(\bar{x}_1 - \bar{x}_2) - (\mu_1 - \mu_2)}{\sqrt{\dfrac{s_1^2}{n_1} + \dfrac{s_2^2}{n_2}}}$$

不服从自由度为 $n_1 + n_2 - 2$ 的 t 分布。解决这一问题的办法是采用自由度的某种修正值。现给出狄克逊(Dixon)和马赛(Massey)于 1969 年提出的一种方法，用来修正 t 分布的自由度。其公式如下：

$$df' = x \frac{\left(\dfrac{s_1^2}{n_1} + \dfrac{s_2^2}{n_2}\right)^2}{\dfrac{(s_1^2/n_1)^2}{n_1} + \dfrac{(s_2^2/n_2)^2}{n_2}}$$

可以认为，统计量 t' 近似服从于自由度为 df' 的 t 分布。根据自由度 df' 查 t 分布表可得置信区间为：

$$(\bar{x}_1 - \bar{x}_2) \pm t_{\frac{\alpha}{2}} \sqrt{\frac{s_1^2}{n_1} + \frac{s_2^2}{n_2}}$$

【例 6-7】 为了说明问题，现假定例 6-6 中的两个总体方差不等，试构造 $\mu_A - \mu_B$ 的 95% 的置信区间。

解：其自由度 df' 为：

$$df' = \frac{\left(\dfrac{0.018}{11} + \dfrac{0.020}{21}\right)^2}{\dfrac{(0.018/11)^2}{11} + \dfrac{(0.020/21)^2}{21}} \approx 23$$

由这个公式计算出来的自由度往往不是整数，可以用四舍五入后的整数查表求得置信区间。本例如查 95% 可靠性和自由度为 23 的 t 分布表，得 2.07，代入公式得：

$$(6.10 - 5.95) \pm 2.07 \times \sqrt{\frac{0.018}{11} + \frac{0.020}{21}} = 0.15 \pm 0.11$$

即 $[0.04, 0.26]$。

四、两个总体均不服从正态分布且方差未知

对于一般不服从正态分布的两个总体，我们往往依据中心极限定理采用大样本抽样方

法。如果两个总体方差未知，就用 s_1 和 s_2 分别作为 σ_1 和 σ_2 的估计值，当 n_1 和 n_2 足够大时，$\mu_1 - \mu_2$ 的置信水平为 $1-\alpha$ 的近似置信区间为：

$$(\bar{x}_1 - \bar{x}_2) \pm z_{\frac{\alpha}{2}} \sqrt{\frac{s_1^2}{n_1} + \frac{s_2^2}{n_2}}$$

【例 6-8】 A、B 两所大学某学期期末英语考试采用同一试题。A 校认为该校学生英语考试成绩能比 B 校高出 10 分。为了证实这一说法，主管部门从两校各抽取一个随机样本并得到如下数据：$n_A = 75$ 人，$n_B = 80$ 人，$\bar{x}_A = 78.6$ 分，$\bar{x}_B = 73.8$ 分，$s_A = 8.2$ 分，$s_B = 7.4$ 分。试在 95% 的置信程度下确定两校平均分数之差的置信区间。

解：根据上述数据可算得：

$$s_{\bar{x}_A - \bar{x}_B} = \sqrt{\frac{s_A^2}{n_A} + \frac{s_B^2}{n_B}} = \sqrt{\frac{8.2^2}{75} + \frac{7.4^2}{80}} = 1.26 \text{（分）}$$

当置信程度为 95% 时，$z_{\frac{0.05}{2}} = z_{0.025} = 1.96$，从而其置信区间为：

$$(\bar{x}_A - \bar{x}_B) \pm z_{\frac{\alpha}{2}} \sqrt{\frac{s_A^2}{n_A} + \frac{s_B^2}{n_B}} = (78.6 - 73.8) \pm 1.96 \times 1.26$$

$$= 4.8 \pm 2.5$$

即 $[2.3, 7.3]$。

因此，我们有 95% 的把握说 A、B 两校英语考试成绩之差在 2.3~7.3 分之间。这一结果说明，A 校的平均成绩确实高于 B 校，但并未高出 10 分。

第四节 总体比率和两个总体比率之差的区间估计

一、总体比率的区间估计

我们在实际工作中时常会碰到对总体比率的估计问题。例如，企业领导想知道本企业生产中合格品率是多少，商店经理想了解对他们服务满意的顾客在全部顾客中所占的比例等等。在第五章中曾讨论了样本比率 $\tilde{p}$ 的抽样分布，并指出当 np 和 $n(1-p)$ 两者皆大于 5 时，$\tilde{p}$ 的抽样分布近似服从平均值为 p、标准差为 $\sigma_{\tilde{p}} = \sqrt{\frac{p(1-p)}{n}}$ 的正态分布。但是，在实际工作中 p 往往是未知的，我们所要估计的也正是这个总体比率 p，所以，就需要用样本比率 $\tilde{p}$ 来

代替 p。这样,我们就得到了标准差的估计值 $s_{\widetilde{p}} = \sqrt{\dfrac{\widetilde{p}(1-\widetilde{p})}{n}}$。

因此,可对总体比率的区间估计做如下表述:如果 np 和 $n(1-p)$ 两者皆大于5,并且 n 相对总体容量来说很小,则 p 的近似 $100(1-\alpha)\%$ 的置信区间由下式给出:

$$\widetilde{p} \pm z_{\frac{\alpha}{2}} \sqrt{\frac{\widetilde{p}(1-\widetilde{p})}{n}}$$

如果我们研究的总体是有限的,尤其是抽样比重较大时,即 $\dfrac{n}{N} > 0.05$ 时,就要采用有限总体修正系数,从而 p 的区间估计公式为:

$$\widetilde{p} \pm z_{\frac{\alpha}{2}} \sqrt{\frac{\widetilde{p}(1-\widetilde{p})}{n}} \sqrt{\frac{N-n}{N-1}}$$

【例6-9】 某企业在一项关于寻找职工流动原因的研究中,研究者从该企业前职工的总体中随机抽取了200人组成一个样本。在对他们进行访问时,有140人说他们离开该企业的原因是因为他们得到的收入太低。试对由于这种原因而离开该企业的人员的真正比率构造95%的置信区间。

解:在这一问题中,我们想求的是对总体比率 p 的置信区间估计。我们可求得样本统计量 $\widetilde{p} = 140/200 = 0.7$,这是样本比率。这里 $n\widetilde{p} = 200 \times 0.7 = 140 > 5$,且 $n(1-\widetilde{p}) = 200 \times (1-0.7) = 60 > 5$,则 $\widetilde{p}$ 的抽样分布可用正态分布来逼近。其区间估计为:

$$\widetilde{p} \pm z_{\frac{\alpha}{2}} \sqrt{\frac{\widetilde{p}(1-\widetilde{p})}{n}} = 0.70 \pm 1.96 \times \sqrt{\frac{0.70 \times (1-0.70)}{200}} = 0.70 \pm 0.064$$

因此,在95%的可靠程度下,估计总体比率在63.6%和76.4%之间。

【例6-10】 某一大公司的人事处长希望知道本公司内专业不对口的职员究竟占多大比例。于是,他从2 000名具有大专以上学历的职员中随机抽取了一个由150人组成的样本进行研究,结果表明,其中有45人说他们从事的工作与所学专业不对口。试在95.5%的置信程度下构造出不对口人员所占真正比例的置信区间。

解:由于样本容量很大,$n = 150$,$\widetilde{p} = 45/150 = 0.3$,$n\widetilde{p}$ 和 $n(1-\widetilde{p})$ 都大于5,故可用正态分布逼近。但又由于抽样比重 $\dfrac{n}{N} = \dfrac{150}{2\ 000} = 0.075 > 0.05$,故需用有限总体修正系数计算 $s_{\widetilde{p}}$,则:

$$\tilde{p} \pm z_{\frac{\alpha}{2}} \sqrt{\frac{\tilde{p}(1-\tilde{p})}{n}} \sqrt{\frac{N-n}{N-1}}$$

$$= 0.3 \pm 2 \times \sqrt{\frac{0.3 \times (1-0.3)}{150}} \times \sqrt{\frac{2\,000-150}{2\,000-1}}$$

$$= 0.3 \pm 0.072$$

即[0.228,0.372]。计算结果表明,我们有95.5%的把握说,该公司具有大专以上学历的人员中,有22.8%~37.2%的人专业不对口。

二、两个总体比率之差的区间估计

为了估计两个总体比率之差 $p_1 - p_2$,我们可从每一个总体中各抽一个随机样本,并利用两个样本比率之差 $\tilde{p}_1 - \tilde{p}_2$。这样就可以按通常的方式构造出一个区间的估计值。在第五章中,曾介绍了当 n_1 和 n_2 两者都很大,即大样本,而且总体比率不太接近0或1时,两个独立样本的 $\tilde{p}_1 - \tilde{p}_2$ 的抽样分布近似服从正态分布,其平均值为 $p_1 - p_2$,标准差为:

$$\sigma_{\tilde{p}_1 - \tilde{p}_2} = \sqrt{\frac{p_1(1-p_1)}{n_1} + \frac{p_2(1-p_2)}{n_2}}$$

因为 p_1 和 p_2 皆属未知,所以标准差应通过下式来估计:

$$s_{\tilde{p}_1 - \tilde{p}_2} = \sqrt{\frac{\tilde{p}_1(1-\tilde{p}_1)}{n_1} + \frac{\tilde{p}_2(1-\tilde{p}_2)}{n_2}}$$

于是上述条件下 $p_1 - p_2$ 的 $100(1-\alpha)$% 的置信区间由下式给出:

$$(\tilde{p}_1 - \tilde{p}_2) \pm z_{\frac{\alpha}{2}} \sqrt{\frac{\tilde{p}_1(1-\tilde{p}_1)}{n_1} + \frac{\tilde{p}_2(1-\tilde{p}_2)}{n_2}}$$

【例6-11】 某企业下属有两个车间,分别用A和B表示。为了降低废品率,该企业对车间B的工人首先进行业务培训。3个月后,该企业负责人对两个车间的产品质量进行了检验。从车间A抽取了200件产品,从车间B抽取了220件产品。查得废品率A车间为 $\tilde{p}_A = 15\%$,B车间为 $\tilde{p}_B = 3\%$。试在95%的把握程度下,构造两个废品率之差的置信区间。

解:

$$s_{\tilde{p}_A - \tilde{p}_B} = \sqrt{\frac{\tilde{p}_A(1-\tilde{p}_A)}{n_A} + \frac{\tilde{p}_B(1-\tilde{p}_B)}{n_B}}$$

$$= \sqrt{\frac{0.15 \times (1-0.15)}{200} + \frac{0.03 \times (1-0.03)}{220}}$$

$$= 0.027\,7$$

当置信度为95%时，$z_{\frac{\alpha}{2}} = 1.96$，从而其区间估计为：

$$(\tilde{p}_A - \tilde{p}_B) \pm z_{\frac{\alpha}{2}} s_{\tilde{p}_A - \tilde{p}_B} = (0.15 - 0.03) \pm 1.96 \times 0.0277$$

即[0.066，0.174]。根据这一结果，我们有95%的把握说，车间A和车间B的废品率之差为6.6%～17.4%。这说明，车间B人员的业务培训收到了效果。

第五节 样本容量的确定

在实际设计抽样方案中有一个重要的问题，就是在特定的情况下应该用多大的样本。如果使用一个比需要大的样本，就会浪费资料；如果样本太小，就不能达到分析的目的。

事实上，决定样本大小的因素有以下三点：①受总体方差σ^2数值大小的影响。总体方差大，抽样误差大，则应多抽一些样本容量，反之，则可少抽一些。当然，当总体方差为0时，那么只需抽出其中一个就能代表总体。但实际工作中，我们往往不知道总体方差，因而必须做试验性调查，或以过去的历史资料做参考。②可靠性程度的高低。要求可靠性越高，所必需的样本容量就越大。也就是说，为获得所需精度而指定的概率越大，所需要的样本容量就越大。③允许误差的大小。这主要由研究的目的而定。若要求推断比较精确，允许误差应该低一些，随之抽取的样本容量也要求多一些；反之，若允许误差可以大一些，样本容量也可以少一些。

一、估计总体平均数时样本容量的确定

在重复抽样的条件下，我们用Δ表示允许误差，用σ表示总体标准差，用$1-\alpha$表示可靠性，用$z_{\frac{\alpha}{2}}$表示相应的概率度，那么，允许误差的公式可表述如下：

$$\Delta_{\bar{x}} = z_{\frac{\alpha}{2}} \frac{\sigma}{\sqrt{n}}$$

对上式两端平方：

$$\Delta_{\bar{x}}^2 = \frac{z_{\frac{\alpha}{2}}^2 \sigma^2}{n}$$

移项：

$$\Delta_{\bar{x}}^2 n = z_{\frac{\alpha}{2}}^2 \sigma^2$$

$$n = \frac{z_{\frac{\alpha}{2}}^2 \sigma^2}{\Delta_{\bar{x}}^2}$$

这就是在重复抽样条件下确定样本容量的计算公式。当我们采用不重复抽样时,就要采用有限总体修正系数。这时:

$$\Delta_{\bar{x}} = z_{\frac{\alpha}{2}} \frac{\sigma}{\sqrt{n}} \sqrt{\frac{N-n}{N-1}}$$

对上式两端平方:

$$\Delta_{\bar{x}}^2 = z_{\frac{\alpha}{2}}^2 \frac{\sigma^2}{n} \frac{N-n}{N-1}$$

从而得:

$$n = \frac{N z_{\frac{\alpha}{2}}^2 \sigma^2}{(N-1)\Delta_{\bar{x}}^2 + z_{\frac{\alpha}{2}}^2 \sigma^2}$$

这就是不重复抽样条件下确定样本容量的计算公式。

【例 6-12】 某批产品的平均重量 $\bar{x} = 70$ 千克,总体标准差 $\sigma = 5$ 千克。现准备对这批产品采用重复抽样方式进行简单随机抽样检验,要求可靠程度达到 95%,允许误差不超过 0.9 千克。试问需要抽多少样本容量?

解:$\sigma = 5$, $z_{\frac{\alpha}{2}} = 1.96$, $\Delta_{\bar{x}} = 0.9$,按重复抽样计算公式得:

$$n = \frac{z_{\frac{\alpha}{2}}^2 \sigma^2}{\Delta_{\bar{x}}^2} = \frac{1.96^2 \times 5^2}{(0.9)^2} \approx 118.6 = 119 \text{(件)}$$

即应抽取样本容量 119 件。

【例 6-13】 某企业进口某种原材料计 2000 包,该企业管理人员决定采用不重复抽样方式从中抽出一个样本来推断这批货物每包的平均重量。以往统计资料表明,其总体方差 $\sigma^2 = 144$ 千克,如果要求置信程度为 95%,误差范围不超过 3 千克,那么该企业管理人员应该抽取一个多大容量的样本?

解:由于本题采用不重复抽样方式,因此要考虑有限总体修正系数。本题已知 $N = 2000$, $\sigma^2 = 144$, $\Delta_{\bar{x}} = 3$, $z_{\frac{0.05}{2}} = 1.96$,故:

$$n = \frac{N z_{\frac{\alpha}{2}}^2 \sigma^2}{(N-1)\Delta_{\bar{x}}^2 + z_{\frac{\alpha}{2}}^2 \sigma^2}$$

$$= \frac{2000 \times (1.96)^2 \times 144}{(2000-1) \times 3^2 + (1.96)^2 \times 144} \approx 59.6 = 60 \text{(包)}$$

即应抽取一个容量为 60 包的样本。

在实际工作中,总体标准差可能是未知的,因此,必须通过某种途径来估计σ,主要有:①当以前有过类似的抽样,并且总体变动又不太大时,便可用以往的资料来估计总体标准差σ。②在正式抽样研究之前,先抽出一个实验样本,算出其标准差s,并用它来代替σ。③当总体近似服从正态分布时,便可根据全距来代替标准差s。

二、估计总体比率时样本容量的确定

估计总体比率时,其样本容量的确定类似于估计总体平均数时样本容量的确定。

在重复抽样时,由于:

$$\Delta_p = z_{\frac{\alpha}{2}}\sqrt{\frac{p(1-p)}{n}}$$

所以:

$$n = \frac{z_{\frac{\alpha}{2}}^2 p(1-p)}{\Delta_p^2}$$

在不重复抽样时,由于:

$$\Delta_p = z_{\frac{\alpha}{2}}\sqrt{\frac{p(1-p)}{n}}\sqrt{\frac{N-n}{N-1}}$$

所以:

$$n = \frac{N z_{\frac{\alpha}{2}}^2 p(1-p)}{(N-1)\Delta_p^2 + z_{\frac{\alpha}{2}}^2 p(1-p)}$$

上述两个公式的计算都需要知道总体比率p,但一般情况下p是未知的。因此,要想确定其样本容量,必须首先寻找p的估计值,一般有以下几种方式:①用以往的资料估计p。②在正式抽样之前,先抽一个实验样本,用此样本比率$\tilde{p}$来代替p。③当研究者对某一总体比率有很大把握时,则可用它作为p的估计值。④如果什么资料也没有,那么可以令$p=0.5$,因为$p=0.5$时,$p(1-p)$这一乘积达到最大,从而所需的样本也比较多,推断也就比较可靠。

【例6-14】 一家市场调查公司希望估计某地区有25英寸彩色电视机的家庭所占的比例。该公司希望对p的估计误差不超过0.07,置信程度95.5%,但没有可利用的p的估计值。试问应抽取多大容量的样本?

解:由于没有较好的p的估计值可以利用,因此只能取$p=0.5$。将有关数据代入公式得:

$$n = \frac{z_{\frac{\alpha}{2}}^2 p(1-p)}{\Delta_p^2} = \frac{2^2 \times 0.5 \times (1-0.5)}{(0.07)^2} = 204$$

第六节　正态总体方差和两个正态总体方差比的区间估计

一、正态总体方差的区间估计

以上讨论了对总体平均数和比例的区间估计问题,然而在现实问题中,我们时常还需对作为衡量变量偏离总体平均数尺度的方差进行估计。例如,一批电池的平均使用寿命虽然合乎要求,但若各电池寿命可能相差很大,即方差很大,那么这些电池的质量还是有问题的。因此,我们经常要知道总体方差或标准差的大小。

总体方差 σ^2 通常是未知的,必须通过样本对其作出估计。一般情况下,我们可根据统计量 $\frac{(n-1)s^2}{\sigma^2}$ 来求得 σ^2 的置信区间。数理统计已经证明,在正态分布总体下,统计量 $\frac{(n-1)s^2}{\sigma^2}$ 近似服从自由度为 $n-1$ 的 χ^2 分布,记作 $\chi^2(n-1)$。为了构造 σ^2 的 $100(1-\alpha)\%$ 置信区间,首先应该求出 $\frac{(n-1)s^2}{\sigma^2}$ 的区间。我们可从附表 5 中选出两个 χ^2 值,使得较小值左边和较大值右边分布曲线下的面积都是 $\alpha/2$。若将这两个 χ^2 值分别记作 $\chi^2_{\frac{\alpha}{2}}$ 和 $\chi^2_{1-\frac{\alpha}{2}}$,则 $(n-1)s^2/\sigma^2$ 的 $100(1-\alpha)\%$ 的置信区间可表示为:

$$\chi^2_{1-\frac{\alpha}{2}} \leqslant \frac{(n-1)s^2}{\sigma^2} \leqslant \chi^2_{\frac{\alpha}{2}}$$

通过不等式变换可得:

$$\frac{(n-1)s^2}{\chi^2_{\frac{\alpha}{2}}} \leqslant \sigma^2 \leqslant \frac{(n-1)s^2}{\chi^2_{1-\frac{\alpha}{2}}}$$

上式就是 σ^2 的 $100(1-\alpha)\%$ 置信区间。对上式的每一项开根号,就得出 σ 即总体标准差的 $100(1-\alpha)\%$ 置信区间:

$$\sqrt{\frac{(n-1)s^2}{\chi^2_{\frac{\alpha}{2}}}} \leqslant \sigma \leqslant \sqrt{\frac{(n-1)s^2}{\chi^2_{1-\frac{\alpha}{2}}}}$$

【例 6-15】 某制造厂的一名生产管理人员需要知道完成某件工作所需的时间。为此他进行了一项研究,得出一个适于分析的 31 个观察值组成的随机样本,从样本数据算出的方差为 0.3 小时。计算:(1)构造 σ^2 的 95% 的置信区间;(2)构造 σ 的 95% 的置信区间;(3)构造置信区间时作了何种假定?

解:(1) 由题意可知,$s^2=0.3$,自由度 $=n-1=31-1=30$,查自由度为 30 的 χ^2 分布表

得:$\chi^2_{\frac{\alpha}{2}}(30) = \chi^2_{\frac{0.05}{2}}(30) = \chi^2_{0.025}(30) = 46.979$，$\chi^2_{1-\frac{\alpha}{2}}(30) = \chi^2_{1-\frac{0.05}{2}}(30) = \chi^2_{0.975}(30) = 16.791$。代入公式得：

$$\frac{(31-1) \times 0.3}{46.979} \leq \sigma^2 \leq \frac{(31-1) \times 0.3}{16.791}$$

$$0.191\,6 \leq \sigma^2 \leq 0.536\,0$$

从而，我们有95%的把握说σ^2落在0.191 6～0.536 0之间的范围内。

(2) 其总体标准差的置信区间为：

$$0.437\,7 \leq \sigma \leq 0.732\,1$$

(3) 被抽样的总体服从或近似服从正态分布是置信区间估计的假定条件。

二、两个正态总体方差比的区间估计

在实际工作中还常常需要比较两个总体的方差。例如，在选择产品时，我们通常需要方差较小的产品，因为方差较小的产品的质量比较均匀。比较两个总体方差的大小，可以将两个方差相比，当两个方差相等时其比值为1。但两个总体方差σ_1^2和σ_2^2都是未知的，所以需要通过两个样本方差来加以比较推断。

若有两个正态总体，方差分别为σ_1^2和σ_2^2，从两个总体中独立地抽取容量分别为n_1和n_2的样本，构造统计量$(s_1^2/\sigma_1^2)/(s_2^2/\sigma_2^2)$。可以证明统计量$(s_1^2/\sigma_1^2)/(s_2^2/\sigma_2^2)$服从分子自由度为$n_1-1$以及分母自由度为$n_2-1$的$F$分布。从$F$分布表中查得$F_{\frac{\alpha}{2}}$和$F_{1-\frac{\alpha}{2}}$的值，于是得到$(s_1^2/\sigma_1^2)/(s_2^2/\sigma_2^2)$的$100(1-\alpha)\%$的置信区间：

$$F_{1-\frac{\alpha}{2}} \leq \frac{s_1^2/\sigma_1^2}{s_2^2/\sigma_2^2} \leq F_{\frac{\alpha}{2}}$$

通过变换，σ_1^2/σ_2^2的$100(1-\alpha)\%$的置信区间为：

$$\frac{s_1^2/s_2^2}{F_{\frac{\alpha}{2}}} \leq \frac{\sigma_1^2}{\sigma_2^2} \leq \frac{s_1^2/s_2^2}{F_{1-\frac{\alpha}{2}}}$$

一般情况下，我们将样本方差的较大者用作比值的分子，较小者作分母。

计算时还需注意F分布的一条重要性质，即：

$$F_{1-\frac{\alpha}{2}}(n_1-1, n_2-1) = \frac{1}{F_{\frac{\alpha}{2}}(n_2-1, n_1-1)}$$

因为F分布表中不含与$1-\frac{\alpha}{2}$对应的$F_{1-\frac{\alpha}{2}}$的值，所以，先取与$\frac{\alpha}{2}$对应的$F_{\frac{\alpha}{2}}$值，然后取倒数

得 $F_{1-\frac{\alpha}{2}}$。

【例 6-16】 为了比较用两种不同方法生产的某种产品的寿命,进行一项试验。试验中抽选了由方法 1 生产的 16 个产品组成一个随机样本,其方差为 1 200 小时。又抽选了用方法 2 生产的 21 个产品组成另一个随机样本,得出的方差为 800 小时。试以 95% 的可靠性估计 σ_1^2/σ_2^2 的置信区间。

解:由于 $s_1^2 = 1\,200$,$s_2^2 = 800$,$s_1^2 > s_2^2$

$$F_{\frac{\alpha}{2}}(n_1 - 1, n_2 - 1) = F_{0.025}(15, 20) = 2.57$$

$$F_{1-\frac{\alpha}{2}} = \frac{1}{F_{0.025}(20, 15)} = \frac{1}{2.76} = 0.362\,3$$

从而本题的置信区间为:

$$\frac{s_1^2/s_2^2}{F_{\frac{\alpha}{2}}} \leqslant \frac{\sigma_1^2}{\sigma_2^2} \leqslant \frac{s_1^2/s_2^2}{F_{1-\frac{\alpha}{2}}}$$

$$\frac{1\,200/800}{2.57} \leqslant \frac{\sigma_1^2}{\sigma_2^2} \leqslant \frac{1\,200/800}{0.362\,3}$$

$$\frac{1.5}{2.57} \leqslant \frac{\sigma_1^2}{\sigma_2^2} \leqslant \frac{1.5}{0.362\,3}$$

$$0.58 \leqslant \frac{\sigma_1^2}{\sigma_2^2} \leqslant 4.14$$

案例分析

一、研究背景

随着市场经济的蓬勃发展,国内各地开设的超市越来越多。在激烈的市场竞争中,提升顾客的满意度对于提高超市经营效益有着至关重要的作用。如何提升顾客满意度是超市经营过程中遇到的重要难题,而在影响顾客满意度的因素中,排队结账时间占重要比重,由此超市开设的收银台个数直接影响了客户满意的程度。因此商家在超市运营过程中,不能单单考虑尽量少地设置收银台以最大程度地节约成本;另一方面,商家须考虑到顾客的服务质量,如因收银台设置过少而出现顾客排队结账时间过长的问题,一味减少收银台的数量会严重影响顾客的满意度,是得不偿失的。

现在某全国连锁超市须在上海市新开设两家超市,由于每家超市所处的地区不同,因此每日的客流量也会因为所在地的不同、交通的便利程度和周边的竞争超市数量的不同而存在差别。而由于客流量的不同,每家超市需要设立的收银台数量,对于超市的管理层来说是一个难题。收银台的设立数量过多,会造成不必要的资源和空间的浪费,也不利于节约成本;而收银台的设立数量过少,又可能会造成顾客结账排队时间过长的情况,从而导致顾客满意度下降。因此,管理层决定先在这两家超市同时设立8个收银台,经过一个月的试营业,获得相关的数据,让研究人员进行分析,最后决定这两家超市是否需要增添或减少收银台数量。经过一个月的试营业之后,超市得到9月每日的客流量数据,具体数据如下表所示。

表6-1 A超市和B超市9月试营业期间日客流量

编号	A超市	B超市	编号	A超市	B超市
1	7 367	5 700	16	7 074	5 478
2	7 259	5 510	17	6 950	5 641
3	7 060	5 502	18	6 771	5 251
4	6 931	5 903	19	7 079	5 543
5	7 165	5 348	20	6 990	4 924
6	6 970	5 683	21	6 910	5 652
7	7 000	5 752	22	7 074	5 363
8	7 326	5 674	23	6 755	5 190
9	6 942	5 403	24	6 803	5 652
10	6 771	5 572	25	7 058	5 654
11	6 791	6 104	26	7 184	6 084
12	6 585	5 927	27	6 658	5 417
13	7 018	5 554	28	7 287	5 594
14	6 843	5 393	29	6 797	5 726
15	6 870	5 745	30	6 532	5 642

二、思考问题

(1) 进行方案设计、提供建议之前,为了保证研究的严谨性,我们需要对两家超市每日的客流量不同的假设前提进行验证,试运用本章和之前学到的知识点进行分析验证。

(2) 假如我们现在是研究人员,请试着在收集完需要的数据后,运用本章学到的知识点对这些数据处理和分析,进而为超市的管理层提供建议。

三、问题分析

(1) 过去30天中,A超市和B超市的日客流量如表6-1中所示,现在我们对这些数据做描述性统计分析。运用之前学到知识,计算得出超市日客流量的集中趋势和离散趋势测度,如表6-2所示。

表6-2 描述性统计分析 （单位:人次）

	A 超市	B 超市
均 值	6 960	5 586
中位数	6 960	5 617.5
标准差	207	244
最小值	6 532	4 924
最大值	7 367	6 104
极 差	835	1 180
偏度系数(SK)	0.023 6	−0.204 9
峰度系数(β)	−0.364 3	1.063 3

从表6-2中我们可以看到,A超市的平均日客流量为6 960人次,大于B超市的平均每日5 586人次的客流量。而标准差这一栏也说明A超市的每日客流量的波动比B超市小。这一点我们也可以从极差上看出,A超市在过去30天中日客流量的最大和最小的人次的差为835人次,而B超市这一数据为1 180。从描述性统计分析我们可以直观地看到,A超市和B超市的日客流量数据是有区别的,那么我们如何运用本章学习到的知识,从统计意义上去证明上面的结论呢?

表6-2中,从A超市和B超市的偏度系数和峰度系数我们可以看到,A超市和B超市客流量的抽样分布近似正态分布,且样本量为30,我们可以依据中心极限定理,采用大样本抽样的方法,得到A超市和B超市日均客流量之差的抽样分布。得到抽样分布后,可以构造一个置信水平为$1-\alpha$的近似置信区间,即:

$$(\bar{x}_1 - \bar{x}_2) \pm z_{\alpha/2} \sqrt{\frac{s_1^2}{n_1} + \frac{s_2^2}{n_2}} \tag{1}$$

如果构造出的A超市和B超市日均客流量之差的区间估计全为正数,或者区间中的大部分长度均为正数,则我们可以得出A超市和B超市日均客流量有明显差异的结论。接下来,构造A超市和B超市日均客流量之差的置信水平为95%的置信区间,从表6-2及附表中易知,$n_1 = n_2 = 30$,$s_1^2 = 207^2$,$s_2^2 = 244^2$,$\bar{x}_1 = 6\,960$,$\bar{x}_2 = 5\,586$,$z_{\alpha/2} = 1.96$,带入式(1),得:

$$(\bar{x}_1 - \bar{x}_2) \pm z_{\alpha/2} \sqrt{\frac{s_1^2}{n_1} + \frac{s_2^2}{n_2}} = (6\,960 - 5\,586) \pm 1.96 \sqrt{\frac{207^2}{30} + \frac{244^2}{30}} = 1\,374 \pm 114.5$$

则置信水平为95%的A超市和B超市日均客流量之差的置信区间为：[1 259.5，1 488.5]。从置信区间中我们可以看到，由于这个区间均为正数，且下界为1 259.5远大于0。经过以上研究可以断定，A超市和B超市的日均客流量是有明显差异的。既然A超市和B超市的日均客流量有差异，那么继续在这两家超市设立相同的收银台数量就有些不合理。管理层应对这两家超市的资源和人力的配置作出调整，一方面，考虑资源分配的最优化，另一方面，也要考虑由于A超市的日均客流量很大，很可能出现因为收银台数量不够而引发的排队结账时间过长的问题。

(2) 在(1)部分的讨论中，我们得出了A超市和B超市的日均客流量是有明显差异的结论，那么继续在A超市和B超市设立相同的收银台数量就不可取了。因为两个超市设立同样数量的收银台很可能会导致一个超市的空间和资源浪费，而另外一个超市因为收银台数量过少从而导致顾客排队时间过长出现满意度降低的情况。那么如何判断超市是否应该增添或者减少收银台呢？

我们可以调查搜索数据获得该品牌超市在其他地区连锁店设立的收银台数量的数据，在其他地区的超市因为经过长期的经营，已经在节约成本、资源配置和保证客户满意度之间取得了很好的平衡。因此，可以把获得的其他地区设立相同收银台数量的超市日均客流量数据作为一个较优配置的参照。

在经过调查和查阅其他各省市连锁超市的数据后，发现顾客满意度较高且同样设立8个收银台超市的9月日均客流量如表6-3所示：

表6-3 其他各省市区12家超市9月日均客流量　　　　　　（单位：人次）

1	2	3	4	5	6	7	8	9	10	11	12
6 522	6 618	6 243	6 618	6 342	6 206	6 107	6 715	6 235	5 808	6 299	6 720

我们运用第六章学习到的知识，使用点估计的方法估计这批数据，从而把样本均值作为总体均值的一个估计。可以通过这12家超市的9月日均客流量作为设立8个收银台超市的最优每日可接待的客流量的一个估计。

日均客流量的点估的计算过程如下：

令设置8个收银台的超市的每日最优接待客流量为x，则：

$$x = \frac{\sum_{i=1}^{12} x_i}{12} = 6\ 369(人)$$

根据表 6-1 中的数据，分别构造 A 超市和 B 超市日均客流量置信水平为 95% 的置信区间，如果得到的置信区间不包含当前收银台数量下超市的每日最优接待客流量，甚至与最优接待客流量有不小的差距，那么我们就可以认为，在当前客流量状态下，设立 8 个收银台是不合理的，应当酌情增加或减少收银台。

由表 6-1 中可知，$\bar{x}_A = 6\,960$，$z_{\alpha/2} = 1.96$，$s_{\bar{x}_A} = \dfrac{207}{\sqrt{30}} = 37.80$，因此 A 超市日均客流量置信水平为 95% 的置信区间为：

$$\bar{x}_A \pm z_{\alpha/2} s_{\bar{x}_A} = 6\,960 \pm 1.96 \times 37.80 = 6\,960 \pm 74.07$$

即置信水平为 95% 的 A 超市日均客流量的置信区间为 $[6\,885.9,\ 7\,037.1]$，由于该区间的置信下界 6 885.9 超出了当前收银台数量配置下最优接待客流量 $x = 6\,369$ 近 517 人次，因此我们有把握认为，在当前的收银台数量配置下，会导致排队结账时间过长，从而降低顾客满意度。所以，管理层应该在 A 超市增添收银台的数量从而在成本和客户满意度之间取得更好的均衡。

同理，根据表 6-1 中的数据，$\bar{x}_B = 5\,586$，$z_{\alpha/2} = 1.96$，$s_{\bar{x}_B} = \dfrac{244}{\sqrt{30}} = 44.6$，由此 B 超市日均客流量置信水平为 95% 的置信区间为：

$$\bar{x}_B \pm z_{\alpha/2} s_{\bar{x}_B} = 5\,586 \pm 1.96 \times 44.6 = 5\,586 \pm 87.416$$

即置信水平为 95% 的 B 超市日均客流量的置信区间为 $[5\,498.6,\ 5\,673.4]$，由置信区间我们可以看到，当前超市的最优接待客流量远远大于该置信区间里的数值，且最优接待客流量与置信区间的上界的差为 696 人次。从上面的分析我们可以得到，对于 B 超市而言，虽然目前设立的 8 个收银台能很好地避免排队结账时间过长的情况，但是对于目前的日均客流量来说，过多的收银台数量会导致人力资源和空间的浪费，因此，管理层对 B 超市的运作应该是减少收银台的数量，从而在成本和客户满意度间取得更好的平衡。

经过以上的分析，我们可以给管理层提出以下建议：

（1）在目前的条件下，A 超市的日均客流量大大超出了目前设立的收银台数量所能承受的人数，因此，会出现顾客排队结账时间过长的情况。为了保证顾客满意度，应在 A 超市增添收银台。而在 B 超市，收银台的数量已远远能够满足当前日均客流量的需求，所以可以对 B 超市采取减少其收银台的数量的措施，并将资源和人力资本输送到 A 超市，从而使 A、B 超市都能在经营成本和客户满意度之间取得较好的平衡。

（2）由于超市的客流量会受到诸多因素的影响，比如交通的便利程度和对手超市的经营情况,等等,因此经营决策具有时效性,在一段时间内当前的收银台数量是能和顾客满意度达到平衡的,但超过一定时间,由于受到其他因素的影响,当前的收银台数量又不能很好地满足客流量的需求了。因此我们可以每月都构造日均客流量的置信区间,并重复上述的分析,从而可以及时抓住客流量变化的信号,进而调整运行决策。

参考文献

[1] 徐国祥.统计学[M].格致出版社,上海人民出版社,2014.

[2] 张大林,刘福波.区间估计原理探讨及实例应用[J].科技视界,2019,(10):12～15.

本章小结

→ 1. 参数估计可分为点估计和区间估计两大类。点估计是根据样本数据计算的一个估计值,但它不能表明估计的可靠程度。区间估计是通过样本来估计总体参数可能位于的区间。在对总体参数作出估计时,并非所有的估计量都是优良的。一个好的估计量应满足三个标准,即无偏性、一致性和有效性。

→ 2. 由于在区间估计时的条件不同,例如,是否知道总体分布、是否知道总体方差、是大样本还是小样本,是重复抽样还是不重复抽样,因此,对总体参数估计的公式也有所不同。

→ 3. 决定样本容量大小的因素有以下三点:(1)总体方差 σ^2 数值大小;(2)可靠性程度的高低;(3)允许误差的大小。

思考与练习

一、单项选择题

1. 评价估计量是否优良的标准一般有三个,下面哪一个不是? _____。

    A. 无偏性　　　　B. 一致性　　　　C. 有效性　　　　D. 真实性

2. 参数估计分为哪两大类? _____。

    A. 点估计和区间估计　　　　　　　B. 区间估计和无偏估计

    C. 点估计和无偏估计　　　　　　　D. 区间估计和一致估计

3. 在其他条件不变的情况下,未知参数的 $1-\alpha$ 置信区间_____。

   A. α 越大长度越小　　　　　　　B. α 越大长度越大

   C. α 越小长度越小　　　　　　　D. α 与长度没关系

4. 设总体 X 服从期望为 μ,方差为 σ^2 的正态分布,其中 μ,σ^2 均为未知参数,$(X_1, X_2, \cdots, X_n)$ 是从 X 中抽取的样本,记 $\overline{X} = \frac{1}{n}\sum_{i=1}^{n}X_i$,$S_n^2 = \frac{1}{n}\sum_{i=1}^{n}(X_i - \overline{X})^2$,则 μ 的置信度为 $1-\alpha$ 的置信区间为:_____。

   A. $\left(\overline{X} - t_{\frac{\alpha}{2}}\frac{S_n}{\sqrt{n}}, \overline{X} + t_{\frac{\alpha}{2}}\frac{S_n}{\sqrt{n}}\right)$

   B. $\left(\overline{X} - t_{\frac{\alpha}{2}}\frac{S_n}{\sqrt{n-1}}, \overline{X} + t_{\frac{\alpha}{2}}\frac{S_n}{\sqrt{n-1}}\right)$

   C. $\left(\overline{X} - t_{\frac{\alpha}{2}}\frac{\sigma}{\sqrt{n}}, \overline{X} + t_{\frac{\alpha}{2}}\frac{\sigma}{\sqrt{n}}\right)$

   D. $\left(\overline{X} - t_{\frac{\alpha}{2}}\frac{\sigma}{\sqrt{n-1}}, \overline{X} + t_{\frac{\alpha}{2}}\frac{\sigma}{\sqrt{n-1}}\right)$

5. 设总体 $X \sim N(\mu, \sigma^2)$,σ^2 已知,若样本容量和置信度均不变,则对于不同的样本观测值,总体均值 μ 的置信区间的长度_____。

   A. 变长　　　　B. 变短　　　　C. 不变　　　　D. 不能确定

6. 设总体 $X \sim N(\mu, \sigma^2)$,σ^2 未知,若样本容量和置信度均不变,则对于不同的样本观测值,总体均值 μ 的置信区间的长度_____。

   A. 变长　　　　B. 变短　　　　C. 不变　　　　D. 不能确定

7. 设总体 X 的分布中未知参数 θ 满足 $P(\theta_1 \leq \theta \leq \theta_2) = 1-\alpha$,则下列说法正确的是_____。

   A. 对 θ_1, θ_2 的观测值 a, b,恒有 $\theta \in (a, b)$

   B. θ 以 $1-\alpha$ 的概率落入区间 (θ_1, θ_2)

   C. 区间 (θ_1, θ_2) 以 $1-\alpha$ 的概率包含 θ

   D. θ 的期望值必属于 (θ_1, θ_2)

8. 关于样本的大小,下列说法错误的是_____。

   A. 总体方差大,样本容量应该大

   B. 要求可靠性越高,所需样本容量就越大

   C. 总体方差小,样本容量应该大

   D. 要求推断比较精确,样本容量应该大一些

9. 设总体 X 服从期望为 μ，方差为 σ^2 的正态分布，σ^2 已知而 μ 为未知参数，$(X_1, X_2, \cdots, X_n)$ 是从 X 中抽取的样本，记 $\overline{X} = \dfrac{1}{n}\sum_{i=1}^{n} X_i$，则 μ 的置信度为 0.95 的置信区间是_____。

A. $\left(\overline{X} - 0.975\dfrac{\sigma}{\sqrt{n}},\ \overline{X} + 0.975\dfrac{\sigma}{\sqrt{n}}\right)$

B. $\left(\overline{X} - 1.96\dfrac{\sigma}{\sqrt{n}},\ \overline{X} + 1.96\dfrac{\sigma}{\sqrt{n}}\right)$

C. $\left(\overline{X} - 1.28\dfrac{\sigma}{\sqrt{n}},\ \overline{X} + 1.28\dfrac{\sigma}{\sqrt{n}}\right)$

D. $\left(\overline{X} - 0.90\dfrac{\sigma}{\sqrt{n}},\ \overline{X} + 0.90\dfrac{\sigma}{\sqrt{n}}\right)$

10. 估计总体平均数时，在重复抽样条件下，我们用 Δ 表示允许误差，用 σ 表示总体标准差，用 $1-\alpha$ 表示可靠性，用 $z_{\frac{\alpha}{2}}$ 表示相应的概率度，那么确定样本容量的计算公式为_____。

A. $n = \dfrac{z_{\frac{\alpha}{2}}^2 \sigma^2}{\Delta_{\bar{x}}^2}$ B. $n = \dfrac{z_{\frac{\alpha}{2}}^2 \sigma}{\Delta_{\bar{x}}^2}$ C. $n = \dfrac{z_{\alpha}^2 \sigma^2}{\Delta_{\bar{x}}^2}$ D. $n = \dfrac{z_{\frac{\alpha}{2}} \sigma^2}{\Delta_{\bar{x}}^2}$

二、简答题

1. 什么是统计推断？统计推断的两类问题是什么？

2. 什么是点估计？什么是区间估计？两者各有什么优缺点？

3. 评判一个估计量好坏的标准有哪些？

4. 确定样本容量大小的因素有哪些？

三、计算和分析题

1. 某汽车公司随机挑选了 120 个相同式样的小汽车作为样本，以便测定这种式样汽车每加仑汽油的平均行驶里程。从样本得出的结果是：$\bar{x} = 33.2$ 英里/加仑，$s = 4.6$，$n = 120$。试就该式样汽车的平均耗油里程建立 99% 的置信区间。

2. 某公司进行一项试验来确定完成预约服务所需的时间长度。下面是以分表示的时间，来自包含 9 次预约服务的简单随机样本：48, 51, 28, 66, 81, 36, 40, 59 和 50。试为完成预约服务的平均时间建立一个 99% 的置信区间。

3. 从 A 城市 900 户居民的随机样本中得出收入的算术平均数 23 500 元，标准差为 5 700 元。在同一时期，从 B 城市 400 户居民的随机样本中得出收入的算术平均数是 23 000

元,标准差为 4 200 元。现要求:

(1) 对 A 城市全部居民的平均收入建立一个 95% 的置信区间;

(2) 对 B 城市全部居民的平均收入建立一个 95% 的置信区间;

(3) 对两个城市居民平均收入之差建立一个 95% 的置信区间。

4. 为调查甲、乙两家银行的户均存款数,从两家银行各抽选 1 个由 25 个存户组成的随机样本。两个样本均值分别为 4 500 元和 3 250 元,两个总体标准差分别为 920 元和 960 元。根据经验,知道两个总体均服从正态分布,试求 $\mu_A - \mu_B$ 的 90% 的置信区间。

5. 在一所大学,有人想了解学生戴眼镜的成数。随机抽选 100 名学生,其中戴眼镜者有 31 名。试求全校学生戴眼镜成数的置信度为 90% 的置信区间。

6. 以 A 地区 100 人的样本为基础,民意调查者 A 估计赞成发行某种债券的人数所占的百分比是 50%。民意调查者 B 在 B 地区随机抽选的 100 人的样本为基础,估计赞成者的百分比是 55%。现以 95% 的概率保证程度,试构建两个总体比例之差的置信区间。

7. 一个随机样本由居民区甲 400 户家庭组成,其中有 18% 的家庭至少有一个学龄前儿童。另一个由居民区乙 600 户家庭组成的随机样本中,有 23% 的家庭至少有一个学龄前儿童。试求两个总体成数之差置信度为 95% 的置信区间。

8. 某工厂两位化验员甲、乙分别独立地用相同方法对某种聚合物的含氯量进行测定。甲测 25 次,样本方差为 0.429 2;乙测 16 次,样本方差为 0.342 9。假定数据组成两个来自正态分布总体的独立随机样本,试求方差比的 95% 的置信区间。

9. 要对某一地区全体居民中拥有个人电子计算机的家庭所占比例进行总的估计。由于没有可以利用的资料,因此要进行抽样调查,市场调查者指出,他们想要把比例误差估计得上下相差不超过 2 个百分点。现问:

(1) 对于 95% 的置信系数,需要一个多大的随机样本?

(2) 如果调查者初步估计这一比例是 0.30,对于同样的置信系数,需要一个多大的样本?

10. 某企业有 3 000 名职工,该企业想估计职工们上下班花在路途上的平均时间。以置信度为 99% 的置信区间进行估计,并使估计值处于真正平均值附近 1 分钟的误差范围之内。一个先前抽取的小样本给出的标准差为 4.3 分钟。试问:应抽取多大的样本?

第七章 假设检验

第六章所讨论的参数估计是统计推断的一个方面。统计推断的另一方面就是假设检验。这两种推断方法都是研究总体参数的情况,但假设检验是研究如何运用样本得到的统计量来检验事先对总体参数所做的假设是否正确,是否具有某种性质或数量特征。本章在讨论假设检验基本问题的基础上,着重研究总体平均数和两个总体平均数之差的假设检验、总体比率和两个总体比率之差的假设检验以及总体方差的假设检验等。

第一节 假设检验的基本问题

一、什么是假设检验

我们先看一个简单的例子。该例子虽然属于非统计假设检验,但它所用的基本推论过程与统计假设检验完全一致。例如,一名被告正在受到法庭的审判。根据英国的法律,先假定被告是无罪的,于是,证明他有罪的责任就是原告律师的事情了。用假设检验的术语表示,那就是要建立一个假设,记为 H_0:被告是无罪的。H_0 称为原假设或零假设。另一个可供选择的假设记作 H_1:被告是有罪的。H_1 称为备择假设或替代假设。法庭陪审团要审查各种证据,以确定原告律师是否证实了这些证据与无罪这一基本假设 H_0 不一致。如果陪审员们认为证据与 H_0 不一致,他们就拒绝该假设而接受其备择假设 H_1,即认为被告有罪。

用统计术语来说,原假设 H_0 是关于总体参数的表述。它是接受检验的假设。备择假设

H_1 是当原假设被否定时另一种可成立的假设。原假设和备择假设是相互对立的,在任何情况下只能有一个成立。如果接受 H_0 就必须拒绝 H_1;拒绝 H_0 就必须接受 H_1。假如要检验一批新进口的薄钢板是否符合平均厚度为 5 毫米的规定,那么就是假设这批货(总体)的平均厚度(μ)是 5 毫米。然后从这批货中按随机抽样的方法抽取样本并计算样本的平均厚度,以此来检验所做假设的正确性。这个需要被检验、被证实的原假设可记为 $H_0: \mu = 5$ mm,即原假设为总体平均厚度等于 5 mm。其备择假设就是 $H_1: \mu \neq 5$ mm,即这批货平均厚度不等于 5 毫米。就对总体平均数的假设而言有三种情况:

(1) $H_0: \mu = \mu_0$; $H_1: \mu \neq \mu_0$;

(2) $H_0: \mu \geq \mu_0$; $H_1: \mu < \mu_0$;

(3) $H_0: \mu \leq \mu_0$; $H_1: \mu > \mu_0$。

由此可见,假设检验就是对总体参数所做的一个假设开始,然后搜集样本数据,计算出样本统计量,进而运用这些数据测定假设的总体参数在多大程度上是可靠的,并作出承认还是拒绝该假设的判断。

二、第 I 类错误、第 II 类错误与显著水平

如果分析一下陪审团作决定时发生的情况,就会发现,对原假设 H_0 来说,存在以下四种可能情况:

(1) H_0 为真,即被告是无罪的,陪审团也确认他无罪,接受 H_0,从而他们作出了正确的决断;

(2) H_0 为真,即被告是无罪的,但陪审团确认他是有罪的,拒绝 H_0,因此作出了错误的决断;

(3) H_0 不真,即被告是有罪的,陪审团也确认他有罪,拒绝 H_0,因此作出了正确的决断;

(4) H_0 不真,即被告是有罪的,但陪审团却确认他无罪,接受 H_0,因此作出了错误的决断。

在上述第 1 和第 3 种可能情况下,陪审团作出了正确的决策。在第 2 和第 4 种可能情况下,决断错误。当 H_0 本来为真,却也可能错误地否定了,在统计上,这种否定真实原假设的错误称为第 I 类错误,上述第 2 种可能情况就属这类错误。另一种可能犯的错误是当原假设 H_0 非真时作出接受 H_0 的选择,这种错误称为第 II 类错误。上述第 4 种可能情况就属于这类错误。

表 7-1 给出了对原假设采取的行动与假设本身真伪的关系。

表 7-1 对原假设采取的行动与假设本身真伪的关系

对假设 H_0 采取的行动	自 然 状 态	
	H_0 为真（无罪）	H_0 为伪（有罪）
接受 H_0	决断正确	第Ⅱ类错误
拒绝 H_0	第Ⅰ类错误	决断正确

在假设检验中，犯第Ⅰ类错误的概率记为 α，称其为显著性水平，犯第Ⅱ类错误的概率记为 β。α 越大，就越有可能犯第Ⅰ类错误，即越有可能否定真实的原假设。β 越大，就越有可能犯第Ⅱ类错误，即越有可能接受非真的原假设。我们希望犯这两类错误的概率都尽可能小，但在一定样本容量下，减少 α 会引起 β 增大，减少 β 会引起 α 的增大。如某企业打算购买一批较便宜的原材料，要是这批原材料的次品率达到 7% 以上，就拒绝购买。可建立假设为 H_0：次品率 $\leq 7\%$，H_1：次品率 $>7\%$。当假设检验的结果是拒绝购买，则就有可能犯第Ⅰ类错误，也就是说，该企业拒绝了一批合格且便宜的原材料，这就意味着可能出高价购买原材料，便会增加产品成本。反之，如果该企业接受了这批原材料，就有可能犯第Ⅱ类错误，也就是说，该企业购进了一批不合格的原材料，产品的次品率就要上升。所以，企业决策者有必要搞清楚哪一类错误造成的损失较小，以便减少成本。

在假设检验中，我们一般事先规定允许犯第Ⅰ类错误的概率 α，然后尽量减少犯第Ⅱ类错误的概率 β。一般取 $\alpha = 0.05$ 和 0.01，表示概率小的程度。

现在我们具体来考察一下显著性水平 $\alpha = 5\%$ 情况下检验一个原假设的具体含义。例如，检验一批新进口的薄钢板是否符合平均厚度为 5 毫米的规定，若事先规定显著性水平为 $\alpha = 5\%$，那就表示如果样本平均厚度与 5 毫米有明显差异，而且出现这种差异的概率只有 5% 或更小。因为这样小概率的事件在一次抽样中是不大可能发生的，现在居然发生了，从而可以断定这个样本不可能抽自平均厚度为 5 毫米薄钢板总体，因而拒绝原假设。但也有可能这批钢板实际上是符合 $\mu = 5$ 毫米的规定的，即原假设是正确的，只是在抽样时偶然出现了这样大的误差，那么否定 H_0 就是犯了第Ⅰ类错误，订立显著性水平 $\alpha = 5\%$ 就是准备犯第Ⅰ类错误的概率不超过 5%。这个例子中对显著性水平 $\alpha = 5\%$ 的解释可用图 7-1 加以说明。

由图 7-1 可知，曲线下所有面积的 95% 包含在假设的总体参数 μ 两侧各加减 $1.96\sigma_{\bar{x}}$ 的区间

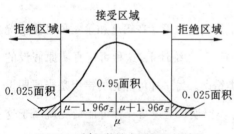

图 7-1 5%显著性水平假设检验的接受区域和拒绝区域

内。在95%的面积中样本统计量与假设的总体参数之间没有显著的差别。剩下的5%,即两块阴影面积之和代表显著差别确实存在的面积部分。这就意味着如果样本统计量落在95%的面积内,就接受原假设;如果样本统计量落在两侧各占2.5%的面积之内,我们就拒绝原假设。但这个拒绝也可能是错误的,其可能性最多不超过5%。另外,需要指出,即使样本统计量确实落在接受的区域内,我们虽然接受了原假设,并不证明我们的原假设就是真实的,也有犯第Ⅱ类错误的可能,即接受了不真实的假设。这种情况仅说明我们的抽样数据没有提供统计证据予以拒绝原假设,因为假设能够被证明是真实的惟一途径是计算出总体的真正参数,而这是不可能的,因此,在这里我们说接受原假设实际上等于说我们没有充分的统计证据去拒绝它。

三、双侧检验和单侧检验

对总体平均数的假设检验可分为两种类型,即双侧检验和单侧检验。

(一)双侧检验

当 $H_0:\mu=\mu_0$, $H_1:\mu\neq\mu_0$ 时,就必须用双侧检验。双侧检验的目的是观察在规定的显著性水平下所抽取的样本统计量是否显著地高于或低于假设的总体参数。无论高于或低于都是我们所不希望的,因此在这种情况下就拒绝原假设。规定了 α 之后,也就固定了接受区域和拒绝区域的分界线,换句话说,标准正态曲线下两个尾部面积各占 $\alpha/2$,这样就有了两个拒绝区域。如果样本统计量落在这两个区域内后,就拒绝原假设。注意,在双侧检验中差距是不分正负的。

例如,一个灯泡厂需要生产平均使用寿命 $\mu=1\,000$ 小时的灯泡,如果寿命比它短就会丧失竞争能力,如果寿命比它长,灯丝就要加粗,从而提高产品成本。为了观察生产工艺过程是否正常,从一批产品中抽取了一个样本,以检验 $H_0:\mu=1\,000$,由于灯泡厂不希望在1 000小时任何一边超越太多,所以合适的备择假设为 $H_1:\mu\neq1\,000$。因此必须用双侧检验。这就意味着如果样本中灯泡的平均使用寿命大于1 000小时太多,或小于1 000小时太多,都拒绝原假设。双侧检验的示意图如图7-2。

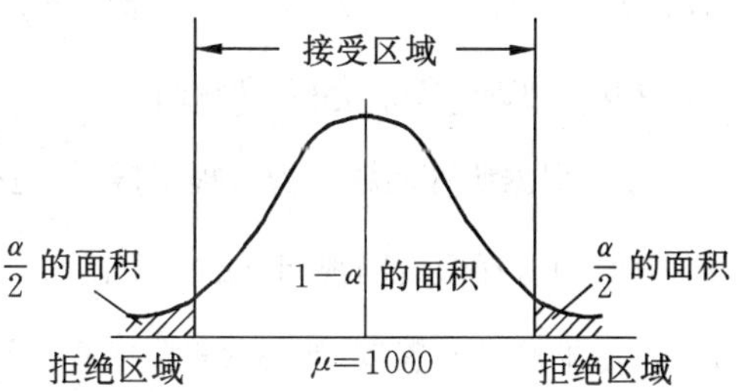

图 7-2 双侧检验的接受区域和拒绝区域

(二)单侧检验

单侧检验又可分为左侧检验和右侧检验两种,它们都只有一个拒绝区域。

1. **左侧检验**

例如,某政府机构从那家企业购买灯泡。假定某机构购买的数量很大,该批货到达时,这个机构就抽取一个样本以便决定是否接受这批货。只有当该机构觉得灯泡平均寿命在1 000 小时以下时,它才会拒绝这批货。如果灯泡平均使用寿命在1 000 小时以上,该机构当然不会拒绝这批货。因为灯泡寿命增加,不会给这个机构增加额外的费用。因此,这个机构的假设是:$H_0: \mu \geq 1 000$ 小时,$H_1: \mu < 1 000$ 小时。只有当所抽取的灯泡的平均寿命低于1 000 小时很多时,它才会拒绝 H_0。因为拒绝区域在样本平均数分布的左端,因此称这种单侧检验为左侧检验。左侧检验适用于担心样本统计量会显著地低于假设的总体参数的情况。一般而言,如果假设是:$H_0: \mu \geq \mu_0$,$H_1: \mu < \mu_0$,就使用左侧检验。左侧检验的示意图如图 7-3。

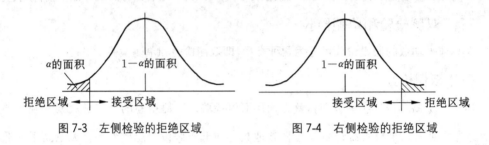

图 7-3　左侧检验的拒绝区域　　　　图 7-4　右侧检验的拒绝区域

2. 右侧检验

右侧检验适用于原假设 $H_0: \mu \leq \mu_0$,而备择假设 $H_1: \mu > \mu_0$ 的情况。只要样本平均数显著地超过假设的总体参数,就拒绝原假设 H_0,而接受备择假设 H_1。由于拒绝区域是在样本平均数分布的右端,所以称之为右侧检验。例如,某公司经理希望他的推销员注意旅费的限额,经理要求推销员每日平均费用保持在 60 元。作出这个规定后的 1 个月后,得到每日费用的 1 个样本。经理利用这个样本来考虑费用是否在规定的限额之内。因此,原假设为 $H_0: \mu \leq 60$,备择假设 $H_1: \mu > 60$。这就是右侧检验。只有当样本平均数显著地超过 60 元时,即落在右端的拒绝区域时,才拒绝原假设。右侧检验的示意图如图 7-4 所示。

四、假设检验的一般程序

(1) 根据研究问题的需要提出假设,包括原假设 H_0 和备择假设 H_1。原假设必须包括等号在内,而备择假设则视问题的性质在"≠,>,<"三者之中选其一。检验结果仅有两种可能性,如果接受原假设,就必须拒绝备择假设,这时,可能会犯第Ⅱ类错误,而第Ⅱ类错误往往是未知的。所以接受 H_0 时,其确切的含义应该是,根据样本值尚不能推翻原假设,但不能保证 H_0 为真。反之,如果拒绝原假设,就必须接受备择假设,这时可能犯错误的概率为 α。

(2) 找出检验的统计量及其分布。假设确立后,要决定接受还是拒绝,都是根据某一统计量出现的数值,从概率意义上来判断的。这个统计量服从什么样的分布,是由许多因素决定的,如统计量是样本平均数、样本比例或样本方差等,还要看是大样本还是小样本、是否知道总体方差等。例如,在总体平均数的假设检验中,如果总体近似服从正态分布,而且总体方差已知,则可采用 $z = \dfrac{\bar{x} - \mu}{\sigma/\sqrt{n}}$ 这个检验统计量;如果方差未知,而且是小样本,则可采用 $t = \dfrac{\bar{x} - \mu}{s/\sqrt{n}}$ 这个检验统计量。

(3) 规定显著性水平 α,即选择所允许犯第Ⅰ类错误的概率。α 确定后,拒绝区域也就随之而定。如果拒绝区域在两侧,则为双侧检验,两边各占 $\alpha/2$ 为拒绝区域的面积;如果拒绝区域在曲线一侧,则为单侧检验,左边或右边 α 的面积为拒绝区域的面积。α 到底取多大合适取决于犯第Ⅰ类错误和第Ⅱ类错误后产生的后果及人们所需付出的代价。如果 α 值定得很小,就要冒接受一个不真实的原假设的较大 β 概率的风险;反之,如果 α 值定得很大,则要冒拒绝一个真实的原假设所带来的风险。因此,必须根据问题的性质选择一个合适的 α。常用的 α 取 0.05 或 0.01。

(4) 确定决策规则。在确定了显著水平 α 以后,根据统计量的分布就可以规定决策规则,找出接受区域和拒绝区域的临界值。例如,在总体平均数假设检验中,当 $\alpha = 0.05$ 时,双侧检验标准正态分布 z 的 $\dfrac{\alpha}{2}$ 的临界值为 ± 1.96,大于 1.96 或小于 -1.96 就拒绝 H_0;反之,就接受 H_0。

(5) 根据样本数据计算统计量的数值并由此作出决策。如果统计量的值落在拒绝区域内(包括临界值),就说明原假设与样本描述的情况有显著差异,应该拒绝原假设。如果落在接受区域内,说明样本和原假设描述的情况的差异是不显著的,应该接受原假设。一般情况下,要否定原假设 H_0,只要一个反例就足够了。否定了 H_0,也就避免了第Ⅱ类错误,所以,根据被否定的原假设作出的决策就具可靠性。为了与本书后面的决策有所区别,我们把这里的决策称为传统的决策。

第二节 总体平均数的假设检验

总体平均数的假设检验是应用最为广泛的假设检验之一。本节主要讨论单个样本的检验,重点是通过实例搞清楚统计量的形式及其服从的分布。

一、总体为正态分布且方差已知

下面举例说明这种假设检验的方法和运用过程。

【例7-1】 设我国出口的凤尾鱼罐头标准规格是每罐净重250克,根据以往经验,标准差是3克。现在某食品工厂生产一批供出口用的这种罐头,从中抽取100罐检验,其平均净重是251克。假定罐头重量服从正态分布,按规定显著性水平$\alpha = 0.05$,问这批罐头是否合乎出口标准,即净重确为250克?

解:(1) 提出假设。根据这一问题的性质,必须考虑到买卖双方的合理经济利益。现在规定净重为250克,当净重远远超过250克时,工厂生产成本增加,卖方吃亏;当净重远远低于250克时,买方如果接受了这批罐头就会吃亏。所以要求罐头不过于偏重或偏轻。从而提出假设为:

$$H_0 : \mu = 250(克), H_1 : \mu \neq 250(克)$$

(2) 建立统计量并确定其分布。由于罐头重量服从正态分布,即 $X \sim N(250, 3^2)$,因此:

$$\bar{x} \sim N\left(250, \frac{3^2}{100}\right)$$

$$z = \frac{\bar{x} - \mu}{\sigma/\sqrt{n}} \sim N(0, 1)$$

(3) 确定显著水平 $\alpha = 0.05$。此题为双侧检验。

(4) 根据显著水平找出统计量分布的临界值,$\pm z_{\frac{\alpha}{2}} = \pm 1.96$。

(5) 计算观察结果进行决策:

$$z = \frac{\bar{x} - \mu}{\sigma/\sqrt{n}} = \frac{251 - 250}{3/\sqrt{100}} = 3.33$$

只要 $z \geq z_{\frac{\alpha}{2}}$ 或 $z \leq -z_{\frac{\alpha}{2}}$,就否定原假设。由于标准正态分布是对称分布,若 $|z| \geq z_{\frac{\alpha}{2}}$,则否定原假设 H_0。由于 $z = 3.33$,远远大于临界值 $z_{\frac{\alpha}{2}} = 1.96$,故否定原假设 H_0,接受 H_1,即认为罐头的净重偏高。在本题中,如果假定 $\bar{x} = 249$ 克,则 $z = -3.33$,小于临界值 -1.96,也拒绝原假设 H_0。因此,双侧检验的要求就是要同时注意估计值偏高或偏低的倾向。

双侧检验与区间估计有一定的联系,我们可以通过求 μ 的 $100(1-\alpha)\%$ 的置信区间来检验该假设。如果求出的区间包含 μ,就不否定原假设 H_0,否则就否定 H_0。如[例7-1]中 μ 的 95% 的置信区间为:

$$\bar{x} \pm 1.96\sigma/\sqrt{n} \quad \text{即}[250.421, 251.588]$$

由于 $\mu = 250$ 未包含在该区间内,所以否定 H_0,结果与上述的结论一致。

【例 7-2】 一家食品加工公司的质量管理部门规定,某种包装食品每包净重不得少于 20 千克。经验表明,重量近似服从标准差为 1.5 千克的正态分布。假定从一个由 30 包食品构成的随机样本中得到的平均重量为 19.5 千克,问有无充分证据说明这些包装食品的平均重量减少了($\alpha = 0.05$)?

解:如果把平均重量保持不变或增加作为原假设的内容,那么只要能否定零假设,就能说明样本数据提供了充分证据说明平均重量减少了。这个理由暗示了如下的假设:

$$H_0: \mu \geq 20(\text{千克}), H_1: \mu < 20(\text{千克})$$

由于重量近似服从正态分布,故统计量 $z = \dfrac{\bar{x} - \mu}{\sigma/\sqrt{n}}$ 在原假设成立时服从标准正态分布。

令 $\alpha = 0.05$,由于这是单侧检验,拒绝区域在左尾,所以 $z_\alpha = -1.645$,当 $z < z_\alpha = -1.645$ 时就拒绝 H_0。计算 z 值:

$$z = \frac{\bar{x} - \mu}{\sigma/\sqrt{n}} = \frac{19.5 - 20}{1.5/\sqrt{30}} = -1.826$$

由于 $z < z_\alpha = -1.645$,所以拒绝 $H_0: \mu \geq 20(\text{千克})$,而接受 $H_1: \mu < 20(\text{千克})$,即检验结果能提供充分证据说明这些包装食品的平均重量减少了。

【例 7-3】 设某地区小麦一般生产水平为亩产 120 千克,其标准差 σ 为 9 千克,其产量服从正态分布。现用一种化肥进行试验。从 31 个小区取样结果,其平均产量为 130 千克,试问这种化肥是否使小麦增产($\alpha = 0.05$)?

解:样本平均值为 130 千克,可能是总体平均产量提高了,也可能是从平均产量不超过 120 千克的总体中抽出的样本平均数偏高所致。现用假设检验方法来判断,如把小麦减产作为原假设的话,只要否定原假设,就可以说明小麦增产。因此,可建立如下假设:

$$H_0: \mu \leq 120(\text{千克}), H_1: \mu > 120(\text{千克})$$

由于产量服从正态分布,样本容量足够大,且总体方差已知,故统计量 $z = \dfrac{\bar{x} - \mu}{\sigma/\sqrt{n}}$ 在原假设成立时服从标准正态分布。

此题为单侧检验,拒绝区域在右尾。在显著性水平 α 下,尾部的面积为 α,临界值为 z_α。

若 $z \geq z_\alpha$，就可否定原假设 H_0，否则就不否定。令此题的 $\alpha = 0.05$，$z_\alpha = 1.645$，若 $z \geq z_\alpha = 1.645$，就拒绝 H_0。

$$z = \frac{\bar{x} - \mu}{\sigma/\sqrt{n}} = \frac{130 - 120}{9/\sqrt{31}} = 6.186$$

由于 $z = 6.186 > z_\alpha = 1.645$，所以拒绝原假设 H_0，接受 H_1，即这种化肥能使小麦增产。

二、总体为正态分布且 n＜30，但总体方差未知

我们常常需要在总体方差未知的条件下对总体平均数进行假设检验，此时，统计量 $z = \frac{\bar{x} - \mu}{\sigma/\sqrt{n}}$ 就不适用了。由于 σ 不知道，必须用样本标准差 s 来估计总体标准差 σ，这样就得到了在总体服从正态分布，但方差未知，抽取的样本为小样本条件下的适当的检验统计量：

$$t = \frac{\bar{x} - \mu}{s/\sqrt{n}}$$

这个统计量服从自由度为 $n-1$ 的 t 分布。注意，这里除了检验统计量有所不同外，其他与本节第一部分的假设检验方法相同。

【例 7-4】 某公司人事部门为一项工程上马在社会上招大批青年工人。在文化考核结束后，经理问人事部门情况怎么样？回答说："很好，估计平均成绩等于 90 分。"经理随机地从试卷中抽出 20 份，发现平均成绩为 83 分，标准差为 12 分。如果经理想在 0.01 的显著水平下检验人事部门所做的推测的准确性，应该怎样处理？

解：因为经理所关心的是真实的平均成绩与假设的 90 分是否有区别，所以应该使用双侧检验，建立假设如下：

$$H_0: \mu = 90(\text{分}), H_1: \mu \neq 90(\text{分})$$

已知：$\mu = 90$，$n = 20$，$\bar{x} = 83$，$s = 12$，得：

$$t = \frac{\bar{x} - \mu}{s/\sqrt{n}} = \frac{83 - 90}{12/\sqrt{20}} = -2.609$$

在 $\alpha = 0.01$ 时，$-t_{\frac{\alpha}{2}}(19) = -2.86$，$t > -t_{\frac{\alpha}{2}} = -2.86$，故接受原假设，即招工考试的总体平均成绩是 90 分。

【例 7-5】 某汽车轮胎厂声称该厂生产的汽车轮胎平均行驶的里程大于 25 000 公里。现对一个由 15 个轮胎组成的随机样本做了试验，得到了平均值 $\bar{x} = 27\,000$ 公里和标准差

$s = 5\,000$ 公里,假定轮胎的行驶里程数近似服从正态分布,我们能否从这些数据中作出结论,即该厂的产品同该厂所说的标准相符合($\alpha = 0.05$)?

解:由于问的是能否得出真正的平均值 μ 大于 25 000 的结论,这一结果的陈述应放在备择假设中,于是适当的假设为:

$$H_0: \mu \leqslant 25\,000, \quad H_1: \mu > 25\,000$$

已知:$\mu = 25\,000$,$\bar{x} = 27\,000$,$n = 15$,$s = 5\,000$,$\alpha = 0.05$,得:

$$t = \frac{\bar{x} - \mu}{s/\sqrt{n}} = \frac{27\,000 - 25\,000}{5\,000/\sqrt{15}} = 1.55$$

本检验为单侧检验,拒绝区域在分布的右尾。$t_\alpha(n-1) = t_{0.05}(14) = 1.76$。由于 $t < t_\alpha$,所以不能否定 H_0。由于原假设未被否定,说明这些数据并不支持"轮胎的真正平均行驶里程大于该厂所声称的里程"这样的结论。

三、总体为非正态分布

并不是所有总体都服从正态分布或近似服从正态分布的。对于非正态总体平均数的假设检验,和区间估计的方法一样,需要大容量样本,一般情况下,当样本容量 $n \geqslant 30$ 时,我们就可以利用中心极限定理,把

$$z = \frac{\bar{x} - \mu}{\sigma/\sqrt{n}}$$

作为检验统计量。如果总体标准差未知,我们可用样本标准差来作为它的估计值,即:

$$z = \frac{\bar{x} - \mu}{s/\sqrt{n}}$$

【例 7-6】 某房地产经纪人宣称某邻近地区房屋的平均价值低于 480 000 元。从 40 间房屋组成的一个随机样本得出的平均价值为 450 000 元,标准差为 120 000 元。在 0.05 的显著水平下,这些数据是否支持这位经纪人的说法?

解:建立假设:

$$H_0: \mu \geqslant 480\,000(\text{元}), \quad H_1: \mu < 480\,000(\text{元})$$

由于样本容量足够大,$n = 40$,我们由中心极限定理知道 $\bar{x}$ 的抽样分布至少近似服从正态分布。如果 σ 已知,则检验统计量为 $z = \dfrac{\bar{x} - \mu}{\sigma/\sqrt{n}}$。但由于样本容量大,因此当 σ 未知时,可用

s 代替 σ，从而本题在实际计算时用的检验统计量及其数值为：

$$z = \frac{\bar{x} - \mu}{s/\sqrt{n}} = \frac{450\,000 - 480\,000}{120\,000/\sqrt{40}} = -1.581$$

本题是单侧左尾检验，$\alpha = 0.05$，$-z_\alpha = -1.645$，由于 $z > -z_\alpha$，即 $-1.581 > -1.645$，故不能否定 H_0，即这些数据不能支持该经纪人的说法。

第三节 两个总体平均数之差的假设检验

一、两个正态总体且方差已知

对于这个问题，若进行双侧检验，有：

$$H_0: \mu_1 = \mu_2, \quad H_1: \mu_1 \neq \mu_2$$

若进行单侧检验，有：

$$H_0: \mu_1 \leq \mu_2, \quad H_1: \mu_1 > \mu_2$$

或：

$$H_0: \mu_1 \geq \mu_2, \quad H_1: \mu_1 < \mu_2$$

检验统计量为：

$$z = \frac{(\bar{x}_1 - \bar{x}_2) - (\mu_1 - \mu_2)}{\sqrt{\dfrac{\sigma_1^2}{n_1} + \dfrac{\sigma_2^2}{n_2}}}$$

统计量 z 服从标准正态分布。

【例 7-7】 有两种方法可用于制造两种以抗拉强度为重要特征的产品，经验表明，用这两种方法生产出来的产品的抗拉强度都近似服从正态分布。方法 1 给出的标准差 $\sigma_1 = 6$ 兆帕，方法 2 给出的标准差 $\sigma_2 = 8$ 兆帕。现从方法 1 生产的产品中抽取样本容量为 12 的一个样本，得到样本均值为 40 兆帕。从方法 2 生产的产品中抽取样本容量为 16 的一个样本，得到样本均值为 34 兆帕。管理部门想知道这两种方法所生产出来的产品的平均抗拉强度是否相同（设 $\alpha = 0.05$）。

解：建立假设：

$$H_0: \mu_1 - \mu_2 = 0, \quad H_1: \mu_1 - \mu_2 \neq 0$$

由于这两种方法生产出来的抗拉强度都近似服从正态分布,故其检验统计量:

$$z = \frac{(\bar{x}_1 - \bar{x}_2) - 0}{\sqrt{\dfrac{\sigma_1^2}{n_1} + \dfrac{\sigma_2^2}{n_2}}}$$

服从标准正态分布。

已知:$\bar{x}_1 = 40$,$\bar{x}_2 = 34$,$\sigma_1 = 6$,$\sigma_2 = 8$,$n_1 = 12$,$n_2 = 16$,$\alpha = 0.05$,得:

$$z = \frac{(40 - 34) - 0}{\sqrt{\dfrac{36}{12} + \dfrac{64}{16}}} = 2.27$$

这是双侧检验,在 $\alpha = 0.05$ 时,$\pm z_{\frac{\alpha}{2}} = \pm 1.96$,此题由于 $z = 2.27$,大于 1.96,故否定原假设 H_0,即在这些样本数据基础上,我们得到两个总体均值不相同的结论。

二、两个正态总体,其方差未知但相等

当两个总体方差虽然未知但相等时,对两个正态分布总体平均值之差的检验统计量可取:

$$t = \frac{(\bar{x}_1 - \bar{x}_2) - (\mu_1 - \mu_2)}{\sqrt{\dfrac{s_p^2}{n_1} + \dfrac{s_p^2}{n_2}}}$$

其中:

$$s_p^2 = \frac{(n_1 - 1)s_1^2 + (n_2 - 1)s_2^2}{n_1 + n_2 - 2}$$

是两个总体公共方差的估计值。

【例 7-8】 某地区高考负责人想知道能不能说某年来自城市中学考生的平均成绩比来自农村中学考生的平均成绩高。已知总体服从正态分布且方差大致相同,由抽样获得如下资料:

城市中学考生:$n_1 = 17$,$\bar{x}_1 = 545$,$s_1 = 50$

农村中学考生:$n_2 = 15$,$\bar{x}_2 = 495$,$s_2 = 55$

解:建立假设:

$$H_0: \mu_1 - \mu_2 \leq 0,\ H_1: \mu_1 - \mu_2 > 0$$

在两个总体都服从正态分布且方差相等的情况下,适当的检验统计量为:

$$t = \frac{(\bar{x}_1 - \bar{x}_2) - 0}{\sqrt{\frac{s_p^2}{n_1} + \frac{s_p^2}{n_2}}}$$

这个统计量服从 $n_1 + n_2 - 2$ 的 t 分布。

$$s_p^2 = \frac{(17-1) \times 50^2 + (15-1) \times 55^2}{17 + 15 - 2} = 2\,745$$

$$t = \frac{(545 - 495) - 0}{\sqrt{\frac{2\,745}{17} + \frac{2\,745}{15}}} = 2.69$$

本题为右侧检验。$t_\alpha(n_1 + n_2 - 2) = t_{0.05}(30) = 1.70$，由于 $t > t_\alpha$，即 $2.69 > 1.70$，故拒绝 H_0，接受 H_1，即某地区高考负责人能说某年来自城市中学考生的平均成绩比来自农村中学考生的平均成绩高。

三、非正态分布总体且方差未知

当样本取自非正态分布总体时，只要样本容量 n_1 和 n_2 足够大，中心极限定理告诉我们该情形下的抽样分布将近似服从正态分布。如果总体方差 σ_1^2 和 σ_2^2 未知，就用 s_1^2 和 s_2^2 分别作为 σ_1^2 和 σ_2^2 的估计值。其适宜的检验统计量为：

$$z = \frac{(\bar{x}_1 - \bar{x}_2) - (\mu_1 - \mu_2)}{\sqrt{\frac{s_1^2}{n_1} + \frac{s_2^2}{n_2}}}$$

【例 7-9】 一个随机样本由居民区 A 的 100 个家庭组成，另一个随机样本由居民区 B 的 150 个家庭组成。这两个样本所给出的关于在目前住房中居住了多长时间的信息如下：$\bar{x}_A = 33$ 个月，$s_A^2 = 900$；$\bar{x}_B = 49$ 个月，$s_B^2 = 1\,050$。这些数据是否提供了充分证据，说明 A 区家庭在目前住房中居住的时间平均来说比 B 区家庭短？（设 $\alpha = 0.05$）

解：建立假设：

$$H_0: \mu_A \geqslant \mu_B, \quad H_1: \mu_A < \mu_B$$

由于本题的样本容量足够大，$n_A = 100$，$n_B = 150$，根据中心极限定理，可以假定 $\bar{x}_A - \bar{x}_B$ 近似服从正态分布。由于 σ_A^2 和 σ_B^2 未知，所以采用：

$$z = \frac{(\bar{x}_A - \bar{x}_B) - 0}{\sqrt{\frac{s_A^2}{n_A} + \frac{s_B^2}{n_B}}}$$

这个统计量近似服从标准正态分布。

此题属于左侧检验,如果 $z \leqslant -z_\alpha$,就否定原假设 H_0。

$$z = \frac{33-49}{\sqrt{\frac{900}{100}+\frac{1\,050}{150}}} = -4.0$$

本题取 $\alpha = 0.05$,$-z_\alpha = -z_{0.05} = -1.645$,由于 $-4.0 < -1.645$,故否定 H_0,接受 H_1,即说明 A 区家庭在目前住房中居住的时间平均来说比 B 区家庭短。

四、两个正态总体方差未知且不等,抽取小样本

当两个正态总体的方差未知且不等时,

$$t' = \frac{(\bar{x}_1 - \bar{x}_2) - (\mu_1 - \mu_2)}{\sqrt{\frac{s_1^2}{n_1}+\frac{s_2^2}{n_2}}}$$

并不服从自由度 $n_1 + n_2 - 2$ 的 t 分布,而近似服从修正自由度 df' 的 t 分布,其中 df' 可由下式计算:

$$df' = \frac{\left(\frac{s_1^2}{n_1}+\frac{s_2^2}{n_2}\right)^2}{\frac{(s_1^2/n_1)^2}{n_1}+\frac{(s_2^2/n_2)^2}{n_2}}$$

这样,就可以利用上式求得 t 分布的自由度,通过查 t 分布表找到临界值并对 H_0 进行检验。

【例 7-10】 某纺织厂可以从两个地区购买原纱。这两个地区的原纱从各方面来看都不相上下,但抗断强度除外。如果有理由认为 A 地区的产品(价格较低)其抗断强度不低于 B 地区的产品的话,该厂将购买 A 地区的产品。现从 A、B 两地区的库存品中各抽出一个随机样本,得到下列结果:$n_A = 10$,$\bar{x}_A = 94$,$s_A^2 = 14$;$n_B = 12$,$\bar{x}_B = 98$,$s_B^2 = 9$。假定抗断强度近似服从正态分布。假定两个总体方差不等,根据 $\alpha = 0.05$ 水平下的适当假设检验,你是否建议该纺织厂厂长购买价格便宜的原纱(即 A 地区的原纱)?

解:建立假设:

$$H_0: \mu_A - \mu_B \geqslant 0, \quad H_1: \mu_A - \mu_B < 0$$

由于两个总体方差不等,因此没有理由把 s_A^2 和 s_B^2 联系起来。这时的检验统计量应取:

$$t' = \frac{(\bar{x}_A - \bar{x}_B) - (\mu_A - \mu_B)}{\sqrt{\frac{s_A^2}{n_A} + \frac{s_B^2}{n_B}}}$$

t' 的具体值为：

$$t' = \frac{(94 - 98) - 0}{\sqrt{\frac{14}{10} + \frac{9}{12}}} = -2.73$$

计算修正自由度 df'：

$$df' = \frac{\left(\frac{s_A^2}{n_A} + \frac{s_B^2}{n_B}\right)^2}{\frac{(s_A^2/n_A)^2}{n_A} + \frac{(s_B^2/n_B)^2}{n_B}} = \frac{\left(\frac{14}{10} + \frac{9}{12}\right)^2}{\frac{(14/10)^2}{10} + \frac{(9/12)^2}{12}} = 19.03 \approx 19$$

本题为左侧检验，当 $\alpha = 0.05$ 时，$-t_{0.05}(19) = -1.73$。由于 $t' < -t_\alpha$，即 $-2.73 < -1.73$，故否定原假设 H_0，接受备择假设 H_1，即不能建议该纺织厂厂长购买买价便宜的 A 地区的原纱。

第四节　总体比率的假设检验

上节讨论了单个总体平均数的检验和两个总体平均数之差的检验，本节讨论单个总体比率的检验和两个总体比率之差的检验。

一、单个总体比率的检验

如前所述，当 n 很大，np 和 $n(1-p)$ 两者都大于 5 时，二项分布可以用正态分布来逼近。在 $n/N \leqslant 0.05$ 情形下，关于单个总体比率的假设的检验统计量为：

$$z = \frac{\tilde{p} - p}{\sqrt{\frac{p(1-p)}{n}}}$$

其中 p 是假设的比率，$q = 1 - p$，而 $\tilde{p}$ 则是样本比率，这个检验统计量近似服从标准正态分布。如果 n 相对于 N 很大时，就要用有限总体修正系数 $\sqrt{\frac{N-n}{N-1}}$ 进行修正。

当然，也有人用 $\tilde{p}$ 代替 p，即：

$$z = \frac{\tilde{p} - p}{\sqrt{\frac{\tilde{p}(1-\tilde{p})}{n}}}$$

这两种方法提供的统计量的值是近似相等的。

【例 7-11】 某企业的产品畅销于国内市场。据以往调查,购买该产品的顾客有 50% 是 30 岁以上的男子。该企业负责人关心这个比例是否发生了变化,而无论是增加还是减少。于是,该企业委托了一家咨询机构进行调查,这家咨询机构从众多的购买者中随机抽选了 400 名进行调查,结果有 210 名为 30 岁以上的男子。该厂负责人希望在显著性水平 $\alpha = 0.05$ 下检验"50% 的顾客是 30 岁以上的男子"这个假设。

解:由题意可知,这是双侧检验,故建立假设:

$$H_0: p = 50\%, \ H_1: p \neq 50\%$$

由于样本容量 $n = 400 > 30$,且 $np = 400 \times 50\% = 200$,$n(1-p) = 200$,皆大于 5,所以可以使用正态分布进行检验。$\tilde{p} = 210/400 = 0.525$。其检验统计量的数值为:

$$z = \frac{\tilde{p} - p}{\sqrt{\frac{p(1-p)}{n}}} = \frac{0.525 - 0.5}{\sqrt{\frac{0.5(1-0.5)}{400}}} = 1$$

由于 $\alpha = 0.05$,故 $\pm z_{\frac{\alpha}{2}} = \pm 1.96$,又由于 $z < z_{\frac{\alpha}{2}}$,即 $1 < 1.96$,故不能否定 H_0,即不能否定:购买这种产品的顾客中 30 岁以上的男子所占比例与假设比例 50% 有显著差异。

【例 7-12】 一位关心环境保护的公共福利团体的发言人宣称:"在这个工业区域内,遵守政府制定的空气污染标准法则的工厂不到 60%"。但环境保护局的工程师却相信至少 60% 的工厂是遵守这个法则的。于是他从这个工业区域内抽出了 60 家工厂并发现 33 家是遵守空气污染标准法则的。现环保局想知道真正的比率是否少于 60%(设 $\alpha = 0.05$)。

解:根据题意,这是一个左侧检验。环保局只是想知道真正的比率是否少于 60%。由于 n 大于 30,而且 np 和 $n(1-p)$ 都超过 5,我们可以用正态分布逼近。已知 $\tilde{p} = 33/60 = 0.55$,$n = 60$。

现建立假设:

$$H_0: p \geq 60\%, \ H_1: p < 60\%$$

$$z = \frac{\tilde{p} - p}{\sqrt{\frac{p(1-p)}{n}}} = \frac{0.55 - 0.60}{\sqrt{\frac{0.60 \times (1-0.60)}{60}}} = -0.791$$

$\alpha = 0.05$,$-z_\alpha = -z_{0.05} = -1.645$,$z > -z_\alpha$,即 $-0.791 > -1.645$,故不能否定原假设 H_0,即不能否定遵守法则的工厂的真正比率不少于 60% 的原假设。尽管观察的样本比率低

于60%,实际上它并未显著地低于60%。

【例7-13】 某会计部门负责人发现开出去的发票中有大量笔误,而且相信在这些开出去的发票中,至少包含一个错误的发票占20%以上。在一个由400张发票构成的随机样本中,发现至少包含一个错误的发票有100张。这些数据是否支持这位负责人的看法(设 $\alpha = 0.05$)?

解:建立假设:

$$H_0: p \leq 0.20, \quad H_1: p > 0.20$$

由于样本容量 $n = 400$,足够大,且 np 和 $n(1-p)$ 皆大于5,故可用正态分布近似。$\tilde{p} = 100/400 = 0.25$。其检验统计量的数值为:

$$z = \frac{\tilde{p} - p}{\sqrt{\frac{p(1-p)}{n}}} = \frac{0.25 - 0.20}{\sqrt{\frac{0.20 \times (1-0.20)}{400}}} = 2.5$$

由于这是右侧检验,$\alpha = 0.05$,$z_\alpha = z_{0.05} = 1.645$,$z > z_\alpha$ 即 $2.5 > 1.645$,故拒绝原假设 H_0,接受 H_1,即这些数据支持了这位负责人的看法。

二、两个总体比率之差的检验

(一) 检验两个总体比率是否相等的假设

这个检验等价于检验两个总体比率之差是否为0。这时,可建立假设:

$$H_0: p_1 = p_2 (\text{或 } p_1 - p_2 = 0), \quad H_1: p_1 \neq p_2 (\text{或 } p_1 - p_2 \neq 0)$$

其适当的检验统计量是:

$$z = \frac{(\tilde{p}_1 - \tilde{p}_2) - (p_1 - p_2)}{\sqrt{\frac{p_1(1-p_1)}{n_1} + \frac{p_2(1-p_2)}{n_2}}}$$

由于真正的总体比率 p_1 和 p_2 并不知道,我们必须对它们作出估计。最适当的估计值通常为样本比率。由于原假设 $p_1 - p_2 = 0$ 相当于假设两个总体比率相等,这就有理由将两个样本的结果联系起来,得出一个被设定为公共比率的联合估计值:

$$\tilde{p} = \frac{x_1 + x_2}{n_1 + n_2}$$

其中,x_1 和 x_2 分别是在两个样本中具有某种特征单位的个数。因此,检验统计量就成为:

$$z = \frac{(\tilde{p}_1 - \tilde{p}_2) - 0}{\sqrt{\frac{\tilde{p}(1-\tilde{p})}{n_1} + \frac{\tilde{p}(1-\tilde{p})}{n_2}}} = \frac{(\tilde{p}_1 - \tilde{p}_2)}{\sqrt{\tilde{p}(1-\tilde{p})\left(\frac{1}{n_1} + \frac{1}{n_2}\right)}}$$

根据经验,一般要求 $np \geq 5$ 时才能用 z 统计量。

【例7-14】 甲、乙两公司属于同一行业,有人问这两个公司的工人是愿意得到特定增加的福利费,还是愿意得到特定增加的基本工资。在甲公司 150 名工人的简单随机样本中,有 75 人愿意增加基本工资;在乙公司 200 名工人的随机样本中,103 人愿意增加基本工资。在每个公司,样本容量占全部工人数的比率都不超过 5%。试在 $\alpha = 0.01$ 的显著性水平下,可以判定这两个公司中愿意增加基本工资的工人所占的比率不同吗?

解:建立假设:

$$H_0: p_1 - p_2 = 0, \quad H_1: p_1 - p_2 \neq 0$$

$$\widetilde{p}_1 = \frac{75}{150} = 0.50, \quad \widetilde{p}_2 = \frac{103}{200} = 0.515$$

$$\widetilde{p} = \frac{x_1 + x_2}{n_1 + n_2} = \frac{75 + 103}{150 + 200} = 0.509$$

检验统计量的值为:

$$z = \frac{\widetilde{p}_1 - \widetilde{p}_2}{\sqrt{\widetilde{p}(1-\widetilde{p})\left(\frac{1}{n_1} + \frac{1}{n_2}\right)}}$$

$$= \frac{0.50 - 0.515}{\sqrt{0.509 \times (1 - 0.509) \times \left(\frac{1}{150} + \frac{1}{200}\right)}} = -0.278$$

由于 $\alpha = 0.01$,$-z_{\frac{\alpha}{2}} = -2.58$。因为 $z > -z_{\frac{\alpha}{2}}$,即 $-0.278 > -2.58$,所以接受原假设 H_0,而拒绝 H_1,即我们可以断定这两个公司愿意增加基本工资的工人比率是相同的。

(二) 检验两个总体比率之差为某一不为 0 的常数的假设

即:

$$p_1 - p_2 = d_0 \quad (d_0 \neq 0)$$

$$H_0: p_1 - p_2 = d_0, \quad H_1: p_1 - p_2 \neq d_0$$

检验统计量为:

$$z = \frac{(\widetilde{p}_1 - \widetilde{p}_2) - d_0}{\sqrt{\frac{\widetilde{p}_1(1-\widetilde{p}_1)}{n_1} + \frac{\widetilde{p}_2(1-\widetilde{p}_2)}{n_2}}}$$

【例7-15】 某厂质量检验人员认为该厂 A 车间的产品一级品的比率比 B 车间产品一级

品的比率大5%,现从A车间和B车间分别抽取两个独立随机样本,得到如下数据:$n_A = 150$,其中一级品数为113;$n_B = 160$,其中一级品数为104。试根据这些数据检验质量研究人员的观点(设 $\alpha = 0.05$)。

解:建立假设:

$$H_0: p_A - p_B \leq 0.05, \quad H_1: p_A - p_B > 0.05$$

$$\widetilde{p}_A = \frac{113}{150} = 0.753, \quad \widetilde{p}_B = \frac{104}{160} = 0.650$$

$$z = \frac{(\widetilde{p}_A - \widetilde{p}_B) - d_0}{\sqrt{\frac{\widetilde{p}_A(1-\widetilde{p}_A)}{n_A} + \frac{\widetilde{p}_B(1-\widetilde{p}_B)}{n_B}}}$$

$$= \frac{(0.753 - 0.650) - 0.05}{\sqrt{\frac{0.753 \times (1-0.753)}{150} + \frac{0.650 \times (1-0.650)}{160}}} = 1.027$$

这是右侧检验。$\alpha = 0.05$,$z_\alpha = z_{0.05} = 1.645$,由于 $z < z_\alpha$,即 $1.027 < 1.645$,故不能否定原假设 H_0,也就是说,我们不能说该厂质量检验人员的观点是真实的。

第五节 总体方差的假设检验

一、单个正态总体方差的假设检验

方差的假设检验与平均数的假设检验的基本思想是一致的,它们之间的主要差别在于检验统计量的不同。具体检验过程如下。

(1) 建立假设。

$$H_0: \sigma^2 = \sigma_0^2, \quad H_1: \sigma^2 \neq \sigma_0^2 \quad (双侧检验)$$

或:

$$H_0: \sigma^2 \leq \sigma_0^2, \quad H_1: \sigma^2 > \sigma_0^2 \quad (右侧检验)$$

或:

$$H_0: \sigma^2 \geq \sigma_0^2, \quad H_1: \sigma^2 < \sigma_0^2 \quad (左侧检验)$$

(2) 构造适当的检验统计量。

$$\chi^2 = (n-1)s^2/\sigma_0^2$$

其中,$s^2 = \frac{\sum(x-\bar{x})^2}{n-1}$ 为 σ^2 的估计量,当原假设为真时,该检验统计量服从自由度为 $n-1$ 的 χ^2 分布。

(3) 确定显著水平 α(α 一般取 0.01 或 0.05)。

(4) 制定决策规则。在双侧检验时,拒绝区域在分布的两侧,若 $\chi^2 \geq \chi^2_{\frac{\alpha}{2}}(n-1)$ 或 $\chi^2 \leq \chi^2_{1-\frac{\alpha}{2}}(n-1)$ 时,就拒绝原假设 H_0。反之若 $\chi^2_{1-\frac{\alpha}{2}}(n-1) < \chi^2 < \chi^2_{\frac{\alpha}{2}}(n-1)$ 时,就接受原假设 H_0。其图形如图 7-5 所示。

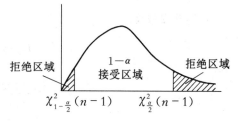

图 7-5 单个总体方差检验的接受区域和拒绝区域

若是单侧检验,拒绝区域分布在一侧,具体在左侧还是右侧,要根据备择假设 H_1 而定。若 $H_1:\sigma^2 > \sigma_0^2$ 为右侧检验;若 $H_1:\sigma^2 < \sigma_0^2$ 为左侧检验。

(5) 根据统计量的观察值和统计量分布的临界值的比较进行决断。

【例 7-16】 由某个正态分布总体抽出一个容量为 21 的随机样本,样本方差为 10,试检验原假设 $\sigma^2 = 15$,备择假设 $\sigma^2 \neq 15$,令 $\alpha = 0.05$。

解:建立假设:

$$H_0:\sigma^2 = 15, \quad H_1:\sigma^2 \neq 15$$

由于总体服从正态分布,其检验统计量为:

$$\chi^2 = \frac{(n-1)s^2}{\sigma_0^2}$$

其中,s^2 是样本方差,本题 $s^2 = 10$,σ_0^2 是假设的方差,本题 $\sigma_0^2 = 15$。这个统计量服从自由度为 $n-1$ 的 χ^2 分布。在显著水平 $\alpha = 0.05$ 下,查自由度 $n-1 = 21-1 = 20$ 的 χ^2 分布。由于这是双侧检验,故其临界值为:

$$\chi^2_{1-\frac{\alpha}{2}}(n-1) = \chi^2_{0.975}(20) = 9.591$$

$$\chi^2_{\frac{\alpha}{2}}(n-1) = \chi^2_{0.025}(20) = 34.170$$

其检验统计量的数值为:

$$\chi^2 = \frac{(n-1)s^2}{\sigma_0^2} = \frac{(21-1) \times 10}{15} = 13.333$$

由于 $9.591 < 13.333 < 34.170$,故不能否定原假设 H_0。

【例7-17】 一家制造厂仅当原材料的抗拉强度的方差不超过5时方予接受。现从一批新到的原材料中抽出25个样品作随机样本,给出的方差为7。这个数据能否为制造厂拒绝这批原材料提供充分的根据?设 $\alpha = 0.05$,并假设原材料的抗拉强度近似服从正态分布。

解:建立假设:

$$H_0: \sigma^2 \leq 5, \quad H_1: \sigma^2 > 5$$

$$\chi^2 = \frac{(n-1)s^2}{\sigma_0^2} = \frac{(25-1) \times 7}{5} = 33.60$$

这是右侧检验。当 $\alpha = 0.05$ 时,$\chi_\alpha^2(n-1) = \chi_{0.05}^2(24) = 36.42$。由于 $\chi^2 < \chi_\alpha^2$,即 $33.60 < 36.42$,所以不能否定 H_0,也就是说,这个数据不能为制造厂拒绝这批原材料提供充分的根据。

二、两个正态总体方差比的假设检验

设有两个正态总体,其方差分别为 σ_1^2 和 σ_2^2,其估计量为样本方差 s_1^2 和 s_2^2,s_1^2 和 s_2^2 的样本容量分别为 n_1 和 n_2。此时统计量 $(s_1^2/\sigma_1^2)/(s_2^2/\sigma_2^2)$ 服从分子自由度为 n_1-1、分母自由度为 n_2-1 的 F 分布。在原假设 $\sigma_1^2 = \sigma_2^2$ 之下我们假定这一假设是真实的,此时 $(s_1^2/\sigma_1^2)/(s_2^2/\sigma_2^2)$ 中两个总体方差相消,得到 s_1^2/s_2^2,此式仍服从分子自由度为 n_1-1、分母自由度为 n_2-1 的 F 分布。于是用于检验 $H_0: \sigma_1^2 = \sigma_2^2$ 的检验统计量为:

$$F = \frac{s_1^2}{s_2^2}$$

在双侧检验($H_0: \sigma_1^2 = \sigma_2^2$,$H_1: \sigma_1^2 \neq \sigma_2^2$)情况下,拒绝域在两侧,若 $F \leq F_{1-\frac{\alpha}{2}}(n_1-1, n_2-1)$ 或 $F \geq F_{\frac{\alpha}{2}}(n_1-1, n_2-1)$ 时,则拒绝 H_0。若 $F_{1-\frac{\alpha}{2}}(n_1-1, n_2-1) < F < F_{\frac{\alpha}{2}}(n_1-1, n_2-1)$ 时,则接受原假设 H_0。其图形如图7-6所示。

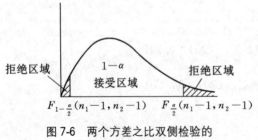

图7-6 两个方差之比双侧检验的
接受区域和拒绝区域

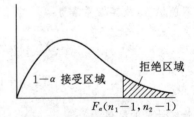

图7-7 两个方差之比单侧(右侧)
检验的接受区域和拒绝区域

若是单侧(右侧)检验($H_0: \sigma_1^2 \leq \sigma_2^2$,$H_1: \sigma_1^2 > \sigma_2^2$)时,则检验统计量仍为 $F = s_1^2/s_2^2$。当 $F \geq F_\alpha(n_1-1, n_2-1)$ 时,就拒绝 H_0。其图形如图7-7所示。

在对两个方差进行比较时,为了方便可以将较大的样本方差作为分子。这样样本方差之比将永远大于1。另外:$F_{1-\frac{\alpha}{2}}(n_1-1, n_2-1) = \dfrac{1}{F_{\frac{\alpha}{2}}(n_2-1, n_1-1)}$。

【例7-18】 有两种能使从事紧张工作的职员解除精神紧张的药物。在一项旨在比较这两种药物效果的研究中,医疗小组使两个小组的职员分别服用这两种药,两个月后搜集了关于这两组受试验者紧张水平的数据,由样本数据得出方差 $s_1^2 = 4\,624$,$s_2^2 = 2\,916$,每个小组均有8名受试验者。试问:在0.05的显著水平下,这些数据是否提供了充分证据,支持关于这些样本所代表的两个总体的紧张水平的方差有差别的看法?

解:建立假设:

$$H_0: \sigma_1^2 = \sigma_2^2, \quad H_1: \sigma_1^2 \neq \sigma_2^2$$

$$F = \frac{s_1^2}{s_2^2} = \frac{4\,624}{2\,916} = 1.586$$

当 $\alpha = 0.05$ 时,$F_{\frac{\alpha}{2}}(7, 7) = 4.99$,$F_{1-\frac{\alpha}{2}}(7, 7) = \dfrac{1}{4.99} = 0.20$。由于 $F_{1-\frac{\alpha}{2}}(7, 7) < F < F_{\frac{\alpha}{2}}(7, 7)$,即 $0.20 < 1.586 < 4.99$,落入接受区域,所以不能否定原假设 H_0,即不能否定总体方差无显著差别。

需要说明的是,一般的统计软件中都会直接给出 P 值。P 值是一种常用的统计检验方法。它通过比较 P 值与给定的显著性水平 α 的大小,来决定是否否定原假设。P 检验的判定准则是:若 P 值小于给定的 α,则否定原假设;否则,就不能否定原假设。

案例分析

一、研究背景

男女比例失调和老龄化是我国当前最主要的人口问题,能否妥善解决这些问题将直接影响到经济的发展和社会的安定。

男女比例失调主要是指各个年龄段的男女比例不等,部分男性在适婚年龄找不到合适的配偶,心理上产生不平衡,从而引发拐卖妇女、报复社会等一系列严重的问题。造成我国男女比例失调现象的原因也是多方面的,很多人认为,女儿迟早要嫁人,不能一直陪伴自己,只有养了儿子,以后的生活才能得到保障。并且,社会上的性别歧视问题还未得到妥善解决,有些学习和工作的机会明确规定仅限男性,他们认为男性体力好、工作效率高,能够带来更高的经济效益,尤其当女性结婚生育之后,就很难权衡好工作和家庭之间的关系,常常会因为家庭的琐事影响工作,而男性一般不会出现这样的问题,因此很多人更加愿意生男孩,希望自己的孩子能在激烈的社会竞争中更有优势,不要一出生就因为性别的限制而失去很多机会。当然,科技和医疗水平的不断进步也是造成男女比例失调的重要原因,如今的医疗水平早已能够实现在婴儿还未出生时就检测出他们的性别,很多机构为了盈利,有偿向有需要的家庭透露婴儿的性别,以便想要男孩的家庭在得知怀的是女孩的情况下,通过人工流产等方式避免孩子出生,甚至有人在第一胎生下女孩后,还想要再生一个男孩,但是为了逃避罚款,便向有关部门隐瞒实情,造成新生女婴的数量存在谎报漏报的情况,因此男女比例不等的现象往往在婴儿出生的时期就存在了,并逐渐演变成日后的一系列社会问题。

人口老龄化主要是指目前我国老年人口占总人口的比重不断增长,年轻人口的比重相对减少,阻碍了社会的发展和进步。这一方面是由于计划生育、男女比例失调等因素造成生育率降低,使得年轻人的数量不断减少;另一方面,随着生活水平的提高和医疗条件的改善,人们的健康状况得到保障,平均寿命延长,老年人数量不断增多,最终引发老龄化问题。随着计划生育政策的普及和人们观念的转变,很多家庭觉得如今生一个孩子就够了,这样才能有充足的时间和精力好好培养,因此很多家庭都是独生子女,意味着一对年轻的夫妻可能要同时赡养多个老人,而且随着父母年纪变大,他们的劳动力和生活自理能力都会降低,衣食住行各方面也需要有人照料,年龄增长也会引起身体各种机能的下降,健康出现一些问题在所难免。因此,老年群体对医疗资源的需求相当大,一旦生病可能要花费巨额资金治疗,给经济条件一般的年轻人带来很大压力。

人口老龄化不仅使很多家庭面临着前所未有的困难和挑战,也对国家的经济和社会发展造成影响,随着年轻劳动人口比重的下降,劳动力资源严重缺乏,很多岗位招收不到合适的人才,就业形势更加严峻,影响企业的长远发展;部分地区由于经济、交通以及医疗设施等条件的限制,老年人患病后很难及时得到有效的治疗。同时,国家的养老经费支出巨大,在一定程度上影响了对其他层面的扶持力度,为老年人提供的社会保障和服务仍然不能满足日益增长的需求。

为了进一步检验和判断 2016 年我国是否存在男女比例失调和人口老龄化问题,我们从 2017 年中国统计年鉴中抽出 2016 年我国按年龄和性别分的人口数据进行分析,如表 7-2 所示(其中抽样比为 0.837‰)。

表 7-2 我国 2016 年按年龄和性别区分的抽样人口数量

年龄	人口数（人）	男（人）	女（人）	年龄段占总人口比重（%）	男性占比（%）	女性占比（%）	性别比（女＝100）
总计	1 158 019	593 087	564 932	100.00	51.22	48.78	104.98
0~4	68 447	36 703	31 744	5.91	3.17	2.74	115.62
5~9	63 831	34 666	29 165	5.51	2.99	2.52	118.86
10~14	60 420	32 773	27 647	5.22	2.83	2.39	118.54
15~19	61 562	33 199	28 363	5.32	2.87	2.45	117.05
20~24	79 102	41 366	37 736	6.83	3.57	3.26	109.62
25~29	106 663	54 225	52 439	9.21	4.68	4.53	103.41
30~34	87 573	44 070	43 503	7.56	3.81	3.76	101.30
35~39	80 485	40 992	39 492	6.95	3.54	3.41	103.80
40~44	94 730	48 342	46 388	8.18	4.17	4.01	104.21
45~49	104 623	53 194	51 429	9.03	4.59	4.44	103.43
50~54	97 608	49 491	48 116	8.43	4.27	4.16	102.86
55~59	59 638	30 264	29 374	5.15	2.61	2.54	103.03
60~64	67 696	33 810	33 887	5.85	2.92	2.93	99.77
65~69	48 454	23 878	24 576	4.18	2.06	2.12	97.16
70~74	31 677	15 545	16 132	2.74	1.34	1.39	96.36
75~79	22 449	10 744	11 705	1.94	0.93	1.01	91.79
80~84	14 331	6 446	7 884	1.24	0.56	0.68	81.76
85~89	6 416	2 613	3 803	0.55	0.23	0.33	68.73
90~94	1 902	630	1 271	0.16	0.05	0.11	49.58
95+	413	134	279	0.04	0.01	0.02	48.25

二、思考问题

(1) 由国际通用的标准可知,当一个国家或地区 65 岁及以上的老年人占总人口的比例超过 7%,或者 60 岁及以上的老年人占总人口的比例超过 10% 时,就认为存在老龄化问题,那么 2016 年我国是否存在人口老龄化的问题? ($\alpha = 0.05$)

(2) 近年来,随着老年人口的比例逐渐增大,我国人口的平均年龄也在不断上涨,有人预测,2016 年我国人口平均年龄将不低于 40 岁,这种说法是否正确? 从表 7-2 中第 3、4 列数据可以看出,60 岁以下年龄段的男性人口普遍多于女性,60 岁及以上年龄段的女性人口却普遍多于男性,这是否能够表明我国女性的平均年龄高于男性? ($\alpha = 0.05$)

(3) 从表 7-2 中第 6、7 列可以看出,2016 年我国每个年龄段的男女比例都不相等,通常认为出生人口的性别比在 102~107 之间是正常的,如果不在这个取值范围内,就有可能引起男女比例失调问题,那么近年来我国出生人口性别比是否正常? ($\alpha = 0.05$)

（4）可以采取哪些措施有效地解决男女比例失调和人口老龄化问题？

三、问题分析

首先可以检验 65 岁及以上的老年人数量占总人口的比例是否超过 7%，从而判断 2016 年我国是否存在人口老龄化问题。

建立如下假设：

$$H_0: p \leq 7\%, \quad H_1: p > 7\%$$

样本容量 $n = 1\,158\,019 > 30$，并且：

$$np = 1\,158\,019 \times 7\% = 81\,061.30 > 5$$

$$n(1-p) = 1\,158\,019 \times 93\% = 1\,076\,957.70 > 5$$

因此，可以用正态分布统计量进行检验，由表 7-2 的第 2 列可知，样本中 65 岁及以上的共有 125 642 人，则样本比例为：

$$\tilde{p} = \frac{125\,642}{1\,158\,019} = 0.108\,5$$

检验统计量的值为：

$$z = \frac{\tilde{p} - p}{\sqrt{\dfrac{p(1-p)}{n}}} = \frac{0.108\,5 - 0.07}{\sqrt{\dfrac{0.07(1-0.07)}{1\,158\,019}}} = 162.38$$

又，$z_\alpha = z_{0.05} = 1.645$，因此有 $z > z_\alpha$，所以拒绝原假设，认为 2016 年我国 65 岁及以上老年人数量占总人口的比例大于 7%，即存在人口老龄化问题。

同样可以通过检验 60 岁及以上的老年人数量占总人口的比例是否超过 10% 来判断 2016 年我国人口老龄化问题是否存在。先建立如下假设：

$$H_0: p \leq 10\%, \quad H_1: p > 10\%$$

样本容量 $n = 1\,158\,019 > 30$，并且：

$$np = 1\,158\,019 \times 10\% = 115\,801.90 > 5$$

$$n(1-p) = 1\,158\,019 \times 90\% = 1\,042\,217.10 > 5$$

因此用正态分布统计量进行检验，由表 7-2 的第 2 列可知，样本中 60 岁及以上的共有 193 338 人，则样本比例为：

$$\widetilde{p} = \frac{193\,338}{1\,158\,019} = 0.167$$

检验统计量的值为：

$$z = \frac{\widetilde{p} - p}{\sqrt{\frac{p(1-p)}{n}}} = \frac{0.167 - 0.1}{\sqrt{\frac{0.1(1-0.1)}{1\,158\,019}}} = 240.33$$

又由于 $z_\alpha = z_{0.05} = 1.645$，因此有 $z > z_\alpha$，所以拒绝原假设，得出 2016 年我国存在人口老龄化问题。

由于我国面临着严峻的人口老龄化形势，有人预测 2016 年中国人口的平均年龄将不低于 40 岁，下面我们就要检验这种猜测是否正确。

先建立假设如下：

$$H_0: \mu \geqslant 40, \quad H_1: \mu < 40$$

已知样本来自非正态分布的总体，并且总体的标准差未知，样本容量 $n = 1\,158\,019 > 30$，通过中心极限定理知道，可以选取的检验统计量的计算公式为：

$$z = \frac{\bar{x} - \mu}{s/\sqrt{n}}$$

又由表 7-2 数据计算可得，2016 年中国人口年龄的样本平均值为 $\bar{x} = 37.59$，样本标准差为 $s = 20.89$，检验统计量 z 的值为：

$$z = \frac{37.59 - 40}{20.89/\sqrt{1\,158\,019}} = -124.15 < -z_\alpha = -z_{0.05} = -1.645$$

因此拒绝原假设 $\mu \geqslant 40$，认为 2016 年中国人口平均年龄将不低于 40 岁的说法是不正确的。

接下来判断 2016 年我国女性的平均年龄是否高于男性。令女性的平均年龄为 μ_1，男性的平均年龄为 μ_2，建立假设如下：

$$H_0: \mu_1 \leqslant \mu_2, \quad H_1: \mu_1 > \mu_2$$

已知男性和女性的样本都取自非正态分布总体，并且女性的样本容量 $n_1 = 564\,932$，男性的样本容量 $n_2 = 593\,087$，n_1 和 n_2 都足够大，根据中心极限定理可得 $\bar{x}_1 - \bar{x}_2$ 近似服从正态分布，两个总体的方差 σ_1^2 和 σ_2^2 都未知，所以选择检验统计量：

$$z = \frac{(\bar{x}_1 - \bar{x}_2) - (\mu_1 - \mu_2)}{\sqrt{\dfrac{s_1^2}{n_1} + \dfrac{s_2^2}{n_2}}}$$

通过表 7-2 第 3、4 列的数据计算可得,男女两个样本的平均值分别为 $\bar{x}_1 = 38.34$,$\bar{x}_2 = 36.88$,方差分别为 $s_1^2 = 440.16$,$s_2^2 = 432.28$,代入检验统计量的计算公式可得:

$$z = \frac{(38.34 - 36.88) - 0}{\sqrt{\dfrac{440.16}{564\,932} + \dfrac{432.28}{593\,087}}} = 37.60 > z_\alpha = z_{0.05} = 1.645$$

故拒绝原假设,认为 2016 年我国女性的平均年龄确实高于男性。这可能是由于男女出生性别比偏高,使得年轻男性的数量高于女性,但是随着年龄的增长,生理、心理、生活方式等各种因素使得女性的寿命高于男性,便出现了 60 岁以上女性数量多于男性的现象,因此进一步检验近年来我国男女出生人口性别比的高低,以此来判断其是否会引起男女比例的失调。

已知正常的男女出生性别比为 102~107(女性 = 100),表示当有 100 个女婴出生时,通常会有 102~107 个男婴出生。我们需要计算男女出生比例之差的取值范围:

当出生男女性别比为 102 时,男女比例之差为:

$$p_A - p_B = \frac{102}{202} - \frac{100}{202} = 0.01$$

当出生男女性别比为 107 时,男女比例之差为:

$$p_A - p_B = \frac{107}{207} - \frac{100}{207} = 0.034$$

那么我们只要检验样本中出生男女比例之差是否在 0.01~0.034 之间,并将表 7-2 中 0~4 岁的男女比例近似看成是 2013—2016 年我国出生人口的性别比。为了检验出生男性与女性的比例之差是否会超过 3.4%,先建立如下假设:

$$H_0: p_1 - p_2 \leq 3.4\%,\ H_1: p_1 - p_2 > 3.4\%$$

已知 $n_1 = 36\,703$,$n_2 = 31\,744$,n_1 和 n_2 都足够大,那么选取的检验统计量为:

$$z = \frac{(\tilde{p}_1 - \tilde{p}_2) - d_0}{\sqrt{\dfrac{\tilde{p}_1(1 - \tilde{p}_1)}{n_1} + \dfrac{\tilde{p}_2(1 - \tilde{p}_2)}{n_2}}}$$

又有 $\tilde{p}_1 = \dfrac{36\,703}{36\,703 + 31\,744} = 0.536$，$\tilde{p}_2 = \dfrac{31\,744}{36\,703 + 31\,744} = 0.464$，$d_0 = 0.034$，代入公式计算可得：

$$z = \dfrac{(0.536 - 0.464) - 0.034}{\sqrt{\dfrac{0.536(1 - 0.536)}{36\,703} + \dfrac{0.464(1 - 0.464)}{31\,744}}} = 9.940 > z_\alpha = z_{0.05} = 1.645$$

故拒绝原假设，认为2013～2016年我国出生男女比例之差超过了3.4%，将会导致男女比例失调的问题出现。

通过以上的检验和分析可知，我国仍然存在着男女比例失调和人口老龄化问题，需要尽快采取有效措施进行处理。对于男女比例失调问题，首先要改变人们自古以来"重男轻女"的思想，政府和有关部门要改变女性在学校、家庭和社会等领域受到的不公平待遇，为她们提供与男性同等的机会，享受相同的社会福利和待遇，提倡只要有能力，无论男女，都可以凭借自身实力为社会发展做贡献，让每个家庭都真正感受到男女平等，并意识到不仅仅只有男孩才能在激烈的社会竞争中占有优势，女孩一样可以拥有良好的工作和生活条件；同时要改变一些家庭"嫁出去的女儿泼出去的水，养儿才能防老"的思想，以前妇女由于家庭地位和接受的教育等各方面条件限制，嫁人后无法经常照顾父母，但是随着社会的发展和进步，如今的女性早已摆脱了各种枷锁，有稳定的工作和良好的经济条件，享受自由和平等，足以承担起赡养父母的责任与义务。国家要完善法律法规，严惩买卖婴儿性别信息、非法堕胎的行为，加强关于男女平等的教育，带动全社会人民共同努力。

政府要加大宣传力度，提高人们对人口老龄化问题严重性的认识，进一步完善社会保障和福利制度，提高养老保险、生活补助和离退休金的发放额度，给老年人的基本生活提供更多保障。有关机构部门要加紧建设充足的社区养老机构及设施，培养更多专业的医护人员，为有需要的老年人提供健康的饮食条件和良好的居住环境，并在周边建立小型的超市和医院，就近满足老年人的各种生活需求。同时要充实老年人的精神生活，多开展适合老年人交流的活动，为他们提供互帮互助的平台，加深彼此之间的感情，令老年人不再感觉到孤独。随着老年人数量的增加和其对生活品质的追求，老龄产业也迎来了新的发展机遇，相关企业要抓住机会，推出更受老年人欢迎的产品，刺激消费，推动经济进步。虽然国家规定了法定退休年龄，但是老年人丰富的知识储备和人生阅历是一笔非常宝贵的财富，国家要给有能力的老年人提供更多平台，让他们有机会把自己的经验传授给年轻人，实现人生理想和价值。当然，解决人口老龄化问题不能完全依靠国家和社会的力量，家庭养老同样重要，而很多年轻人由于工作和家庭等方面的压力,很少有机会在父母身边照顾,常常对父母的养老问题感到力不从心,只有在假期才会抽空陪伴父母,平日里的交流并不多,有些子女认为努力赚钱给父母买大房子、请专门的人照顾就是对他们最好的回报,其实父母需要的只是子女更多的关心和陪伴,因此子女应该尽量离父母近些,方便及时沟通和照料,常回家陪他们聊聊天,不要忽视父母的感受。

只有妥善解决男女比例失调和人口老龄化问题,使适龄男性能找到合适的伴侣,保障老年人的基本生活,社会才能更加和谐与安定,国家才会有更进一步的发展。

参考文献

[1] 鲍艳秋.浅谈我国人口老龄化[J].中国科技产业,2013(11):55~57.

[2] 李雪.人口老龄化对我国经济社会发展的影响及策略[J].中国商贸,2014(07):177~178,181.

[3] 王天星.探析出生人口性别比失衡的原因及对策[J].管理观察,2009,(22):237.

[4] 徐国祥.统计学[M].格致出版社,上海人民出版社,2014.

本章小结

→ 1. 假设检验是用样本资料验证总体是否具有某种性质或数量特征。在检验时,可建立原假设 H_0 和备择假设 H_1,它们是相互对立的。在假设检验中,犯第Ⅰ类错误的概率记为 α,称为显著性水平,第Ⅰ类错误为弃真错误;犯第Ⅱ类错误的概率记为 β,第Ⅱ类错误为取伪错误。根据显著性水平 α 便可以确定接受还是否定原假设的界限。根据检验问题的不同,假设检验可分为双侧检验和单侧检验。

→ 2. 假设检验的一般程序为:①根据研究问题的需要提出假设;②找出检验的统计量及其分布;③规定显著性水平 α;④确定决策规则;⑤根据样本数据计算统计量的数值并由此作出决策。

→ 3. 总体平均数的假设检验是应用最为广泛的假设检验之一,其检验的基本原理同样适用于总体比率的假设检验,在各种类型的检验中,由于已知条件不同,构造的检验统计量也不同。因此,搞清楚统计量的形式及其服从的分布为本章的重点。

思考与练习

一、单项选择题

1. 设样本是来自正态总体 $N(\mu, \sigma^2)$,其中 σ^2 未知,那么检验假设 $H_0: \mu = \mu_0$ 时,用的是_____。

   A. t 检验　　　　B. z 检验　　　　C. χ^2 检验　　　　D. F 检验

2. 在假设检验中,由于抽样的偶然性,拒绝了实际上成立 H_0 假设,则_____。

   A. 犯第Ⅰ类错误　　　　　　　　B. 犯第Ⅱ类错误

   C. 推断正确　　　　　　　　　　D. A,B 都有可能

3. 在假设检验中,由于抽样偶然性,接受了实际上不成立的 H_0 假设,则_____。

   A. 犯第Ⅰ类错误　　　　　　　　B. 推断正确

   C. 犯第Ⅱ类错误　　　　　　　　D. A,B 都有可能

4. 假设检验中,显著性水平 α 表示_____。

   A. $P\{接受 H_0 | H_0 为伪\}$　　　　B. 无具体含义

   C. 置信度为 α　　　　　　　　　　D. $P\{拒绝 H_0 | H_0 为真\}$

5. 机床厂某日从两台机器所加工的同一种零件中,分别抽取两个样本,检验两台机床的加工精度是否相同,则提出假设_____。

   A. $H_0: \mu_1 = \mu_2; H_1: \mu_1 \neq \mu_2$　　　　B. $H_0: \sigma_1^2 = \sigma_2^2; H_1: \sigma_1^2 \neq \sigma_2^2$

   C. $H_0: \mu_1 \leq \mu_2; H_1: \mu_1 > \mu_2$　　　　D. $H_0: \sigma_1^2 \leq \sigma_2^2; H_1: \sigma_1^2 > \sigma_2^2$

6. 在对总体参数的假设检验中,若给定显著性水平 $\alpha(0 < \alpha < 1)$,则犯第Ⅰ类错误的概率为_____。

   A. α　　　　　B. $1-\alpha$　　　　C. $\alpha/2$　　　　D. 不能确定

7. 假设检验时,若增大样本容量,则犯两类错误的概率_____。

   A. 都增大　　　　　　　　　　　B. 都减小

   C. 都不变　　　　　　　　　　　D. 一个增大一个减小

8. 自动包装机装出的产品每包重量服从正态分布,规定每包重量的方差不超过 A,为了检查包装机的工作是否正常,对它生产的产品进行抽样检验,取零假设为 $\sigma^2 \leq A$,检验

水平为 0.05,则下列陈述中,正确的是_____。

A. 如果生产正常,则检验结果也认为正常的概率为 95%

B. 如果生产不正常,则检验结果也认为不正常的概率为 95%

C. 如果检验的结果认为正常,则生产确实正常的概率为 95%

D. 如果检验的结果认为不正常,则生产确实不正常的概率为 95%

9. 从一批零件中抽出 100 个测量其直径,测得平均直径为 5.2 cm,标准差为 1.6 cm,想知道这批零件的直径是否服从标准直径 5 cm,因此采用 t 检验法,那么在显著性水平 α 下,接受域为_____。

A. $|t| \geq t_{\alpha/2}(99)$ B. $|t| < t_{\alpha/2}(100)$

C. $|t| < t_{\alpha/2}(99)$ D. $|t| \leq t_{\alpha/2}(99)$

10. 矿砂的 5 个样品中,测得其含铜量均值为 $\bar{x}$。设含铜量服从正态分布,方差 σ^2 未知,在 $\alpha = 0.01$ 下对总体均值进行检验,则取统计量_____。

A. $z = \sqrt{5}(\bar{x} - \mu_0)/\sigma$ B. $z = (\bar{x} - \mu_0)/\sigma$

C. $z = \sqrt{4}(\bar{x} - \mu_0)/s$ D. $z = \sqrt{5}(\bar{x} - \mu_0)/s$

二、多项选择题

1. 假设检验和区间估计的不同和联系,以下表述正确的是_____。

A. 都是对总体特征的推断,都是运用概率估计来得到自己的结论

B. 前者要对总体参数作出某种假设,然后根据抽样分布规律确定可以接受的临界值

C. 后者无须对总体参数作出假设,它根据抽样分布规律找出恰当的区间,并给出这一区间包含总体参数的概率

D. 假设检验和区间估计都有两类错误

2. 在假设检验中,若要减少 β,则_____。

A. $\alpha \uparrow$ B. $1 - \beta \uparrow$ C. $\alpha \downarrow$ D. 以上都不对

3. 假设检验,即利用样本的实际资料来检验事先对总体某些数量特征所做的假设如果两者的差异很小,则有理由认为这种差异_____。

A. 是由随机因素引起的(我们可以接受无差异的原假设)

B. 是由随机因素引起,同时还存在条件变化的因素造成的(不能接受无差异的原假设)

C. 则原假设真实的可能性愈大

D. 原假设真实的可能性愈小

4. 关于显著性水平,以下表述正确的是_____。

   A. 假设检验事先规定的小概率标准

   B. 取值愈大,则冒无显著性差异而被错判为显著性差异的风险也愈大

   C. 实际上是犯第一类错误的概率

   D. 就是临界值——检验接受域和拒绝域的分界点

5. 在样本容量 n 固定的条件下_____。

   A. 缩小显著性水平,就扩大了拒绝域,从而增加犯 I 型错误的可能性

   B. 缩小显著性水平,可缩小拒绝域,从而减少犯 I 型错误的可能性

   C. 缩小显著性水平,可缩小拒绝域,从而增加了犯 II 型错误的可能性

   D. 要同时减少两类错误是不可能的

6. 提高 α,意味着_____。

   A. 对某一假设的拒绝域扩大 B. 对某一假设的拒绝域缩小

   C. 对某一假设的拒绝域不变 D. 对某一假设的接受域随之缩小

7. 对正态总体 $N(\mu, \sigma^2)$,σ^2 已知的情况下,关于 $H_0:\mu \leq \mu_0$;$H_1:\mu > \mu_0$ 的检验问题。在显著性水平 $\alpha = 0.05$ 下作出接受原假设的结论。那么在显著性水平 $\alpha = 0.01$ 下按上述检验方案结论错误的是_____。

   A. 接受原假设   B. 可能接受原假设

   C. 可能拒绝原假设   D. 不接受也不拒绝原假设

8. 以下问题可以用 z 检验的有_____。

   A. 正态总体均值的检验,方差已知   B. 正态总体均值的检验,方差未知

   C. 大样本下总体均值的检验   D. 正态总体方差的检验

9. 对两个总体均值之差进行检验时_____。

   A. 两个总体之间的样本要独立抽取

   B. 无论方差是否已知,大样本时都可以用 z 检验统计量进行检验

   C. 两个正态总体,方差未知但相等的小样本时,应用 t 检验

   D. 使用 t 检验时,自由度是两个样本量的和

10. 对总体均值 μ 进行检验,影响检验结论的因素有_____。

    A. 显著性水平   B. 样本量 n

    C. 总体标准差   D. 样本均值

三、简答题

1. 什么是假设检验？它试图解决什么问题？
2. 假设检验与置信区间有何关系？
3. 试述第 I 类错误与第 II 类错误的关系。
4. 在假设检验中，如何决定什么样的陈述应放在原假设中，什么样的陈述应放在替代假设中？

四、计算和分析题

1. 设总体服从标准差为 50 的正态分布，从该总体抽出容量为 30 的随机样本，得出样本平均值为 72，试以 $\alpha = 0.05$ 的显著性水平检验原假设 $H_0: \mu = 90$，$H_1: \mu \neq 90$。

2. 某厂生产一种产品，原来月产量服从平均值 $\mu = 75$，方差 $\sigma^2 = 14$ 的正态分布。设备更新后，为了考察产量是否提高，抽查了 6 个月产量，求得平均产量为 78，假定方差不变，问在显著性水平 $\alpha = 0.05$ 下，设备更新后的月产量是否有显著提高？

3. 某工厂对所生产的产品进行质量检验，规定：次品率不超过 0.01 方可出厂。现从一批产品中随机抽查 80 件，发现有次品 2 件，试问在显著性水平 $\alpha = 0.05$ 下检验，这批产品能否出厂？

4. 某银行正考虑在两个相邻地区之一开设一个新的支行。银行所考虑的因素之一是这两个地区的平均家庭收入是否不同。以普查报告为依据，银行从两个地区各抽 200 户作为简单随机样本。根据以下数据，用式子表述适当的零假设，并在显著性水平 $\alpha = 0.05$ 下检验这两个地区的平均家庭水平是否不同。

$$\bar{x}_1 = 25\,600 \text{ 元}, \quad \bar{x}_2 = 25\,490$$

$$s_1 = 500 \text{ 元}, \quad s_2 = 700 \text{ 元}$$

$$n_1 = 200, \quad n_2 = 200$$

5. 某大学共有 1 000 名四年级大学生，其中男生 600 名，女生 400 名。某位教师认为男生已通过计算机二级水平考试的比例要高于女生。为证实自己的看法，他分别随机抽选了 60 名男生和 40 名女生，发现已通过这种考试的人数分别为 35 人和 17 人。这些数据是否足以说明这位老师的看法正确（设 $\alpha = 0.01$）？

6. 一个由 200 家某类型企业组成的随机样本表明，其中 12% 的企业广告费占总销售额 5% 以下，由同等数量的另一类企业组成的另一个独立随机样本表明，其中 15% 的企业广告费占总销售额5%以下。问这两类企业广告费占销售额的比例有无显著差异（设 $\alpha = 0.05$）？

7. 两种羊毛织品的强度服从正态分布。分别抽取容量为4和6的两个样本进行检验，结果为：$s_1^2 = 36.67$，$s_2^2 = 11.2$，是否可认为两个总体方差同质（取显著性水平 $\alpha = 0.05$）？

第八章 非参数统计

第六、第七章讨论的参数估计和假设检验,是以总体分布已知或对分布作出某种假定为前提的,可以称为参数统计。但是,许多实际问题的研究,往往不知道总体为何种分布,或无从对总体分布作出某种限定;特别是对品质标志和不能直接定量测定的一些社会经济问题,也即通常只能进行定名测定和序列测定的现象,参数统计就受到很大限制,而需要用非参数统计方法来解决。所谓非参数统计,就是对总体分布的具体形式不必做任何限制性假定和不以总体参数具体数值估计为目的的推断统计。这种统计主要用于对某种判断或假设进行检验,所以亦称非参数检验。非参数统计是随着统计方法在复杂的社会和经济生活领域中扩展应用而发展起来的现代推断统计的一个分支,在社会统计中应用尤为普遍。本章分七节扼要阐述非参数统计的概念和特点、χ^2 检验、符号检验、曼-惠特尼 U 检验、游程检验、等级相关检验和多个样本检验等几种基本的也是常用的非参数统计方法。

第一节 非参数统计的概念和特点

一、非参数统计的概念

所谓非参数统计,就是对总体分布的具体形式不必做任何限制性假定和不以总体参数具体数值估计为目的的推断统计。这种统计主要用于对某种判断或假设进行检验,故亦称为非参数检验。它是随着统计方法在复杂的社会和经济管理领域中扩展应用而发展起来的现代推断统计的一个分支,有着极为广泛的应用。

二、非参数统计的特点

非参数统计与参数统计相比,具有以下几个特点。

第一,非参数统计方法既能适用于定名测定资料(如满意和不满意、好与坏、美与丑、优良品和不良品等),或定序测定资料(如对商品的爱好程度可分为甲、乙、丙、丁等不同的等级),也能适用于定距测定资料和定比测定资料。因此,非参数统计方法不但可以对现象进行定量的分析和研究,而且还能对现实生活中无法用数值大小加以精确测度的人的才能、爱好等进行分析研究。这样,就为统计方法对品质属性问题的研究开拓了广阔的前景。当然,如果参数统计的假定得到满足,并且样本资料可以用比较精确的定距测定或定比测定进行测度时,就应使用参数统计方法。这会使已搜集到的信息得到充分的利用。

第二,非参数统计方法是一种经济而有效的方法。它容易理解,计算简便,有时完全不必考虑数据的排列顺序。例如,若检验的目的是为了确定一种结果比另一种结果好,而获得的数据又无法用参数检验时,则可使用非参数统计中的符号检验,此时完全不必考虑数据的排列顺序。同时,由于非参数统计使用定名测定和定序测定,使资料容易搜集,因而可用于预先调查、示范调查,并能迅速地给出答案。但是,当样本容量增大时,非参数统计所需的计算也是繁琐的。

第三,非参数统计方法不需要像参数统计方法那样假定总体的分布是正态的,也不需要检验总体的参数,使得条件容易得到满足。因此,非参数统计方法能在广泛的基础上,得出更加带有普遍性的结论。

应用最为广泛的非参数统计方法有 χ^2 检验、符号检验、曼-惠特尼 U 检验、游程检验和等级相关检验等。

第二节 χ^2 检验

一、什么是 χ^2 检验

χ^2 检验是利用随机样本对总体分布与某种特定分布拟合程度的检验,也就是检验观察值与理论值之间的紧密程度。当我们研究 $K(K>2)$ 个事件时,可以测定 K 个观察值与相应的理论值之间的差异,为此而构造的统计量称为 χ^2 统计量。χ^2 是 1900 年由英国统计学家

皮尔生提出的,称为皮尔生定理。该定理说明,当样本容量充分大时,样本分成 K 类,每类实际出现的次数用 f_0 表示,其理论次数为 f_e,则 χ^2 统计量为:

$$\chi^2 = \sum_{i=1}^{K} \frac{(f_0 - f_e)^2}{f_e}, 且服从分布 \chi^2(K-1)$$

式中,$K-1$ 为自由度。

χ^2 分布本来是一种特定形式的概率分布,在参数估计中用于方差的估计和假设检验。然而在非参数统计中,它具有更广泛的用途。因为:(1)有很多非参数的假设检验问题都可以转化为检验观察次数与其期望次数之间紧密程度问题。这里的检验统计量并不依赖于总体的分布形式,而是作为检验总体分布是否为某种特定的概率分布的一种方法。(2)用这种方法搜集的资料,可以是间距测定资料,也可以是定名测定资料。如车胎的质量可以用车胎运行公里数来测试(即间距测定资料),同时也可按预先的标准将车胎分为正品与次品(即定名测定)来测试。χ^2 检验主要用于拟合优度检验和独立性检验。

二、拟合优度检验

拟合优度检验是利用样本信息对总体分布作出推断,检验总体是否服从理论分布(如均匀分布或二项分布)。其方法是把样本分成 K 个互斥的类,然后根据要检验的理论分布算出每一类的理论频数,与实际的观察频数进行比较。

拟合优度检验的步骤为:

(1) 确定原假设与备择假设,原假设 H_0 表示总体服从设定的分布;备择假设 H_1 表示总体不服从设定的分布。同时,确定显著性水平 α。

(2) 从要研究的总体中,随机抽取一个观察值样本。

(3) 按照"原假设为真"这一假定,导出一组期望频数或理论频数。通常这就是假定某概率分布适合于所研究的总体。

(4) 对观察频数与理论频数进行比较,如果它们之间的差异很大,以致在确定的显著性水平下不能把它归之于随机波动,就拒绝原假设。

【例 8-1】 某消费者协会想确定市场上五种牌子的啤酒哪一种最受消费者欢迎。该协会随机抽取 1 000 名啤酒饮用者作为样本进行如下的试验:每个人得到五种牌子的啤酒各一瓶,但都未标明牌子;这五瓶啤酒分别贴有写着 A、B、C、D、E 字母的五张纸片,按随机确定的顺序送给每一个人。表 8-1 便是根据样本资料整理得到的各种牌子啤酒爱好者的频数分布。

表 8-1 各种牌子啤酒爱好者的频数分布

最喜欢的牌子	人数
A	210
B	312
C	170
D	85
E	223
合计	1 000

现在我们要判断,消费者对这几种牌子啤酒的爱好有没有差别?

解:如果没有差别,那么,我们应该预期啤酒饮用者的人数呈均匀分布,或者说每种牌子啤酒的爱好者各占20%,据此可以提出如下的假设:

H_0:不同牌子饮用者人数服从均匀分布;

H_1:不同牌子饮用者人数不服从均匀分布;

设定显著性水平 $\alpha = 0.05$。

根据原假设,每种牌子啤酒爱好者人数的理论频数为 1 000/5 = 200,算出 χ^2 的数值如下:

$$\chi^2 = \sum \frac{(f_0 - f_e)^2}{f_e} = \frac{(210 - 200)^2}{200} + \frac{(312 - 200)^2}{200}$$

$$+ \frac{(170 - 200)^2}{200} + \frac{(85 - 200)^2}{200} + \frac{(223 - 200)^2}{200}$$

$$= 136.4$$

自由度等于类目数(K)减 1,即 5 - 1 = 4。根据 $\alpha = 0.05$ 和自由度为 4,查 χ^2 分布表得临界值 $\chi^2_{0.05}(4) = 9.488$,这意味着如果原假设为真,则观察频数与理论频数的总差别大于 9.488 的可能性只有 5%,也即属于小概率事件。由于 χ^2 值 136.4 大大超出临界值 $\chi^2_{0.05}(4) = 9.488$,所以拒绝原假设,也即认为消费者对各种啤酒的爱好是有差别的,均匀分布肯定不是最佳的拟合。

在前几章的讨论中,不少场合是以总体服从正态分布的假定为前提的。这种假设能否成立,也可用拟合优度的检验方法来检验。

【例 8-2】 一家钟表厂把检验钟表的精确度作为质量控制计划的一部分,该厂将 700 只手表校准后使之走 24 小时,然后对这些手表进行检验,并记下每只手表走快或走慢的秒数,其数据见表 10-2 中的(1)栏和(2)栏。该厂想知道这些数据是否足以说明观察值并非来自正态总体。

表 8-2　700 只手表时间误差的频数分布和 χ^2 值

误差秒数(X_1)	手表的数目(F_0)	$z=(x-\bar{x})/s$	理论频率	理论频数(f_e)	$\chi^2=\dfrac{(f_0-f_e)^2}{f_e}$
(1)	(2)	(3)	(4)	(5)	(6)
0～9.99	38	-1.62	0.0526	36.82	0.0378
10～19.99	51	-1.26	0.0512	35.84	6.4125
20～29.99	62	-0.89	0.0829	58.03	0.2716
30～39.99	74	-0.53	0.1114	77.98	0.2031
40～49.99	83	-0.17	0.1344	94.08	1.3049
50～59.99	91	0.19	0.1428	99.96	0.8031
60～69.99	81	0.55	0.1335	93.45	1.6587
70～79.99	72	0.92	0.1124	78.68	0.5671
80～89.99	61	1.28	0.0785	54.95	0.6661
90～99.99	52	1.64	0.0498	34.86	8.4274
100～109.99	35	2.00	0.0505	35.35	0.0035
合　　计	700			700	20.3558

解：为解决这一问题，可建立如下的假设：

H_0：样本数据来自正态分布总体；

H_1：样本数据并非来自正态分布总体；

设定显著性水平 $\alpha=0.05$。

由表 8-2 可知，$n=700$，$K=11$。f_0 为各组的观察频数，f_e 是假设总体为正态分布时的理论频数。具体计算过程如下。

(1) 计算理论频数需要知道总体均值 μ 和标准差 σ，但是，这些数据事先是未知的，只能用样本均值 $\bar{x}$ 和样本标准差 s 代替。经计算得：

$$\bar{x}=\frac{\sum xf}{\sum f}=54.71,\ s=\sqrt{\frac{\sum(x-\bar{x})^2 f}{\sum f}}=27.61$$

(2) 分别计算出各组的临界值 z，$z=(x-\bar{x})/s$。例如，第一组误差在 10 秒以下，$z=(10-54.71)/27.61=-1.62$，其余依此类推，见表 8-2 中的(3)栏。

(3) 根据 z 值，查出在正态分布下的面积，即各组的理论频率。例如，第一组的理论频率为 $p(x<-1.62)=0.0526$，其余各组类推，见表 8-2 中的(4)栏。

(4) 根据理论频率求出理论频数 f_e。例如,第一组理论频数 $700 \times 0.0526 = 36.82$,其余各组依此类推,见表8-2中的(5)栏。

(5) 计算 $\chi^2 = \dfrac{(f_0 - f_e)^2}{f_e} = 20.3558$。$\chi^2$ 的自由度应为 $K - r$,其中 K 为组数,r 为约束条件个数。在一般情况下,自由度为 $K - 1$,因为有一个约束条件 $\sum(f_0 - f_e) = 0$。本例中,由于正态分布的参数未知,是从样本中取得的,因此又增加了 μ 和 σ 两个约束条件,故自由度 $11 - 3 = 8$。

(6) $\alpha = 0.05$,查表得 $\chi^2_{0.05}(8) = 15.507$。由于 $\chi^2 > \chi^2_\alpha$,所以拒绝原假设 H_0,也即说明该厂手表的走时误差不服从正态分布。

应用 χ^2 统计量进行检验时应注意:(1)各组的理论频数 f_e 不得小于总频数 n;(2)总频数 n 应较大,至少大于50;(3)如果某组理论频数小于5,可将相邻的若干组合并,直至理论频数大于5为止。此时查 $\chi^2(K - r - 1)$ 分布表要以合并后的实有组数作为 K 值。

【例8-3】 一家旅行社旅馆管理人员研究为期90天的时间内预定和注销房间的格局,研究人员将所观察到的注销结果列于表8-3中(1)栏和(2)栏。问这些数据是否符合"每日注销的房间数服从泊松分布"这一假设。设 $\alpha = 0.05$。

表8-3 旅行社旅馆注销房间等数据

注销房间数	涉及这一注销数的天数(f_0)	采用 $\lambda = 2.6$ 的泊松分布的概率	理论频数(f_e)	$\chi^2 = \dfrac{(f_0 - f_e)^2}{f_e}$
(1)	(2)	(3)	(4) = 90×(3)	(5)
0	9	0.074	6.66	0.822
1	17	0.193	17.37	0.008
2	25	0.251	22.59	0.257
3	15	0.218	19.62	1.088
4	11	0.141	12.69	0.225
5	7 ⎫	0.074 ⎫	6.66 ⎫	0.017 ⎫
6	2 ⎬	0.032 ⎬	2.88 ⎬	0.269 ⎬
7	2 ⎬13	0.012 ⎬0.123	1.08 ⎬11.07	⎬0.336 ⎬3.988
8	2 ⎬	0.004 ⎬	0.36 ⎬	⎬
9或更多	0 ⎭	0.001 ⎭	0.09 ⎭	⎭
∑	90	1.000	90.00	6.674

解:泊松分布的参数 λ 并未给出,我们可以利用表8-3中(1)栏和(2)栏的数据对其进行

估计:

$$\lambda = \frac{0\times 9 + 1\times 17 + 2\times 25 + 3\times 15 + 4\times 11 + 5\times 7 + 6\times 2 + 7\times 2 + 8\times 2 + 9\times 0}{90}$$

$$= \frac{233}{90} = 2.6$$

这里,我们用样本均值来估计 λ,λ 是泊松分布的平均值。泊松分布的表达式为:

$$f(x) = \frac{e^{-\lambda}\lambda^x}{x!},\ x = 1, 2, 3, \cdots, \infty$$

利用 λ 的估计值2.6,我们就能通过泊松累积分布表求出与不同 x 值相联系的概率,即理论频率,见表8-3中的(3)栏,然后将这一理论频率乘以90,便得出对每一个 x 值的理论频数,见表8-3中的(4)栏,再用 χ^2 公式计算得:

$$\chi^2 = \frac{(9-6.66)^2}{6.66} + \frac{(17-17.37)^2}{17.37} + \cdots + \frac{(13-11.07)^2}{11.07} = 2.7$$

本例中的自由度为4,这是因为经过修正后的组数为6,下面的两个约束条件又使自由度损失2,即:第一,$\sum (f_0 - f_e) = 0$;第二,用样本数据来估计 λ。查 χ^2 分布表得 $\chi^2_{0.05}(4) = 9.488$,由于 $\chi^2 < \chi^2_\alpha$,故不能否定"数据来自泊松分布"这一原假设。

三、独立性检验

χ^2 检验也常用于判断两组或多组的资料是否彼此关联的问题。如果各组资料彼此不关联,就称为独立,所以这类问题也称为独立性检验。独立性检验的特点在于其理论频数不是预先确定的,而需要从样本资料中获得。

【例 8-4】 在对某城市家庭的社会经济特征调查中,美国某调查公司想确定家庭的电话拥有量与汽车拥有量是否独立。该公司对10 000户家庭组成的简单随机样本进行调查,获得的资料如表8-4所示。设显著性水平 $\alpha = 0.01$。

表8-4 汽车拥有量与电话拥有量的列联表

电话拥有量(台)	汽车拥有量(辆) 0	1	2	合计
0	1 000	900	100	2 000
1	1 500	2 600	500	4 600
2	500	2 500	400	3 400
合计	3 000	6 000	1 000	10 000

表8-4这种表式称为列联表,它有一个垂直的贯串各行的分类(本例为电话拥有量)和

另一个水平的贯串各列的分类(本题为汽车拥有量)。如果这种表有3行和3列,如表8-4,就称为3×3列联表(记为3×3)。一般来说,有r行、c列,则称为$r×c$的列联表,如表8-5所示。

表8-5 $r×c$列联表

		列					合计
		1	2	3	…	c	
行	1	o_{11}	o_{12}	o_{13}	…	o_{1c}	$o_{1.}$
	2	o_{21}	o_{22}	o_{23}	…	o_{2c}	$o_{2.}$
	3	o_{31}	o_{32}	o_{33}	…	o_{3c}	$o_{3.}$
	·	·	·	·	…	·	·
	·	·	·	·	…	·	·
	·	·	·	·	…	·	·
	r	o_{r1}	o_{r2}	o_{r3}	…	o_{rc}	$o_{r.}$
合计		$n_{.1}$	$n_{.2}$	$n_{.3}$	…	$n_{.c}$	n

表中间的理论值用以下公式求得:

$$E_{ij} = \frac{n_{.j} \times n_{i.}}{n}$$

χ^2的公式可写成:

$$\chi^2 = \sum_{i=1}^{r} \sum_{j=1}^{c} \frac{(o_{ij} - E_{ij})^2}{E_{ij}}$$

χ^2的自由度为$(r-1)(c-1)$。

解:现对[例8-4]建立如下的假设:

H_0:汽车拥有量与电话拥有量是独立的;

H_1:汽车拥有量与电话拥有量不是独立的。

表中各项的理论频数为:

$$E_{11} = \frac{n_{.1} \times n_{1.}}{n} = \frac{3\,000 \times 2\,000}{10\,000} = 600$$

$$E_{12} = \frac{n_{.2} \times n_{1.}}{n} = \frac{6\,000 \times 2\,000}{10\,000} = 1\,200$$

$$E_{13} = \frac{n_{.3} \times n_{1.}}{n} = \frac{1\,000 \times 2\,000}{10\,000} = 200$$

$$E_{21} = \frac{n_{.1} \times n_{2.}}{n} = \frac{3\,000 \times 4\,600}{10\,000} = 1\,380$$

$$E_{22} = \frac{n_{.2} \times n_{2.}}{n} = \frac{6\,000 \times 4\,600}{10\,000} = 2\,760$$

$$E_{23} = \frac{n_{.3} \times n_{2.}}{n} = \frac{1\,000 \times 4\,600}{10\,000} = 460$$

$$E_{31} = \frac{n_{.1} \times n_{3.}}{n} = \frac{3\,000 \times 3\,400}{10\,000} = 1\,020$$

$$E_{32} = \frac{n_{.2} \times n_{3.}}{n} = \frac{6\,000 \times 3\,400}{10\,000} = 2\,040$$

$$E_{33} = \frac{n_{.2} \times n_{3.}}{n} = \frac{1\,000 \times 3\,400}{10\,000} = 340$$

E_{11}的数值为600,表示"无汽车"组中不拥有电话的户数的理论频数为600户,同理,E_{12}表示"有1辆汽车"组中没有电话的户数的理论频数为1 200户,其余类推。

将观察频数与理论频数排在一起,并将理论频数置于括号内,如表8-6所示。由表8-6的数据计算得到检验统计量:

$$\chi^2 = \frac{(1\,000 - 600)^2}{600} + \frac{(1\,500 - 1\,380)^2}{1\,380} + \cdots + \frac{(400 - 340)^2}{340} = 794.3$$

即χ^2的计算值为794.30。自由度等于$(r-1)(c-1) = (3-1)(3-1) = 4$,查$\chi^2$分布表得$\chi^2_{0.01}(4) = 13.277$。由于$\chi^2 = 794.3 > \chi^2_{0.01}(4) = 13.277$,故拒绝$H_0$,也即汽车拥有量与电话拥有量不是独立的。

表8-6 观察频数与理论频数

电话拥有量(台) \ 汽车拥有量(辆)	0	1	2	合　计
0	1 000(600)	900(1 200)	100(200)	2 000
1	1 500(1 380)	2 600(2 760)	500(460)	4 600
2	500(1 020)	2 500(2 040)	400(340)	3 400
合　计	3 000	6 000	1 000	10 000

当列联表为2×2时,χ^2值的计算公式可以简化。现把列联表的数字用文字表示如表8-7。

表 8-7 χ^2 列联表

行\列	1	2	合　　计
1	a	b	a+b
2	c	d	c+d
合　计	a+c	b+d	n

则 χ^2 检验统计量的计算公式为：

$$\chi^2 = \frac{n(ad-bc)^2}{(a+c)(b+d)(a+b)(c+d)}$$

【例 8-5】 某公司要了解职工对现行奖励制度是否满意，共调查了 210 个职工，有关资料分别按男、女整理如表 8-8 所示。

表 8-8 职工满意度列联表

性别\满意程度	满　意	不满意	合　　计
男职工	30	70	100
女职工	45	65	110
合　计	75	135	210

要求在 $\alpha = 0.05$ 的显著水平下，分析男职工和女职工对奖励制度的看法是否有显著差异。

解：建立假设：

H_0：男职工和女职工之间没有差别；

H_1：男职工和女职工之间有差别。

如果男职工和女职工之间没有显著差别，则他们中表示满意的人数所占比例应该一致的。计算 χ^2 检验统计量：

$$\chi^2 = \frac{n(ad-bc)^2}{(a+c)(b+d)(a+b)(c+d)}$$

$$= \frac{210(30 \times 65 - 70 \times 45)^2}{75 \times 135 \times 100 \times 110} = 2.71$$

自由度为 $(r-1)(c-1) = (2-1)(2-1) = 1$，查 χ^2 分布表得到 $\chi^2_{0.05}(1) = 3.841$，由于 $\chi^2 < \chi^2_\alpha$，故接受原假设 H_0，也即男职工和女职工的态度没有明显差别。

第三节 成对比较检验

一、符号检验

符号检验是常用的比较简单的一种非参数统计方法,它是用差异的正负号而忽略具体量的差异来进行判断的一种检验方法,也称正负号检验,适用于对无法用数字计量的情况进行比较。如果从样本得到的正号同负号的数目相差较大,则有理由拒绝原假设。

这种方法的优点在于:(1)两个样本可以是相关的,也可以是独立的;(2)对于分布的形状、方差均一性等等都不做限定;(3)只考虑差数的正负方向而不计具体数值。其缺点是忽略数值差别,失去了可资利用的信息。

符号检验的步骤为:

(1)确定配对样本,分别计算差异正与负的数目,无差异记为0,将它从样本中剔除,并相应地减少样本容量n,把正负号数目的和看作样本总个数。

(2)建立假设:

$$H_0: p = 0.5, \quad H_1: p \neq 0.5$$

(3)观察样本容量,如果$n \leq 25$,作为二项分布处理,如果$n > 25$,则作为正态近似处理。

(4)设定显著性水平α,查表确定临界值,进行比较和判断。

【例8-6】 某消费者协会决定对两种不同型号的饮料打分,随机抽取60名消费者,蒙住品尝人的眼睛,让他们给甲、乙两种牌子的饮料打分,规定分数从1到5,1代表味道最好,5代表味道最差,其他分数代表适当的中间等级。表8-9列出了这一检验中部分品尝者的打分数。

表8-9 对甲、乙两种牌号饮料的打分

品尝者	甲的得分	乙的得分	差别的符号
(1)	(2)	(3)	(4)
A	3	2	+
B	4	1	+
C	2	4	−
D	3	3	0
E	1	2	−
⋮	⋮	⋮	⋮

表 8-9 中的最高分为 1,最低分为 5,从而正号表示乙种饮料受欢迎;负号表示甲种饮料受欢迎;0 表示得分相等。

汇总得分结果:"+"号为 35 个,"-"号为 15 个,"0"号为 10 个,总计为 60 个。现在要问:两种牌号的饮料是否同等受欢迎?

我们对这两种饮料的评分作出没有差异的原假设。如果原假设成立,那么正号和负号的个数就应大体相等。如果其中一种符号出现次数明显居多,就拒绝原假设。令 p 表示得到正号的概率,则这一假设可表述为:

$$H_0: p=0.5, \quad H_1: p \neq 0.5$$

如前所述,符号为"0"的个数应从样本中剔除,因此,用于检验的符号个数由 35 个"+"号和 15 个"-"号所构成。这一问题类似于:抛掷一枚硬币 50 次,出现 35 次正面,15 次反面,我们想检验"硬币是均匀的"这一假设。对于上述问题,从理论上说应该使用二项分布来处理。但是,由于此例的样本容量大于 25,所以,可用正态近似处理。作为成数指标,则该抽样分布的均值和标准差分别为:

$$\mu_p = p = 0.5$$

$$s_p = \sqrt{\frac{p(1-p)}{n}} = \sqrt{\frac{0.5(1-0.5)}{50}} = 0.071$$

设定显著性水平 $\alpha = 0.05$。如果 $z < -1.96$ 或 $z > 1.96$,拒绝原假设。本例中观察到的"+"号的比率 $\tilde{p} = 35/50 = 0.70$,于是有:

$$z = \frac{\tilde{p} - p}{s_p} = \frac{0.70 - 0.50}{0.071} = 2.82$$

由于 $z = 2.82 > 1.96$,所以拒绝原假设 H_0,接受备择假设 H_1,也即乙种牌号的饮料比甲种品牌的饮料更受欢迎。

如果直接用 $\tilde{p}$ 而不用 z 值来计算临界值,结果相同。本例中 $\tilde{p}$ 的临界值分别为:

$$p + 1.96 s_p = 0.50 + 1.96 \times 0.071 = 0.639$$

$$p - 1.96 s_p = 0.50 - 1.96 \times 0.071 = 0.361$$

由于观察到的 $\tilde{p}$ 值为 0.70,在 0.361～0.639 的范围之外,因此拒绝 H_0,图 8-1 说明了这一检验方法。

在符号检验中,需根据不同情况选择双侧检验(如本例)或单侧检验。另外,如果样本

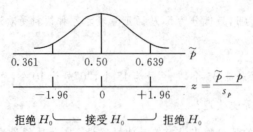

图 8-1 品尝饮料问题的成数的抽样分布

$n<25$,就应该用二项分布来处理。

二、威尔科克森带符号的等级检验

上述的符号检验方法虽然简单明了,但它没有充分利用样本所提供的全部信息,未免显得粗略。而威尔科克森带符号等级检验却不但考虑到了正负号,还采用了其差别大小的信息。因此,它是一个更为有效的非参数统计方法。

威尔科克森带符号等级检验的步骤如下。

(1) 计算带有正负号的差数。

(2) 将差数取绝对值,按大小顺序排列并编上等级,即确定顺序号。对于相邻的等值,则取其位序的平均数为等级。

(3) 给每个等级恢复差数原来的正负号,分别将正负号的等级相加,用 T_+ 和 T_- 表示;并取较小的 T 值为检验统计量。

(4) 确定带正号或负号差数值的总个数 n。

(5) 设定显著性水平 α。

(6) 从威尔科克森带符号等级检验 T 值表查出 T_α 的临界值,当观察值 $T \leqslant$ 临界值 T_α 时,就拒绝 H_0;$T > T_\alpha$ 时,接受 H_0。

【例 8-7】 某教师随机抽取 10 名同学的统计学期中和期末考试的成绩,期中考试成绩分别为 75、87、72、65、93、85、59、73、64、71 分;期末考试成绩分别为 72、94、92、67、86、85、58、79、69、82 分。现在要问这两次考试成绩有没有显著差别?

解:我们可以用威尔科克森检验方法来解决这一问题。首先建立原假设,即假设两次考试成绩没有显著差异,并将上述数据列成表 8-10 的形式。在表 8-10 中,由于排为第 6 等级和第 7 等级的两项相同,因此将这两项按位序的平均数 $(6+7)/2 = 6.5$ 排列。如果相同的项多于两项,可类似地处理。如果某项配对观察值的差数为 0,如表 8-10 中第 6 位,该项就剔除,样本容量 n 相应减少。本例中的样本容量 $n = 10 - 1 = 9$。

表 8-10 威尔科克森带符号检验的计算过程

学生编号	期中考试成绩(x_1)	期末考试成绩(x_2)	成绩之差 ($d=x_1-x_2$)	$\|d\|$ 等级	T_+	T_-
1	75	72	−3	3		3
2	87	94	+7	6.5	6.5	
3	72	92	+20	9	9	
4	65	67	+2	2	2	
5	93	86	−7	6.5		6.5
6	85	85	0			
7	59	58	−1	1		1
8	73	79	+6	5	5	
9	64	69	+5	4	4	
10	71	82	+11	8	8	
合　计	—	—	—		34.5	10.5

由表 8-10 可知，正的等级和 $T_+ = 34.5$，负的等级和 $T_- = 10.5$。从逻辑上讲，若 H_0 为真，即两次考试成绩没有差异时，T_+ 和 T_- 应该相等，而且：

$$|T_+| + |T_-| = 1 + 2 + \cdots + n = \frac{n(n+1)}{2}$$

其均值：

$$\overline{T} = \frac{n(n+1)}{4} = \frac{9(9+1)}{4} = 22.5$$

所以较小的 T 值总是小于 22.5，当接近于 22.5 时，应判断 H_0 为真。如果较小的 T 值离 22.5 较远，以致超出临界值 T_α 时，就拒绝 H_0。其拒绝区域和接受区域如图 8-2 所示。

拒绝区域	接受区域
T_α	22.5

图 8-2 威尔科克森带符号检验拒绝区域和接受区域图

威尔科克森带符号等级检验 T 值的临界值 T_α 已编成表（见附表 7）。本例为双侧检验，$n=9$，并设定显著性水平 $\alpha=0.05$，查表得到临界值 $T_{0.05}=5$，而较小的 T 值（T_-）为 10.5，$T > T_\alpha$，故不能否定 H_0。也即认为两次考试成绩没有显著差别。

如果 n 较大（$n \geq 25$），T 近似正态分布，其均值和标准差为：

$$均值(\mu_T) = \frac{n(n+1)}{4}$$

$$标准差(\sigma_T) = \sqrt{\frac{n(n+1)(2n+1)}{24}}$$

将 T 值进行标准化处理,转换为 z 变量,$z = \dfrac{T - \mu_T}{\sigma_T}$,然后按通常的方法进行检验。

第四节 曼-惠特尼 U 检验

一、曼-惠特尼 U 检验的基本原理

曼-惠特尼 U 检验方法的思路与威尔科克森带符号等级检验基本一致。这种方法通常称为等级和检验,可用于检验两个独立样本是否来自相同均值的总体,或用于检验两个总体 A 和 B 的相对次数分布是否相同。这种方法的特点是用顺序数据,而不是用正负号,因此它比符号检验对数据的运用更为充分。

曼-惠特尼 U 检验的步骤如下。

(1) 从两个总体 A 和 B 中随机抽取容量为 n_1 和 n_2 的两个独立随机样本,将 $(n_1 + n_2)$ 个观察值按大小顺序排列,指定 1 为最小观察值,指定 2 为第二个最小的观察值,依此类推。如果存在相同的观察值,则用它们位序的平均数。

(2) 计算两个样本的等级和 T_A 和 T_B。

(3) 根据 T_A 和 T_B 即可给出曼-惠特尼 U 检验的公式。计算得到的两个 U 值不相等,但是它们的和总是等于 $n_1 n_2$。若以 U_A 和 U_B 表示两个 U 值,则其检验统计量公式为:

$$U_A = n_1 n_2 + \frac{n_1 \times (n_1 + 1)}{2} - T_A$$

$$U_B = n_1 n_2 + \frac{n_2 \times (n_2 + 1)}{2} - T_B$$

$$U_A + U_B = n_1 n_2$$

(4) 选择其中较小 U 值与临界值比较,若 U 大于 U_α,接受原假设 H_0;若 U 小于 U_α,则拒绝 H_0,接受 H_1。接受域恰与其他假设检验相反。U 检验也有小样本和大样本之分,大样本时 U 的分布趋近正态分布,可用正态逼近处理。

二、小样本 U 检验

【例 8-8】 某工厂管理人员为考察装配线上的男职工和女职工的技能有无差别,随机抽取了 9 名男职工和 5 名女职工进行技能测试,9 名男职工的分数为:1 500、1 600、670、800、

1 100、800、1 320、1 150、600；5 名女职工分数为：1 400、1 200、780、1 350、890。现在要问：男职工与女职工的技能有没有显著差异？

解：将男女职工的得分按大小顺序排列，如表 8-11 所示。

表 8-11 男女职工技能测试分数

等 级	分 数	性 别	等 级	分 数	性 别
1	1 600	男	8	1 100	男
2	1 500	男	9	890	女
3	1 400	女	10.5	800	男
4	1 350	女	10.5	800	男
5	1 320	男	12	780	女
6	1 200	女	13	670	男
7	1 150	男	14	600	男

n_A 表示男职工样本，n_B 表示女职工样本。$n_A = 9$，$n_B = 5$。T_A 表示 n_A 样本中各项的等级和，$T_A = 71$，类似地，$T_B = 34$。现计算 U 值：

$$U_A = n_1 n_2 + \frac{n_1 \times (n_1 + 1)}{2} - T_A = 9 \times 5 + \frac{9 \times 10}{2} - 71 = 19$$

$$U_B = n_1 n_2 + \frac{n_2 \times (n_2 + 1)}{2} - T_B = 9 \times 5 + \frac{5 \times 6}{2} - 34 = 26$$

$U_A + U_B = n_A \times n_B : 19 + 26 = 9 \times 5 = 45$，说明计算正确。

现在要检验的是男女职工技能有没有差异。故建立假设：

H_0：男女职工技能没有差异；H_1：男女职工技能有差异。

这是双侧检验。设定显著性水平 $\alpha = 0.05$，$n_A = 9$，$n_B = 5$，查附表 8 得 U 的临界值 $U_\alpha = 7$。从 U_A 和 U_B 中找出较小的 U 值 U_A 与 U_α 比较。$U_A = 19 > U_\alpha = 7$，故不能否定 H_0，也即断定男女职工的技能没有显著差异。

三、大样本的 U 检验

对大样本（$n_1 > 10$，且 $n_2 > 10$）的曼-惠特尼 U 检验，其抽样分布接近于正态分布，均值和标准差分别为：

$$U_U = \frac{n_1 n_2}{2}, \quad \sigma_U = \sqrt{\frac{n_1 n_2 (n_1 + n_2 + 1)}{12}}$$

其检验统计量为：

$$z = \frac{U - U_U}{\sigma_U} = \frac{U - \dfrac{n_1 n_2}{2}}{\sqrt{\dfrac{n_1 n_2 (n_1 + n_2 + 1)}{12}}}$$

在设定显著性水平 α 的情况下：(1)双侧检验时，$z > z_{\frac{\alpha}{2}}$ 或 $z \leqslant -z_{\frac{\alpha}{2}}$，拒绝原假设 H_0；(2)右侧检验时，$z > z_\alpha$，拒绝原假设 H_0，左侧检验时，$z \leqslant -z_\alpha$，拒绝原假设 H_0。

【例 8-9】 某公司经理从该公司的两个销售区中各抽取 15 名推销员，组成一个简单随机样本，进行销售额的比较，把两地区推销员上年推销额排列后，其等级顺序如下：

地区 A：1，2，4，7，8，10，12，13，14，17，21，24，26，27，28

地区 B：3，5，6，9，11，15，16，18，19，20，22，23，25，29，30

现问：两地区的平均销售额是否有显著差异？

解：建立假设：

H_0：两地区的平均销售额无显著差异；

H_1：两地区的平均销售额有显著差异；

设定显著性水平 $\alpha = 0.01$。

A 地区的样本容量 $n_A = 15$，B 地区的样本容量 $n_B = 15$，A 地区的等级和 $T_A = 214$，B 地区的等级和 $T_B = 251$。

$$U_A = n_A n_B + \frac{n_A \times (n_A + 1)}{2} - T_A = 15 \times 15 + \frac{15 \times 16}{2} - 214 = 131$$

$$U_U = \frac{n_A n_B}{2} = \frac{15 \times 15}{2} = 112.5$$

$$\sigma_U = \sqrt{\frac{n_A n_B (n_A + n_B + 1)}{12}} = \sqrt{\frac{15 \times 15 (15 + 15 + 1)}{12}} = 24.1$$

因此，z 值为：

$$z = \frac{U_A - U_U}{\sigma_U} = \frac{131 - 112.5}{24.1} = 0.77$$

此例为双侧检验，$\alpha = 0.01$。查表得 $Dz_{\frac{0.01}{2}}F$ 的临界值为 2.58，$z = 0.77 < z_{\frac{\alpha}{2}} = 2.58$，故接受原假设 H_0，也即断定两个地区的平均销售水平无显著差异。

此例中，检验是用 A 地区样本的等级和 T_A 定义的。U 统计量也可用 T_B 来定义，即：

$$U_B = n_A n_B + \frac{n_B + (n_B + 1)}{2} - T_B$$

除符号改变外,结果完全相同。

$$U_B = 15 \times 15 + \frac{15 + (15 + 1)}{2} - 251 = 94$$

$$U_U = \frac{n_A n_B}{2} = \frac{15 \times 15}{2} = 112.5$$

$$\sigma_U = \sqrt{\frac{n_A n_B (n_A + n_B + 1)}{12}} = \sqrt{\frac{15 \times 15 (15 + 15 + 1)}{12}} = 24.1$$

$$z = \frac{U_B - U_U}{\sigma_U} = \frac{94 - 112.5}{24.1} = -0.77$$

查表得 $z_{\frac{\alpha}{2}} = z_{0.05} = -2.58$,$z = -0.77 > z_{\frac{\alpha}{2}} = -2.58$,故不能否定原假设 H_0。既然用 U_A 和 U_B 的结果完全一致,因此,当 n_A 和 n_B 不相等时,为求简便,可用较小的样本容量进行计算。

第五节 游程检验

一、游程和游程检验的概念

如果将两个随机样本的观察值 $x_1, x_2, \cdots, x_n$ 和 $y_1, y_2, \cdots, y_n$ 混合起来,按从小到大的次序排列起来,形成类似 $xxyyxyxxxxyyy$ 的序列,那么,我们把每个连续出现某一样本观察值的区段称为游程,每个区段包含的样本观察值的个数为游程长度,例如上面的序列中,就有长度分别为 1,2 和 4 的 3 个 x 游程,以及长度分别为 1,2 和 3 的 3 个 y 游程。

游程检验又称连贯检验,它既可用于检验样本的随机性,也可用于检验两个总体是否具有相同的分布。同符号检验一样,对一些不能进行比率测定而只能用定名测定和序列测定的检验问题,可用游程检验方法解决。

二、游程检验的基本原理和方法

游程检验可分为两种情况:一是如果两个样本来自两个不同的总体,可以采取混合有序样本的方法,根据实际游程个数,检验这两个总体分布是否相同;二是如果样本观察值来自同一总体,可以先将观察值按从小到大顺序排列,然后按中位数(或平均值)将观察值分为大于或小于中位数两部分,再根据上、下两部分相互交错形成的游程个数检验样本的随机性。

例如,某学校为了调查一年级学生的成绩,随机抽取 16 个学生进行口试。按成绩的中位数将学生分为两部分各 8 人,用 x 表示成绩在中位数以下的学生,用 y 表示成绩在中位数以上的学生,按学生进入考场先后次序排列,如果出现以下两种极端情况:

序列 1：$xxxxxxxxyyyyyyyy$

序列 2：$xyxyxyxyxyxyxyxy$

序列 1 中只有两个游程，而在序列 2 中却有 16 个游程，两个序列明显地按照某种规则排列，除非是人为的即有意识作出的安排，作为自然状态出现的可能性是极小的。所以，可以认为这种样本不是随机样本。

对于如何根据游程个数的多少来判断两个样本所属总体分布是否相同，或者判断一个样本观察值的随机性这一类问题，埃森哈特(Eisenhart)和斯威德(Swed)编制的专门的表，为我们提供了极大的方便。为了使用附表 9，可指定某种符号的观察数目为 n_1，另一个符号的观察数目为 n_2，其样本总容量为 $n_1+n_2=n$。附表 9 所列的数字是游程个数的临界值 r，其相应的 n_1 和 n_2 均不大于 20。如观察到的游程个数小于或等于附表 9a 中的临界值 r，或者大于或等于附表 9b 中的临界值 r，就以 0.05 的显著性水平否定关于随机性的原假设。对于双侧检验，有两个临界值，附表 9a 中临界值 r 为下限，附表 9b 中的临界值为上限，因显著性水平为 0.05，则两侧各占 $\frac{\alpha}{2}$，当观察到的游程个数在附表 9a 中的临界值 r 和附表 9b 中的临界值 r 之间，就接受原假设 H_0。

【例 8-10】 上述的某校 16 个学生构成一个样本，对他们进行口试。按他们进入试场的先后次序，将成绩记录如下：

61, 74, 70, 63, 64, 58, 82, 78, 60, 76, 85, 72, 68, 54, 62, 56

试问：该样本在 0.05 的显著性水平下，是否具有随机性？

首先，我们将这些成绩按从小到大顺序排列，计算的中位数为：

$$\frac{64+68}{2}=66$$

然后，按原记录的顺序，用 x 表示小于 66 分的成绩，用 y 表示大于 66 分的成绩，得到如下的序列：

$xyyxxxyyxyyyyxxx$

建立假设：

H_0：该样本具有随机性；

H_1：该样本不具有随机性。

这是双侧检验。这里，x 的观察数目 n_1 与 y 的观察数目 n_2 都等于 8，实际游程个数 $r=7$，查附表 9a 得到临界值为 4，查附表 9b 得到临界值为 14，由于 $4<7<14$，故不能否定原假

设 H_0,也即断定该样本具有随机性。

用以上查表方法确定临界值进行检验,要求样本容量 n_1 和 n_2 相当小。一般当 n_1 和 n_2 中只要有一个大于 20,就不能用附表 9 来做显著性检验。对于大样本,游程个数 R 的分布近似于正态分布,因此利用正态分布检验,统计量为:

$$z = \frac{r - E(R)}{\sigma_r}$$

$$E(R) = \frac{2n_1 n_2}{n_1 + n_2} + 1$$

$$\sigma_r = \sqrt{\frac{2n_1 n_2 (2n_1 n_2 - n_1 - n_2)}{(n_1 + n_2)^2 (n_1 + n_2 - 1)}}$$

在设定显著性水平 α 的情况下,将 z 值同标准正态分布的临界值相比较。

【例 8-11】 某汽油站有两种商标的汽油 A 和 B,某天售出的 50 桶汽油可按商标 A 和商标 B 排成以下的顺序:

AABAABABBAAABBABBABBABBAABBBBAABABABAAABAAAAABB

试问:这一序列是否具有随机性?

解:关于这一问题,可建立假设:

H_0:这一序列具有随机性;

H_1:这一序列不具有随机性。

这是双侧检验。A 的数目 $n_1 = 26$,B 的数目 $n_2 = 24$,游程个数 $r = 28$,由于 n_1 和 n_2 两者都大于 20,因此统计量为:

$$\begin{aligned}
z &= \frac{r - \left(\frac{2n_1 n_2}{n_1 + n_2} + 1\right)}{\sqrt{\frac{2n_1 n_2 (2n_1 n_2 - n_1 - n_2)}{(n_1 + n_2)^2 (n_1 + n_2 - 1)}}} \\
&= \frac{28 - \left(\frac{2(26)(24)}{26 + 24} + 1\right)}{\sqrt{\frac{2(26)(24)[2(26)(24) - 26 - 24]}{(26 + 24)^2 (26 + 24 - 1)}}} = 0.58
\end{aligned}$$

取显著性水平 $\alpha = 0.05$,则 z 值在 -1.96 和 $+1.96$ 之间才能接受汽油购货序列具有随机性这一原假设,本例 $z = 0.58$,介于 ± 1.96 之间,因此,不能否定原假设 H_0。

第六节 等级相关检验

一、等级相关检验的基本原理

对许多难以用数字准确计量的现象,譬如说事态轻重、才智高低、色泽深浅、艺术水平等等,可用等级相关的非参数方法来检验,即将变量按顺序等级排列,而后计算等级相关系数。

设有容量为 n 的两个变量构成的随机样本。其中一个变量(广义的变量不仅指可变的数量标志,也包括标志表现不同的品质标志)为 x,令其等级为 x_1(x 的最小观察值),x_2,…,x_i,…,x_n(x 的最大观察值);另一个变量为 y,令其观察值由小到大的顺序排成的等级为 y_1,y_2,…,y_i,…,y_n。如两变量等级完全正相关,则对所有 i,应有 $x_i = y_i$;如两变量等级完全负相关,则应有 $x_1 = y_n$,$x_2 = y_{n-1}$,…,$x_n = y_1$。等级相关系数就是对两变量等级的差值 $d_i = x_i - y_i$ 与完全正相关或完全负相关的偏离程度的度量。除了完全正相关的情形外,有些 d_i 为负值,为消除负值的困难,计算中采用 d_i^2。等级相关系数 r_s 的计算公式为:

$$r_s = 1 - \frac{6 \sum d_i^2}{n(n^2 - 1)}$$

这一公式是由斯皮尔曼提出的,故也称为斯皮尔曼等级相关系数。

由公式可知,x_i 和 y_i 之间的差别越大,$\sum d_i^2$ 就越大。若所有差数都为0,则 $\sum d_i^2$ 为0,r_s 等于1,两个等级为完全正相关。若在 x_i 和 y_i 之间观察到可能有的最大差数,即相关程度弱于完全相关时,r_s 将处于 +1 和 -1 之间。需要注意的是,这里的 r_s 所度量的是两等级之间的联系强度,而不是被分成等级的变量值。

二、等级相关系数的应用

斯皮尔曼等级相关系数可用于以下假设检验:

(1) H_0:x_i 和 y_i 相互独立;H_1:x_i 和 y_i 不独立;

(2) H_0:x_i 和 y_i 相互独立;H_1:x_i 和 y_i 是正相关;

(3) H_0:x_i 和 y_i 相互独立;H_1:x_i 和 y_i 是负相关。

其中,(1)为双侧检验,(2)和(3)为单侧检验。如果想知道能否作出"x_i 的大值倾向于同 y_i 的小值相配对"这一结论,可采取第(3)种假设;如果想知道能否作出"x_i 的大值同 y_i 的大值相配对"这一结论,可采取第(2)种假设;如果要检验任何一方对独立性的偏离,则可采取第(1)种假设。

等级相关系数 r_s 的显著性检验与样本容量 n 有关,如 $n \leq 30$,可查附表10,该表给出了

与不同显著性水平 α 值相应的 r_s 的临界值;如 $n>30$,则可利用如下的统计量计算:

$$z = r_s \sqrt{n-1}$$

将它同一定置信水平下标准正态分布的临界值比较,确定其显著性。

【例8-12】 某大学调查学生每周学习时间与得分的平均等级之间的关系,抽查10名学生的资料如表8-12所示。

表8-12 10名学生每周学习时间与得分的平均等级

变量		等级		$d_i = x_i - y_i$	$d_i^2 = (x_i - y_i)^2$
学习时数	平均等级	学习时数(x_i)	平均等级(y_i)		
24	3.6	6	7.5	-1.5	2.25
17	2.0	2.5	1	1.5	2.25
20	2.7	4	4	0	0
41	3.6	8	7.5	0.5	0.25
52	3.7	10	9	1.0	1.00
23	3.1	5	5	0	0
46	3.8	9	10	-1.0	1.00
17	2.5	2.5	3	-0.5	0.25
15	2.1	1	2	-1.0	1.00
29	3.3	7	6	1.0	1.00
合计					9.00

解:建立如下假设:

H_0:学习时间 x 与平均成绩等级 y 是独立的;

H_1:学习时间 x 与平均成绩等级 y 是正相关。

取 $\alpha = 0.05$ 的显著性水平,样本容量 $n = 10$,查附表10a得临界值0.576。其等级相关系数为:

$$r_s = 1 - \frac{6\sum d_i^2}{n(n^2-1)} = 1 - \frac{6 \times 9}{10(10^2-1)} = 1 - \frac{54}{990} = 0.946$$

r_s>临界值=0.576,故拒绝原假设 H_0,接受备择假设 H_1,也即学生的学习时间与平均成绩等级之间存在着高度正相关关系。

第七节 多个样本的检验

一、克鲁斯卡尔—沃利斯单向方差秩检验

克鲁斯卡尔—沃利斯(Kruskal-Wallis)单向方差秩检验是检验 k 个独立样本是否来自

同分布总体的最常用的非参数假设检验方法。该方法只要求样本是独立的,而不受总体分布的性质和方差是否相等的限制。当 $k=2$ 时,该方法就成为曼-惠特尼 U 检验方法。

克鲁斯卡尔—沃利斯单向方差秩检验的步骤如下。

1. 建立原假设和备择假设

H_0:k 个总体无显著差异;

H_1:k 个总体有显著差异。

2. 确定并计算检验统计量

(1) 将各样本的观察值按大小顺序排列,确定它们相应的秩,最小观察值的秩定为 1,最大观察值的秩为 n,这里 n 为各样本容量的总和,即 $n=\sum_{i=1}^{k}n_i$。如果观察值相同,则用各观察值的平均秩来代替。例如有两个观察值相同,相继的秩应该为 7、8,这时可用秩的平均数 7.5(即 $(7+8)/2=7.5$)分别作为这两个观察值的秩。

(2) 确定检验统计量。从形式上看,若 H_0 为真,各个样本的秩和应该比较接近,若各个样本的秩和差异较大,则拒绝 H_0。因此,克鲁斯卡尔—沃利斯单向方差秩检验统计量 H 用下式表示:

$$H=\frac{12}{n(n+1)}\sum_{i=1}^{k}\frac{R_i^2}{n_i}-3(n+1)$$

式中:k——样本数;

n_i——第 i 个样本中观察值的数目;

n——$\sum_{i=1}^{k}n_i$;

R_i——第 i 个样本中的秩和。

由上式可知,H 值越小,说明各样本的秩和差异越小;反之,则说明各样本的秩和差异越大。

需要说明的是,若 k 个独立样本的 n 个观察值中有相同观察值时,则还要对 H 值进行修正,其修正公式为:

$$H^*=\frac{H}{1-\frac{\sum_{i=1}^{k}(t_i^3-t_i)}{n^3-n}}$$

式中:t_i——第 i 个秩中包括的相同观察值个数;

k——出现相同秩的组数;

n——k 个独立样本的总容量。

3. 在显著水平 α 下作出检验判断

(1) 当有 k 个样本的容量都小于或等于 5，即 $n_i \le 5$，且 $k=3$ 时，可利用克鲁斯卡尔—沃利斯单向方差秩检验统计量的临界值表（见书后附录）确定统计量 H 的显著性。在表中，有与 H 值相应的概率 P，若 $P \le \alpha$，则拒绝 H_0；若 $P > \alpha$，则接受 H_0。

(2) 当 k 个样本的容量都大于 5，即 $n_i > 5$ 时，检验统计量 H 近似服从自由度为 $(k-1)$ 的 χ^2 分布，因此，可将 H 值同给定 α 水平下自由度为 $(k-1)$ 的 χ^2 表中的数值相比较。若 $H \ge \chi^2_{\alpha,(k-1)}$，则拒绝 H_0；若 $H < \chi^2_{\alpha,(k-1)}$，则接受 H_0。

【例 8-13】 某公司的市场调研部门进行一项广告效果的试验，他们在 6 个城市中分别抽取人数相同的 6 位顾客，寄给他们三种设计不同的广告，并附有征订单。从寄回的征订单上了解到销售的件数如表 8-13 所示。试用克鲁斯卡尔—沃利斯单向方差秩检验法，检验三种广告设计对产品销售量的影响有没有显著差别的假设（$\alpha = 0.01$）。

表 8-13 克鲁斯卡尔—沃利斯单向方差秩检验的计算表

城 市	销 售 件 数		
	设计 A	设计 B	设计 C
1	38(3)	64(10)	55(7)
2	59(8)	75(15)	82(18)
3	30(1)	36(2)	80(17)
4	52(6)	77(16)	66(11)
5	61(9)	69(13)	73(14)
6	43(4)	67(12)	47(5)
	$n_1 = 6$	$n_2 = 6$	$n_3 = 6$
	$R_1 = 31$	$R_2 = 68$	$R_3 = 72$

注：表中括号内的数值为秩。

解：建立假设：

H_0：三种广告设计对销售量的效果无显著性差异；

H_1：三种广告设计对销售量的效果有显著性差异。

计算检验统计量 H 如下：

由表 8-13 可知，$n = n_1 + n_2 + n_3 = 6 + 6 + 6 = 18$。

$$H = \frac{12}{n(n+1)} \sum_{i=1}^{k} \frac{R_i^2}{n_i} - 3(n+1)$$

$$= \frac{12}{18 \times (18+1)} \times \left(\frac{31^2}{6} + \frac{68^2}{6} + \frac{72^2}{6}\right) - 3 \times (18+1)$$

$$= 5.98$$

由于该例 $n_i>5$,可查自由度为 $k-1=3-1=2$ 的 χ^2 分布表,在显著性水平 $\alpha=0.01$ 下,χ^2 的临界值为9.21。由于 $k=5.98<9.21$,故接受原假设 H_0,即三种广告设计对销售量的效果无显著性差异。

【例8-14】 某质量检验部门对三种品牌的电视机进行质量评价,聘请专家对其质量进行评分,0分表示质量最低,100分表示质量最高。评分结果如表8-14所示。试用克鲁斯卡尔—沃利斯单向方差秩检验进行检验,说明这三种品牌的电视机质量有无显著性差异($\alpha=0.05$)。

表8-14 三种品牌的电视机质量分

电视机1	电视机2	电视机3
81	81	88
84	83	89
85	85	87
82	86	85
80		86

解:建立假设:

H_0:三种品牌电视机的质量无显著性差异;

H_1:三种品牌电视机的质量有显著性差异。

计算检验统计量 H,有关数据列于表8-15之中。

表8-15 克鲁斯卡尔—沃利斯单向方差秩检验计算表

电视机1		电视机2		电视机3	
评分	秩	评分	秩	评分	秩
81	(2.5)	81	(2.5)	88	(13)
84	(6)	83	(5)	89	(14)
85	(8)	85	(8)	87	(12)
82	(4)	86	(10.5)	85	(8)
80	(1)			86	(10.5)
$n_1=5$ $R_1=21.5$		$n_2=4$ $R_2=26$		$n_3=5$ $R_3=57.5$	

由表8-15可知,$n=n_1+n_2+n_3=5+4+5=14$

$$H=\frac{12}{n(n+1)}\sum_{i=1}^{k}\frac{R_i^2}{n_i}-3(n+1)$$

$$=\frac{12}{14\times(14+1)}\times\left(\frac{21.5^2}{5}+\frac{26^2}{4}+\frac{57.5^2}{5}\right)-3\times(14+1)$$

$$=7.726$$

由于在三个独立样本中有些观察值相同,因此要对 H 值进行修正。在表8-15中有三个同分组,即:

81　　81　　　　　$t^3 - t = 2^3 - 2 = 8 - 2 = 6$

85　　85　　85　　$t^3 - t = 3^3 - 3 = 27 - 3 = 24$

86　　86　　　　　$t^3 - t = 2^3 - 2 = 8 - 2 = 6$

因此,调整后的 H 值为:

$$H^* = \frac{H}{1 - \frac{\sum_{i=1}^{k}(t_i^3 - t_i)}{n^3 - n}} = \frac{7.726}{1 - \frac{36}{14^3 - 14}} = 7.829$$

该例中 $n_i \leq 5$ 且 $k = 3$,故需查 H 检验表,得 $P = 0.010$。由于 $P = 0.01 < \alpha = 0.05$,故拒绝 H_0,说明这三种品牌的电视机质量有显著性差异。

二、费利德曼双向方差分析

克鲁斯卡尔—沃利斯单向方差秩检验适用于 k 个样本分别独立地取自相应总体的情形。如果 k 个样本间有关系,且观察值至少是定序变量,则可用费利德曼(Friedman)双向方差分析来检验 k 个样本是否来自同分布总体。费利德曼检验又称为双向方差分析。

这种方法将全部数据列成一个双向表,其中的行对应各个样本,列对应各种处理(如表8-16所示)。其目的是要检验各个样本是否来自同分布总体,即各种处理方法的效果是否相同。

表8-16　费利德曼双向方差分析观察值

样本 \ 处理方法	1	2	...	j	...	k
1	X_{11}	X_{12}	...	X_{1j}	...	X_{1k}
2	X_{21}	X_{22}	...	X_{2j}	...	X_{2k}
⋮	⋮	⋮	...	⋮	...	⋮
i	X_{i1}	X_{i2}	...	X_{ij}	...	X_{ik}
⋮	⋮	⋮	...	⋮	...	⋮
n	X_{n1}	X_{n2}	...	X_{nj}	...	X_{nk}
	R_1	R_2	...	R_j	...	R_k

费利德曼检验的步骤如下。

1. 建立假设

H_0:k 种处理方法的效果之间无显著性差异;

H_1：k 种处理方法的效果之间有显著性差异。

2. 确定检验统计量

对每一个样本(n_i)经过不同处理方法所获得的观察值(X_{i1}, X_{i2}, …, X_{ik})按从大到小或从小到大赋予 1, 2, …, k 个秩,将每种处理方法下 n 个样本观察值相应的秩求和(R_j)。费利德曼统计量通过比较各列的秩和来衡量列与列之间偏离随机性的程度。其检验统计量为：

$$\chi_r^2 = \frac{12}{nk(k+1)} \sum_{j=1}^{k} R_j^2 - 3n(k+1)$$

式中：n——区组数,即行数;

k——处理方法的种类,即列数;

R_j——第 j 列中的秩和。

3. 作出检验判断

(1) 在 n, k 不是特别小的情况下,χ_r^2 近似地服从自由度为 $k-1$ 的 χ^2 分布。在显著水平 α 下,若 $\chi_r^2 < \chi_\alpha^2(k-1)$,则接受 H_0;若 $\chi_r^2 \geq \chi_\alpha^2(k-1)$,则拒绝 H_0。

(2) 在 n, k 特别小的情况下,可查 χ_r^2 分布表。利用该表作出判断。

【例 8-15】 现由 5 人组成的专家小组对某产品的三种包装方案的效果进行评价,其中评价最好为 10 分,评价最低为 0 分。评价结果如表 8-17 所示。试根据评分结果检验这三种包装方案的效果有无显著性差异($\alpha = 0.05$)。

表 8-17　5 个专家对三种包装方案效果的评分

评分(秩)＼包装方案　专家编号	A	B	C
1	9(1)	8(2)	7(3)
2	8(1)	7(2)	5(3)
3	7(2)	8(1)	6(3)
4	8(1)	7(2)	5(3)
5	6(1)	4(3)	5(2)
R_j	6	10	14

解：建立假设：

H_0：三种包装方案效果无显著性差异；

H_1：三种包装方案效果有显著性差异。

表 8-17 给出了每个样本赋予的秩及相应包装方案的秩和。其检验统计量 χ_r^2 值：

$$\chi_r^2 = \frac{12}{nk(k+1)} \sum_{j=1}^{k} R_j^2 - 3n(k+1)$$

$$= \frac{12}{5 \times 3 \times (3+1)} \times (6^2 + 10^2 + 14^2) - 3 \times 5 \times (3+1)$$

$$= 6.4$$

由于该例的 n，k 特别小，故需查 χ_r^2 分布表，得到 χ_r^2 值等于 6.4 的概率为 0.039，故拒绝 H_0，即三种包装方案的效果有显著性差异。

下面举一个大样本的例子。

【例 8-16】 某个培训部的训练计划分为四个单元，每个单元的训练都采用不同的方法。在参加该项目训练的学员中，随机抽出 14 名学员进行调查。在每个单元结束时，对这 14 名学员进行考试，并给出了分数，如表 8-18 所示，分数从低到高顺序排列，括号内的数据为秩。试根据表 8-18 中列出的结果检验这四种方法的效果之间是否有显著性差异（$\alpha = 0.05$）。

表 8-18 每种训练方法的分数和秩

学号编号	方法 1	方法 2	方法 3	方法 4
1	20(4)	6(1)	9(2)	15(3)
2	5(1)	12(3)	19(4)	10(2)
3	11(2)	21(4)	8(1)	16(3)
4	21(3)	18(2)	30(4)	15(1)
5	8(1)	12(2)	20(4)	16(3)
6	9(2)	7(1)	10(3)	12(4)
7	21(4)	20(3)	16(2)	10(1)
8	18(3)	27(4)	9(1)	12(2)
9	30(4)	16(1)	22(3)	21(2)
10	22(3)	27(4)	19(2)	18(1)
11	10(3)	8(2)	4(1)	12(4)
12	6(1)	12(3)	7(2)	14(4)
13	10(1)	12(2)	21(4)	20(3)
14	14(2)	11(1)	23(3)	27(4)
R_j	(34)	(33)	(36)	(37)

解：建立假设：

H_0：四种方法的效果没有显著性差异；

H_1：四种方法的效果有显著性差异。

计算其检验统计量：

$$\chi_r^2 = \frac{12}{nk(k+1)} \sum_{j=1}^{k} R_j^2 - 3n(k+1)$$

$$= \frac{12}{14 \times 4 \times (4+1)} \times (34^2 + 33^2 + 36^2 + 37^2) - 3 \times 14 \times (4+1)$$

$$= 0.43$$

查表，$\chi_\alpha^2(k-1) = \chi_{0.05}^2(3) = 7.815$。由于 $\chi_r^2 = 0.43 < \chi_{0.05}^2(3) = 7.815$，故接受原假设 H_0，即四种方法的效果没有显著性差异。

案例分析

一、研究背景

近年来，随着我国高新技术产业的快速发展和科技水平的不断进步，整个社会对研究型人才的需求与日俱增，研究生的招收规模也在逐年扩大。虽然复习考研是一个漫长而又辛苦的过程，但是选择考研的大学生比例却在逐年增加，考研成了越来越多人的选择，一部分考生是出于对所学专业的喜爱，觉得自己本科学的知识和技能远远不够，想要进一步拓宽视野、提升自己的专业水平，在专业领域有更深的造诣；一部分考生由于高考成绩不理想或者还未找到真正感兴趣的方向而选择了不满意的学校或专业，考研便成了他们重新选择自己心仪学校和专业的一次机会；还有一部分人是由于当下严峻的就业形势而想要通过读研来提高自己的综合竞争力。

随着高等教育的推广和普及，本科毕业生的数量在不断增加，质量也在提升，各大工作岗位出现了严重的供不应求现象，"就业难"成了当今社会普遍存在的一个问题。同时，很多工作单位更愿意招收硕士或者博士毕业生来担任级别较高的技术或管理职位，甚至有些本科毕业生受到学历和本科院校等条件的限制，很难有升职的机会，于是，很多人通过考研以期改变现状。考研已经成了很多学生人生道路上一个非常重要的决定和选择，借此找到真正感兴趣的领域和方向，提升自身各方面的能力，努力实现人生价值和目标，因此他们格外重视这次难得的机会。

每个考生在准备研究生考试的过程中，都会遇到各种各样的问题，比如：我应该报考哪个学校、选择什么专业？我心仪的学校和专业历年的录取分数线都很高，而且每年录取的人数也不多，这对于我来说难度会不会太大，要不要换一个比较容易考取的目标？这个专业是不是更适合男生/女生？如果我高分通过了初试，复试会被淘汰吗？等等。不同考生的想法不一样，一旦有了疑问，就会想办法搜集准确的信息来解开心中的困惑，如果确定了目标，便会全身心地投入到复习备考中去。

有一个考生打算参加2019年的硕士研究生考试,在综合考虑自己兴趣和能力的情况下,他选择了心仪学校的统计学专业,但是该学校的统计学专业每年报考的人数很多,竞争十分激烈,他不是很有把握能被录取,便在学校的官网找到了2018年该校统计学硕士研究生的录取信息,如表8-19(其中综合成绩=初试成绩×60%+复试成绩×40%):

表8-19 2018年统计学硕士研究生录取情况

录取名次	考生性别	初试成绩	复试成绩	综合成绩
1	女	83.20	83.97	83.51
2	女	82.20	83.78	82.83
3	男	80.60	85.04	82.38
4	男	81.20	81.09	81.16
5	女	81.00	81.15	81.06
6	女	80.60	81.67	81.03
7	男	81.60	79.96	80.94
8	女	76.00	85.59	79.84
9	男	78.20	81.35	79.46
10	男	77.60	80.88	78.91
11	男	77.80	79.98	78.67
12	女	77.00	81.00	78.60
13	女	75.40	83.02	78.45
14	女	77.60	79.47	78.35
15	女	73.80	84.13	77.93
16	男	76.20	79.22	77.41
17	女	77.20	77.55	77.34
18	男	80.60	71.43	76.93
19	女	75.00	79.63	76.85
20	男	74.20	79.70	76.40
21	女	75.40	77.33	76.17
22	男	78.40	72.15	75.90
23	男	75.60	76.03	**75.77**
24	女	76.20	73.82	75.25
25	女	72.00	79.60	75.04
26	女	72.40	75.87	73.79
27	女	72.40	74.25	73.14
28	男	72.00	74.48	72.99
29	女	72.60	73.40	72.92
30	男	73.00	72.49	72.80
31	女	72.60	71.37	72.11
32	男	73.20	70.05	71.94

二、思考问题

(1) 根据表 8-19 中的数据该同学发现,2018 年该学校的统计学专业一共录取了 32 名考生,其中包括 18 名女生和 14 名男生,似乎女生被录取的几率比男生大,而且女生的平均成绩比男生高一些,这不免让他有些担心女生报考学校的这个专业会更加有优势。那么考生的综合成绩与性别之间究竟有没有关系?男女考生的综合成绩之间有无显著差异?($\alpha = 0.05$)

(2) 通过对比录取考生的初试成绩、复试成绩与综合成绩的排名情况,该同学发现,有些初试成绩排名靠前的考生由于复试发挥不理想而导致最终成绩排名落后,有些初试成绩排名不高的考生因为复试排名靠前而使得综合排名有所提高,这是否说明综合成绩排名与初试、复试成绩排名都是相关的,我们不能仅仅通过初试或复试成绩排名的高低来判断自己能否被录取?初试成绩与复试成绩之间有无显著性差异?($\alpha = 0.05$)

三、问题分析

我们选用 χ^2 检验来判断该学校统计学专业录取考生的综合成绩与性别之间是否有联系,首先,整理得到考生成绩与性别的列联表 8-20:

表 8-20 考生成绩与性别列联表

性别\成绩	70~75	75~80	80~85	合计
男	3	8	3	14
女	4	10	4	18
合计	7	18	7	32

然后建立如下假设:

H_0:考生成绩与性别独立,H_1:考生成绩与性别相关

接着计算表 8-20 中各项的理论频数,将观察频数与理论频数排列在一起,得到表 8-21(括号内为理论频数):

表 8-21 观察频数与理论频数

性别\成绩	70~75	75~80	80~85	合计
男	3(3.062 5)	8(7.875 0)	3(3.062 5)	14
女	4(3.937 5)	10(10.125 0)	4(3.937 5)	18
合计	7	18	7	32

进一步计算得到检验统计量为：

$$\chi^2 = \frac{(3-3.0625)^2}{3.0625} + \frac{(8-7.875)^2}{7.875} + \frac{(3-3.0625)^2}{3.0625}$$

$$+ \frac{(4-3.9375)^2}{3.9375} + \frac{(10-10.125)^2}{10.125} + \frac{(4-3.9375)^2}{3.9375}$$

$$= 0.0081$$

以上检验统计量的自由度为$(3-1)(2-1)=2$，查 χ^2 分布表可得 $\chi^2_{0.05}(2)=5.991$，从而有 $\chi^2<\chi^2_\alpha$，不能拒绝原假设，即认为考生成绩与性别是相互独立的，不能说女生成绩要比男生好，考生成绩的好坏与性别无关。

下面我们选用曼-惠特尼 U 检验进一步检验男女考生的综合成绩之间是否有显著差异。首先，将男女考生的综合成绩按由高到低的顺序排列，得到表 8-22：

表 8-22　男女考生综合成绩

等级	分数	性别	等级	分数	性别
1	83.51	女	17	77.34	女
2	82.83	女	18	76.93	男
3	82.38	男	19	76.85	女
4	81.16	男	20	76.40	男
5	81.06	女	21	76.17	女
6	81.03	女	22	75.90	男
7	80.94	男	23	75.77	男
8	79.84	女	24	75.25	女
9	79.46	男	25	75.04	女
10	78.91	男	26	73.79	女
11	78.67	男	27	73.14	女
12	78.60	女	28	72.99	男
13	78.45	女	29	72.92	女
14	78.35	女	30	72.80	男
15	77.93	女	31	72.11	女
16	77.41	男	32	71.94	男

然后建立假设：

H_0：男女考生的成绩无显著差异，H_1：男女考生的成绩有显著差异

由表 8-22 可知，男生的样本容量 $n_A=14$，女生的样本容量 $n_B=18$，男生成绩的等级和 $T_A=233$，女生成绩的等级和 $T_B=295$。又由于男女考生的样本容量都大于 10，则男女考生

的成绩分布近似于正态分布,均值和标准差分别为:

$$U_U = \frac{n_A n_B}{2} = \frac{14 \times 18}{2} = 126$$

$$\sigma_U = \sqrt{\frac{n_A n_B (n_A + n_B + 1)}{12}} = \sqrt{\frac{14 \times 18 \times (14 + 18 + 1)}{12}} = 26.3$$

用女生成绩的等级和 T_B 定义的 U 统计量为:

$$U_B = n_A n_B + \frac{n_B \times (n_B + 1)}{2} - T_B = 14 \times 18 + \frac{18 \times 19}{2} - 295 = 128$$

此时检验统计量 z 的值为:

$$z = \frac{U_B - U_U}{\sigma_U} = \frac{128 - 126}{26.3} = 0.076 < z_{\frac{\alpha}{2}} = z_{\frac{0.05}{2}} = 1.96$$

因此,不能拒绝原假设,即认为男考生和女考生的成绩无显著性差异,这也进一步证实了考生成绩与性别之间是相互独立的。

由表 8-19 中的第 3 列和第 4 列可以看出,考生的初试、复试成绩排名对综合成绩排名都有一定的影响,比如综合成绩排名第 8 的考生,尽管她的初试成绩排名靠后,但是由于她复试发挥得很好,所以最终排名有所提高;还有综合成绩排名第 18 的考生,尽管他的初试成绩排名靠前,但是复试发挥不理想,所以最终排名下降。那么初试、复试成绩的排名与综合成绩排名之间究竟存在着什么样的关系?需要我们用等级相关检验进一步作出判断。

① 初试成绩与综合成绩排名的等级相关性检验

首先,整理得到考生初试成绩与综合成绩的等级信息如表 8-23:

表 8-23 考生初试成绩与综合成绩的等级信息

变	量	等	级	$d_i = x_i - y_i$	$d_i^2 = (x_i - y_i)^2$
初试成绩	综合成绩	初试成绩(x_i)	综合成绩(y_i)		
83.20	83.51	1	1	0	0
82.20	82.83	2	2	0	0
80.60	82.38	7	3	4	16
81.20	81.16	4	4	0	0
81.00	81.06	5	5	0	0
80.60	81.03	7	6	1	1
81.60	80.94	3	7	-4	16
76.00	79.84	18	8	10	100

续表

变量		等级		$d_i = x_i - y_i$	$d_i^2 = (x_i - y_i)^2$
初试成绩	综合成绩	初试成绩(x_i)	综合成绩(y_i)		
78.20	79.46	10	9	1	1
77.60	78.91	12.5	10	2.5	6.25
77.80	78.67	11	11	0	0
77.00	78.60	15	12	3	9
75.40	78.45	20.5	13	7.5	56.25
77.60	78.35	12.5	14	−1.5	2.25
73.80	77.93	24	15	9	81
76.20	77.41	16.5	16	0.5	0.25
77.20	77.34	14	17	−3	9
80.60	76.93	7	18	−11	121
75.00	76.85	22	19	3	9
74.20	76.40	23	20	3	9
75.40	76.17	20.5	21	−0.5	0.25
78.40	75.90	9	22	−13	169
75.60	75.77	19	23	−4	16
76.20	75.25	16.5	24	−7.5	56.25
72.00	75.04	31.5	25	6.5	42.25
72.40	73.79	29.5	26	3.5	12.25
72.40	73.14	29.5	27	2.5	6.25
72.00	72.99	31.5	28	3.5	12.25
72.60	72.92	27.5	29	−1.5	2.25
73.00	72.80	26	30	−4	16
72.60	72.11	27.5	31	−3.5	12.25
73.20	71.94	25	32	−7	49
合计					831

建立如下假设：

H_0：初试成绩与综合成绩等级独立，H_1：初试成绩与综合成绩等级相关

计算等级相关系数为：

$$r_s = 1 - \frac{6\sum d_i^2}{n(n^2 - 1)} = 1 - \frac{6 \times 831}{32(32^2 - 1)} = 1 - \frac{4\,986}{32\,736} = 0.848$$

由于样本容量 $n = 32 > 30$，可认为样本近似服从正态分布，则检验统计量为：

$$z = r_s \sqrt{n-1} = 0.848 \times \sqrt{32-1} = 4.72 > z_{\frac{\alpha}{2}} = 1.96$$

所以应该拒绝原假设,认为考生的初试成绩与综合成绩排名之间存在着正相关关系。

② 复试成绩与综合成绩排名的等级相关性检验

首先,整理得到考生的复试成绩与综合成绩的等级信息如表 8-24:

表 8-24 考生复试成绩与综合成绩的等级信息

变量		等级		$d_i = x_i - y_i$	$d_i^2 = (x_i - y_i)^2$
复试成绩	综合成绩	复试成绩(x_i)	综合成绩(y_i)		
83.97	83.51	4	1	3	9
83.78	82.83	5	2	3	9
85.04	82.38	2	3	-1	1
81.09	81.16	10	4	6	36
81.15	81.06	9	5	4	16
81.67	81.03	7	6	1	1
79.96	80.94	14	7	7	49
85.59	79.84	1	8	-7	49
81.35	79.46	8	9	-1	1
80.88	78.91	12	10	2	4
79.98	78.67	13	11	2	4
81.00	78.60	11	12	-1	1
83.02	78.45	6	13	-7	49
79.47	78.35	18	14	4	16
84.13	77.93	3	15	-12	144
79.22	77.41	19	16	3	9
77.55	77.34	20	17	3	9
71.43	76.93	30	18	12	144
79.63	76.85	16	19	-3	9
79.70	76.40	15	20	-5	25
77.33	76.17	21	21	0	0
72.15	75.90	29	22	7	49
76.03	75.77	22	23	-1	1
73.82	75.25	26	24	2	4
79.60	75.04	17	25	-8	64
75.87	73.79	23	26	-3	9
74.25	73.14	25	27	-2	4
74.48	72.99	24	28	-4	16
73.40	72.92	27	29	-2	4
72.49	72.80	28	30	-2	4
71.37	72.11	31	31	0	0
70.05	71.94	32	32	0	0
合计					740

建立如下假设：

H_0：复试与综合成绩等级是独立的，H_1：复试与综合成绩等级是相关的

计算等级相关系数为：

$$r_s = 1 - \frac{6\sum d_i^2}{n(n^2-1)} = 1 - \frac{6\times 740}{32(32^2-1)} = 1 - \frac{4\,440}{32\,736} = 0.86$$

此时的检验统计量为：

$$z = r_s\sqrt{n-1} = 0.86\times\sqrt{32-1} = 4.81 > z_{\frac{\alpha}{2}} = 1.96$$

所以应该拒绝原假设，认为考生的复试成绩与综合成绩排名之间存在着正相关关系。

综上我们可以得出，考生的综合成绩排名与初试、复试成绩排名之间都有一定的正相关关系，要想自己的综合成绩排名靠前，初试和复试成绩排名都很重要，需要提前做好充分的准备。

最后，我们选择用威尔科克森带符号的等级检验来判断考生初试与复试的成绩有没有显著差别，将威尔科克森带符号等级检验的计算过程整理成表 8-25：

表 8-25 威尔科克森带符号等级检验的计算过程

录取名次	初试成绩 (x_1)	复试成绩 (x_2)	成绩之差 ($d=x_1-x_2$)	$\|d\|$ 等级	T_+	T_-
1	83.20	83.97	-0.77	6		6
2	82.20	83.78	-1.58	10		10
3	80.60	85.04	-4.44	24		24
4	81.20	81.09	0.11	1	1	
5	81.00	81.15	-0.15	2		2
6	80.60	81.67	-1.07	8		8
7	81.60	79.96	1.64	11	11	
8	76.00	85.59	-9.59	31		31
9	78.20	81.35	-3.15	19.5		19.5
10	77.60	80.88	-3.28	21		21
11	77.80	79.98	-2.18	15		15
12	77.00	81.00	-4.00	23		23
13	75.40	83.02	-7.62	29		29
14	77.60	79.47	-1.87	13		13
15	73.80	84.13	-10.33	32		32
16	76.20	79.22	-3.02	18		18
17	77.20	77.55	-0.35	3		3

续表

录取名次	初试成绩 (x_1)	复试成绩 (x_2)	成绩之差 ($d = x_1 - x_2$)	$|d|$ 等级	T_+	T_-
18	80.60	71.43	9.17	30	30	
19	75.00	79.63	-4.63	25		25
20	74.20	79.70	-5.50	26		26
21	75.40	77.33	-1.93	14		14
22	78.40	72.15	6.25	27	27	
23	75.60	76.03	-0.43	4		4
24	76.20	73.82	2.38	16	16	
25	72.00	79.60	-7.60	28		28
26	72.40	75.87	-3.47	22		22
27	72.40	74.25	-1.85	12		12
28	72.00	74.48	-2.48	17		17
29	72.60	73.40	-0.80	7		7
30	73.00	72.49	0.51	5	5	
31	72.60	71.37	1.23	9	9	
32	73.20	70.05	3.15	19.5	19.5	
合计					118.5	409.5

建立如下假设：

H_0：初试与复试成绩没有显著差异，H_1：初试与复试成绩有显著差异

由表 8-25 可知，初试与复试成绩之差为正的等级和是 $T_+ = 118.5$，成绩之差为负的等级和是 $T_- = 409.5$，并且此时的样本容量 $n = 32 > 25$，则检验统计量 T 近似服从正态分布，其均值和标准差为：

$$\mu_T = \frac{n(n+1)}{4} = \frac{32 \times 33}{4} = 264$$

$$\sigma_T = \sqrt{\frac{n(n+1)(2n+1)}{24}} = \sqrt{\frac{32 \times (32+1)(2 \times 32+1)}{24}} = 53.48$$

选取成绩之差为负的等级和 T_- 计算出的 z 值为：

$$z = \frac{T_- - \mu_T}{\sigma_T} = \frac{409.5 - 264}{53.48} = 2.72 > z_{\frac{\alpha}{2}} = z_{\frac{0.05}{2}} = 1.96$$

所以应该拒绝原假设，认为考生的初试成绩与复试成绩之间有显著差异，不能因为初试发挥不理想就选择放弃，要相信可以通过努力在复试阶段逆袭；即使高分通过了初试也不能

掉以轻心,复试还是会有淘汰的可能性。因为初试和复试成绩之间是存在显著差异的,所以无论初试发挥的如何,复试都要好好准备。

只有提前了解考研的具体步骤和注意事项,考生才能满怀信心地做好充足的准备,充分发挥出自己的实力,打好这场硬仗。在决定考研之后,要先明确自己心仪的学校和专业,志愿的填报将关系到整个考研的成败,所以考生要结合自己的实际情况,经过慎重的考虑再作出最正确的选择。很多考生在志愿选择阶段会有很多的顾虑,他们一方面担心自己报考的院校竞争激烈,会有很多优秀的竞争者,自己成功的几率十分渺茫,一方面又担心报考的专业可能更加适合异性,自己相对来说没有什么竞争优势。实际上考研是一次公平的竞争,每个人都有成功的机会,只要努力钻研,都可以在自己感兴趣的领域有所成就。有关考试信息和资料的准确获取也同样重要,由于不同学校不同专业的招生人数和考试科目都有一定的差别,因此考生要及时关注各个学校的招生简章,查询计划招生人数、考试科目和参考资料等信息,同时可以在学校研究生院官网上查找往年报考人数、录取人数、录取分数线、报录比、历年真题等信息,以便能够全身心地投入到紧张的复习备考工作中去,进行更有针对性的复习。在充分了解各项信息之后就进入了重要的初试备考阶段,可以提前做好学习计划,为每个科目合理分配时间和精力,在初试成绩出来之后,招生院校会按照初试成绩的高低对考生进行排序,根据计划招生人数和实际情况,以一定的差额比例确定进入复试的学生名单,最后综合初试和复试的成绩确定录取名单。考生只有顺利通过初试才会有参与复试的机会,同样只有通过了复试才能成功被录取。因此,无论是初试还是复试排名,都会对考生的综合成绩排名产生一定影响,我们要认真对待,不能有所松懈,同时,初试成绩与复试成绩之间也存在着显著的差异,初试发挥好的复试成绩不一定理想,初试成绩不理想的复试结果也不一定会差,不能因为初试分数很高就觉得自己一定会被录取,不好好准备复试同样会被淘汰,也不能因为初试成绩不理想就失去信心,只要认真准备复试还是会有被录取的机会。广大考生要认真对待考研的每一个过程,以积极乐观的心态去面对各种挑战。

参考文献

[1] 李遥,王彤.大学生考研常见心理问题分析及其应对措施[J].才智,2016(18):190.

[2] 徐佳.大学生考研存在的问题、成因及对策分析[J].河南科技学院学报,2016,36(08):41～44.

[3] 徐国祥.统计学(第二版)[M].格致出版社,上海人民出版社,2014.

本章小结

→ 1. 非参数统计也称非参数检验,它主要用于对总体的某种判断或假设进行检验。它同参数检验的主要区别在于:(1)它不需要事先确定(或设定)总体为何种分布;(2)对数据要求不严格,一般为定名级和序列级数据;(3)当样本容量很小(如 $n=6$ 或更小),不宜用参数检验时,却可用非参数方法检验。

因此,在社会科学中,非参数检验有广泛的适用性,且计算运作比较简便。但是,由于测定的层次比较低,样本比较小,相对于参数检验,其判断的可靠性也比较差。

→ 2. 当需要知道总体某个变量是否服从一种理论分布(如正态分布等),或者要知道两组或几组资料彼此是否关联时,便可采用 χ^2 检验。前者为拟合优度检验,后者称为独立性检验。在独立性检验中通常采用列联表的形式,当用 2×2 列联表时,统计量公式可以简化,计算比较方便。应用 χ^2 检验,必须有一个足够大的样本,使各组的理论频数不小于5。

→ 3. 当要对两组资料是否有差别,或是否一组超过另一组作出判断时,可采用正负符号检验和威尔科克森带符号等级检验。它们都是用成对符号进行比较作出推断的方法。正负符号检验既可用于单一样本,也可用于两个样本的比较,既可用于独立样本,也可用于两个相关样本的检验。由于这种方法只以符号为依据,忽略数值差别,未免失之粗略。威尔科克森带符号等级检验则是对它的一种改进,更适宜于两组相关数据的比较。由于它不仅考虑两组数据之间差异的方向,而且还计算其差异的大小,因此,信息利用比较充分,作出的判断更为有效。

→ 4. 曼-惠特尼 U 检验可用于两个独立样本是否取自均值相等的总体,或两个总体的相对频数分布是否相同的检验。它适用于序列级数据,并且两个独立样本大小可以不同,常常可以代替 t 检验。曼-惠特尼 U 检验有两个特点:(1)它的统计量有两个公式,可以计算得到两个不同的 U 值,检验时择其小者而用;(2)判断的准则与其他检验相反:U 值越出临界点时接受 H_0;反之,则拒绝 H_0。

→ 5. 游程检验和斯皮尔曼等级相关检验也是常用的两种简便的非参数检验。游程检验用于对一组数据或某种现象是否具有随机性的判断。斯皮尔曼等级相关检验是对两组序列级数据是否存在相关关系的检验。斯皮尔曼等级相关系数取值为 -1~$+1$。它是将两组数据排序分成等级计算,而且不限于线性关系的测定。

→ 6. 多个样本的检验中较为常用的方法有克鲁斯卡尔—沃利斯单向方差秩检验和费利德曼双向方差检验。前者是检验 k 个独立样本是否来自独立同分布。它要求样本是独立的,而不受总体分布的性质和方差是否相等的限制。后者适用于 k 个样本分别独立地取自相应总体的情形。如果 k 个样本间有关系,且观察值至少是定序变量,那么它还可用来检验 k 个样本是否来自同分布总体。

思考与练习

一、单项选择题

1. 等级相关系数的取值范围是_____。

    A. $0 \leq r_s \leq 1$ B. $-1 \leq r_s \leq 1$

    C. $r_s \leq 0$ D. 不定

2. 下列检验中,不属于非参数统计方法的是_____。

    A. 总体是否服从正态分布

    B. 总体的方差是否为某一个值

    C. 两组随机变量之间是否相互独立

    D. 样本的取得是否具有随机性

3. 若要检验两个独立样本是否取自均值相等的总体,则可采用_____。

    A. 独立性检验   B. 成对比较检验

    C. 曼-惠特尼 U 检验   D. 游程检验

4. 下列情况中,最适合非参数统计方法的是_____。

    A. 反映两个大学新生的成绩差别

    B. 反映两个大学毕业生英语六级考试合格率的差别

    C. 反映两个大学四年级学生对就业前景看法的差别

    D. 反映两个大学在校学生平均月支出的差别

5. 进行拟合优度检验,应采用_____。

　　A. 正态分布　　B. χ^2 分布　　C. t 分布　　D. F 分布

6. 当列联表为 4 行 5 列时,其自由度为_____。

　　A. 20　　B. 12　　C. 9　　D. 15

7. 当 $n>30$ 时,检验等级相关系数 r_s 的统计量 Z 为_____。

　　A. $r_s\sqrt{n-1}$　　B. $r_s\sqrt{n-2}$　　C. $|r_s|\sqrt{\dfrac{n-1}{1-r_s}}$　　D. $|r_s|\sqrt{\dfrac{n-2}{1-r_s}}$

8. 曼-惠特尼 U 检验_____。

　　A. 适用于两个相关样本

　　B. 适用于两个独立样本

　　C. 适用于两个相关样本,也可以是两个独立样本

　　D. 既不适用于两个相关样本,也不适用于两个独立样本

9. 进行克鲁斯卡尔—沃利斯单向方差秩检验时,若 k 个独立样本的 n 个观测值中有相同的观测值,则_____。

　　A. 要对 H 值进行修正　　　　　　B. 要剔除相同的观测值

　　C. 要重新抽样观测　　　　　　　D. 无法进行检验

10. 费利德曼双向方差检验与克鲁斯卡尔—沃利斯单向方差秩检验的不同点在于_____。

　　A. k 个样本之间相互独立,且观测值至少是定序变量

　　B. k 个样本之间相关,且观测值至少是定序变量

　　C. k 个样本之间相互独立,且观测值至少是定距变量

　　D. k 个样本之间相关,且观测值至少是定距变量

二、多项选择题

1. 在非参数统计中,χ^2 分布主要用于_____。

　　A. 拟合优度检验　　　　　　　　B. 独立性检验

　　C. 成对比较检验　　　　　　　　D. 曼-惠特尼 U 检验

　　E. 游程检验

2. 下列属于成对比较检验的是_____。

　　A. 符号检验　　　　　　　　　　B. 游程检验

　　C. 威尔科克森带符号检验　　　　D. 曼-惠特尼 U 检验

E. 等级相关检验

3. 非参数检验和参数检验的主要区别在于_____。

   A. 无需知道总体参数
   B. 无需估计总体参数
   C. 无需设定总体为何种分布
   D. 数据必须是定比或者定距级
   E. 数据可以是定比或定距,也可以是定名或定序级

4. 从两个总体 A 和 B 中随机抽取容量为 n_A 和 n_B 的两个独立随机样本,进行曼-惠特尼 U 检验,其检验统计量为:_____。

   A. $U_A = n_A n_B + \dfrac{n_A(n_A+1)}{2} - T_A$
   B. $U_B = n_A n_B + \dfrac{n_B(n_B+1)}{2} - T_B$

   C. $U_A + U_B = n_A n_B$
   D. $U_A = n_A n_B - \dfrac{n_A(n_A+1)}{2} + T_A$

   E. $U_B = n_A n_B - \dfrac{n_B(n_B+1)}{2} + T_B$

5. 从两个总体 A 和 B 中随机抽取容量为 n_A 和 n_B 的两个独立随机样本,且 n_A 和 n_B 不相等,则下列非参数检验方法中,不可能采用的是_____。

   A. 符号检验
   B. 游程检验
   C. 威尔科克森带符号的等级检验
   D. 曼-惠特尼 U 检验
   E. 等级相关检验

6. 独立性检验的步骤有_____。

   A. 确定原假设和备择假设
   B. 排序
   C. 计算秩和
   D. 编制列联表
   E. 计算理论频数

7. 下列可以作为符号检验原假设的有_____。

   A. 两个样本之间没有显著差异
   B. 两个样本之间具有显著差异
   C. $p = 1$
   D. $p = 0.5$
   E. $p = 0$

8. 游程检验可以用以检验_____。

   A. 两个总体是否具有相同的分布
   B. 两个总体是否具有相同的频数
   C. 样本的可靠性
   D. 样本的随机性
   E. 样本的独立性

9. 若两个现象的样本等级相关系数 $r_s = -0.9$，其相应的临界值为0.6，则下列说法错误的有_____。

   A. 两个现象之间不存在等级相关关系

   B. 两个现象之间存在高度正的等级相关关系

   C. 两个现象之间存在高度负的等级相关关系

   D. 两个现象之间存在一般的等级相关关系

   E. 无法判断

10. 克鲁斯卡尔—沃利斯单向方差秩检验统计量 H _____。

    A. 有时需要修正

    B. 可与 H 临界值进行比较，作出判断

    C. 可与 Z 分布临界值表进行比较，作出判断

    D. 可与 t 分布临界值表进行比较，作出判断

    E. 可与 χ^2 分布临界值表进行比较，作出判断

三、简答题

1. 什么是非参数统计？它同参数检验相比，有什么特点？

2. 什么是 χ^2 检验？χ^2 检验适用于何种情况？其方法特点是什么？应用 χ^2 统计量检验时要注意什么问题？

3. 符号检验和威尔科克森带符号等级检验适用于何种情况？这两种方法各有什么特点？

4. 试述曼-惠特尼 U 检验的方法原则和特点。

5. 试述游程检验的方法原则。

6. 什么是斯皮尔曼等极相关系数？

四、计算和分析题

1. 对某公司电话总机在每天下午开始工作的1分钟内接到的电话呼叫次数，记录了100天的数据并整理成如表8-26所示的频数分布，若预期这种特定时刻电话呼叫数服从泊松分布。

表8-26 电话呼叫次数的频数分布

电话呼叫次数	0	1	2	3	4	5	6及以上
记录天数	5	7	30	40	7	5	6

要求：试用 χ^2 检验判断其"拟合优度"（$\alpha = 0.05$）。

2. 某市场调研公司要确定消费者对五种品牌矿泉水的喜好是否相同。他们抽取 100 个消费者为简单随机样本进行调查，将所得资料整理如表 8-27 所示，并认为消费者对五种品牌的矿泉水的喜好没有显著区别。

表 8-27　对五种品牌矿泉水的调查资料

矿泉水品牌	A	B	C	D	E
喜欢的人数	27	16	22	18	17

要求：试分别用 0.05 和 0.01 的显著性水平检验调研人员的上述判断。

3. 某电视机厂对三个元件生产厂提供的电子元件的三种性能进行质量检验。他们想知道元件生产厂家同元件性能的质量差异是否有关系。抽查了 450 只元件次品，整理成为如表 8-28 所示的 3×3 列联表。

表 8-28　3×3 列联表

元件厂 \ 次品类型	A	B	C	总计
甲	20	45	35	100
乙	40	90	70	200
丙	15	65	70	150
总计	75	200	175	450

根据抽查检验的数据，他们认为次品类型与厂家（即哪一个厂）生产是无关的。

要求：试以 0.01 的显著性水平进行检验，作出判断。

4. 某大学随机抽取 30 名学生对两门课程的讲课质量评定等级，级别从 0～10，以 10 为最高。资料整理如表 8-29 所示。

表 8-29　学生对两门课程讲课质量的评定等级

课程甲	8	4	3	3	9	9	9	8	7	4	6	7	7	9	7	8	10	4	9
课程乙	3	8	4	6	6	4	5	10	7	7	6	8	7	5	9	4	5	8	2
课程甲	7	8	5	5	2	8	3	5	4	7	7								
课程乙	5	9	5	6	9	9	7	8	5	2	9								

有关人员根据调查结果,认为学生对两门课程讲课质量赞赏人数的比例相同。

要求:对数据配对进行双侧符号检验。当课程甲的分数高于课程乙时,用"+"号;反之,用"-"号($\alpha = 0.05$)。

5. 某洗涤剂厂为了检验广告宣传的效果,将广告宣传前后不同时期10个城市的月销售量资料整理如表8-30所示。

表8-30 广告前后10个城市的月销售量 （单位:万元）

城 市 编 号	1	2	3	4	5	6	7	8	9	10
做广告前销售量	22	16	15	32	18	10	15	25	17	19
做广告后销售量	30	19	13	28	17	10	17	28	16	14

要求:试用威尔科克森带符号等级的单侧检验,对广告宣传的效果作出判断($\alpha = 0.05$)。

6. 某公司对下属甲、乙两个规模相同的百货商场分别采用集体承包和个人承包两种经营方式,从两个商场各抽取了同一月的11天和9天的营业额资料进行比较分析,试图通过它们的平均营业额是否相同来评价两种经营方式的效果是否有差异。有关日销售额资料整理如表8-31所示。

表8-31 甲、乙两商场日销售额资料 （单位:万元）

甲商场日营业额	23	27	34	28	31	47	39	41	43	47	31
乙商场日营业额	40	42	23	31	32	33	42	35	31		

要求:根据研究目的和条件选择适当方法进行检验,对两种经营方式效果是否相同作出判断($\alpha = 0.10$)。

7. 某保险公司为了解户主收入与他们的人寿保险投保额之间是否有关,抽取了10个家庭为简单随机样本。有关资料整理如表8-32所示。

表8-32 10个家庭年收入与投保额资料 （单位:千元）

家庭编号	1	2	3	4	5	6	7	8	9	10
年收入水平	10	14	15	14	14	12	12	16	12	15
投 保 额	9	20	22	15	17	30	18	25	10	20

要求:试计算斯皮尔曼等级相关系数作出判断($\alpha = 0.05$)。

8. 某质量检查小组对三种品牌的电冰箱进行质量评价并打分,结果如下表所示。

A	B	C
80	81	87
83	83	89
85	85	88
83.5	82	84
82.5	84	86

要求:用克鲁斯卡尔—沃利斯检验法检验三种品牌的电冰箱有无显著性差异($\alpha = 0.05$)。

9. 某制造厂从四个转包人那里购买某种产品多批。每批的商品件数相同。下表给出了每批中的次品数。

转包人 A	转包人 B	转包人 C	转包人 D
12	30	15	18
6	28	17	27
10	7	20	13
0	25	3	22
2	24	19	16
4	31	21	23
	14	8	

要求:用克鲁斯卡尔—沃利斯检验法检验各转包人之间每批产品的次品数有无显著性差异($\alpha = 0.05$)。

10. 现有12个人组成的专家小组对某种产品的五种包装方案效果进行评价,评分如下表所示。

评分＼包装方案＼专家编号	A	B	C	D	E
1	9	7	5	3	6
2	8	4	9	3	6
3	7	3	5	8	4
4	6	7	8	5	4
5	7	8	6	9	5
6	7	8	5	6	9
7	5	6	7	9	8

续表

评分\包装方案 专家编号	A	B	C	D	E
8	6	8	9	7	5
9	9	8	7	6	5
10	9	7	8	5	6
11	6	8	9	7	5
12	7	8	5	6	9

要求：用费利德曼检验法检验这五种包装方案的效果有无显著性差异（$\alpha = 0.05$）。

第九章 相关分析与回归分析

相关分析和回归分析是常用的两种既有联系又有区别的统计方法。本章从介绍相关分析和回归分析的基本概念与分类入手,以一元线性回归模型为基础,引出回归分析中模型识别、参数估计、模型检验、估计与预测等内容。多元线性回归分析涉及两个或两个以上的自变量,其分析、检验过程较为复杂,但基本原理与一元线性回归分析相仿。非线性回归分析主要介绍将非线性回归模型转换为线性模型的思路与方法。最后,提出了在应用回归分析方法时应当注意的若干问题。

第一节 相关分析

一、相关关系的概念及分类

(一) 相关关系的概念

无论是在自然领域还是社会领域,一些现象与另一些现象之间往往存在着依存关系,当我们用变量来反映这些现象的特征时,便表现为变量之间的依存关系。如降雨量与农作物产量之间的关系、商品单价与销售额之间的关系、气温与居民用电量之间的关系等。

变量之间的依存关系又可分为函数关系与相关关系两种。函数关系是指变量之间保持着严格的依存关系,呈现出一一对应的特征。如圆的周长 L 与圆的半径 R 之间就存在着严格的依存关系,当圆的半径 R 的值取定后,其周长 L 的值也随之确定,变量间的这种依存关系便是函数关系。相关关系是指变量之间保持着不确定的依存关系,即"若即若离"。例如,人的身高与体重这两个变量,一般而言是相互依存的,但它们并不表现为一一对应的关系。制约这两个变量的还有其他因素,如遗传因素、营养状况和运动水平等,以至于同一身高的人可以有不同的体重,同一体重的人又表现出不同的身高。变量间的这种不严格的依存关系就构成了相关分析与回归分析的对象。

(二) 相关关系的分类

变量间的相关关系可以按照不同的标志进行分类。

1. 按相关的程度可分为完全相关、不完全相关和不相关三种

当一个变量的变化完全由另一个变量所决定时,称变量间的这种关系为完全相关,这种严格的依存关系实际上已成为函数关系。当两个变量的变化相互独立、互不影响时,称两个变量不相关(或零相关),例如棉纱的抗拉强度与企业职工的平均年龄无关。当变量之间存在不严格的依存关系时,称为不完全相关。不完全相关是现实当中相关关系的主要表现形式,也是相关分析的主要研究对象。

2. 按相关的方向可分为正相关和负相关

当一个变量随着另一个变量的增加(减少)而增加(减少),即两者同向变化时,称为正相关,例如个人收入与其储蓄之间的关系,随着收入的提高,储蓄的数额也会相对增加。当一个变量随着另一个变量的增加(减少)而减少(增加),即两者反向变化时,称为负相关,如便利店的销售额与距居民区距离之间的关系,一般而言与居民区的距离越近,便利店的销售额就越高。

3. 按相关的形式可分为线性相关和非线性相关两种

当变量间的依存关系大致呈现为线性形式,即当一个变量变动一个单位时,另一个变量也按一个大致固定的增(减)量变动,就称之为线性相关。当变量间的关系不按固定比例变化时,就称之为非线性相关。

4. 按研究变量的多少可分为单相关、偏相关和复相关三种

两个变量之间的相关,称为单相关,例如研究学习时间与学习成绩之间的关系就是单相关。一个变量与两个或两个以上其他变量之间的相关,称为复相关,如研究企业产量与原材料、资金和人力资源投入量之间的关系就是复相关。在多个变量的相关研究中,假定其他变量不变,专门研究其中两个变量之间的相关关系时称其为偏相关,例如在投入与产出关系中,假定资金和人力资源两个因素不变而专门探讨产量与原材料之间的关系就是

偏相关。

值得注意的是,并非所有的变量之间都存在相关关系,因此需要用相关分析方法来识别和判断。相关分析,就是借助于图形和若干分析指标(如相关系数、相关指数等)对变量之间的依存关系的密切度进行测定的过程。

二、相关关系的识别

(一) 散点图

识别变量间相关关系最简单的方法是图形法。所谓图形法,就是将所研究变量的观测值以散点的形式绘制在相应的坐标系中,通过它们呈现出的特征,来判断变量之间是否存在相关关系,以及相关的形式、相关的方向和相关的程度等。

【**例 9-1**】 某饮料公司想通过以往的销售数据(见表 9-1)来了解饮料销售量与气温之间是否存在相关关系,以便为公司在制订生产计划和作出销售决策时提供依据。

表 9-1 饮料销售量的历史数据

时 期	1	2	3	4	5	6	7	8	9	10
销售量(箱)	430	335	520	490	470	210	195	270	400	480
气温(℃)	30	21	35	42	37	20	8	17	35	25

解:根据表 9-1,在饮料销售量和气温所构成的坐标系中以散点的形式将历史数据描绘出来,就得到了相关分析的散点图,如图 9-1 所示。

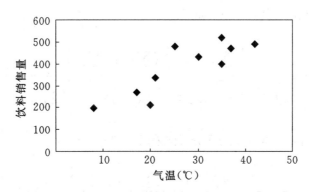

图 9-1 饮料销售量与气温的散点图

从图 9-1 看出,所绘制的散点呈现出从左至右的上升趋势。它表明饮料的销售量与气温之间存在一定的正相关关系,即随着气温的上升,饮料的销售量会增加。

图形法虽然有助于识别变量间的相互关系,但它无法对这种关系进行精确地计量。

因此,在初步判定变量间存在相关关系的基础上,通常还要计算相应的分析指标。

(二) 相关系数

简单线性相关是变量之间最简单的一种相关关系,这里就以其为例,来介绍相关分析指标的计算。单相关系数(简称相关系数),是衡量两个变量之间线性相关关系的重要指标。

1. 相关系数的计算公式

总体相关系数(一般记为 ρ):

$$\rho = \frac{\sigma_{XY}}{\sigma_X \sigma_Y} \tag{9-1}$$

式(9-1)中,σ_{XY} 是变量 X 和 Y 的协方差,σ_X 和 σ_Y 分别是变量 X 和 Y 的标准差。通常总体相关系数是一个常数。

样本相关系数(一般记为 r):

$$r = \frac{\sum (x_i - \bar{x})(y_i - \bar{y})}{\sqrt{\sum (x_i - \bar{x})^2} \cdot \sqrt{\sum (y_i - \bar{y})^2}} \tag{9-2}$$

样本相关系数是根据样本观测值计算的,随着取样的不同,相关系数的值也会有所变化。可以证明,样本相关系数是总体相关系数的一致估计量。

此外,样本相关系数的计算还有两个简捷公式,它们的特点是能够直接利用建立回归方程时已经计算好的数值。其具体公式如下:

$$r = \frac{\sum x_i y_i - \frac{1}{n}(\sum x_i)(\sum y_i)}{\sqrt{\sum x_i^2 - \frac{1}{n}(\sum x_i)^2} \cdot \sqrt{\sum y_i^2 - \frac{1}{n}(\sum y_i)^2}} \tag{9-3}$$

其中,n 为样本容量。对上式分子分母同乘以 n,则得:

$$r = \frac{n\sum x_i y_i - (\sum x_i)(\sum y_i)}{\sqrt{n\sum x_i^2 - (\sum x_i)^2} \cdot \sqrt{n\sum y_i^2 - (\sum y_i)^2}} \tag{9-4}$$

2. 相关系数的特点

(1) 相关系数的符号代表着变量间的相关方向,$r>0$ 说明两个变量之间正相关,$r<0$ 则表明两个变量之间负相关;

（2）相关系数的取值介于-1和1之间，它的绝对值越接近于1，意味着变量之间的线性相关程度越强。$r=\pm1$，说明两个变量之间完全线性相关，$r=0$，说明两个变量之间不存在线性相关，$0<|r|<1$，则说明两个变量之间存在一定程度的线性相关。

3. 相关系数的检验

在实际应用中，一般都是根据样本数据来计算相关系数的。样本相关系数是否能够真实代表总体变量之间的相互关系，需要通过统计检验来确定。

数学上可证明，在总体变量X与Y都服从正态分布并且总体相关系数$\rho=0$时，可以用费希尔(R.A.Fisher)的t检验法来检验相关系数的显著性。

首先，提出假设：

$$H_0:\rho=0,\ H_1:\rho\neq0$$

然后计算t检验统计量：

$$t=\frac{r\sqrt{n-2}}{\sqrt{1-r^2}} \tag{9-5}$$

最后，根据给定的显著性水平和自由度$(n-2)$，查找t分布表中的相应临界值$t_{\frac{\alpha}{2}}$。如果$|t|>t_{\frac{\alpha}{2}}$，就否定原假设，认为r在统计上是显著的，即总体相关系数不为零，总体变量间确实存在线性相关关系；反之，则不能否定原假设。

承前[例9-1]，先计算饮料销售量与气温两个变量之间的相关系数（所需数据见表9-2）：

$$r=\frac{9\ 855}{\sqrt{1\ 012}\times\sqrt{129\ 950}}=0.86$$

结果相关系数r大于0，证实了饮料销售量与气温之间存在正相关关系，r的值0.86接近于1，说明两者间的线性相关程度较高。

然后对样本相关系数r进行显著性检验。若取显著性水平$\alpha=0.05$，查表得到临界值$t_{\frac{\alpha}{2}}(10-2)=2.306$，检验统计量的值为：

$$t=\frac{0.86\times\sqrt{10-2}}{\sqrt{1-0.86^2}}=4.77$$

由于$|t|>t_{\frac{\alpha}{2}}$，所以否定原假设，表明总体相关系数不为零，即饮料销售量与气温之间确实存在正相关关系。

第二节 一元线性回归分析

一、回归分析概述

(一) 回归分析的概念

在相关分析确定了变量之间相关关系的基础上,采用一定的计算方法,建立起变量间变动关系的公式,并根据一个变量的变化,来估计或预测另一个变量发展变化的研究方法,称为回归分析。

回归分析与相关分析都是对变量之间不严格依存关系的分析,在理论基础和方法上具有一致性。只有存在相关关系的变量才能进行回归分析,相关程度越高,回归分析的结果越可靠。但是两者之间也有区别。

第一,相关分析研究的是变量之间的依存关系,这些变量地位对等,不区分为主从因素或因果因素。回归分析却是在控制或给定一个(或多个)变量条件下来观察对应的某一变量的变化,给定的变量是自变量,不是随机变量,被观察的变量称为因变量,是随机变量,因此回归分析中必须根据研究的目的来确定自变量和因变量。如前例,要研究气温对饮料销售量的影响时,就以气温为自变量,饮料销售量作为因变量。

第二,相关分析主要测定的是变量之间关系的密切程度和方向。回归分析则着重于变量之间的具体变动关系,通过建立回归模型,控制或给定自变量对因变量进行估计和预测。

(二) 回归分析的种类

回归分析是多种多样的。按研究中使用的自变量的多少可分为一元回归和多元回归两种;按变量之间变动关系的形式可分为线性回归和非线性回归两种。其中,一元线性回归是最简单、最基本的形式,通过对它的学习,就可以掌握回归分析的基本思想和方法。

二、一元线性回归模型的建立

(一) 一元线性回归模型

当两个变量之间存在显著的线性相关关系时,可以建立一元线性回归模型来表述这种关系。总体一元线性回归模型为:

$$Y_i = \beta_0 + \beta_1 X_i + u_i \tag{9-6}$$

式中,Y_i 代表因变量的第 i 个观测值,X_i 代表自变量的第 i 个观测值。β_0,β_1 是模型的参数(又称回归系数),分别为回归直线的截距和斜率。β_0代表了$X=0$时Y的值;β_1代表自变量X每变化一个单位时因变量Y的增加(减少)量,它的符号与相关系数的符号是一致的。u_i为随机误差项(或称随机扰动项),引进u_i是为了包括对因变量Y的变化有影响的所有其他因素。

在运用回归分析方法时,要求满足一定的假定条件,其中最重要的是关于u_i需具有的五个特性:①u_i是一个随机变量;②u_i的均值为零,即$E(u_i)=0$;③在每一个时期中,u_i的方差为一常量,即$D(u_i)=\sigma_u^2$;④各个u_i间相互独立;⑤u_i与自变量无关。

此外,如果考虑到总体中个体之间的差异性,回归模型所反映的应当说只是变量之间平均意义上的一种相互关系,具体表述为:

$$E(Y_i) = \beta_0 + \beta_1 X_i$$

(二) 参数估计

现实问题的研究中,往往难以掌握研究对象的全部资料,因此,总体回归模型是未知的。从而在回归分析中,需要通过样本资料来估计总体模型的参数。根据样本数据建立的回归模型称为样本回归模型,一般表述如下:

$$\hat{y}_i = b_0 + b_1 x_i \tag{9-7}$$

其中,$\hat{y}_i$是y_i的估计值(或称理论值),b_0,b_1分别是β_0,β_1的估计值,代表样本回归直线的截距和斜率。一个好的估计量应满足一致性、无偏性和有效性的要求。但实际中,观测值与估计值并不完全相等,两者之差记为e_i,则:

$$e_i = y_i - \hat{y}_i \tag{9-8}$$

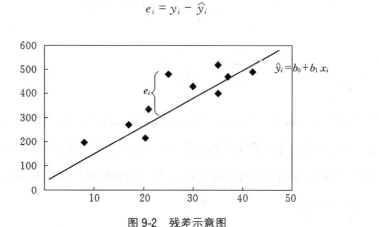

图 9-2 残差示意图

在这里，e_i 称为样本回归模型的残差，其具体含义如图 9-2 所示。

线性回归模型参数的估计方法通常有两种，即普通最小二乘法和最大似然估计法。最常用的是普通最小二乘法。

最小二乘法的意义在于使：

$$\sum_{i=1}^{n} e_i^2 = \sum_{i=1}^{n} (y_i - \hat{y}_i)^2 = \sum_{i=1}^{n} (y_i - b_0 - b_1 x_i)^2$$

达到最小。

根据数学分析的求极值原理，要使 $\sum_{i=1}^{n} e_i^2$ 为最小，只需在上式中分别对 b_0，b_1 求偏导数，并令其等于零。

得到的 b_0 和 b_1 的两个公式为：

$$b_1 = \frac{\sum (x_i - \bar{x})(y_i - \bar{y})}{\sum (x_i - \bar{x})^2} \tag{9-9}$$

$$b_0 = \bar{y} - b_1 \bar{x} \tag{9-10}$$

对于参数 b_1 的计算公式有不同的表达式，以下列出几种常见的表达式，便于在分析与计算时选用：

$$b_1 = \frac{\sum x_i y_i - \frac{1}{n}(\sum x_i)(\sum y_i)}{\sum x_i^2 - \frac{1}{n}(\sum x_i)^2} \tag{9-11}$$

$$b_1 = \frac{n \sum x_i y_i - (\sum x_i)(\sum y_i)}{n \sum x_i^2 - (\sum x_i)^2} \tag{9-12}$$

$$b_1 = \frac{\sum x_i y_i - n \bar{x}\bar{y}}{\sum x_i^2 - n(\bar{x})^2} \tag{9-13}$$

沿用本章[例 9-1]的数据。根据散点图和相关系数分析的结果，该饮料公司认识到，饮料的销售量与气温之间确实存在着线性相关关系，即气温越高，人们对饮料的需求量就越大。为了更进一步了解两个变量之间的变动关系，可以通过饮料销售量和气温的观测数据，来估计总体的一元线性回归模型。

表 9-2 饮料销售量的回归分析表

时期	销售量（箱）	气温（℃）	$(x-\bar{x})(y-\bar{y})$	$(x-\bar{x})^2$	$(y-\bar{y})^2$	$\hat{y}$	$(y-\hat{y})^2$
(1)	(2)	(3)	(4)	(5)	(6)	(7)	(8)
1	430	30	150	9	2 500	409	441
2	335	21	270	36	2 025	322	169
3	520	35	1 120	64	19 600	458	3 844
4	490	42	1 650	225	12 100	526	1 296
5	470	37	900	100	8 100	477	49
6	210	20	1 190	49	28 900	312	10 404
7	195	8	3 515	361	34 225	195	0
8	270	17	1 100	100	12 100	283	169
9	400	35	160	64	400	458	3 364
10	480	25	−200	4	10 000	361	14 161
总和	3 800	270	9 855	1 012	129 950		33 897

将表 9-2 的数据代入式(9-9)和式(9-10)，可以计算 b_0 和 b_1 的值：

$$b_1 = \frac{9\,855}{1\,012} = 9.74$$

$$b_0 = 380 - 9.74 \times 27 = 117$$

这样，就得到了一个估计饮料销售量的一元线性回归模型：

$$\hat{y} = b_0 + b_1 x = 117 + 9.74x$$

三、一元线性回归模型的检验

根据样本资料建立的回归模型能否真实地反映总体变量之间的变动关系，是决定回归分析准确性的关键所在。因此，在回归模型估计出来以后，首先要对其进行一系列的检验，只有通过了检验的模型才能用于对总体变量的估计或预测。

（一）拟合优度的检验

1. 可决系数(R^2)

因变量的样本观测值与其均值的离差称为总离差，记作$(y-\bar{y})$。按其来源，总离差可以分解为两个部分：一是因变量的回归值与其样本均值之间的离差，记作$(\hat{y}-\bar{y})$，它代表能够由回归方程所解释的部分，称为回归离差；二是样本观测值与回归值之间的离差，记作$(y-\hat{y})$，它表示的是不能由回归方程解释的部分，称为剩余离差（残差）。它们之间的关系用公式可表述为：

$$(y - \bar{y}) = (\hat{y} - \bar{y}) + (y - \hat{y})$$

数学上可以证明,对等式两边取平方并求和就得到:

$$\sum(y_i - \bar{y})^2 = \sum(\hat{y}_i - \bar{y})^2 + \sum(y_i - \hat{y}_i)^2 \tag{9-14}$$

可决系数是衡量自变量对因变量变动解释程度的指标,它取决于回归方程所解释的 y 的总离差的百分比。在式(9-14)的基础上,可决系数的公式定义为:

$$R^2 = \frac{\text{回归离差}}{\text{总离差}} = 1 - \frac{\text{剩余离差}}{\text{总离差}} = 1 - \frac{\sum(y_i - \hat{y}_i)^2}{\sum(y_i - \bar{y})^2} \tag{9-15}$$

R^2 的取值介于 0 和 1 之间。在实践中,R^2 常用于模型的比较,人们往往采纳 R^2 最高的模型,这是因为 R^2 高,就意味着该模型把 y 的变动解释得好。

上面[例 9-1]的可决系数为:

$$R^2 = 1 - \frac{\sum(y_i - \hat{y}_i)^2}{\sum(y_i - \bar{y})^2} = 1 - \frac{33\ 897}{129\ 950} = 0.74$$

计算结果表明,气温因素的变化解释了饮料销售量变动的 74%。

实际上,有一个更为简捷的可决系数的计算公式,计算结果与上式相同。该公式定义如下:

$$R^2 = \left[\frac{\sum(x_i - \bar{x})(y_i - \bar{y})}{\sqrt{\sum(x_i - \bar{x})^2}\sqrt{\sum(y_i - \bar{y})^2}}\right]^2 \tag{9-16}$$

由式(9-16)可以看出,可决系数是相关系数的平方,这两种度量方法提供了相互补充的信息。两者的主要区别在于:相关系数有正负。拟合优度的检验中,尽管相关系数的意义不如可决系数那样明显,但也有类似的作用,即相关系数越接近 +1 或 -1,说明因变量与自变量的相关度越高,回归模型的拟合程度也就越好。

2. 估计标准误差(SE)

估计标准误差是回归模型(即估计值)与因变量观测值之间的平均平方误差。这个误差的值越小,说明估计值越接近真实值,回归模型的拟合度越好。估计标准误差的计算公式为:

$$SE = \sqrt{\frac{\sum(y_i - \hat{y}_i)^2}{n - 2}} \tag{9-17}$$

其中，$\sum(y_i - \hat{y})^2$ 是剩余误差的平方和，$n-2$ 是它所对应的自由度。

根据表 9-2 的数据,求得估计标准误差为：

$$SE = \sqrt{\frac{\sum(y_i - \hat{y}_i)^2}{n-2}} = \sqrt{\frac{33\,897}{10-2}} = 65 （箱）$$

作为回归模型拟合优度的评价指标，估计标准误差显然不如可决系数。因为可决系数是无量纲的系数，并且有确定的取值范围(0～1)，便于对不同资料回归模型拟合优度的比较。但是，估计标准误差在回归分析中仍然是一个重要的指标，因为它是用自变量估计因变量时确定置信区间的尺度。

(二) 显著性检验

从总体中随机抽取一个样本，根据样本资料估计的回归模型由于受到抽样误差的影响，它所确定的变量之间的线性关系是否显著，以及按照这个模型通过给定的自变量 X 的值估计因变量 Y 是否有效，都必须通过显著性检验来得出结论。通常回归模型的显著性检验包括系数的检验和方程整体的检验两个部分。

1. 回归系数的检验

回归系数的显著性检验，是指根据样本计算结果对总体回归系数的有关假设所进行的检验，它的主要目的是了解总体自变量与因变量之间是否真正存在样本回归模型所表述的相关关系。β_0 和 β_1 的检验方法是相同的，但 β_1 的检验更为重要，因为它代表的是自变量对因变量线性影响的程度。这里就以 β_1 为例来说明回归系数显著性检验基本内容。

(1) 提出假设。

通常设定：

$$H_0: \beta_1 = 0, \quad H_1: \beta_1 \neq 0 \quad （双侧检验）$$

如果不能否定原假设，意味着总体自变量与因变量之间的线性关系不存在，所建立的回归模型也就不能够用于估计或预测。

(2) 计算检验统计量。

回归系数的检验统计量为：

$$z_{b_1} = \frac{b_1}{\sigma_{b_1}} \tag{9-18}$$

其中，$Z \sim N(0,1)$，σ_{b_1} 是样本回归系数 b_1 的抽样分布标准差，但 σ_{b_1} 是未知的，需要用它

的估计量 S_{b_1} 来代替。因此,大样本情况下使用 Z 统计量;小样本情况下则用 t 值统计量进行检验。这里以 t 检验为例进行说明。

$$t_{b_1} = \frac{b_1}{S_{b_1}} \tag{9-19}$$

其中,$S_{b_1} = SE/\sqrt{\sum(x_i - \bar{x})^2}$,$t$ 服从自由度为 $n-2$ 的 t 分布。

(3) 确定临界值。

设定显著性水平之后,就可以确定显著性检验的相应临界值 $t_{\frac{\alpha}{2}}$。

(4) 得出检验结论。

如果 $|t_{b_1}| > t_{\frac{\alpha}{2}}$,就否定原假设,表明总体回归系数 β_1 是不为零的;反之,就不能否定原假设。

利用表 9-2 的数据,可以计算小样本条件下 t 统计量的值:

$$S_{b_1} = \frac{65}{31.81} = 2.05$$

$$t_{b_1} = \frac{9.74}{2.05} = 4.75$$

取 $\alpha = 0.05$,查表 t 分布表得 $t_{\frac{0.05}{2}}(8) = 2.306$,显然 $t_{b_1} > t_{\frac{0.05}{2}}(8) = 2.306$,因此,否定原假设,说明总体回归系数 β_1 是不为零的,即气温确实能够解释饮料销售量的变动。

2. 方程整体的检验——F 检验

除了逐个检验回归系数的显著性以外,还要检验回归模型整体的显著性。其基本步骤如下。

(1) 提出假设。

在一元线性回归模型中只有一个解释变量,所以,模型的检验与回归系数的检验的假设形式是相同的。

通常设定:

$$H_0: \beta_1 = 0, \quad H_1: \beta_1 \neq 0$$

如果不能否定原假设,表明回归模型中的自变量不能够解释因变量的变动,这样的模型就不能用于预测。

(2) 计算检验统计量。

如前所述,总离差 $\sum(y_i - \bar{y})^2$ 可以分解为回归离差和残差两部分,即:

$$\sum(y_i - \bar{y})^2 = \sum(\hat{y}_i - \bar{y})^2 + \sum(y_i - \hat{y}_i)^2$$

实际上各种离差都同一个自由度相联系。总离差的自由度为 $n-1$，因为在计算 $\sum(y_i - \bar{y})^2$ 时受到约束条件 $\sum(y_i - \bar{y})=0$ 的限制而失去了一个自由度；总离差的自由度也可以分解为两部分，即回归离差自由度 1（对一元回归来说其自由度为 1）和残差自由度 $n-2$（一元回归中有两个待估参数 β_0 和 β_1）。将回归偏差和残差各自除以它们的自由度后就得到了对应的均方差。

由回归均方差和剩余均方差便可以构造检验统计量 F，即：

$$F = \frac{\sum(\hat{y}_i - \bar{y})^2/1}{\sum(y_i - \hat{y}_i)^2/(n-2)} \tag{9-20}$$

其中，F 服从 $F(1, n-2)$ 分布。

(3) 确定临界值。

根据显著性水平和自由度就可以确定临界值 F_α。

(4) 得出检验结论。

如果 $F > F_\alpha(1, n-2)$，则否定原假设，表明回归模型是显著的，即因变量与自变量之间存在显著的线性关系；反之，则不能否定原假设。

这种将离差平方和自由度进行分解的方法，称为方差分析。通常的方差分析都列成如表 9-3 所示的形式。

表 9-3 一元线性回归方差分析表

	平方和	自由度	均方差	F 值	$F_\alpha(1, n-2)$
回归离差	$\sum(\hat{y}_i - \bar{y})^2$	1	$\sum(\hat{y}_i - \bar{y})^2/1$	$F = \dfrac{\sum(\hat{y}_i - \bar{y})^2/1}{\sum(y_i - \hat{y}_i)^2/(n-2)}$	
剩余离差	$\sum(y_i - \hat{y})^2$	$n-2$	$\sum(y_i - \hat{y})^2/(n-2)$		
总离差	$\sum(y_i - \bar{y})^2$	$n-1$	$\sum(y_i - \bar{y})^2/(n-1)$		

值得注意的是，在一元线性回归分析中，回归系数的显著性检验与回归模型的显著性检验是等价的，因此 t 检验和 F 检验的结论是一致的。但在多元回归分析中，它们是不等价的，t 检验只检验方程中各个系数的显著性，而 F 检验则检验的是整个方程的显著性。

利用表 9-2 的数据，可以计算出：

$$\sum(\hat{y}_i - \bar{y})^2 = \sum(y_i - \bar{y})^2 - \sum(y_i - \hat{y}_i)^2$$

$$= 129\ 950 - 33\ 897 = 96\ 053$$

$$F = \frac{96\ 053/1}{33\ 897/8} = 22.67$$

取显著性水平 $\alpha = 0.05$,查表 F 分布得 $F_{0.05}(1, 8) = 5.32$,因为 $F > F_{0.05}(1, 8)$,所以否定原假设,方程通过 F 检验,表明饮料销售量与气温之间存在着显著的线性关系。

3. P 值检验

P 值检验是一种常用的统计检验方法。它通过比较 P 值与给定的显著性水平 α 的大小,来决定是否否定原假设。P 检验的判定准则是:若 P 值小于给定的 α,则否定原假设;否则,就不能否定原假设。一般的统计软件中都会直接给出 P 值,所以这种检验方法非常方便。上述回归系数和回归模型的显著性检验,也都可以直接用 P 值来进行,得出的结论与前述检验完全一致。

承上[例 9-1],使用 MINITAB 进行回归分析后,得到如下结果:

Predictor	$Coef$	$StDev$	T	P
b_0	117.07	59.03	1.98	0.083
b_1	9.738	2.049	4.75	0.001
$S = 65.17$		$R-Sq = 73.9\%$		$R-Sq(adj) = 70.6\%$

Analysis of Variance

Source	DF	SS	MS	F	P
回归离差	1	95 969	95 969	22.59	0.001
剩余离差	8	33 981	4 248		
总离差	9	129 950			

可以看出,回归系数 β_1 的显著性检验的 P 值为 0.001,小于所设定的显著性水平 $\alpha = 0.05$ 的值,所以,应当否定原假设($\beta_1 = 0$);回归模型整体的显著性检验的 P 值也为 0.001,小于所设定的显著性水平 $\alpha = 0.05$ 的值,所以也应当否定原假设($\beta_1 = 0$)。这些结论与 t 检验和 F 检验是一致的。

(三)德宾—沃森统计量($D-W$)检验

如前所述,标准回归模型要求剩余项 u_i 是随机变量,相互之间不存在自相关。否则,用回归模型进行的估计或预测就要失真。德宾—沃森统计量($D-W$)是检验模型是否存在自相关的一种有效方法。其公式为:

$$D\text{—}W = \frac{\sum_{i=2}^{n}(e_i - e_{i-1})^2}{\sum_{i=1}^{n} e_i^2} \tag{9-21}$$

式(9-21)中：

$$e_i = y_i - \hat{y}_i$$

把上式计算的 $D\text{—}W$ 值，与德宾—沃森给出的不同显著性水平 α 的 $D\text{—}W$ 值的上限 d_U 和下限 d_L（它们与样本容量 n 和自变量个数 m 有关）进行比较，$D\text{—}W$ 的取值域在 0～4 之间。

$D\text{—}W$ 检验法则规定如下。

(1) 在 $D\text{—}W$ 小于等于 2 时：

如 $D\text{—}W < d_L$，认为 u_i 存在正自相关；

如 $D\text{—}W > d_U$，认为 u_i 无自相关；

如 $d_L < D\text{—}W < d_U$，不能确定 u_i 是否有自相关。

(2) 在 $D\text{—}W$ 大于 2 时：

如 $4 - D\text{—}W < d_L$，认为 u_i 存在负自相关；

如 $4 - D\text{—}W > d_U$，认为 u_i 无自相关；

如 $d_L < 4 - D\text{—}W < d_U$，不能确定 u_i 是否有自相关。

由图 9-3 可看出，$D\text{—}W$ 值等于 2 时为最好。根据经验，$D\text{—}W$ 统计量在 1.5～2.5 之间时表示没有显著自相关问题。

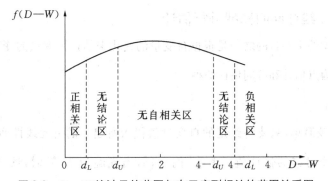

图 9-3　$D\text{—}W$ 统计量的范围与有无序列相关的范围关系图

利用表 9-4 中的 y 和 $\hat{y}$ 数据，计算饮料销售量的 $D\text{—}W$ 统计量：

$$D\text{—}W = \frac{\sum_{i=2}^{n}(e_i - e_{i-1})^2}{\sum_{i=1}^{n} e_i^2} = \frac{65\,862}{33\,897} = 1.94$$

表 9-4　D—W 统计量计算表

i	y_i	$\hat{y}_i$	$y_i - \hat{y}_i$	$[(y_i - \hat{y}_i) - (y_{i-1} - \hat{y}_{i-1})]^2$	$(y_i - \hat{y}_i)^2$
1	430	409	21	—	441
2	335	322	13	64	169
3	520	458	62	2 401	3 844
4	490	526	−36	9 604	1 296
5	470	477	−7	841	49
6	210	312	−102	9 025	10 404
7	195	195	0	10 404	0
8	270	283	−13	169	169
9	400	458	−58	2 025	3 364
10	480	361	119	31 329	14 161
总和	—	—	—	65 862	33 897

计算结果表明，D—W 统计量的值为 1.94，介于 1.5～2.5 之间，因此，本例不存在自相关问题。如果检验结果发现有自相关问题，就必须对数据进行调整。例如，运用以下变量能对饮料销售量进行新的回归分析：

y：本期饮料销售量相对上一期的增量；

x：本期气温相对上一期的增量。

如果调整之后仍存在自相关问题，就有必要用本章第四节探讨的方法进行非线性回归或用时间序列法来进行模拟分析。

四、用一元线性回归模型进行估计

建立回归模型的主要目的之一是根据自变量的变化来估计因变量的变动情况。具体的估计的形式可分为点估计和区间估计两种。

（一）点估计

这种方法比较简单，只要将给定的自变量值代入所建立的一元线性回归模型，便可以得到因变量的一个对应的估计值。承前[例 9-1]，当气温为 35 ℃时，饮料的销售量可以计算如下：

$$\hat{y} = 117 + 9.74x$$

$$= 117 + 9.74 \times 35 = 458（箱）$$

（二）区间估计

在估计中，有时需要给出精确度，这就要用到在一定概率保证程度下的区间估计方法。

根据一元线性回归模型的性质可知，$\hat{y}$ 的抽样分布服从正态分布，但 $\sigma_{\hat{y}}^2$ 未知，需要用它的估计值 $S_{\hat{y}}^2$ 来代替，这样对 $\hat{y}$ 进行区间估计时就要区分大样本与小样本。

（1）如果要估计的是因变量的平均水平 μ_y，则所估计的区间称为置信区间。计算公式为：

大样本：置信区间 $= \hat{y} \pm z_{\frac{\alpha}{2}} SE_{\hat{\mu}}$ (9-22)

小样本：置信区间 $= \hat{y} \pm t_{\frac{\alpha}{2}} SE_{\hat{\mu}}$ (9-23)

（2）如果要估计的是某个特定的因变量 y 值，则所估计的区间称为预测区间。其计算公式为：

大样本：预测区间 $= \hat{y} \pm z_{\frac{\alpha}{2}} SE_{\hat{y}}$ (9-24)

小样本：预测区间 $= \hat{y} \pm t_{\frac{\alpha}{2}} SE_{\hat{y}}$ (9-25)

其中，$SE_{\hat{\mu}} = SE\sqrt{\dfrac{1}{n} + \dfrac{(x_0 - \bar{x})^2}{\sum(x_i - \bar{x})^2}}$，$SE_{\hat{y}} = SE\sqrt{1 + \dfrac{1}{n} + \dfrac{(x_0 - \bar{x})^2}{\sum(x_i - \bar{x})^2}}$（证明略），$x_0$ 为用于预测 y 的 x 值，$t_{\frac{\alpha}{2}}$ 是置信度为 $(1-\alpha)$、自由度为 $(n-2)$ t 分布的临界值。

承上［例 9-1］，在小样本条件下，如果取显著性水平 $\alpha = 0.1$，在气温 35 ℃时，饮料销售量的置信度为 90% 的置信区间为：

$$\hat{y} \pm 1.860 \times 65 \times \sqrt{\dfrac{1}{10} + \dfrac{(35 - 27)^2}{1\,012}} = 458 \pm 48$$

即当气温为 35 ℃时，有 90% 的把握可以估计饮料销售量的平均变动范围在 410～506 箱之间。

同样的条件下，饮料销售量的预测区间为：

$$\hat{y} \pm 1.860 \times 65 \times \sqrt{1 + \dfrac{1}{10} + \dfrac{(35 - 27)^2}{1\,012}} = 458 \pm 130$$

即当气温为 35 ℃时，有 90% 的把握认为饮料销售量的变动范围在 328～588 箱之间。

第三节　多元线性回归分析

上一节介绍了一元线性回归分析。但实际当中影响因变量的自变量往往不止一个而是多个，比如前例中影响饮料销售量的不仅仅是气温，还有销售价格、消费者的消费习惯、年龄等因素。这就产生了分析多个变量间相关关系的需要。

在线性相关的基础上,研究两个或两个以上自变量的回归分析称为多元线性回归。多元回归的基本思想和方法与一元回归分析大致相同,只是计算较为复杂。

一、多元线性回归模型的建立

(一) 多元线性回归模型

$$Y_i = \beta_0 + \beta_1 X_{1i} + \beta_2 X_{2i} + \cdots + \beta_n X_{ni} + u_i \tag{9-26}$$

其中,Y 代表因变量,$X_k(k=0, 1, 2, \cdots, n)$ 代表 k 个自变量,$\beta_k(k=0, 1, 2, \cdots, n)$ 称为偏回归系数,分别表示第 k 个自变量每变化一个单位时,因变量 Y 平均的增量,u 为随机扰动项。模型中可以包括进去的自变量个数是没有限制的。通常,使用一个以上的自变量可以使预测精度大大提高。

为了方便,这一节中只讨论两个自变量的模型,借以说明多元回归分析方法。承前 [例9-1],该饮料公司的许多零售点设在体育比赛场地,通过观察,公司发现当比赛结果出现一边倒时,观众就会比往常多喝一些饮料,可能是因为这时观众能够有时间注意到口渴,而不是把注意力完全集中在比赛场上。因此,考虑将比赛结束时的比分差作为第二个自变量。关于销售量的二元回归模型就可以表述为:

$$Y_i = \beta_0 + \beta_1 X_{1i} + \beta_2 X_{2i} + \mu_i \tag{9-27}$$

在这里,X_1 代表气温,X_2 代表比分差。

(二) 参数的估计

上述二元回归模型所对应的样本回归模型可表述为:

$$\hat{y}_i = b_0 + b_1 x_{1i} + b_2 x_{2i} \tag{9-28}$$

式中,b_0,b_1 和 b_2 分别是总体回归方程中偏回归系数 β_0,β_1 和 β_2 的估计值。

对二元回归模型系数的估计同样采用最小二乘法。通过解如下的联立方程就可以求得 b_0,b_1 和 b_2:

$$\begin{cases} \sum y = nb_0 + b_1 \sum x_1 + b_2 \sum x_2 \\ \sum x_1 y = b_0 \sum x_1 + b_1 \sum x_1^2 + b_2 \sum x_1 x_2 \\ \sum x_2 y = b_0 \sum x_2 + b_1 \sum x_1 x_2 + b_2 \sum x_2^2 \end{cases}$$

表 9-5 列出饮料销售量、气温和 10 场比赛结束时比分差的观测值。将这些数据代入计算公式:

表 9-5 二元回归分析计算表

时期 (i)	销售量 (y)	温度 (x_1)	比分差 (x_2)	$x_1 y$	$x_1 x_2$	$x_2 y$	x_1^2	x_2^2	$(y-\bar{y})^2$	$(x_1-\bar{x}_1)^2$	$(x_2-\bar{x}_2)^2$	$(y-\bar{y}) \times (x_1-\bar{x}_1)$	$(y-\bar{y}) \times (x_2-\bar{x}_2)$	$(x_1-\bar{x}_1) \times (x_2-\bar{x}_2)$
(1)	(2)	(3)	(4)	(5)	(6)	(7)	(8)	(9)	(10)	(11)	(12)	(13)	(14)	(15)
1	430	30	12	12 900	360	5 160	900	144	2 500	9	4	150	100	6
2	335	21	10	7 035	210	3 350	441	100	2 025	36	0	270	0	0
3	520	35	22	18 200	770	11 440	1 225	484	19 600	64	144	1 120	1 680	96
4	490	42	6	20 580	252	2 940	1 764	36	12 100	225	16	1 650	−440	−60
5	470	37	8	17 390	296	3 760	1 369	64	8 100	100	4	900	−180	−20
6	210	20	2	4 200	40	420	400	4	28 900	49	64	1 190	1 360	56
7	195	8	9	1 560	72	1 755	64	81	34 225	361	1	3 515	185	19
8	270	17	8	4 590	136	2 160	289	64	12 100	100	4	1 100	220	20
9	400	35	6	14 000	210	2 400	1 225	36	400	64	16	160	−80	−32
10	480	25	17	12 000	425	8 160	625	289	10 000	4	49	−200	700	−14
合计	3 800	270	100	112 455	2 771	41 545	8 302	1 302	129 950	1 012	302	9 855	3 545	71

$$\begin{cases} 3\,800 = 10b_0 + 270b_1 + 100b_2 \\ 112\,455 = 270b_0 + 8\,302b_1 + 2\,771b_2 \\ 41\,545 = 100b_0 + 2\,771b_1 + 1\,302b_2 \end{cases}$$

解联立方程得：

$$b_0 = 39.195\,3,\ b_1 = 9.064\,1,\ b_2 = 9.607\,4$$

二、多元线性回归模型的检验

从总体中随机抽取一个样本，根据样本资料估计出的二元线性回归模型同样也需要通过一系列检验来确定模型是否可靠和具有使用价值。

(一) 拟合优度检验

度量简单一元线性回归模型的精确度指标，也适用于多元线性回归模型。

1. 可决系数(R^2)

$$R^2 = \frac{\text{回归离差}}{\text{总离差}} = 1 - \frac{\text{剩余离差}}{\text{总离差}} = 1 - \frac{\sum(y_i - \hat{y}_i)^2}{\sum(y_i - \bar{y})^2}$$

$R^2 = 0$ 意味着回归模型没有对 y 的总离差作出任何解释；而 $R^2 = 1$ 则意味着回归模型对 y 的全部离差作出了解释。但要注意的是，在多元回归分析中，即使回归模型对 y 的离差的解释能力没有增强，R^2 也会随着自变量的个数的增加而增大。为了消除这种影响，在多元回归分析中常常使用修正的可决系数 R_a^2。其计算公式为：

$$R_a^2 = 1 - \frac{\sum(y_i - \hat{y}_i)^2/(n - k - 1)}{\sum(y_i - \bar{y})^2/(n - 1)} \tag{9-29}$$

其中，n 为样本容量，k 为自变量的个数，$(n - k - 1)$ 和 $(n - 1)$ 分别为残差平方和与总离差平方和的自由度。

本例中：

$$R^2 = 1 - \frac{6\,612}{129\,950} = 0.949,\ R_a^2 = 0.935$$

计算结果表明，多元回归模型解释了饮料销售量总离差的 93.5%，而一元回归模型只解释了饮料销售量总离差的 74%。

2. 估计标准误差(SE)

同一元线性回归的情况一样，估计标准误差是对 y 的观测值与估计值之间的离差的一种度量。它是计算置信区间的基础指标。其计算公式为：

$$SE = \sqrt{\frac{\sum(y_i - \hat{y})^2}{n-3}} \tag{9-30}$$

其中，$(n-3)$ 是剩余误差平方和所对应的自由度。

表 9-6 拟合优度和德宾—沃森检验

时期 (i)	销售量 (y)	温度 (x_1)	比分差 (x_2)	$(y-\bar{y})^2$	$\hat{y}$	$e_i = y_i - \hat{y}$	$e_i^2 = (y_i - \hat{y})^2$	$(e_i - e_{i-1})^2$
(1)	(2)	(3)	(4)	(5)	(6)	(7)	(8)	(9)
1	430	30	12	2 500	426	4	16	—
2	335	21	10	2 025	326	9	81	25
3	520	35	22	19 600	568	−48	2 304	3 249
4	490	42	6	12 100	478	12	144	3 600
5	470	37	8	8 100	451	19	361	49
6	210	20	2	28 900	240	−30	900	2 401
7	195	8	9	34 225	198	−3	9	729
8	270	17	8	12 100	270	0	0	9
9	400	35	6	400	414	−14	196	196
10	480	25	17	10 000	429	51	2 601	4 225
总数	3 800			129 950			6 612	14 483

将表 9-6 有关数据代入得：

$$SE = \sqrt{\frac{6\,612}{7}} = 31(\text{箱})$$

把这个数字与一元线性回归方程中的标准误差 65 相比，可以看出多元回归的估计标准误差缩小了一半多。在对准确性要求更高的预测中，就能表现出这种误差缩小的好处。

(二) 显著性检验

多元线性回归的显著性检验的基本原理和内容与一元线性回归模型是一致的，也分为回归系数的检验和回归方程整体的检验两个部分。

1. 回归系数的显著性检验

通常设定假设为：

$$H_0: \beta_k = 0, \ H_1: \beta_k \neq 0, \ k = 1, 2, \cdots$$

在多元回归方程中,仍以小样本为例进行说明。偏回归系数 β_1 和 β_2 的显著性检验可采用 t 检验量。其计算公式为:

$$t_{b_k} = \frac{b_k}{S_{b_k}}, \ k = 1, 2, \cdots$$

其中,S_{b_k} 是偏回归系数 β_k 的标准差的估计值。其计算公式为:

$$S_{b_1} = SE \times \sqrt{\frac{\sum(x_2 - \bar{x}_2)^2}{\sum(x_1 - \bar{x}_1)^2 \sum(x_2 - \bar{x}_2)^2 - [\sum(x_1 - \bar{x}_1)(x_2 - \bar{x}_2)]^2}} \tag{9-31}$$

$$S_{b_2} = SE \times \sqrt{\frac{\sum(x_1 - \bar{x}_1)^2}{\sum(x_1 - \bar{x}_1)^2 \sum(x_2 - \bar{x}_2)^2 - [\sum(x_1 - \bar{x}_1)(x_2 - \bar{x}_2)]^2}} \tag{9-32}$$

一般的统计软件中都会给出 S_{b_k} 的值。

本例中,可以分别对偏回归系数计算 t 检验统计量:

$$t_{b_1} = \frac{9.064}{0.9707} = 9.34, \ t_{b_2} = \frac{9.607}{1.777} = 5.41$$

取显著性水平 $\alpha = 0.05$,则查 t 分布表可得检验临界值 $t_{\frac{0.05}{2}}(10-3) = 2.3646$。比较发现,检验统计量 t_{b_1}, t_{b_2} 的值都大于临界值,因此否定原假设,即认为总体回归方程的偏回归系数 β_1 和 β_2 都不为零,说明两个自变量都能够对因变量的变动作出一定的解释。如果遇到不显著的偏回归系数,说明在给定其他自变量的条件下,该自变量不能解释因变量的变动,所以应当将其从回归方程中剔除。

2. 回归模型的显著性检验

通常设定假设为:

$$H_0: \beta_1 = \beta_2 = 0, \ H_1: \beta_1 \text{ 和 } \beta_2 \text{ 不全为零}$$

检验中,仍然使用建立在方差分析基础上的 F 统计量:

$$F = \frac{\sum(\hat{y}_i - \bar{y})^2 / 2}{\sum(y_i - \hat{y}_i)^2 / (n-3)} \tag{9-33}$$

这里的 F 服从 $F(2, n-3)$ 分布。

本例中,可以计算 F 检验统计量的值为:

$$F = \frac{61\,693}{938} = 65.78$$

取显著性水平 $\alpha = 0.05$,则查 F 分布表可得检验临界值 $F_{0.05}(2,7) = 4.747$。经过比较发现,检验统计量 F 的值大于临界值,因此否定原假设,即认为回归方程总体是显著的。

(三) 德宾—沃森统计量(D—W)检验

根据表 9-6 中的第(8)栏和第(9)栏的数据,计算德宾—沃森统计量来检验标准回归模型中剩余项 u_i 的随机性。

$$D—W = 14\,483/6\,612 = 2.19$$

采用前面提出的经验法则,若 D—W 统计量在 1.5～2.5 之间,则表明不存在显著的自相关问题。如果发现了自相关问题,也是通过对所有的原始数据进行差分来消除它,然后用这些变量代替原始变量,进行多元回归分析。

(四) 多重共线性检验

多重共线性是多元回归分析中特有的问题,简单回归不存在此问题。由于各个自变量所代表的是各种不同因素的信息,因此,假定各自变量同其他自变量之间是无关的。但是现实中这个假定往往不成立,比如把比赛进行到一半时的比分差和比赛结束时的比分差作为两个自变量,则两者都是比分接近程度的度量,它们就可能存在相关关系。这种关系会导致建立错误的回归模型以及得出使人误解的结论。为了避免这个问题,有必要对自变量之间的相关与否进行检验。任何两个自变量 x_1 和 x_2 之间的相关系数为:

$$r_{x_1 x_2} = \frac{\sum (x_{1i} - \bar{x}_1)(x_{2i} - \bar{x}_2)}{\sqrt{\sum (x_{1i} - \bar{x}_1)^2} \sqrt{\sum (x_{2i} - \bar{x}_2)^2}} \tag{9-34}$$

利用表 9-5 中的数据,自变量 x_1 和 x_2 之间的相关系数为:

$$r_{x_1 x_2} = \frac{7.1}{\sqrt{101.2} \times \sqrt{30.2}} = 0.13$$

对于两个自变量之间的相关系数的绝对值究竟取多大才是"安全"的,人们有不同的意见。作为经验法则,有人提出取值应该小于 0.75,但也有人提出取值应小于 0.50。按照这两个法则中的任何一个,说明本题没有多重共线性的问题。

使用多个自变量时,通常把它们的相关关系列在一个相关矩阵中,如表 9-7 所示。

表 9-7　饮料销售量相关矩阵

	y	x_1	x_2
y	1.00	0.86	0.56
x_1		1.00	0.13
x_2			1.00

表 9-7 具有一个明显的特征：各个自变量和因变量之间的相关系数大，而各个自变量之间的相关系数小。若某两个自变量之间高度相关，就有必要把其中的一个自变量从模型中删去。如果不能确定哪些自变量应包括在变量内，那么就可以利用所考虑的所有变量建立一个相关矩阵，保留因变量与自变量高度相关的因素，而把能引起多重共线性的自变量删去或替换。

三、用多元线性回归模型进行估计

（一）点估计

本例中，若预计明天的气温为 35 ℃，体育节目播音员预计比分差为 8，那么，可以估计这次比赛的饮料销售量为：

$$\hat{y} = 39.1953 + 9.0641 \times 35 + 9.6074 \times 8 = 433(箱)$$

（二）区间估计

(1) 如果要估计的是因变量的平均水平 μ_y，则置信区间的公式为：

大样本：置信区间 $= \hat{y} \pm z_{\frac{\alpha}{2}} SE_{\hat{\mu}}$

小样本：置信区间 $= \hat{y} \pm t_{\frac{\alpha}{2}} SE_{\hat{\mu}}$

(2) 如果要估计的是某个特定的因变量 y 值，则预测区间的公式为：

大样本：预测区间 $= \hat{y} \pm z_{\frac{\alpha}{2}} SE_{\hat{y}}$

小样本：预测区间 $= \hat{y} \pm t_{\frac{\alpha}{2}} SE_{\hat{y}}$

其中，$t_{\frac{\alpha}{2}}$ 是置信度为 $(1-\alpha)$、自由度为 $(n-2)$ t 分布的临界值。$SE_{\hat{\mu}}$，$SE_{\hat{y}}$ 的计算公式为：

$$SE_{\hat{\mu}} = SE\sqrt{C_0} \qquad SE_{\hat{y}} = SE\sqrt{1+C_0}$$

$$C_0 = \frac{1}{n} + \frac{(x_{10}-\bar{x}_1)^2 \sum(x_2-\bar{x}_2)^2 + (x_{20}-\bar{x}_2)^2 \sum(x_1-\bar{x}_1)^2}{\sum(x_1-\bar{x}_1)^2 \sum(x_2-\bar{x}_2)^2 - \left[\sum(x_1-\bar{x}_1)(x_2-\bar{x}_2)\right]^2} - 2$$

$$\times \frac{(x_{10}-\bar{x}_1)(x_{20}-\bar{x}_2)\sum(x_1-\bar{x}_1)(x_2-\bar{x}_2)}{\sum(x_1-\bar{x}_1)^2 \sum(x_2-\bar{x}_2)^2 - \left[\sum(x_1-\bar{x}_1)(x_2-\bar{x}_2)\right]^2}$$

式中，x_{10} 与 x_{20} 分别为给定的自变量 x_1 和 x_2 的值。常用的统计软件都可以直接给出因变量的置信区间和预测区间。

本例中，要计算置信度为 90% 的估计区间，查表得 $t_{\frac{0.10}{2}}(7)=1.895$，从而饮料销售量的置信区间为：

$$\hat{y} \pm 1.895 \times SE_{\hat{\mu}} = 430 \pm 25$$

即当气温为 35 ℃、比分差为 8 时，平均的饮料销售量的值介于 405～455 箱之内的概率为 0.90。

同样的条件下，饮料销售量的置信度为 90% 的预测区间为：

$$\hat{y} \pm 1.895 \times SE_{\hat{y}} = 433 \pm 63$$

即当气温为 35 ℃、比分差为 8 时，有 90% 的把握估计饮料销售量的值在 370～496 箱之间。

四、复相关系数与偏相关系数

多元回归分析中，变量之间的相关关系较为复杂，根据不同的目的，需要分别计算复相关系数和偏相关系数。

(一) 复相关系数

在多变量情况下，复相关系数是用来测定因变量 y 与一组自变量 $x_1, x_2, \cdots, x_m$ 之间相关程度的指标。复相关系数用符号 $r_{y,12\cdots m}$ 表示，其中下标的"y"表示因变量，用逗号与表示自变量序号的"$12\cdots m$"隔开。复相关系数的计算公式为：

$$r_{y,12\cdots m} = \sqrt{1 - \frac{\sum(y_i - \hat{y}_i)^2}{\sum(y_i - \bar{y})^2}} = \sqrt{R^2} \tag{9-35}$$

从上式可以看出，多元回归分析中复相关系数仍然是可决系数的非负平方根，因此，实际应用中一般不直接根据定义式计算复相关系数，而是先计算可决系数然后再开平方。复相关系数的值域为 (0, 1)。它的值为 1，表明 y 与 $x_1, x_2, \cdots, x_m$ 之间存在严密的线性关系；它的值为 0，则表明 y 与 $x_1, x_2, \cdots, x_m$ 之间不存在任何线性相关关系。通常复相关系数的取值在 0 和 1 之间，表明变量之间存在一定的线性相关关系。

承前例，已知关于饮料销售量的二元线性回归方程的修正可决系数 $R_a^2 = 0.935$，则因变量与两个自变量之间的复相关系数就可以计算为：

$$r_{y,12} = \sqrt{0.935} = 0.967$$

可以看出,饮料销售量与气温、比分差之间确实存在较强的线性相关关系。

(二) 偏相关系数

在多个变量中,偏相关系数是用来测定当其他变量保持不变的情况下,任意两个变量之间相关程度的指标。它与单相关系数的区别在于,偏相关系数考察的是两个特定变量之间的净相关关系,从而它更能说明现象之间的真实联系。以两个自变量的情形为例,偏相关系数 $r_{y1\cdot 2}$ 测定的是在给定 x_2 时 y 与 x_1 之间的相关程度,$r_{y2\cdot 1}$ 测定的则是在给定 x_1 时 y 与 x_2 之间的相关程度。偏相关系数的计算公式为:

$$r_{y1\cdot 2} = \frac{r_{y1} - r_{y2}r_{12}}{\sqrt{(1-r_{y2}^2)(1-r_{12}^2)}} \tag{9-36}$$

$$r_{y2\cdot 1} = \frac{r_{y2} - r_{y1}r_{12}}{\sqrt{(1-r_{y1}^2)(1-r_{12}^2)}} \tag{9-37}$$

其中,r_{y1},r_{y2} 和 r_{12} 分别为两个变量之间的单相关系数。偏相关系数有正负之分,它的取值范围介于 -1 与 $+1$ 之间。

承上例,根据表 9-7 中的数据,可以分别计算偏相关系数:

$$r_{y1\cdot 2} = \frac{0.86 - 0.56 \times 0.13}{\sqrt{(1-0.56^2)(1-0.13^2)}} = 0.958$$

$$r_{y2\cdot 1} = \frac{0.56 - 0.86 \times 0.13}{\sqrt{(1-0.86^2)(1-0.13^2)}} = 0.886$$

值得注意的是,一旦用回归分析进行预测时,就需要定期地、适时地修正该回归模型,以弄清楚原来的关系是否仍然存在。

第四节 非线性回归分析

前面两节研究了变量之间呈线性关系时的回归分析问题。然而,在社会经济现象中,有时因素之间的关系并不是线性的,这时就要选配适当类型的曲线才符合实际情况。

一、适配曲线问题

选配曲线通常可以分下列两个步骤。

(一)确定变量间依存关系的类型

变量间依存关系的类型有时可以根据理论或过去积累的经验,事前予以确定。在不能事先确定时,就需要根据实际资料做散点图,按照图形的分布形状选择适当的曲线来配合。

(二)确定回归模型中的未知参数

曲线类型确定以后,接下来就要建立回归模型,即估计式中的未知参数。最小二乘法是确定未知参数的最常用方法。但在这之前,必须先通过变量的替换,把非线性函数关系转化成线性关系。下面以[例9-2]来进行具体的说明。

【例9-2】 表9-8是某年某市各百货商店的商品年销售额和商品流通费率的数据,试建立一个适合两者关系的回归模型。

表9-8 商品销售额和商品流通费率数据

商品销售额分组(万元)	组中值(x)	商品流通费率(%)(y)	$x' = \frac{1}{x}$	$(x')^2$	y^2	$x'y$
3以下	1.5	7.0	0.666 7	0.444 49	49.0	4.666 90
3~6	4.5	4.8	0.222 2	0.049 37	23.04	1.066 56
6~9	7.5	3.6	0.133 3	0.017 77	12.96	0.479 88
9~12	10.5	3.1	0.095 2	0.009 06	9.61	0.295 12
12~15	13.5	2.7	0.074 1	0.005 49	7.29	0.200 07
15~18	16.5	2.5	0.060 6	0.003 67	6.25	0.151 50
18~21	19.5	2.4	0.051 3	0.002 63	5.76	0.123 12
21~24	22.5	2.3	0.044 4	0.001 97	5.29	0.102 12
24~27	25.5	2.2	0.039 2	0.001 54	4.84	0.086 24
合计	—	30.6	1.387 0	0.535 99	124.04	7.171 51

解:(1)绘制散点图。

要确定两个变量间的相关关系,首先根据观测数据绘制散点图,并用曲线连接起来,可以清楚地看出销售额逐渐增大,商品流通费率会逐渐减少,如图9-4所示。

从图形判断,应当用双曲线模型 $\hat{y} = b_0 + b_1 \frac{1}{x}$ 来描述变量之间的相关关系。

(2)计算相关系数。

要估计双曲线模型中的 b_0,b_1 两个系数,首先需要对其做线性变换,如果设 $x' = \frac{1}{x}$,则得到线性回归模型:

$$\hat{y} = b_0 + b_1 x'$$

根据表9-8中的数据,可以计算该线性模型中因变量 y 与自变量 x' 之间的相关系数为:

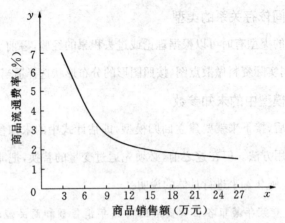

图 9-4 商品销售额和商品流通费率的散点图

$$r = \frac{n\sum x'_i y_i - (\sum x'_i)(\sum y_i)}{\sqrt{n\sum x'^2_i - (\sum x'_i)^2} \cdot \sqrt{n\sum y_i^2 - (\sum y_i)^2}}$$

$$= \frac{9 \times 7.171\,5 - 1.387 \times 30.6}{\sqrt{9 \times 0.535\,99 - 1.387^2}\sqrt{9 \times 124.04 - 30.6^2}} = 0.968$$

(3) 估计回归系数。

回归系数的估计仍然采用最小二乘法。由表 9-8 的数据可计算:

$$b_1 = \frac{\sum x'_i y_i - \frac{1}{n}(\sum x'_i \sum y_i)}{\sum (x'_i)^2 - \frac{1}{n}(\sum x'_i)^2} = \frac{2.455\,71}{0.322\,24} = 7.620\,75$$

$$b_0 = \bar{y} - b\bar{x'} = 3.4 - 7.620\,75 \times 0.154\,11 = 2.225\,57$$

于是得到估计的回归模型:

$$\hat{y} = 2.225\,57 + 7.620\,75\left(\frac{1}{x}\right)$$

用 MINITAB 进行回归分析的部分结果如下:

Predictor	Coef	StDev	T	P
b_0	2.236 8	0.181 8	12.30	0.000
b_1	7.602 4	0.745 8	10.19	0.000

$S = 0.424\,7$ $\quad R-Sq = 93.7\%$ $\quad R-Sq(\text{adj}) = 92.8\%$

Analysis of Variance

Source	DF	SS	MS	F	P
回归离差	1	18.738	18.738	103.90	0.000
剩余离差	7	1.262	0.180		
总离差	8	20.000			

从 P 值来看,回归系数和回归模型整体都通过了显著性检验。

(4) 进行估计。

当商品销售额为 13 万元时,则流通费率的估计值为:

$$\hat{y} = 2.22557 + 7.62075 \times \left(\frac{1}{13}\right) = 2.8(\%)$$

二、相关指数

非线性回归分析中,变量之间的相关关系难以用单相关系数来测定。在这种情况下,通常使用相关指数,即对非线性回归模型进行拟合时所得到的可决系数,作为判断变量之间是否存在某种非线性关系的尺度。

承上例 9-2,所拟合的商品销售额与流通费用率的双曲线回归方程的可决系数为 0.937,说明商品销售额很好地解释了商品流通费率的变动情况。

三、一些常见的函数图形

选择合适的曲线类型并不是一件轻而易举的工作,需要一定的专业知识和经验,当然也可以通过计算剩余均方差(估计标准误差)来确定。为了便于选择曲线类型,现给出其他几种常用的曲线及其变换方法,供使用时参考。

(一) 幂函数

$y = ax^b$(如图 9-5)。

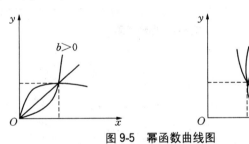

图 9-5 幂函数曲线图

变换方法如下:

令:

$$y' = \lg y,\ x' = \lg x,\ a' = \lg a$$

则:

$$y' = a' + bx'$$

(二) 指数函数

$y = ae^{bx}$(如图 9-6)。

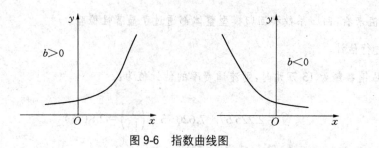

图 9-6 指数曲线图

变换方法如下：

令：

$$y' = \ln y, \ a' = \ln a$$

则：

$$y' = a' + bx$$

(三) 抛物线函数

$y = a + bx + cx^2$（如图 9-7）。

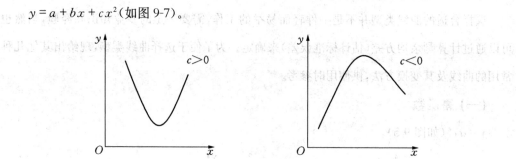

图 9-7 抛物线图

变换方法如下：

令：

$$x_1' = x, \ x_2' = x^2$$

则：

$$y = a + bx_1' + cx_2'$$

(四) 对数函数

$y = a + b \lg x$（如图 9-8）。

变换方法如下：

令：

$$x' = \lg x$$

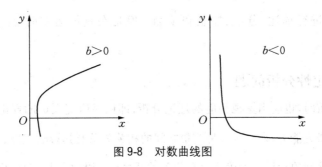

图 9-8 对数曲线图

则：

$$y = a + bx'$$

(五) S 型函数

$y = \dfrac{1}{a + be^{-x}}$（如图 9-9）。

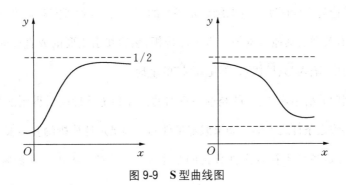

图 9-9 S 型曲线图

变换方法如下：

令：

$$y' = \frac{1}{y},\ x' = e^{-x}$$

则：

$$y' = a + bx'$$

在实际应用中，对于一些复杂的非线性函数常常需要综合利用几种方法，而且并非所有的非线性函数都能通过变化得到与原模型完全等价的线性模型。

第五节 应用回归预测时应注意的问题

随着我国市场经济的发展，人们将越来越多地借助于回归分析方法对经济活动中出现的各种数量关系进行描述、分析、控制和预测。但是在具体运用时,应当注意以下几个问题。

一、关于定性分析问题

进行回归分析时,也应当重视相应的理论分析,即依靠研究人员的理论知识、专业知识、实际经验和分析研究能力,来确定各种变量之间的相关关系及其影响程度。只有在理论上证实社会现象或社会现象指标之间确实存在相关关系之后,才能再用回归分析法具体研究和测定社会现象相关关系的数量表现。任何脱离理论分析或不做定性分析的相关和回归分析将会陷入研究的误区。例如,在一些发展中国家,近年来香烟消费量和人口期望寿命都呈现着增长趋势。如果研究人员对此现象不做定性分析,就套用相关系数的计算公式,再按一定的显著性水平进行显著性检验,完全有可能得出吸烟与寿命之间呈现显著的正相关关系的结论。然而这种结论与现代医学研究的结论是相悖的。事实上,对研究对象进行相关和回归分析之前,应该对有关联的其他因素做一番定性分析,然后找出主要的或直接的影响因素。不然会在分析研究中,陷入"只见树木,不见森林"的境地。

在相关和回归分析中,研究人员经过一系列的计算和统计检验后得到的结论,往往是建立在满足一定的假定条件之上的。如果假定条件同时满足定性分析的基本要求,则结论具有实际意义;如果假定条件不符合定性分析的基本要求,则相关和回归分析后的结论就值得商榷。

关于定性分析的重要性,不仅表现在相关和回归分析过程的开始,而且也表现在分析的中间过程之中。例如,在对回归模型做统计检验时,数理检验并不能替代对模型的定性检验(或称逻辑检验)。按照分析的要求,逻辑检验是第一位的,数理检验是第二位的。例如,对求出的回归方程做检验,首先应从逻辑上检查方程能否成立,特别要检查自变量前回归系数的符号是否合乎对现实情况的定性理解;在逻辑检验通过后再做数理统计检验。对于未通过逻辑检验的方程,要仔细分析和追查原因,以便于改进。

二、关于回归预测不能任意外推的问题

回归分析中,要注意把握事物从量变到质变的"度"的界限。在许多情况下,变量之间只是在一定的范围内才具有相关关系,超出了这个范围就可能成为谬误。例如,施肥量超过了一定的限度,产量不但不会增加,反而会减少。农作物的耕作深度与每亩收割量之间的关系也是如此。因此,回归分析中的回归关系限于 X 方面原数值从最小值到最大值的范围

(以 X 推算 Y 时),超过了这个范围还去推断或预测可能会得出错误的结论。

所谓外推,就是指把相关关系或回归关系用于超出上述范围之外。由于原来资料只提供了一定范围内的数量关系,在此范围以外是否存在着同样的关系,尚未得知。如果有进行外推的充分根据和需要,也应十分慎重,而且不能离开原来的范围太远。一般来说,直线回归只适宜做中、短期预测,不宜于做长期预测。

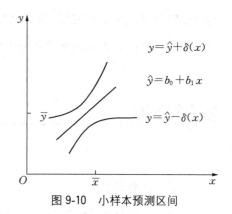

图 9-10 小样本预测区间

当 x_0 靠近 $\bar{x}$ 时,估计值 $\hat{y}$ 与真实值 y 之间的偏离 δ 就小;当 x_0 远离 $\bar{x}$ 时,估计值 $\hat{y}$ 与真实值 y 之间的偏离 δ 就大,即 $\delta = \delta(x_0)$。假如分别做函数 $y = \hat{y} - \delta$ 和 $y = \hat{y} + \delta$ 的图形(如图 9-10),那么,它们把回归直线夹在中间,两头都是喇叭形的。

三、关于对数据资料的要求问题

在利用回归分析进行预测时,还必须注意数据资料的准确性、可比性和独立性问题。

(一) 数据资料的准确性问题

这个问题容易理解,只有借以预测的资料是正确的,才能保证分析和预测的可靠性。如果历史上的某些原因使得某一年度的资料明显不准确(如"大跃进"时期一些地区的数据资料),应该按照核实后的数据来计算,不可将错就错。在整理资料过程中,如发现个别因素缺少某些年度的数字,要采用一定的统计方法(如比例推算法、统计插值法、调查估算法等)予以补齐。如发现某一年度的数字畸高畸低,可利用数理统计中的控制理论,按照 3δ 原则对该数字进行检验,如果与总体平均数的离差超过 3δ,那么该年度各个变量的数值就不能用于分析和预测。

(二) 数据资料的可比性和独立性问题

在选取样本数据时,除了准确性问题以外,还应该重视数据的可比性和独立性,具体地说,就是要保证 $y_1, \cdots, y_n$ 之间的指数值所包含的经济内容、指标口径、范围、计算方法和计量单位的一致性。

(三) 社会经济现象基本稳定的问题

回归分析是在假定社会经济条件没有发生重大变化、社会经济现象基本稳定的情况下进行的,即假定工艺、技术市场以及国家政策等相对稳定、没有突变。如果某年某个企业发生了重大的技术革命,从而使生产量成倍地增长,那么这一年前后的相关数据就不能合并在一起进行回归预测。因为社会经济现象的发展变化是复杂的,所以在进行回归预测时,必须考虑社会因素的变化情况,适时地修正分析结论。

案例分析

一、研究背景

随着社会对知识型和专业型人才的需求,越来越多的人选择接受更深层次的教育来提升自己的综合实力,普通高等教育逐渐发展、普及。目前我国普通高等教育无论在办学规模还是教学质量方面,都有很大的提升和改善,但是仍然存在一些问题。为了解决其发展过程中遇到的诸多难题和挑战,须"对症下药",先找出影响普通高等教育发展的因素并进行具体分析,再采取合适的措施,解决存在的问题。

首先,一个国家高等教育普及程度和水平的高低,在很大程度上取决于其经济的发展状况,国家具备雄厚的经济实力,会投入足够的资金到高等教育的发展中。国家经济实力提高的同时,也促进了人民收入和生活水平的提高,人们逐渐意识到社会对高技术水平人才的需求,以及接受高等教育的重要性,并且有足够的资金承担学费和学习方面的各种开销。其次,教学资源是影响我国高等教育的另一个重要因素,即使有能力接受高等教育的人越来越多,如果没有足够的学校、教职工人员和教学设施,依然有一部分想要求学的人会被拒之门外,高等教育同样无法得到进一步发展。

普通高等学校在校学生数的变化能够在一定程度上反映我国高等教育的发展情况,在校学生人数越多,说明我国的高等教育的普及程度越广泛。国家财政性教育经费支出能够反映我国的经济实力和国家对教育的重视程度,国家经济水平越高,对高等教育和人才培养越重视,投入的教育经费就会越多。教师作为向学生传授知识和各项技能的主体,其数量的多少决定了我国教育水平的高低,教职工数量越多,表明有更多的人愿意投身到教育事业中,培养更多优秀的人才。综合考虑各方面因素,我们最终决定选取国家财政性教育经费和普通高等学校教职工数为解释变量,选取普通高等学校在校学生数为被解释变量,进行分析。国家统计局网站提供的2000~2015年相关数据如表9-9所示:

表 9-9　2000～2015 年中国普通高等教育相关数据

年份	普通高等学校 教职工数(万人) (X_1)	国家财政性 教育经费(亿元) (X_2)	普通高等学校 在校学生数(万人) (Y)
2000	111.28	2 562.61	556.09
2001	121.44	3 057.01	719.07
2002	130.36	3 491.40	903.36
2003	145.30	3 850.62	1 108.60
2004	161.07	4 465.86	1 333.50
2005	174.21	5 161.08	1 561.78
2006	187.26	6 348.36	1 738.80
2007	197.45	8 280.21	1 884.90
2008	205.10	10 449.63	2 021.02
2009	211.15	12 231.09	2 144.66
2010	215.66	14 670.07	2 231.79
2011	220.48	18 586.70	2 308.51
2012	225.44	23 147.57	2 391.32
2013	229.63	24 488.22	2 468.07
2014	233.57	26 420.58	2 547.70
2015	236.93	29 221.45	2 625.30

二、思考问题

(1) 为了研究我国高等教育的发展情况,选取的普通高等学校教职工数和国家财政性教育经费投入两个因素与普通高等学校在校学生数之间是否相关？如果它们之间存在显著的相关关系,能否建立合适的回归模型进行定量分析？

(2) 应该如何解决当前我国普通高等教育发展过程中遇到的问题,进一步提升我国高等教育的质量和水平,为实现祖国的繁荣富强培养更多优秀的人才？

三、问题分析

我们首先判断普通高等学校教职工数和国家财政性教育经费投入与普通高等学校在校学生数之间是否都存在显著的相关关系。下面以普通高等学校教职工数和在校学生数的相关分析为例。首先通过表 9-9 中的第 2 列和第 4 列数据作出如图 9-11 所示的散点图：

从图 9-11 可以初步判断,我国普通高等学校教职工数和在校学生人数存在一定的线性相关关系,随着教职工数的增加,在校学生数也会相应增加。

通过表 9-9 中第 2 列和第 4 列数据计算得到：

$$\sum X_{1i} = 3\,006.33, \quad \sum Y_i = 28\,544.47$$

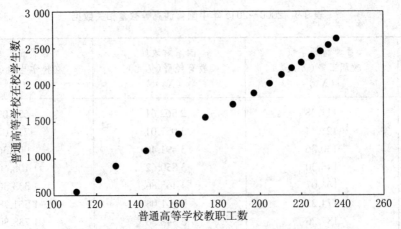

图 9-11　普通高等学校教职工数和在校学生数的散点图

$$\sum X_{1i}Y_i = 5\ 793\ 257.87, \quad \sum X_{1i}^2 = 591\ 597.11$$

$$\sum Y_i^2 = 57\ 851\ 953.10$$

则普通高等学校教职工数与在校学生数的相关系数为：

$$r = \frac{n\sum X_{1i}Y_i - (\sum X_{1i})(\sum Y_i)}{\sqrt{n\sum X_{1i}^2 - (\sum X_{1i})^2} \cdot \sqrt{n\sum Y_i^2 - (\sum Y_i)^2}}$$

$$= \frac{16 \times 5\ 793\ 257.87 - 3\ 006.33 \times 28\ 544.47}{\sqrt{16 \times 591\ 597.11 - 3\ 006.33^2} \cdot \sqrt{16 \times 57\ 851\ 953.10 - 28\ 544.47^2}}$$

$$= 0.999\ 13$$

这就进一步证实了普通高等学校教职工数与在校学生数之间，存在正相关关系，r 的取值 0.999 13 与 1 非常接近，说明它们之间的线性相关程度很高。

接下来，对相关系数进行显著性检验，提出假设：

$$H_0: \rho = 0, \quad H_1: \rho \neq 0$$

显著性水平 $\alpha = 0.05$，检验统计量的值为：

$$t = \frac{r\sqrt{n-2}}{\sqrt{1-r^2}} = \frac{0.999\ 13 \times \sqrt{14}}{\sqrt{1 - 0.999\ 13^2}} = 89.64 > t_{\frac{\alpha}{2}}(n-2) = t_{0.025}(14) = 2.145$$

因此拒绝原假设，认为总体的相关系数不为 0，即普通高等学校教职工数与在校学生数之间确实存在正相关关系。

同样，我们计算国家财政性教育经费投入 X_2 与在校学生数 Y 之间的相关关系，结果为：

相关系数 $r=0.888\,186$，检验统计量 $t=7.23$，因此，国家财政性教育经费投入 X_2 与普通高等学校在校学生数 Y 之间，也存在正相关关系，并且它们的相关系数也通过了显著性检验。

所以，我们设定如下的二元线性回归模型：

$$Y_i = \beta_0 + \beta_1 X_{1i} + \beta_2 X_{2i} + u_i$$

接下来，用最小二乘法估计模型参数。根据表 9-9 中第 2、3、4 列数据计算得到：

$$\sum y = 28\,544.47, \quad \sum x_1 = 3\,006.33$$

$$\sum x_2 = 196\,432.46, \quad \sum x_1 y = 5\,793\,257.87$$

$$\sum x_1 x_2 = 42\,036\,861.54, \quad \sum x_2 y = 434\,524\,838.06$$

$$\sum x_1^2 = 591\,597.11, \quad \sum x_2^2 = 3\,705\,267\,436.87$$

将它们代入方程组得：

$$28\,544.47 = 16 b_0 + 3\,006.33 b_1 + 196\,432.46 b_2$$

$$5\,793\,257.87 = 3\,006.33 b_0 + 591\,597.11 b_1 + 42\,036\,861.54 b_2$$

$$434\,524\,838.06 = 196\,432.46 b_0 + 42\,036\,861.54 b_1 + 3\,705\,267\,436.87 b_2$$

计算可得回归模型的估计结果为：

$$\hat{y}_i = -1\,117.000 + 15.105 x_{1i} + 0.005\,1 x_{2i}$$

下面，对估计出的回归模型进行检验，通过计算得到表 9-10：

表 9-10　回归模型检验计算表

年份	y	$(y-\bar{y})^2$	$\hat{y}$	$e_i = y_i - \hat{y}$	$e_i^2 = (y_i - \hat{y})^2$	$(e_i - e_{i-1})^2$
2000	556.09	1 507 835.11	576.95	−20.86	435.29	—
2001	719.07	1 134 138.47	732.94	−13.87	192.43	48.88
2002	903.36	775 578.55	869.89	33.47	1 119.98	2 240.89
2003	1 108.60	456 204.84	1 097.39	11.21	125.56	495.54
2004	1 333.50	202 976.72	1 338.74	−5.24	27.44	270.39
2005	1 561.78	49 394.78	1 540.76	21.02	441.69	689.31
2006	1 738.80	2 045.70	1 743.94	−5.14	26.41	684.10
2007	1 884.90	10 174.88	1 907.71	−22.81	520.36	312.31
2008	2 021.02	56 164.56	2 034.33	−13.31	177.12	90.30
2009	2 144.66	130 054.45	2 134.80	9.86	97.23	536.82
2010	2 231.79	200 489.58	2 215.36	16.43	269.89	43.13

续表

年份	y	$(y-\bar{y})^2$	$\hat{y}$	$e_i = y_i - \hat{y}$	$e_i^2 = (y_i - \hat{y})^2$	$(e_i - e_{i-1})^2$
2011	2 308.51	275 079.93	2 308.14	0.37	0.14	257.95
2012	2 391.32	368 801.90	2 406.32	−15.00	225.11	236.27
2013	2 468.07	467 911.58	2 476.45	−8.38	70.24	43.86
2014	2 547.70	583 192.82	2 545.82	1.88	3.54	105.29
2015	2 625.30	707 736.26	2610.86	14.44	208.60	157.82
合计	28 544.47	6 927 780.12			3 941.03	6 212.89

接下来,通过下面的几个检验来判断回归模型的真实性和可靠性:

① 拟合优度检验。

经修正后的模型的可决系数为:

$$R_a^2 = 1 - \frac{3\,941.03/13}{6\,927\,780.12/15} = 0.999\,344$$

即该二元回归模型的拟合优度非常高,解释了在校生人数总离差的99.93%。

② 回归模型的显著性检验。

建立假设:

$$H_0: \beta_1 = \beta_2 = 0, \; H_1: \beta_1 \text{ 和 } \beta_2 \text{ 不全为零}$$

计算 F 检验统计量的值为:

$$F = \frac{6\,920\,392.437/2}{3\,941.03/13} = 11\,413.91 > F_{0.05}(2, 13) = 3.81$$

拒绝原假设,认为回归方程总体上是显著的。

③ 回归系数的显著性检验。

建立假设:

$$H_0: \beta_k = 0, \; H_1: \beta_k \neq 0, \; k = 1, 2$$

通过表9-9相关数据计算可得:

$$\sum (x_1 - \bar{x}_1)^2 = 26\,720.86$$

$$\sum (x_2 - \bar{x}_2)^2 = 1\,293\,660\,478$$

$$\sum (x_1 - \bar{x}_1)(x_2 - \bar{x}_2) = 5\,128\,061.70$$

估计的标准误差为：

$$SE = \sqrt{\frac{3\,941.03}{13}} = 17.41$$

偏回归系数标准差的估计值为：

$$S_{b_1} = 17.41 \times \sqrt{\frac{1\,293\,660\,478}{26\,720.86 \times 1\,293\,660\,478 - 5\,128\,061.70^2}} = 0.217\,75$$

$$S_{b_2} = 17.41 \times \sqrt{\frac{26\,720.86}{26\,720.86 \times 1\,293\,660\,478 - 5\,128\,061.70^2}} = 0.000\,99$$

从而 t 检验统计量的值为：

$$t_{b_1} = \frac{15.105}{0.217\,75} = 69.37$$

$$t_{b_2} = \frac{0.005\,1}{0.000\,99} = 5.15$$

那么，当显著性水平 $\alpha = 0.05$ 时，偏回归系数显著性 t 检验的临界值为：

$$t_{\frac{\alpha}{2}}(16-3) = t_{0.025}(13) = 2.16$$

比较可以发现，检验统计量 t_{b_1}、t_{b_2} 的值都大于该临界值，因此拒绝 β_1、β_2 为 0 的原假设，即它们都是显著的偏回归系数，普通高等学校教职工数和国家财政性教育经费这两个变量都能对普通高等学校在校生人数的变动作出一定的解释。

④ 德宾—沃森统计量（D—W）检验。

根据表 9-10 中第 6、7 列数据计算得到德宾—沃森统计量的值为：

$$D—W = \frac{6\,212.89}{3\,941.03} = 1.58$$

因此，D—W 统计量的值在 1.5~2.5 之间，该回归方程不存在显著的自相关问题。

综上，我们选取的普通高等学校教职工人数和国家财政性教育经费这两个变量较好地解释了普通高等学校在校学生人数的变动，它们之间的关系可以具体表示为：

$$\hat{y}_i = -1\,117.000 + 15.105 x_{1i} + 0.005\,1 x_{2i}$$

分析表明，在国家财政性教育经费保持不变的条件下，普通高等学校的教职工人数每增加 1 万人，在校学生数就平均增加约 15.105 万人；同样的，在普通高等学校的教职工人数保持不变的条件下,国家财政性教育经费每增加1亿元,普通高等学校的在校学生数就平均增加约0.005 1万人。

经济是支撑教育事业发展的基础,应该加大政府财政性教育经费的投入,号召社会各阶层共同努力,鼓励有经济实力的企业和个人向高校捐赠资金及教学设施,同时提高教师的福利和待遇,为他们提供更多的支持与保障,让更多有知识、有才华的人愿意为我国的教育事业贡献自己的力量。要转变我国当前的教育理念和方式,根据各个专业的特点开设相应的课程,努力培养综合性、实用型人才,以适应社会的需求,多鼓励学生参加科研活动和实习,为他们创造更多的实践机会,培养动手操作能力。高等教育的公平性问题同样不容忽视,国家要进一步完善各种奖助学制度,给学习成绩优异但是家庭条件困难的学生提供各种帮助,优先在偏远地区建立学校,投入先进的教学设施,鼓励优秀的教师去那里教书育人,争取让每个学生都享受到同等的教育。

当前我国普通高等教育的发展过程中机遇与挑战并存,需要国家、社会、家庭和个人的共同努力,解决好阻碍高等教育进步的各种难题,抓住改革和创新的机会,我国的教育事业将迎来更美好的未来。

参考文献

[1] 陈国维.基于多因素影响的高等教育发展规模实证研究[J].教育与经济,2013(04):38~41.

[2] 许拓,陈岳堂.我国高等教育财政投入效率分析与对策[J].管理观察,2014(32):67~69,71.

[3] 张继平.高质量高等教育公平的主要特点及实现机制[J].高等教育研究,2016,37(02):13~18.

[4] 徐国祥.统计学(第二版)[M].格致出版社,上海人民出版社,2014.

本章小结

→ 1. 客观现象之间的联系既可以表现为函数关系,也可以表现为相关关系。相关关系可以按照不同的标志加以区分。识别变量间相关关系的常用方法是图形法和相关系数法。相关分析与回归分析都是对客观事物数量依存关系的分析,两者既有联系又有区别。

→ 2. 一元线性回归分析是指在成对的两个变量分布大体上呈直线趋势时,运用适当的参数估计方法,求出一元线性回归模型,然后根据自变量与因变量之间的关系,估计或预测因变量的变动趋势。

由于很多社会经济现象之间都存在相关关系,因此,一元线性回归分析具有很广泛的应用。进行一元线性回归预测时,必须选用合适的统计方法估计模型参数,并对模型及其参数进行统计检验。

→ 3. 当社会经济现象的变化受到多个因素的影响时,就需要进行多元回归分析,包括两个或两个以上自变量的回归称为多元回归。

多元回归与一元回归类似,可以用最小二乘法估计模型参数,也需对模型及模型参数进行统计检验。选择合适的自变量是正确进行多元回归预测的前提之一,多元回归模型自变量的选择可以利用变量之间的相关矩阵来解决。

→ 4. 在社会现实经济生活中,往往有些现象之间的关系并不是线性的,对这种类型现象的分析一般要应用非线性回归分析法,通过变量代换,将非线性回归转化为线性回归。因而可以用线性回归方法解决非线性回归问题。

→ 5. 应用回归方程进行预测时,应首先确定变量之间是否存在相关关系。如果变量之间不存在相关关系,对这些变量硬作回归预测法就会得出错误的结果。正确应用回归预测时应注意:①用定性分析判断现象之间的依存关系;②避免回归预测的任意外推;③应用合适的数据资料。

思考与练习

一、单项选择题

1. 相关系数 r 的取值范围为_____。

    A. $(-\infty, +\infty)$ B. $[-1, +1]$

    C. $(-1, +1)$ D. $[0, +1]$

2. 回归系数和相关系数的符号是一致的,其符号均可用来判断现象_____。

    A. 线性相关还是非线性相关   B. 正相关还是负相关

    C. 完全相关还是不完全相关   D. 单相关还是复相关

3. 某校经济管理类的学生学习统计学的时间(x)与考试成绩(y)之间建立线性回归方程

$\hat{y}=a+bx$。经计算,方程为 $\hat{y}=200-0.8x$,该方程参数的计算_____。

A. a 值是明显不对的 　　　　B. b 值是明显不对的

C. a 值和 b 值都是不对的 　　D. a 值和 b 值都是正确的

4. 在线性相关的条件下,自变量的均方差为2,因变量均方差为5,而相关系数为0.8时,则其回归系数为:_____。

   A. 8 　　　　　　　　　　　B. 0.32

   C. 2 　　　　　　　　　　　D. 12.5

5. 在回归直线 $\hat{y}=a+bx$,$b<0$,则 x 与 y 之间的相关系数_____。

   A. $r=0$ 　　　　　　　　　B. $r=1$

   C. $0<r<1$ 　　　　　　　　D. $-1<r<0$

6. 当相关系数 $r=0$ 时,表明_____。

   A. 现象之间完全无关 　　　　B. 相关程度较小

   C. 现象之间完全相关 　　　　D. 无直线相关关系

7. 进行简单直线回归分析时,总是假定_____。

   A. 自变量是非随机变量,因变量是随机变量

   B. 自变量是随机变量,因变量是确定性变量

   C. 两变量都是随机变量

   D. 两变量都不是随机变量

8. 下列回归方程中,肯定错误的是_____。

   A. $\hat{y}_i=2+3x_i$,$r=0.88$ 　　　B. $\hat{y}_i=-2+3x_i$,$r=0.88$

   C. $\hat{y}_i=-2+3x_i$,$r=-0.88$ 　　D. $\hat{y}_i=2-3x_i$,$r=-0.88$

9. 计算估计标准误差的依据是_____。

   A. 因变量的数列 　　　　　　B. 因变量的总偏差

   C. 因变量的回归偏差 　　　　D. 因变量的剩余偏差

10. 可决系数 R^2 _____。

    A. 是对相关关系显著性检验所运用的统计量

    B. 是衡量回归模型的拟合优良程度的指标

    C. 其定义是在回归模型为非线性模型、回归系数是用最小平方法下给出的

    D. 其定义是在回归模型为线性模型、回归系数是用极大似然估计法下给出的

二、多项选择题

1. 下列表述正确的有_____。

   A. 具有明显因果关系的两变量一定不是相关关系

   B. 只要相关系数较大,两变量就一定存在密切关系

   C. 相关关系的符号可以说明两变量相互关系的方向

   D. 样本相关系数和总体相关系数之间存在抽样误差

   E. 相关系数的平方就是可决系数

2. 判断现象之间有无相关关系的方法有_____。

   A. 编制相关表　　　　　　　　　B. 绘制相关图

   C. 计算估计标准误差　　　　　　D. 对客观现象作定性分析

   E. 计算相关系数

3. 相关系数有如下特点_____。

   A. 计算相关系数的两个变量,不分自变量和因变量,只有一个相关系数

   B. 相关系数有正负号,反映正相关或负相关

   C. 对于全面统计资料,两个变量都是随机的

   D. 对于非全面统计资料,两个变量都是随机的

   E. 对于非全面统计资料,两个变量中只有一个是随机的

4. 应用相关分析与回归分析需注意_____。

   A. 在定性分析的基础上进行定量分析

   B. 要注意现象质的界限及相关关系作用的范围

   C. 要具体问题具体分析

   D. 要考虑社会经济现象的复杂性

   E. 对相关与回归分析结果的有效性应进行假设检验

5. 对于简单线性回归方程的回归系数 $\hat{\beta}_1$,下列说法正确的是_____。

   A. $\hat{\beta}_1$ 是回归直线的斜率

   B. $\hat{\beta}_1$ 的绝对值介于 0~1 之间

   C. $\hat{\beta}_1$ 接近 0 表明自变量对因变量的影响不大

   D. $\hat{\beta}_1$ 与 r 有相同的符号

   E. $\hat{\beta}_1$ 常用最小平方法求出

6. 估计标准误差_____。

   A. 是表示样本回归线拟合程度的指标

   B. 自变量数列的离散程度指标

   C. 是根据残差平方和计算的

   D. 是根据回归平方和计算的

   E. 其值越小,说明样本回归线的拟合程度越好

7. 相关系数表明两个变量之间的_____。

   A. 线性关系　　　B. 因果关系　　　C. 变异程度　　　D. 相关方向

   E. 相关的密切程度

8. 可用来判断现象相关方向的指标有_____。

   A. 相关系数　　　　　　　　　B. 回归系数

   C. 回归方程参数　　　　　　　D. 估计标准误

   E. x,y 的平均数

9. 从变量之间相互关系的表现形式看,相关关系可分为_____。

   A. 正相关　　　　　　　　　　B. 负相关

   C. 直线相关　　　　　　　　　D. 曲线相关

   E. 不相关和完全相关

10. 当两个现象完全相关时,下列统计指标值可能为_____。

    A. $r=1$　　　B. $r=0$　　　C. $r=-1$　　　D. $SE=0$

    E. $SE=1$

三、简答题

1. 相关关系与函数关系有什么区别?

2. 相关系数有哪些特点?

3. 试述相关分析与回归分析的联系与区别。

4. 为什么要对建立的回归模型进行统计检验?

5. 应用回归预测法时应注意哪些问题?

四、计算和分析题

1. 某汽车运输公司要分析货运量与汽车拥有量之间的关系,选择部分地区进行调查,得到的资料如表 9-11 所示。

表 9-11　广告费支出与销售额数据

年　份	货运量(x) (亿吨/公里)	汽车拥有量(y) (千辆)	年　份	货运量(x) (亿吨/公里)	汽车拥有量(y) (千辆)
2004	4.1	2.7	2009	6.8	5.5
2005	4.5	3.1	2010	7.5	5.8
2006	5.6	3.5	2011	8.5	6.0
2007	6.0	4.0	2012	9.8	6.5
2008	6.4	5.2	2013	11.0	7.3

要求：

(1) 根据数据资料绘散点图；

(2) 求解一元线性回归方程；

(3) 计算线性相关系数，并以 $\alpha=0.1$ 作显著性检验。

2. 某种商品的需求量与人均月收入关系的数据如表 9-12 所示。

表 9-12　商品的需求与人均月收入数据

人均月收入(元)	700	800	900	1 000	1 100	1 200	1 260	1 340
需求量(万元)	9.0	9.6	10.2	11.6	12.4	13.0	13.8	14.6

如估计下月的人均收入为 1 400 元，试预测下月该商品的需求量(取 $\alpha=0.05$)。

3. 已知：$n=6$，　　$\sum x=21$，　　$\sum y=426$，　　$\sum x^2=79$，　　$\sum y^2=30\,268$，

$\sum xy=1\,481$，

试问：

(1) 计算相关系数；

(2) 建立回归直线方程。

4. 某公司每周的广告费支出和每周的销售额数据如表 9-13 所示。

表 9-13　每周的广告费支出和每周的销售额数据

广告费(元)	4 100	5 400	6 300	5 400	4 800	4 600	6 200	6 100	6 400	7 100
销售额(万元)	12.50	13.80	14.25	14.25	14.50	13.00	14.00	15.00	15.75	16.50

试问：

(1) 广告费支出与销售额之间是否存在显著的相关关系？

(2) 计算回归模型参数;

(3) 回归模型能解释销售额变动的比例有多大?

(4) 计算 $D-W$ 统计量;

(5) 如下周的广告费支出为 6 700 元,试预测下周的销售额的置信度为 95% 的置信区间。

5. 某公司的 10 家下属企业的产量与生产费用之间关系如表 9-14 所示。

表 9-14 某公司的 10 家下属企业的产量与生产费用数据

产量(万件)	40	42	48	55	65	79	88	100	120	140
生产费用(万元)	150	140	160	170	150	162	185	165	190	185

要求:

(1) 计算相关系数;

(2) 计算可决系数 R^2。

6. 表 9-15 是从 10 个地区调查得来的数据。因变量是喜欢某种牌号牙膏的居民百分比,自变量是该地区居民的人均年收入(x_1 以千元计量)和居民受教育水平的量度(x_2)。

要求:

(1) 计算回归模型参数的估计值;

(2) 计算可决系数 R^2;

(3) 设 $x_1=5$ 和 $x_2=6$,构造 Y 的置信度为 95% 的预测区间。

表 9-15 计算所需数据

地区	喜欢该品牌牙膏的百分比 (Y)	人均年收入 (x_1)	教育指数 (x_2)
1	61.6	6	6.3
2	53.2	4.4	5.5
3	65.5	9.1	3.6
4	64.9	8.1	5.8
5	72.7	9.7	6.8
6	52.2	4.8	7.0
7	50.2	7.6	4.2
8	44	4.4	5.1
9	53.8	9.1	2.8
10	53.5	6.7	6.0

7. 某商店销售额和流通费率的历史资料如表 9-16 所示。

表 9-16　某商店销售额和流通费率的历史数据

年　份	销售额(x)（百万元）	流通费率(y)（%）	年　份	销售额(x)（百万元）	流通费率(y)（%）
2004	0.7	6.4	2009	4.3	1.5
2005	1.5	4.5	2010	5.5	1.4
2006	2.1	2.7	2011	6.4	1.3
2007	2.9	2.1	2012	6.9	1.3
2008	3.4	1.8	2013	7.8	1.2

要求：

(1) 根据数据资料绘散点图；

(2) 建立双曲线型回归模型；

(3) 预测 $x = 900$ 万元时，流通费率 y。

第十章 时间序列分析和预测

时间序列分析是研究事物发展趋势及规律的重要方法。本章从时间序列的基本特点入手，先介绍时间序列的分解法，它将时间序列的变动看成是长期趋势因素、季节因素、周期因素和不规则变动因素共同作用的结果，并在区分各种因素影响的基础上进行预测；然后介绍时间序列的趋势外推法，它是以事物发展的渐进过程为基础的一种统计预测方法，以时间作为自变量来预测研究对象的变化；最后介绍时间序列的自回归分析法，它与趋势外推法是基于同样的思想，但却是以研究对象的前期值为基础来进行分析和预测。

第一节 时间序列分解法

时间序列，是社会经济指标值按时间顺序排列而形成的一种数列。它反映社会经济现象发展变化的过程和特点，是研究现象发展变化趋势、规律和对未来状态进行预测的重要依据。时间序列由两个基本要素构成：一是统计指标所属的时间；二是统计指标在特定时间的具体指标值。如表10-1所示的某货运中心15年的货运量资料，就是一个时间序列的例子。

表 10-1　某货运中心 15 年的货运量　　　　　　　　（单位：万吨/公里）

年 份	货运量	年 份	货运量	年 份	货运量
2004	56 200	1996	48 400	2009	54 700
2005	61 600	1997	52 000	2010	68 800
2006	50 200	1998	54 100	2011	64 900
2007	44 500	1999	60 700	2012	75 400
2008	45 700	2000	62 500	2013	85 300

一、时间序列的因素分解

经济时间序列的变化受许多因素的影响，概括地讲，可以将影响时间序列变化的因素分为四种，即长期趋势因素(T)、季节变动因素(S)、周期变动因素(C)和不规则变动因素(I)。

(一) 长期趋势因素(T)

长期趋势因素(T)反映了经济现象在一个较长时间内的发展方向，它可以在一个相当长的时间内表现为一种近似直线的持续向上或持续向下或平稳的趋势；在某种情况下，它也可以表现为某种类似指数或其他曲线的形式。经济现象的长期趋势一旦形成，总能延续一段相当长的时期，即使如股票市场这种变化较快的经济现象，其形成的向上趋势(牛市)或向下趋势(熊市)也总能延续数月乃至数年。因此，分析经济现象的长期趋势对于正确预测经济现象的发展具有十分重要的意义。

(二) 季节变动因素(S)

季节变动因素(S)是经济现象受季节变动影响所形成的一种长度和幅度固定的周期波动。季节变动因素既包括受自然季节影响所形成的波动，也包括受工作时间规律如每周 5 天工作制度所形成的波动。季节变动和周期变动的区别在于季节变动的波动长度固定，如 12 个月、4 个季节、1 个月或者说 1 个星期等。而周期变动的长度则一般是不一样的。

(三) 周期变动因素(C)

周期变动因素也称循环变动因素，它是受各种经济因素影响形成的上下起伏不定的波动，如国内生产总值、工业产值指数、股票价格、利率和大多数的经济指标均具有明显的周期变动特征。

(四) 不规则变动因素(I)

不规则变动又称随机变动，它是受各种偶然因素影响所形成的不规则波动，如股票市场受突然出现的利好或利空消息的影响使股票价格产生波动等。

二、时间序列的分解模型

将时间序列分解成长期趋势、季节变动、周期变动和不规则变动四个因素后，可以认为时

间序列 Y 是这四个因素的函数,即:

$$Y_t = f(T_t, S_t, C_t, I_t)$$

时间序列分解的方法有很多,较常用的模型有加法模型和乘法模型两种。

加法模型为:$Y_t = T_t + S_t + C_t + I_t$ (10-1)

乘法模型为:$Y_t = T_t \times S_t \times C_t \times I_t$ (10-2)

相对而言乘法模型用得较为广泛。在乘法模型中,时间序列值(Y)和长期趋势用绝对数表示,季节变动、周期变动和不规则变动用相对数(百分数)表示。

三、时间序列的分解方法

时间序列的分解方法比较简单,下面用一个实例加以说明。

【例 10-1】 表 10-2 是某商品销售额的 12 年的季度数据。

表 10-2 某商品销售额的 12 年的季度数据

季度 (1)	t (2)	销售额(Y) (3)	四项平均 (4)	居中 平均(TC) (5)	Y/TC $=SI$(%) (6)	长期 趋势(T) (7)	周期 变动(C(%)) (8)
2002 1	1	3 017.6	—	—	—	—	—
2	2	3 043.54					
3	3	2 094.35	2 741.333	2 773.483	75.513 37	2 852.964	97.214 07
4	4	2 809.84	2 805.633	2 820.6	99.618 52	2 891.918	97.533 87
2003 1	5	3 274.8	2 835.568	2 838.063	115.388 6	2 930.873	96.833 36
2	6	3 163.28	2 840.558	2 867.399	110.318 8	2 969.827	96.551 03
3	7	2 114.31	2 894.24	2 900.825	72.886 51	3 008.782	96.411 95
4	8	3 024.57	2 907.41	2 948.685	102.573 5	3 047.736	96.750 02
2004 1	9	3 327.48	2 989.96	3 030.663	109.793 8	3 086.69	98.184 86
2	10	3 493.48	3 071.365	3 129.643	111.625 5	3 125.645	100.127 9
3	11	2 439.93	3 187.92	3 232.62	75.478 4	3 164.599	102.149 4
4	12	3 490.79	3 277.32	3 298.289	105.836 4	3 203.553	102.957 2
2005 1	13	3 685.08	3 319.258	3 311.57	111.278 9	3 242.508	102.129 9
2	14	3 661.23	3 303.883	3 299.978	110.947 1	3 281.462	100.564 2
3	15	2 378.43	3 296.073	3 316.641	71.712 01	3 320.416	99.886 3
4	16	3 459.55	3 337.21	3 342.204	103.511	3 359.371	99.488 98
2006 1	17	3 849.63	3 347.198	3 380.191	113.887 9	3 398.325	99.466 39
2	18	3 701.18	3 413.185	3 428.931	107.939 8	3 437.279	99.757 13
3	19	2 642.38	3 444.678	3 473.306	76.076 79	3 476.234	99.915 78
4	20	3 585.52	3 501.935	3 527.67	101.639 9	3 515.188	100.355 1
2007 1	21	4 078.66	3 553.405	3 576.665	114.035 3	3 554.143	100.633 7
2	22	3 907.06	3 599.925	3 662.923	106.665 1	3 593.097	101.943 3
3	23	2 828.46	3 725.92	3 758.539	75.254 25	3 632.051	103.482 5

续表

季度 (1)	t (2)	销售额(Y) (3)	四项平均 (4)	居中 平均(TC) (5)	Y/TC $=SI(\%)$ (6)	长期 趋势(T) (7)	周期 变动($C(\%)$) (8)
	4	24	4 089.5	3 791.158	3 821.35	107.017 2	3 671.006	104.095 5
2008	1	25	4 339.61	3 851.543	3 862.541	112.351 2	3 709.96	104.112 7
	2	26	4 148.6	3 873.54	3 872.933	107.117 8	3 748.914	103.308 1
	3	27	2 916.45	3 872.325	3 860.176	75.552 25	3 787.869	101.908 9
	4	28	4 084.64	3 848.028	3 829.15	106.672 2	3 826.823	100.060 8
2009	1	29	4 242.42	3 810.273	3 805.843	111.471 2	3 865.777	98.449 6
	2	30	3 997.58	3 801.413	3 795.361	105.328 1	3 904.732	97.199 03
	3	31	2 881.01	3 789.31	3 804.049	75.735 36	3 943.686	96.459 22
	4	32	4 036.23	3 818.788	3 864.156	104.453 1	3 982.641	97.024 98
2010	1	33	4 360.33	3 909.525	3 945.921	110.502 2	4 021.595	98.118 32
	2	34	4 360.53	3 982.318	4 005.759	108.856 5	4 060.549	98.650 66
	3	35	3 172.18	4 029.2	4 070.469	77.931 57	4 099.504	99.291 75
	4	36	4 223.76	4 111.738	4 153.481	101.692	4 138.458	100.363
2011	1	37	4 690.48	4 195.225	4 216.496	111.241 2	4 177.412	100.935 6
	2	38	4 694.48	4 237.768	4 282.001	109.632 8	4 216.367	101.556 7
	3	39	3 342.35	4 326.235	4 360.608	76.648 72	4 255.321	102.474 2
	4	40	4 577.63	4 394.98	4 436.426	103.182 8	4 294.275	103.310 2
2012	1	41	4 965.46	4 477.873	4 493.846	110.494 7	4 333.23	103.706 6
	2	42	5 026.05	4 509.82	4 503.359	111.606 7	4 372.184	103.000 2
	3	43	3 470.14	4 496.898	4 533.554	76.543 48	4 411.138	102.775 1
	4	44	4 525.94	4 570.21	4 590.651	98.590 37	4 450.093	103.158 6
2013	1	45	5 258.71	4 611.093	4 626.92	113.654 7	4 489.047	103.071 3
	2	46	5 189.58	4 642.748	4 562.205	113.751 6	4 528.002	100.755 4
	3	47	3 596.76	4 481.663	—	—	4 566.956	—
	4	48	3 881.6	—	—	—	4 605.91	—

时间序列的分解分析中,一般先计算季节指数,然后再计算长期趋势和周期变动。本例中采用乘法模型,即 $Y=T\times S\times C\times I$,其中,$Y$代表实际销售额,当分解出 T,S 和 C 之后,剩余部分即为 I。

(一) 季节指数 S 的计算

季节指数的计算是先用移动平均法剔除长期趋势和周期变动,然后再用按月(季)平均法求出季节指数。

移动平均的项数取决于周期变动的时间长度,本例中,由于 1 年有 4 个季度,因此就计算四项移动平均数。但是,按偶数项计算的平均数对应的是原序列移动平均期的两项中间,所以需做两次移动,移动平均结果见表10-1的(5)栏,其中(5)栏的第一个数据2 773.483是经过如下两次移动平均求得的:

$$\frac{Y_1 + Y_2 + Y_3 + Y_4}{4} = \frac{3\,017.6 + 3\,043.54 + 2\,094.35 + 2\,809.84}{4}$$

$$= 2\,741.333$$

$$\frac{Y_2 + Y_3 + Y_4 + Y_5}{4} = \frac{3\,043.54 + 2\,094.35 + 2\,809.84 + 3\,274.8}{4}$$

$$= 2\,805.633$$

$$\frac{2\,741.333 + 2\,805.633}{2} = 2\,773.483$$

余下类推,就得到了不含季节因素和不规则变动因素的序列 TC(四项移动平均也消除了不规则变动),它可以大致地体现出现象发展的长期趋势。

将 Y 除以 TC,得到的是只含季节因素和不规则变动因素的序列 SI,见表10-3。在此基础上采用按季平均法可求出各年的同季平均数,因为4个季度的平均数之和不等于400,所以需要做修正。

表 10-3　运用按季平均法求季节指数　　　　　　　　　　　　(单位:%)

年　份	一季度	二季度	三季度	四季度	合　计
2002			75.513 37	99.618 52	
2003	115.388 6	110.318 8	72.886 51	102.573 5	
2004	109.793 6	111.625 5	75.478 4	105.836 4	
2005	111.278 9	110.947 1	71.712 01	103.511	
2006	113.887 9	107.939 8	76.076 79	101.639 9	
2007	114.035 3	106.665 1	75.254 25	107.017 2	
2008	112.351 2	107.117 8	75.552 25	106.672 2	
2009	111.471 2	105.328 1	75.735 36	104.453 1	
2010	110.502 2	108.856 5	77.931 57	101.692	
2011	111.241 2	109.632 8	76.648 72	103.182 8	
2012	110.494 7	111.606 7	76.543 48	98.590 37	
2013	113.654 7	113.751 6			
同季合计	1 234.1	1 203.79	829.332 7	1 134.787	
同季平均	112.190 9	109.435 4	75.393 88	103.162 5	400.182 7
季节指数	112.139 7	109.385 5	75.359 47	103.115 4	400

在进行修正时,首先要计算修正系数。本例中,4个季度的平均数之和为400.182 7,所以

修正系数为：

$$400 \div 400.1827 = 0.999543$$

然后，再用该修正系数分别乘以四个同季平均数就得到了所需要的季节指数 S_t。如本例中，第一季度的季节指数为：

$$112.1909 \times 0.999543 = 112.1397\%$$

同理可得到该商品其他季节销售额的季节指数，季节指数一般用百分数表示，如表 10-3 的最后一行所示。

(二) 长期趋势 T 的计算

时间序列的长期趋势可以用回归模型来描述。从散点图(图 10-1)可以看出，本例的销售额 Y 具有较明显的随时间而上升的趋势，并且这种趋势近似于一条直线。

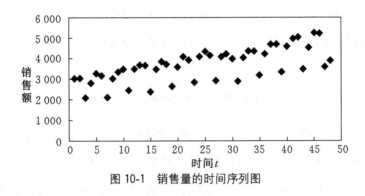

图 10-1　销售量的时间序列图

以时间 t 作自变量，以销售额 Y 作因变量，可求得如下回归方程：

$$T = 2736.101 + 38.95436t$$

依据长期趋势的回归方程，可以估计各个季度的长期趋势值，如 2013 年第二季度的 $t = 46$，其长期趋势的值为：

$$T = 2736.101 + 38.95436 \times 46 = 4528.00156$$

余下类推，即可求得长期趋势因素 T 序列，如表 10-2 中的(7)栏所示。

(三) 周期变动因素 C 的计算

将序列 TC 除以 T 即得周期变动因素 C，如表 10-2 中的(8)栏所示。

(四) 不规则变动因素 I 的计算

当将时间序列的 T，S，C 分解出来后，剩余的即为不规则变动，即：

$$I = \frac{Y}{TSC}$$

由于不规则变动因素是不可预测的,因此,一般的时间序列分解分析中,往往忽略不规则变动因素。

四、用时间序列分解法进行预测

在求解出时间序列各因素之后,便可以建立模型进行预测了。以乘法模型为例,用分解法进行预测的过程包括以下步骤。

第一步,建立预测模型。

时间序列的分解中,一般无法预测不规则变动因素 I,因此,它的预测模型可以表达为:

$$Y_t = T_t \times S_t \times C_t$$

第二步,预测长期趋势。

在上例中,如预测 2014 年第一季度的销售额,则首先要求出 2014 年第一季度的长期趋势 T,它可以通过长期趋势方程求得。由于 2014 年第一季度的 $t = 49$,因此,2014 年第一季度的长期趋势 T 为:

$$T = 2\,736.101 + 38.954\,36 \times 49 = 4\,644.865$$

第三步,计算季节因素和周期因素对预测值的影响。

由前面的分析可知,2014 年第一季度的季节指数为 112.139%(见表 10-3),但 2014 年第一季度的周期变动 C 却需要用判断的方法来估计。根据表 10-2 的周期变动 C 和销售额 Y 的历史资料,假定估计 2014 年第一季度的周期变动 C 为 98%,这样,可预测 2014 年第一季度销售额的值为:

$$Y_{49} = T_{49} S_{49} C_{49} = 4\,644.865 \times 1.121\,397 \times 0.98 = 5\,104.561$$

同样的方法,可求得 2014 年其他各季度的销售额预测值,如表 10-4 所示,其中周期变动 C 值均是根据历史数据采用主观判断方法确定的。

表 10-4 时间序列分解法预测值

季 度	T	S	C	销售额预测值
1	4 644.865	1.121 397	0.98	5 104.561
2	4 683.819	1.093 855	0.99	5 072.184
3	4 722.773	0.753 595	1	3 559.057
4	4 761.728	1.031 154	1	4 910.073

第二节 时间序列趋势外推法

一、趋势外推法的假定条件

统计资料表明,大量社会经济现象的发展主要是渐进型的,其发展相对于时间而言具有一定的规律性。因此,当研究对象依时间变化呈现某种上升或下降的趋势,并且无明显的季节波动,又能找到一条合适的函数曲线反映这种变化趋势时,就可以用时间 t 为自变量,时序数值 y 为因变量,建立趋势模型:

$$y = f(t)$$

如果有理由认为这种趋势能够延伸到未来时,赋予变量 t 所需要的值,就能得到相应的时间序列未来值,这就是趋势外推法。

趋势外推法的假设条件是:

(1) 假设事物发展过程没有跳跃式变化,一般属于渐进变化;

(2) 假设根据过去资料建立的趋势外推模型能适合未来,能代表未来的变化趋势,即未来和过去的规律一样。

二、趋势外推分析法的模型

趋势外推法的实质就是利用某种函数方程来分析研究对象的发展趋势。以时间 t 作为自变量,有下列四种趋势模型最为常用。

(一) 多项式曲线模型

一次(线性)曲线模型:$\hat{y}_t = b_0 + b_1 t$ (10-3)

二次(抛物线)曲线模型:$\hat{y}_t = b_0 + b_1 t + b_2 t^2$ (10-4)

三次(抛物线)曲线模型:$\hat{y}_t = b_0 + b_1 t + b_2 t^2 + b_3 t^3$ (10-5)

n 次(抛物线)曲线模型:$\hat{y}_t = b_0 + b_1 t + b_2 t^2 + \cdots + b_n t^n$ (10-6)

(二) 指数曲线模型

指数曲线模型:$\hat{y}_t = a e^{bt}$ (10-7)

修正指数曲线模型:$\hat{y}_t = a + bc^t$ (10-8)

(三) 对数曲线模型

对数曲线模型:$\hat{y}_t = a + b \ln t$ (10-9)

(四) 生长曲线模型

龚珀兹曲线模型:$\hat{y}_t = k a^{b^t}$ (10-10)

皮尔曲线模型：$\hat{y}_t = \dfrac{L}{1 + a\mathrm{e}^{-bt}}$ (10-11)

式中，L 为变量 $\hat{y}_t$ 的极限值；a,b 为常数。

三、趋势外推模型的选择

趋势外推法主要利用图形识别和差分法计算来进行模型的选择。

(一) 图形识别法

图形识别法又称直接观察法，就是将时间序列的数据绘制在以时间 t 为横轴，时序观察值为纵轴的坐标平面上，观察散点的分布并将其形状与各类函数曲线模型的图形进行比较，以选择较为适宜的模型。

然而在实际中，有可能同时有几种模型都较为接近而无法通过图形直观确认为某种模型，这就必须同时对几种模型进行试算，最后选择标准误差最小的模型作为研究对象的趋势模型。

(二) 差分法

由于模型种类很多，为了根据历史数据正确选择模型，常常利用差分法把原时间序列的数据修匀，使非平稳序列达到平稳序列。其中最常用的是一阶向后差分法。其定义为：

$$y_t' = y_t - y_{t-1}, \text{或 } \Delta y_t = y_t - y_{t-1}$$ (10-12)

一阶向后差分实际上是当时间 t 推到 $t-1$ 时 $\hat{y}_t$ 的增量。

二阶向后差分的定义为：

$$y_t'' = y_t' - y_{t-1}' = y_t - 2y_{t-1} + y_{t-2}$$ (10-13)

k 阶向后差分的定义为：

$$y_t^k = y_t^{k-1} - y_{t-1}^{k-1} = y_t + \sum_{r=1}^{k}(-1)^r C_k^r y_{t-r}$$ (10-14)

把所计算的时间序列的差分与各类模型的差分特点比较，就可以找到适宜的模型。利用差分法识别几种常用模型的例子如表 10-5 至表 10-8 所示。

表 10-5　一次(线性)模型差分计算表

时序(t)	$y_t = a + bt$	一阶差分($y_t - y_{t-1}$)
1	$a+b$	—
2	$a+2b$	b
3	$a+3b$	b
4	$a+4b$	b
⋮	⋮	⋮
$t-1$	$a+(t-1)b$	b
t	$a+tb$	b

由表 10-5 可知,当时间序列各期数值的一阶差分相等或大致相等,就可以适配一次(线性)模型。

表 10-6 二次(抛物线)模型差分计算表

时序 (t)	$y_t = b_0 + b_1 t + b_2 t^2$	一阶差分 ($y_t - y_{t-1}$)	二阶差分 $[(y_t - y_{t-1}) - (y_{t-1} - y_{t-2})]$
1	$b_0 + b_1 + b_2$	—	—
2	$b_0 + 2b_1 + 4b_2$	$b_1 + 3b_2$	—
3	$b_0 + 3b_1 + 9b_2$	$b_1 + 5b_2$	$2b_2$
4	$b_0 + 4b_1 + 16b_2$	$b_1 + 7b_2$	$2b_2$
⋮	⋮	⋮	
$t-1$	$b_0 + (t-1)b_1 + (t-1)^2 b_2$	$b_1 + (2t-3)b_2$	$2b_2$
t	$b_0 + b_1 t + b_2 t^2$	$b_1 + (2t-1)b_2$	$2b_2$

由表 10-6 可知,当时间序列各数值的二阶差分相等或大致相等,就可以适配二次(抛物线)模型。

表 10-7 指数曲线模型差分计算表

时序(t)	$y_t = a\mathrm{e}^{bt}$	一阶比率(y_t / y_{t-1})
1	$a\mathrm{e}^b$	
2	$a\mathrm{e}^{2b}$	e^b
3	$a\mathrm{e}^{3b}$	e^b
4	$a\mathrm{e}^{4b}$	e^b
⋮	⋮	⋮
$t-1$	$a\mathrm{e}^{(t-1)b}$	e^b
t	$a\mathrm{e}^{tb}$	e^b

由表 10-7 可知,当时间序列各期数值的一阶比率相等或大致相等,就可以适配指数曲线模型。

表 10-8 修正指数曲线模型差分计算表

时序 (t)	$y_t = a + bc^t$	一阶差分 ($y_t - y_{t-1}$)	一阶差的一阶比率 $[(y_t - y_{t-1})/(y_{t-1} - y_{t-2})]$
1	$a + bc$	—	—
2	$a + bc^2$	$bc(c-1)$	—
3	$a + bc^3$	$bc^2(c-1)$	c
4	$a + bc^4$	$bc^3(c-1)$	c
⋮	⋮	⋮	
$t-1$	$a + bc^{t-1}$	$bc^{t-2}(c-1)$	c
t	$a + bc^t$	$bc^{t-1}(c-1)$	c

由表10-8可知,当时间序列各期数值一阶差的一阶比率相等或大致相等,就可以适配修正指数曲线模型。

四、用趋势外推分析法进行预测

(一) 多项式曲线模型的趋势外推预测方法

多项式曲线模型的一般形式为:

$$\hat{y}_t = b_0 + b_1 t + b_2 t^2 + \cdots + b_k t^k \tag{10-15}$$

当 $k=1$ 时,为直线模型;

当 $k=2$ 时,为二次多项式(抛物线)模型;

当 $k=n$ 时,为 n 次多项式模型。

【例10-2】 某商店某种产品的销售量如表10-9所示。

表 10-9 某产品销售量资料

年 份	2005	2006	2007	2008	2009	2010	2011	2012	2013
销售量(万件)	10.0	18.0	25.0	30.5	35.0	38.0	40.0	39.5	38.0

试预测2014年的销售量,并要求在90%的概率保证程度下,给出预测的置信区间。

解:第一步,确定预测模型。

(1) 绘制散点图,初步确定预测模型。

由图10-2可知,该产品的销售量基本上符合二次多项式模型。

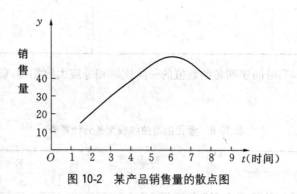

图 10-2 某产品销售量的散点图

(2) 计算差分,如表10-10所示。

表 10-10 差分计算表

y_t	10.0	18.0	25.0	30.5	35.0	38.0	40.0	39.5	38.0
一阶差分	—	8.0	7.0	5.5	4.5	3.0	2.0	-0.5	-1.5
二阶差分	—	—	-1.0	-1.5	-1.0	-1.5	-1.0	-2.5	-1.0

由表 10-10 可知,该时间序列观察值的二阶差分大致相等,其波动范围在 $-2.5\sim-1.0$ 之间。综合散点图和差分分析的结果,最后确定选用二次曲线模型来进行预测。

第二步,求解模型的参数。

表 10-11 某产品销售量二项式模型参数计算表

年份	时序(t)	y_t	t^2	t^4	ty	$t^2 y$
2005	-4	10	16	256	-40	160
2006	-3	18	9	81	-54	162
2007	-2	25	4	16	-50	100
2008	-1	30.5	1	1	-30.5	30.5
2009	0	35	0	0	0	0
2010	1	38	1	1	38	38
2011	2	40	4	16	80	160
2012	3	39.5	9	81	118.5	355
2013	4	38	16	256	152	608
合计	0	274.0	60	708	214.0	1 613.5

根据最小二乘法可求得 b_0,b_1 和 b_2 三个参数。将表 10-11 数据代入三元一次方程组,得:

$$\begin{cases} 274 = 9b_0 + 0 + 60b_2 \\ 214 = 0 + 60b_1 + 0 \\ 1\,613.5 = 60b_0 + 0 + 708b_2 \end{cases}$$

解得:

$$b_0 = 35.05,\ b_1 = 3.57,\ b_2 = -0.69$$

二次多项式的趋势模型为:

$$\hat{y}_t = 35.05 + 3.57t - 0.69t^2 \quad (原点为 2009 年)$$

第三步,进行模型的检验。

使用 MINITAB 进行回归分析得到如下结果:

Predictor	Coef	StDev	T	P
b_0	35.047 6	0.161 7	216.73	0.000
b_1	3.566 67	0.041 31	86.34	0.000
b_2	$-0.690\,48$	0.018 23	-37.87	0.000
$S = 0.320\,0$	$R-Sq = 99.9\%$		$R-Sq(\text{adj}) = 99.9\%$	

Analysis of Variance

Source	DF	SS	MS	F	P
回归离差	2	910.11	455.05	4 444.71	0.000
剩余离差	6	0.61	0.10		
总离差	8	910.72			

D—W 统计量 = 1.53

从 P 值可以看出,回归系数和回归方程都通过了显著性检验,D—W 统计量介于 1.5～2.5 之间,不存在自相关问题,该模型可以用于预测。

第四步,进行预测。

若要预测 2014 年的销售量,则取 $t=5$,则:

$$\hat{y}_{2014} = 35.05 + 3.57 \times 5 - 0.69 \times 5^2 = 35.62(\text{万件})$$

即 2014 年销售量的点估计值为 35.62 万件。

为了确定预测的置信区间,首先要计算估计标准误差,其计算过程如表 10-12 所示。

表 10-12 估计标准误差计算表

时序(t)	t^2	y_i	$\hat{y}_i$	$(y_i - \hat{y}_i)$	$(y_i - \hat{y}_i)^2$
-4	16	10.0	9.73	0.27	0.072 9
-3	9	18.0	18.13	-0.13	0.016 9
-2	4	25.0	25.15	-0.15	0.022 5
-1	1	30.5	30.79	-0.29	0.084 1
0	0	35.0	35.05	-0.05	0.002 5
1	1	38.0	37.93	0.07	0.004 9
2	4	40.0	39.43	0.57	0.324 9
3	9	39.5	39.55	-0.05	0.002 5
4	16	38.0	38.29	-0.29	0.084 1
合 计	60	—	—	—	0.615 3

$$SE_{\hat{y}} = SE\sqrt{C_0} = 0.407(\text{万件})$$

其中:

$$C_0 = \frac{1}{n} + \frac{(t_0 - \bar{t})^2 \sum(t^2 - \bar{t^2})^2 + (t_0^2 - \bar{t^2})^2 \sum(t - \bar{t})^2}{\sum(t - \bar{t})^2 \sum(t^2 - \bar{t^2})^2 - [\sum(t - \bar{t})(t^2 - \bar{t^2})]^2} -$$

$$2 \times \frac{(t_0 - \bar{t})(t_0^2 - \bar{t^2}) \sum(t - \bar{t})(t^2 - \bar{t^2})}{\sum(t - \bar{t})^2 \sum(t^2 - \bar{t^2})^2 - [\sum(t - \bar{t})(t^2 - \bar{t^2})]^2}$$

在给定 90% 的概率保证程度下,其近似的置信区间为:

$$\hat{y} \pm t_{0.05}(6)SE_\mu = 35.62 \pm 1.943 \times 0.407$$

即有90%的把握估计2014年销售量的变动范围在34.83万～36.41万件之间。

(二)指数曲线模型的趋势外推预测法

指数曲线预测模型为：

$$\hat{y}_t = ae^{bt} \quad (a > 0) \tag{10-16}$$

对函数模型 $y_t = ae^{bt}$ 作线性变换得：

$$\ln y_t = \ln a + bt$$

令 $Y_t = \ln y_t$，$A = \ln a$，则：

$$Y_t = A + bt$$

这样,就把指数曲线模型转化为直线模型了。

【例 10-3】 某商品2005～2013年投入市场以来,社会总需求量统计资料如表10-13所示。试预测2014年的社会总需求量。

表10-13 某商品社会总需求量资料

年 份	2005	2006	2007	2008	2009	2010	2011	2012	2013
总需求量(万件)	165	270	450	740	1 220	2 010	3 120	5 460	9 000

解：第一步,选择预测模型。

(1)描散点图,根据散点图分布来选用模型。

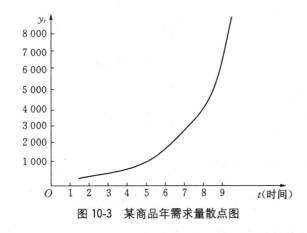

图10-3 某商品年需求量散点图

根据图10-3,可以初步确定选用指数曲线预测模型 $\hat{y}_t = ae^{bt} (a > 0, b > 0)$。

(2) 计算一阶比率(如表 10-14 所示)，并结合散点图确定模型。

表 10-14 指数曲线模型差分计算表

总需求量(万件)	165	270	450	740	1 220	2 010	3 120	5 460	9 000
一阶比率	—	1.64	1.67	1.64	1.65	1.65	1.55	1.75	1.65

由表 10-14 可知，观察值 y_t 的一阶比率大致相等，符合指数曲线模型的数字特征。

通过以上分析，所给统计数据的图形和数字特征都同指数曲线模型相符，所以，可选用模型 $\hat{y}_t = a e^{bt}$。

第二步，求模型参数。

先将观察值 y_t 的数据进行变换，使其满足 $\ln y_t = \ln a + bt \Leftrightarrow Y_t = A + bt$。其变换数据如表 10-15 所示。

表 10-15 观察值数据转换表

年 份	2005	2006	2007	2008	2009	2010	2011	2012	2013
时序(t)	1	2	3	4	5	6	7	8	9
$Y_t = \ln y_t$	5.11	5.60	6.11	6.61	7.11	7.61	8.05	8.61	9.11

经计算后得：

$$\begin{cases} b = \dfrac{\sum tY - n\bar{t}\bar{Y}}{\sum t^2 - n\bar{t}^2} = \dfrac{349.51 - 9 \times 5 \times 7.10}{285 - 9 \times 5^2} \approx 0.5 \\ A = \bar{Y} - b\bar{t} = 7.10 - 0.5 \times 5 = 4.6 \end{cases}$$

$$\because A = \ln a$$

$$\therefore a = e^A = e^{4.6} = 99.48$$

所求指数模型为：

$$\hat{y}_t = 99.48 e^{0.5t}$$

第三步，预测 2014 年的需求量为：

$$\hat{y}_{2014} = 99.48 e^{0.5 \times 10} = 14\,764.14 \text{(万件)}$$

(三) 修正指数曲线模型的趋势外推预测

修正指数曲线预测模型为：

$$\hat{y}_t = a + bc^t \quad (0<c<1) \tag{10-17}$$

式中，a，b 和 c 为待定参数。

为解 a，b 和 c 三个参数，可应用分组法，即把整个时间序列分成相等项数的三个组，以三个组的变量总数联系起来求导。

设各组序列项数为 n 项，第一组变量总和为 $\sum_{i=0}^{n-1} \mathrm{I}\, y_i$，第二组变量总和为 $\sum_{i=n}^{2n-1} \mathrm{II}\, y_i$，第三组变量总和为 $\sum_{i=2n}^{3n-1} \mathrm{III}\, y_i$。现求 a，b，c 三参数如下：

$$\hat{y}_t = a + bc^t$$

$$\begin{aligned}
\sum_{i=0}^{n-1} \mathrm{I}\, y_i &= na + b + bc + bc^2 + \cdots + bc^{n-1} \\
&= na + b(1 + c + c^2 + \cdots + c^{n-1}) \\
&= na + b(1 + c + c^2 + \cdots + c^{n-1})\frac{c-1}{c-1} \\
&= na + b\left(\frac{c + c^2 + c^3 + \cdots + c^n - 1 - c - c^2 - \cdots - c^{n-1}}{c-1}\right) \\
&= na + b\left(\frac{c^n - 1}{c - 1}\right)
\end{aligned} \tag{10-18}$$

同理：

$$\begin{aligned}
\sum_{i=n}^{2n-1} \mathrm{II}\, y_i &= na + bc^n + bc^{n+1} + bc^{n+2} + \cdots + bc^{2n-1} \\
&= na + bc^n(1 + c + c^2 + \cdots + c^{n-1}) \\
&= na + bc^n(1 + c + c^2 + \cdots + c^{n-1})\frac{c-1}{c-1} \\
&= na + bc^n\left(\frac{c^n - 1}{c - 1}\right)
\end{aligned} \tag{10-19}$$

$$\begin{aligned}
\sum_{i=2n}^{3n-1} \mathrm{III}\, y_i &= na + bc^{2n} + bc^{2n+1} + bc^{2n+2} + \cdots + bc^{3n-1} \\
&= na + bc^{2n}(1 + c + c^2 + \cdots + c^{n-1}) \\
&= na + bc^{2n}\left(\frac{c^n - 1}{c - 1}\right)
\end{aligned} \tag{10-20}$$

整理得：

$$\begin{aligned}
\sum_{i=n}^{2n-1} \mathrm{II}\, y_i - \sum_{i=0}^{n-1} \mathrm{I}\, y_i &= na + bc^n\left(\frac{c^n - 1}{c - 1}\right) - na - b\left(\frac{c^n - 1}{c - 1}\right) \\
&= b\,\frac{(c^n - 1)^2}{c - 1}
\end{aligned}$$

$$\therefore b = \left(\sum_{i=n}^{2n-1} \mathrm{II}\, y_i - \sum_{i=0}^{n-1} \mathrm{I}\, y_i\right) \frac{c-1}{(c^n-1)^2} \tag{10-21}$$

又：

$$\sum_{i=2n}^{3n-1} \mathrm{III}\, y_i - \sum_{i=n}^{2n-1} \mathrm{II}\, y_i = na + bc^{2n}\left(\frac{c^n-1}{c-1}\right) - na - bc^n\left(\frac{c^n-1}{c-1}\right)$$

$$= bc^n \frac{(c^n-1)^2}{c-1}$$

$$\frac{\sum\limits_{i=2n}^{3n-1} \mathrm{III}\, y_i - \sum\limits_{i=n}^{2n-1} \mathrm{II}\, y_i}{\sum\limits_{i=n}^{2n-1} \mathrm{II}\, y_i - \sum\limits_{i=0}^{n-1} \mathrm{I}\, y_i} = \frac{\dfrac{bc^n(c^n-1)^2}{c-1}}{\dfrac{b(c^n-1)^2}{c-1}} = c^n$$

$$\therefore c = \left(\frac{\sum\limits_{i=2n}^{3n-1} \mathrm{III}\, y_i - \sum\limits_{i=n}^{2n-1} \mathrm{II}\, y_i}{\sum\limits_{i=n}^{2n-1} \mathrm{II}\, y_i - \sum\limits_{i=0}^{n-1} \mathrm{I}\, y_i}\right)^{\frac{1}{n}} \tag{10-22}$$

又据：

$$\sum_{i=0}^{n-1} \mathrm{I}\, y_i = na + b\left(\frac{c^n-1}{c-1}\right)$$

$$\therefore a = \frac{1}{n}\left[\sum_{i=0}^{n-1} \mathrm{I}\, y_i - b\left(\frac{c^n-1}{c-1}\right)\right] \tag{10-23}$$

最后，综合式(10-21)、式(10-22)、式(10-23)便得到：

$$\begin{cases} c = \left(\dfrac{\sum \mathrm{III}\, y - \sum \mathrm{II}\, y}{\sum \mathrm{II}\, y - \sum \mathrm{I}\, y}\right)^{\frac{1}{n}} \\[2mm] b = \left(\sum \mathrm{II}\, y - \sum \mathrm{I}\, y\right) \cdot \dfrac{c-1}{(c^n-1)^2} \\[2mm] a = \dfrac{1}{n}\left[\sum \mathrm{I}\, y - b\left(\dfrac{c^n-1}{c-1}\right)\right] \end{cases}$$

【例 10-4】 某商品 2005~2013 年销售量资料如表 10-16 所示。试预测 2014 年的销售量。

表 10-16 某商品销售量统计数据表

年份	2005	2006	2007	2008	2009	2010	2011	2012	2013
销售量(万吨)	50.0	60.0	68.0	69.6	71.1	71.7	72.3	72.8	73.2

解:第一步,选择模型。

(1)绘制散点图,初步确定模型。

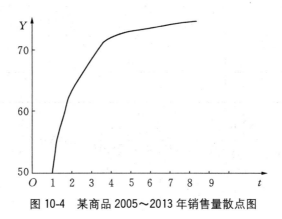

图 10-4 某商品 2005~2013 年销售量散点图

由散点图 10-4 可以初步确定选用修正指数曲线预测模型 $\hat{y}_t = a + bc^t (b<0, 0<c<1)$ 来进行预测。

(2)计算一阶差比率(如表 10-17 所示)。

表 10-17 某商品销售量一阶差比率计算表

y_i	50.0	60.0	68.0	69.6	71.1	71.7	72.3	72.8	73.2
一阶差分	—	10	8	1.6	1.5	0.6	0.6	0.5	0.4
一阶差比率	—	—	0.8	0.2	0.94	0.4	1.0	0.83	0.8

由表 10-17 可知,y_i 的一阶差比率是大致相等的。所以结合散点图分析,确定选用修正指数曲线模型进行预测比较适宜。

第二步,求模型的参数(计算表如表 10-18 所示)。

表 10-18 修正指数曲线模型计算表

年 份	时序(t)	销售量(y_i)
2005	0	50.0
2006	1	60.0
2007	2	68.0
$\sum \mathrm{I} y$	—	178.0
2008	3	69.6
2009	4	71.1
2010	5	71.7
$\sum \mathrm{II} y$	—	212.4

续表

年 份	时序(t)	销售量(y_i)
2011	6	72.3
2012	7	72.8
2013	8	73.2
$\sum \text{III} y$	—	218.3

$$\begin{cases} c = \left[\dfrac{\sum \text{III} y - \sum \text{II} y}{\sum \text{II} y - \sum \text{I} y}\right]^{\frac{1}{n}} = \left(\dfrac{218.3 - 212.4}{212.4 - 178.0}\right)^{\frac{1}{3}} = 0.5556 \\ b = \left(\sum \text{II} y - \sum \text{I} y\right) \cdot \dfrac{c-1}{(c^n - 1)^2} \\ \quad = (212.4 - 178) \times \dfrac{0.5556 - 1}{(0.5556^3 - 1)^2} = -22.272 \\ a = \dfrac{1}{n}\left[\sum \text{I} y - b\left(\dfrac{c^n - 1}{c - 1}\right)\right] = \dfrac{1}{3}\left(178 + 22.272 \times \dfrac{0.5556^3 - 1}{0.5556 - 1}\right) = 73.174 \end{cases}$$

所求模型为：

$$\hat{y}_t = 73.174 - 22.272 \times 0.5556^t$$

第三步，进行预测。

$$\hat{y}_{2014} = 73.174 - 22.272 \times 0.5556^9 = 73.06(万吨)$$

需要指出的是，很多新产品投入市场后，需求量常常呈现为初期迅速增加，一段时期后逐渐降低增加的速度，而增长量的环比速度又大体上各期相等，最后发展水平趋向于某一个正的常数极限。修正指数曲线模型正是用来描述这种发展趋势的理想工具。

（四）龚珀兹曲线模型的趋势外推预测法

龚珀兹曲线模型的形式为：

$$\hat{y} = ka^{b^t} \tag{10-24}$$

它多用于新产品的研制、发展、成熟和衰退分析。工业产品寿命一般可分为四个时期：一是萌芽期；二是畅销期；三是饱和期；四是衰退期。龚珀兹曲线特别适用于对处在饱和期的商品进行预测，以掌握市场需求和销售的饱和量。

龚珀兹曲线的形式，取决于参数 k，a 和 b 的值，k，a，b 是待定参数，用以描述产品生命周期的具体规律。

对函数模型 $y = ka^{b^t}$ 做线性变换,得:

$$\lg y = \lg k + b^t \lg a$$

龚珀兹曲线对应于 $\lg a$ 与 b 的不同取值范围而具有间断点,曲线的一般形状如图 10-5 所示。

图 10-5(A),渐近线(k)意味着市场对某类产品的需求已逐渐近饱和状态;图 10-5(B),渐近线(k)意味着市场对某类产品的需求已由饱和状态开始下降;图 10-5(C),渐近线(k)意味着市场需求下降迅速,已接近最低水平 k;图 10-5(D),渐近线(k)意味着市场需求量开始从最低水平迅速上升。

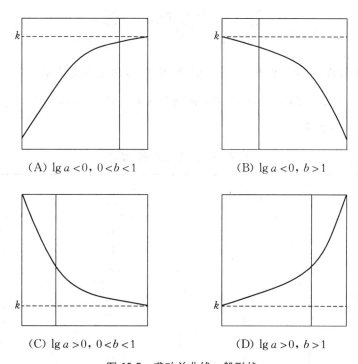

图 10-5 龚珀兹曲线一般形状

用分组法求解龚珀兹曲线中参数 k,a,b 的步骤为:

(1) 所收集的历史统计数据,要能够被 3 整除,即是以 $3n$ 为时序的数,n 为每一组的数据点个数。

(2) y 值代表预测对象所对应于各时序的数值,并将各 y 值变换为对数。

(3) 将第一组 n 个数据点的各 $\lg y$ 相加,求得 $\sum \mathrm{I} \lg y$;第二组 n 个数据点的各 $\lg y$ 相加,求得 $\sum \mathrm{II} \lg y$;最后一组 n 个数据点的各 $\lg y$ 相加,求得 $\sum \mathrm{III} \lg y$。

(4) 式中的 t 代表时序的顺序，取 $t_1 = 0$。

(5) 将有关数据代入下列公式：

$$\begin{cases} b^n = \dfrac{\sum \text{III} \lg y - \sum \text{II} \lg y}{\sum \text{II} \lg y - \sum \text{I} \lg y} & (10\text{-}25) \\ \lg a = \left(\sum \text{II} \lg y - \sum \text{I} \lg y\right) \cdot \dfrac{b-1}{(b^n-1)^2} & (10\text{-}26) \\ \lg k = \dfrac{1}{n}\left(\sum \text{I} \lg y - \dfrac{b^n-1}{b-1} \cdot \lg a\right) & (10\text{-}27) \end{cases}$$

或：

$$\lg k = \frac{1}{n}\left[\frac{\sum \text{I} \lg y \cdot \sum \text{III} \lg y - \left(\sum \text{II} \lg y\right)^2}{\sum \text{I} \lg y + \sum \text{II} \lg y - 2\sum \text{III} \lg y}\right]$$

(6) 查反对数表，求出参数 k, a, b 的值，便得到了龚珀兹预测模型。

【例 10-5】 某公司 2005～2013 年的实际销售额资料如表 10-19 所示。试利用龚珀兹曲线预测 2014 年的销售额。

表 10-19 龚珀兹曲线计算表

年 份	时序(t)	销售额(万元)(y)	$\lg y$
2005	0	4.94	0.693 7
2006	1	6.21	0.793 1
2007	2	7.18	0.856 1
$\sum \text{I} \lg y$	—	—	2.342 9
2008	3	7.74	0.888 7
2009	4	8.38	0.923 2
2010	5	8.45	0.926 9
$\sum \text{II} \lg y$	—	—	2.738 8
2011	6	8.73	0.941 0
2012	7	9.42	0.974 1
2013	8	10.24	1.010 3
$\sum \text{III} \lg y$	—	—	2.925 4

解：首先，计算参数 k, a 和 b。

$$b^3 = \frac{\sum \text{III} \lg y - \sum \text{II} \lg y}{\sum \text{II} \lg y - \sum \text{I} \lg y}$$

$$= \frac{2.925\,4 - 2.738\,8}{2.738\,8 - 2.342\,9}$$

$$= 0.471\,3$$

$$\therefore b = 0.778\,2$$

$$\lg a = \left(\sum \mathrm{II} \lg y - \sum \mathrm{I} \lg y\right) \cdot \frac{b-1}{(b^n-1)^2}$$

$$= (2.738\,8 - 2.342\,9) \times \frac{0.778\,2 - 1}{(0.471\,3 - 1)^2}$$

$$= -0.314\,1$$

$$\therefore a = 0.485\,2$$

$$\lg k = \frac{1}{n}\left(\sum \mathrm{I} \lg y - \frac{b^n-1}{b-1} \cdot \lg a\right)$$

$$= \frac{1}{3}\left[2.342\,9 - \frac{0.471\,3 - 1}{0.778\,2 - 1} \times (-0.314\,1)\right]$$

$$= 1.030\,6$$

$$\therefore k = 10.73$$

然后,把 k, a 和 b 代入公式 $\hat{y} = ka^{b^t}$,即可得到预测模型:

$$\hat{y} = 10.73 \times 0.485\,2^{0.778\,2^t}$$

最后,进行预测:

$$\hat{y}_{2014} = 10.73 \times 0.485\,2^{0.778\,2^9} = 9.948(万元)$$

由上述计算可知,市场饱和点的需求量是 $k = 10.73$ 万元,2013 年的销售量已达到 10.24 万元,2014 年预测销售量可达 9.948 万元,2017 年预计销售量可达到 10.35 万元。产品处于生命周期的成熟阶段最高峰,销售量已无增长前景,并可能在某一时刻转入下降趋势。

就整个社会或某个地区来讲,市场总容量是不断扩大的。但是,就具体商品来讲,总要经历进入市场、销售量快速增长、市场饱和、销售量下降这样几个阶段。特别是轻工产品的销售额,大部分都遵循"增长缓慢→迅速增加→维持一定水平→逐步减少"的规律发展变化。龚珀兹曲线是预测各种商品市场容量的一种最佳拟合线。

在选择应用龚珀兹曲线时,应考察历史数据 y_t 对数一阶差的一阶比率是否大致相等。当一组统计数据对数一阶差的一阶比率大致相等时,就可选用龚珀兹曲线进行预测,表 10-20

已给出了证明。

表 10-20 龚珀兹曲线模型一阶差比率计算表

时序(t)	$y_t = ka^{b^t}$	$\lg y_t = \lg k + b^t \lg a$	$\lg y_t - \lg y_{t-1}$	$\dfrac{\lg y_t - \lg y_{t-1}}{\lg y_{t-1} - \lg y_{t-2}}$
1	ka^b	$\lg k + b \cdot \lg a$	—	—
2	ka^{b^2}	$\lg k + b^2 \cdot \lg a$	$b(b-1)\lg a$	—
3	ka^{b^3}	$\lg k + b^3 \cdot \lg a$	$b^2(b-1)\lg a$	b
4	ka^{b^4}	$\lg k + b^4 \cdot \lg a$	$b^3(b-1)\lg a$	b
⋮	⋮	⋮	⋮	⋮
$t-1$	$ka^{b^{t-1}}$	$\lg k + b^{t-1} \lg a$	$b^{t-2}(b-1)\lg a$	b
t	ka^{b^t}	$\lg k + b^t \lg a$	$b^{t-1}(b-1)\lg a$	b

(五)皮尔曲线模型趋势外推预测法

皮尔曲线函数模型的形式为:

$$\hat{y}_t = \frac{L}{1 + a e^{-bt}} \tag{10-28}$$

式中,L 为变量 y_t 的极限值;a,b 为常数;t 为时间。

皮尔曲线多用于生物繁殖、人口发展统计,也适用于对产品生命周期作出分析,尤其适用于处在成熟期的商品的市场需求饱和量(或称市场最大潜力)的分析和预测。

【例 10-6】 某公司某商品的销售额资料如表 10-21 所示。试预测该公司第 22 期的销售额。

表 10-21 某公司某产品的销售额

时序(t)	销售额(万元)(y_t)	$\dfrac{1}{y_t}$	$\dfrac{1}{y_{t+1}}$	$\dfrac{1}{y_t} \cdot \dfrac{1}{y_{t+1}}$	$\left(\dfrac{1}{y_t}\right)^2$
1	50.87	0.020	0.019	0.000 380	0.000 400
2	52.03	0.019	0.019	0.000 361	0.000 361
3	53.33	0.019	0.019	0.000 361	0.000 361
4	53.35	0.019	0.018	0.000 342	0.000 361
5	55.09	0.018	0.018	0.000 324	0.000 324
6	56.76	0.018	0.017	0.000 306	0.000 324
7	58.42	0.017	0.017	0.000 289	0.000 289
8	59.61	0.017	0.017	0.000 289	0.000 289
9	60.58	0.017	0.016	0.000 272	0.000 289
10	61.15	0.016	0.016	0.000 256	0.000 256
11	61.57	0.016	0.016	0.000 256	0.000 256
12	62.17	0.016	0.016	0.000 256	0.000 256

续表

时序(t)	销售额（万元）(y_t)	$\dfrac{1}{y_t}$	$\dfrac{1}{y_{t+1}}$	$\dfrac{1}{y_t} \cdot \dfrac{1}{y_{t+1}}$	$\left(\dfrac{1}{y_t}\right)^2$
13	62.55	0.016	0.016	0.000 256	0.000 256
14	62.85	0.016	0.016	0.000 256	0.000 256
15	63.10	0.016	0.016	0.000 256	0.000 256
16	63.52	0.016	0.016	0.000 256	0.000 256
17	64.25	0.016	0.015	0.000 240	0.000 256
18	65.32	0.015	0.015	0.000 225	0.000 225
19	66.26	0.015	0.015	0.000 225	0.000 225
20	66.87	0.015	0.015	0.000 225	0.000 225
21	67.16	0.015	0.000	0.000 000	0.000 225
$\sum$ *		0.337	0.332	0.005 588	0.005 673

注：* $\sum$ 数据有舍入误差。

解：第一步，将实际销售额资料绘出散点图。

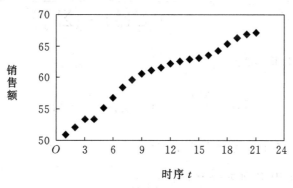

图 10-6　销售额的散点图

图 10-6 接近于皮尔曲线，所以选皮尔曲线作为预测模型：

$$\hat{y}_t = \dfrac{L}{1 + a\mathrm{e}^{-bt}}$$

第二步，估计模型的参数 b，L 和 a。

罗兹利用时间序列相邻两项的倒数之差建立方程式：

$$\dfrac{1}{y_{t+1}} - \dfrac{1}{y_t} = \dfrac{\mathrm{e}^b - 1}{\mathrm{e}^b + 1} - \left[\dfrac{2}{L} - \left(\dfrac{1}{y_t} + \dfrac{1}{y_{t+1}}\right)\right] \tag{10-29}$$

经变换得：

$$\frac{1}{y_{t+1}} = \frac{1-e^{-b}}{L} + e^{-b}\frac{1}{y_t} \tag{10-30}$$

利用系数 e^{-b} 和 $\frac{1-e^{-b}}{L}$ 建立 $\frac{1}{y_{t+1}}$ 对 $\frac{1}{y_t}$ 的回归方程，则得标准方程组：

$$\begin{cases} \sum \frac{1}{y_{t+1}} = \left(\frac{1-e^{-b}}{L}\right)(n-1) + e^{-b}\sum \frac{1}{y_t} \\ \sum \left(\frac{1}{y_{t+1}} \cdot \frac{1}{y_t}\right) = \left(\frac{1-e^{-b}}{L}\right)\sum \frac{1}{y_t} + e^{-b}\sum\left(\frac{1}{y_t}\right)^2 \end{cases}$$

从 $t=1$ 到 $t=n-1$ 对上式求和。相对于 e^{-b} 和 $\frac{1-e^{-b}}{L}$ 解标准方程组得：

$$e^{-b} = \frac{(n-1)\sum\left(\frac{1}{y_{t+1}} \cdot \frac{1}{y_t}\right) - \sum \frac{1}{y_{t+1}} \cdot \sum \frac{1}{y_t}}{(n-1)\sum\left(\frac{1}{y_t}\right)^2 - \left(\sum \frac{1}{y_t}\right)^2} \tag{10-31}$$

$$\frac{1-e^{-b}}{L} = \frac{\sum \frac{1}{y_{t+1}} \cdot \sum \left(\frac{1}{y_t}\right)^2 - \sum \frac{1}{y_t} \cdot \sum\left(\frac{1}{y_{t+1}} \cdot \frac{1}{y_t}\right)}{(n-1)\sum\left(\frac{1}{y_t}\right)^2 - \left(\sum \frac{1}{y_t}\right)^2} \tag{10-32}$$

利用 b，L 的值估算 a 值：

$$\ln a = \frac{b(n-1)}{2} + \frac{1}{n}\sum \ln\left(\frac{L}{y_t} - 1\right) \tag{10-33}$$

式中，n 为时间序列的项数，本例为 $n=21$。

其计算过程如表 10-21 所示，其中：

$$\sum_{t=1}^{21} \frac{1}{y_t} = 0.337, \quad \sum_{t=1}^{21} \frac{1}{y_{t+1}} = 0.332$$

$$\sum_{t=1}^{21} \left(\frac{1}{y_t} \cdot \frac{1}{y_{t+1}}\right) = 0.005\,588, \quad \sum_{t=1}^{21}\left(\frac{1}{y_t}\right)^2 = 0.005\,673$$

将上述数据代入 e^{-b}，$\frac{1-e^{-b}}{L}$ 的公式，则得：

$$e^{-b} = 0.917\,118\,9, \quad b = 0.086\,518\,22, \quad L = 71.919\,94$$

再将 b，L 值代入求 $\ln a$，求得：

$$a = 0.455\,857\,9$$

所以皮尔曲线预测方程为：

$$\hat{y}_t = \frac{71.91994}{1+(0.4558579)\mathrm{e}^{-0.08651822t}}$$

第三步，利用所求的曲线方程对第 22 期销售量进行预测，得：

$$\hat{y}_{22} = 67.34(万件)$$

需要指出的是，在做趋势外推分析时，最重要的问题是预测的超前时间。很多预测者认为，预测的超前时间应等于占有可靠统计数据的时间；而有的认为，预测的超前时间不应超过占有数据时间的 $\frac{1}{3}$。目前，这个问题尚未解决。但是有一点是肯定的，那就是随着预测超前时间的增加，预测精度下降。

第三节　时间序列自回归预测法

一、时间序列的自相关性

(一) 自相关关系

时间序列的指标值随着时间变化而变化，后期水平往往是在前期水平的基础上发展而来的，因此，前后期水平之间存在一定程度的依存关系，称为时间序列的自相关关系。自相关关系的强弱程度一般由自相关系数来测定。

自相关系数与上一章相关分析中所介绍的相关系数有一定的相似性，它们都是衡量变量间依存程度的指标，但自相关系数描述的是同一个指标前后期数值之间的依存关系，而相关系数则反映的是不同指标之间的依存关系。

(二) 自相关系数的计算

对于一个有 n 项观测值的时间序列，把前后相邻两期的指标值一一配对，可以得到 $(n-1)$ 对数据，每对数据的相关系数用 r_1 表示。其计算公式为：

$$r_1 = \frac{\sum_{t=2}^{n}(y_t - \bar{y})(y_{t-1} - \bar{y})}{\sum_{t=1}^{n}(y_t - \bar{y})^2} \tag{10-34}$$

式中，$\bar{y}$ 是 y_t 的均值，即：

$$\bar{y} = \frac{1}{n}\sum_{t=1}^{n} y_t$$

r_1 是对相邻两期观测值相关关系的测定,称为时滞为 1 的自相关系数。

将这个概念推广,可得时滞为 k 的自相关系数 r_k 的计算公式为:

$$r_k = \frac{\sum_{t=1+k}^{n}(y_t - \bar{y})(y_{t-k} - \bar{y})}{\sum_{t=1}^{n}(y_t - \bar{y})^2} \tag{10-35}$$

自相关系数的取值范围也介于 +1 和 -1 之间,即 $|r_k| \leq 1$。一般可以通过统计软件来计算自相关系数的值。

二、时间序列的自回归模型

(一) 自回归模型

当时间序列的变动呈现出某种趋势时,序列中各期观测值之间必定存在一定程度的自相关关系,它表明在分析和研究某一期的指标值 y_t 时,应当重视其前期观测值对它的影响。

自回归分析法提供的就是这样一种研究时间序列前后期观测值之间相互关系的方法。一个 k 阶的样本自回归模型可以表述为:

$$\hat{y}_t = b_0 + b_1 y_{t-1} + b_2 y_{t-2} + \cdots + b_k y_{t-k} \tag{10-36}$$

式中,$b_i(i=0,1,2,\cdots,k)$ 称为自回归系数,通常也采用最小二乘法来估计。实际应用中,自回归模型也有线性和非线性之分。例如,当时间序列中相邻两期的观测值之间的依存关系为二次曲线形式时,样本自回归模型就表述为:

$$\hat{y}_t = b_0 + b_1 y_{t-1} + b_2 y_{t-1}^2 \tag{10-37}$$

(二) 自回归模型的估计与检验

自回归分析法实质上也是一种回归分析。它与前述回归分析所不同的是,作为自变量的不再是其他相关变量的同期值,而是研究对象自身的前期值。因此,回归分析中对参数的估计、回归方程检验等方法也同样适用于自回归分析,这里不再一一赘述。

三、时间序列自回归预测法

在对时间序列建立起恰当的自回归模型并通过相应的检验之后,可以根据模型以前期数值来计算或预测后期数值,这就是自回归预测法。下面通过一个实例来介绍该方法的应用。

【例 10-7】 某地连续 16 年工业总产值资料如表 10-22 所示。试对其拟合一个一阶自回归模型,并预测以 95% 的置信度预测下一年的产值。

表 10-22　某地工业总产值资料

时间	1998	1999	2000	2001	2002	2003	2004	2005	2006	2007	2008	2009	2010	2011	2012	2013
工业总产值（亿元）（y_t）	71	79	89	97	109	108	118	123	129	132	134	146	158	163	172	181
y_{t-1}	—	71	79	89	97	109	108	118	123	129	132	134	146	158	163	172

解：第一步，自相关分析。

(1) 绘制散点图。

以 y_t 为纵坐标，y_{t-1} 为横坐标，根据表 10-22 的观测值绘制散点图，如图 10-7 所示。

可以看出，y_t 与 y_{t-1} 之间的自相关关系可以用一条直线来拟合。

(2) 计算一阶自相关系数。

根据表 10-22 所列的观测数据，可以计算该时间序列的一阶自相关系数：

$$r_1 = \frac{\sum_{t=2}^{n}(y_t - \bar{y})(y_{t-1} - \bar{y})}{\sum_{t=1}^{n}(y_t - \bar{y})^2} = 0.992$$

说明相邻两期工业总产值的依存度很高。结合散点图 10-7 的结果，确定可以建立自回归模型。

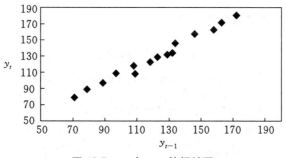

图 10-7　y_t 与 y_{t-1} 的相关图

第二步，建立自回归模型。

(1) 估计模型的参数。

以 y_t 为因变量，y_{t-1} 为自变量，建立一阶线性自回归模型：

$$\hat{y}_t = b_0 + b_1 y_{t-1}$$

根据表 10-22 的数据，用最小二乘法来估计回归系数 b_0、b_1，可得：

$$b_0 = 7.87 \qquad b_1 = 0.996$$

于是得到估计的自回归模型：

$$\hat{y}_t = 7.87 + 0.996 y_{t-1}$$

（2）自回归模型的检验。

MINITAB 软件给出的统计检验值如下：

Predictor	Coef	StDev	T	P
Constant	7.866	4.490	1.75	0.103
y_{t-1}	0.995 63	0.035 82	27.79	0.000

$S = 4.068 \qquad R-Sq = 98.3\% \qquad R-Sq(\text{adj}) = 98.2\%$

Analysis of Variance

Source	DF	SS	MS	F	P
回归离差	1	12 779	12 779	772.39	0.000
剩余离差	13	215	17		
总离差	14	12 994			

D—W 统计量 = 2.38

由 P 值可知，该自回归模型的回归系数和模型整体都通过了显著性检验（取 $\alpha = 0.05$），即意味着前一期的工业总产值能够很好地解释相邻的后一期工业总产值的变动情况。D—W 统计量为 2.38，说明模型的误差项不存在自相关关系。通过检验的模型可以用于预测。

第三步，进行自回归预测。

（1）点预测。

将下一期的工业总产值记为 y_{2014}，则：

$$\hat{y}_{2014} = 7.87 + 0.996 y_{2013}$$
$$= 7.87 + 0.996 \times 181$$
$$= 188（亿元）$$

（2）区间预测。

取 $\alpha = 0.05$，本例的样本观测值为 16 个属于小样本。因此，下一年工业总产值平均水平的 95% 的置信区间为：

$$\hat{y}_{2014} \pm t_{\frac{\alpha}{2}} SE_{\hat{\mu}} \tag{10-38}$$

其中：

$$SE_{\hat{\mu}} = SE \sqrt{\frac{1}{n} + \frac{[(y_{t-1})_0 - \bar{y}]^2}{\sum_{t=1}^{n}(y_{t-1} - \bar{y})^2}} = 4.068 \times 0.58 = 2.36$$

查表可得 $t_{\frac{\alpha}{2}}(16-2) = 2.145$，将这些数值代入上式（10-36）就得到：

$$188 \pm 2.145 \times 2.36 = 188 \pm 5.06$$

即有95%的把握可以预测下一期工业总产值将介于183亿~193亿元。

案例分析

一、研究背景

冰箱作为一种高效制冷产品,深受广大消费者的喜爱。随着科技的发展和进步,冰箱的品牌也越来越多,为消费者提供了更多的选择,各大厂商为了在激烈的市场竞争中脱颖而出,不断更新自己的产品,希望研制出能够满足消费者需求的产品。但是究竟应该生产多少台冰箱较为合适呢?这个数字不是由厂商随意决定的,需要结合冰箱历年的销售情况进行预测。一方面,产量不能过少,否则可能会造成供不应求的局面,很多顾客会转而选择购买其他品牌的产品;另一方面,产量又不能过多,一旦生产的产品数量超过顾客真实的需求,就会发生供过于求的情况,导致大量产品卖不出去,投入的生产成本不能及时收回,企业很可能没有足够的资金周转,无法维持正常的运营。无论出现哪种情况,都会给企业带来巨大的损失,所以根据历史销售数据对冰箱的需求量进行预测,从而决定合适的产量是很有必要的。随着气温的升高,冰箱的需求量也会逐渐增大,因此,它的销售量与季节变化之间,也存在着一定的联系。确定冰箱的销售旺季,则需要结合销售量的季度数据进一步进行分析。国家统计局网站上提供了我国2006~2017年家用冰箱的季度和年度销售数据,如表10-23所示:

表10-23 我国2006~2017年家用冰箱的季度和年度销售量 (单位:万台)

年份	第一季度	第二季度	第三季度	第四季度	全年销售量
2006	808.20	1 349.70	1 160.10	820.90	4 138.90
2007	911.00	1 438.20	1 259.70	857.00	4 465.90
2008	1 032.30	1 499.10	1 211.10	1 021.70	4 764.20
2009	1 208.60	1 791.50	1 702.70	1 294.80	5 997.60
2010	1 582.80	2 263.90	2 158.50	1 429.20	7 434.40
2011	1 794.90	2 629.30	2 322.40	1 854.20	8 600.80
2012	1 980.10	2 129.90	2 299.50	1 945.50	8 355.00
2013	2 059.70	2 747.90	2 324.40	2 003.60	9 135.60
2014	2 093.70	2 806.20	2 391.70	1 934.40	9 226.00
2015	2 075.10	2 790.10	2 267.90	1 926.60	9 059.70
2016	2 071.10	2 658.80	2 433.00	1 954.20	9 117.10
2017	2 190.60	2 611.50	2 662.90	1 261.50	8 726.50

二、思考问题

(1) 从 2006~2017 年家用冰箱的年度销售数据可以看出,近年来冰箱销售量的变化不大,逐渐趋于在一个稳定值的周围波动。那么未来冰箱产业的发展前景如何,是否仍将处于"饱和"状态?2018 年应该生产多少台冰箱比较合适?

(2) 能否结合 2006~2017 年家用冰箱的季度销售数据判断出冰箱的销售旺季,以便各大厂商及时调整生产和销售策略,在旺季推出吸引消费者的新产品,从而刺激冰箱产业的发展?

三、问题分析

为了判断整个冰箱行业的发展前景,我们决定选用时间序列的趋势外推法,同时结合表 10-23 中第 6 列的我国家用冰箱年度销售量历史数据,对未来的销售趋势进行预测。通过绘制如图 10-8 所示的 2006~2017 年家用冰箱年度销售量与时间 t 的散点图,可以初步确定要选用的预测模型。

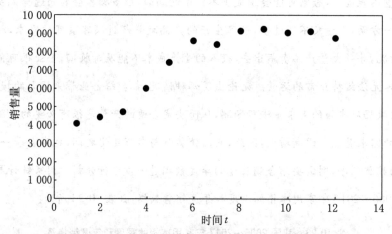

图 10-8 我国 2006~2017 年家用冰箱年度销售量散点图

由散点图 10-8 可以看出,家用冰箱的销售量大致经历了以下三个阶段:刚刚进入市场并慢慢被消费者接受的缓慢增长阶段(2006~2008)、逐渐被人们熟知并深受消费者喜爱的畅销阶段(2009~2011)、在每个家庭普及后销售量不会发生太大变化的饱和阶段(2012~2017),而目前我国家用冰箱的销售市场正处于饱和期,有需要的家庭基本上都已经拥有冰箱,所以它的销售量一直处于稳定状态,不会发生太大变化。龚珀兹曲线正是适用于对处在饱和期的产品进行预测的模型,通过该模型还能够得到市场需求量和销售量的饱和值,于是我们最终决定选用龚珀兹曲线预测模型 $\hat{y}=ka^{b^t}$ ($\lg a<0$, $0<b<1$),对 2018 年家用冰箱销售量的情况进行预测。

首先,我们可以得到龚珀兹曲线的计算如表 10-24 所示:

表 10-24　我国 2006~2017 年家用冰箱销售量龚珀兹曲线的计算

年　份	时序(t)	销售量(y,万台)	lg y
2006	0	4 138.9	3.616 9
2007	1	4 465.9	3.649 9
2008	2	4 764.2	3.678 0
2009	3	5 997.6	3.778 0
$\sum$ I lg y			14.722 8
2010	4	7 434.4	3.871 3
2011	5	8 600.8	3.934 5
2012	6	8 355.0	3.922 0
2013	7	9 135.6	3.960 7
$\sum$ II lg y			15.688 5
2014	8	9 226.0	3.965 0
2015	9	9 059.7	3.957 1
2016	10	9 117.1	3.959 9
2017	11	8 726.5	3.940 8
$\sum$ III lg y			15.822 8

然后,计算模型参数 k、a 和 b 如下($n=4$):

$$\because b^n = \frac{\sum \text{III lg } y - \sum \text{II lg } y}{\sum \text{II lg } y - \sum \text{I lg } y} = 0.139\ 1$$

$$\therefore b = 0.610\ 7$$

$$\because \lg a = (\sum \text{II lg } y - \sum \text{I lg } y) \cdot \frac{b-1}{(b^n-1)^2} = -0.507\ 2$$

$$\therefore a = 0.311$$

$$\because \lg k = \frac{1}{n} \left(\sum \text{I lg } y - \frac{b^n - 1}{b - 1} \cdot \lg a \right) = 3.961\ 1$$

$$\therefore k = 9\ 143.237\ 5$$

接着,把 k,a 和 b 的计算结果代入龚珀兹曲线的预测模型 $\hat{y} = ka^{b^t}$,得到:

$$\hat{y} = 9\ 143.237\ 5 \times 0.311^{0.610\ 7^t}$$

最后,取 $t=12$,得到 2018 年销售量的预测值为:

$$\hat{y}_{2018} = 9\,143.237\,5 \times 0.311^{0.610\,7^{12}} = 9\,114.544\,1(万台)$$

这样我们就得出 2018 年家用冰箱总销售量的预测值为 9 114.544 1 万台,其中冰箱市场需求量的"饱和值"为 9 143.237 5 万台。可以推断出 2018 年我国冰箱销售市场仍将处于饱和状态,各大厂商面临着严峻的形势和挑战,要想突破销售瓶颈,需要进行产业结构调整和技术创新,生产出让消费者心动的产品。

众所周知,冰箱的销售量通常会随着季节的变动而发生变化,为了进一步预测出家用冰箱的销售旺季和淡季,给厂商的季节性生产和销售提供更加准确的参考信息,我们考虑选用时间序列分解法的乘法模型进行分析,将销售量的变化分解为长期趋势因素 T、季节变动因素 S、周期变动因素 C 和不规则变动因素 I。

首先,通过表 10-23 中 2006~2017 年家用冰箱销售量的季度数据作出散点图 10-9,发现销售量 Y 有一种随时间上升的趋势,并且这种趋势近似于一条直线。

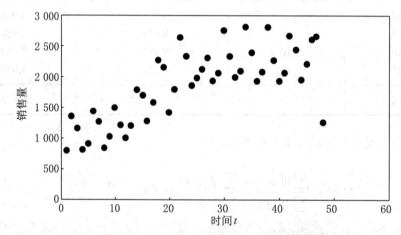

图 10-9　我国 2006~2017 年家用冰箱季度销售量的散点图

于是,我们以时间 t 为自变量,销售量 Y 为因变量,计算出关于长期趋势 T 的线性回归方程:

$$T = 1\,101.2 + 30.75t$$

这样,我们就可以通过长期趋势的回归方程得到 2006~2017 年各个季度的长期趋势 T 如表 10-25 第 7 列所示。然后,运用移动平均法得到只含长期趋势和周期变动因素的序列 TC 如表 10-25 第 5 列所示。将序列 TC 除以 T 即可得周期性变动因素 C 如表 10-25 第 8 列所示。接着,用原序列 Y 除以 TC,得到只含季节因素和不规则变动因素的序列 SI 如表 10-25 第 6 列所示:

表 10-25　我国 2006～2017 年家用冰箱销售量季度数据的因素分解

时间	时间序列 t	销售量（Y,万台）	四项平均	TC	$Y/TC=SI$	长期趋势（T）	周期性变动（C）
2006Q1	1	808.200 0	—	—	—	—	—
2006Q2	2	1 349.700 0	1 034.725 0	—	—	—	—
2006Q3	3	1 160.100 0	1 060.425 0	1 047.575 0	1.107 4	1 193.450 0	0.877 8
2006Q4	4	820.900 0	1 082.550 0	1 071.487 5	0.766 1	1 224.200 0	0.875 3
2007Q1	5	911.000 0	1 107.450 0	1 095.000 0	0.832 0	1 254.950 0	0.872 5
2007Q2	6	1 438.200 0	1 116.475 0	1 111.962 5	1.293 4	1 285.700 0	0.864 9
2007Q3	7	1 259.700 0	1 146.800 0	1 131.637 5	1.113 2	1 316.450 0	0.859 6
2007Q4	8	857.000 0	1 162.025 0	1 154.412 5	0.742 4	1 347.200 0	0.856 9
2008Q1	9	1 032.300 0	1 149.875 0	1 155.950 0	0.893 0	1 377.950 0	0.838 9
2008Q2	10	1 499.100 0	1 191.050 0	1 170.462 5	1.280 8	1 408.700 0	0.830 9
2008Q3	11	1 211.100 0	1 235.125 0	1 213.087 5	0.998 4	1 439.450 0	0.842 7
2008Q4	12	1 021.700 0	1 308.225 0	1 271.675 0	0.803 4	1 470.200 0	0.865 0
2009Q1	13	1 208.600 0	1 431.125 0	1 369.675 0	0.882 4	1 500.950 0	0.912 5
2009Q2	14	1 791.500 0	1 499.400 0	1 465.262 5	1.222 6	1 531.700 0	0.956 6
2009Q3	15	1 702.700 0	1 592.950 0	1 546.175 0	1.101 2	1 562.450 0	0.989 6
2009Q4	16	1 294.800 0	1 711.050 0	1 652.000 0	0.783 8	1 593.200 0	1.036 9
2010Q1	17	1 582.800 0	1 825.000 0	1 768.025 0	0.895 2	1 623.950 0	1.088 7
2010Q2	18	2 263.900 0	1 858.600 0	1 841.800 0	1.229 2	1 654.700 0	1.113 1
2010Q3	19	2 158.500 0	1 911.625 0	1 885.112 5	1.145 0	1 685.450 0	1.118 5
2010Q4	20	1 429.200 0	2 002.975 0	1 957.300 0	0.730 2	1 716.200 0	1.140 5
2011Q1	21	1 794.900 0	2 043.950 0	2 023.462 5	0.887 0	1 746.950 0	1.158 3
2011Q2	22	2 629.300 0	2 150.200 0	2 097.075 0	1.253 8	1 777.700 0	1.179 7
2011Q3	23	2 322.400 0	2 196.500 0	2 173.350 0	1.068 6	1 808.450 0	1.201 8
2011Q4	24	1 854.200 0	2 071.650 0	2 134.075 0	0.868 9	1 839.200 0	1.160 3
2012Q1	25	1 980.100 0	2 065.925 0	2 068.787 5	0.957 1	1 869.950 0	1.106 3
2012Q2	26	2 129.900 0	2 088.750 0	2 077.337 5	1.025 3	1 900.700 0	1.092 9
2012Q3	27	2 299.500 0	2 108.650 0	2 098.700 0	1.095 7	1 931.450 0	1.086 6
2012Q4	28	1 945.500 0	2 263.150 0	2 185.900 0	0.890 0	1 962.200 0	1.114 0
2013Q1	29	2 059.700 0	2 269.375 0	2 266.262 5	0.908 9	1 992.950 0	1.137 1
2013Q2	30	2 747.900 0	2 283.900 0	2 276.637 5	1.207 0	2 023.700 0	1.125 0
2013Q3	31	2 324.400 0	2 292.400 0	2 288.150 0	1.015 8	2 054.450 0	1.113 8
2013Q4	32	2 003.600 0	2 306.975 0	2 299.687 5	0.871 2	2 085.200 0	1.102 9
2014Q1	33	2 093.700 0	2 323.800 0	2 315.387 5	0.904 3	2 115.950 0	1.094 3
2014Q2	34	2 806.200 0	2 306.500 0	2 315.150 0	1.212 1	2 146.700 0	1.078 5
2014Q3	35	2 391.700 0	2 301.850 0	2 304.175 0	1.038 0	2 177.450 0	1.058 2
2014Q4	36	1 934.400 0	2 297.825 0	2 299.837 5	0.841 1	2 208.200 0	1.041 5
2015Q1	37	2 075.100 0	2 266.875 0	2 282.350 0	0.909 2	2 238.950 0	1.019 4
2015Q2	38	2 790.100 0	2 264.925 0	2 265.900 0	1.231 3	2 269.700 0	0.998 3

续表

时间	时间序列 t	销售量 (Y,万台)	四项平均	TC	$Y/TC=SI$	长期趋势 (T)	周期性变动 (C)
2015Q3	39	2 267.900 0	2 263.925 0	2 264.425 0	1.001 5	2 300.450 0	0.984 3
2015Q4	40	1 926.600 0	2 231.100 0	2 247.512 5	0.857 2	2 331.200 0	0.964 1
2016Q1	41	2 071.100 0	2 272.375 0	2 251.737 5	0.919 8	2 361.950 0	0.953 3
2016Q2	42	2 658.800 0	2 279.275 0	2 275.825 0	1.168 3	2 392.700 0	0.951 2
2016Q3	43	2 433.000 0	2 309.150 0	2 294.212 5	1.060 5	2 423.450 0	0.946 7
2016Q4	44	1 954.200 0	2 297.325 0	2 303.237 5	0.848 5	2 454.200 0	0.938 5
2017Q1	45	2 190.600 0	2 354.800 0	2 326.062 5	0.941 8	2 484.950 0	0.936 1
2017Q2	46	2 611.500 0	2 181.625 0	2 268.212 5	1.151 3	2 515.700 0	0.901 6
2017Q3	47	2 662.900 0	—	—	—	2 546.450 0	—
2017Q4	48	1 261.500 0	—	—	—	2 577.200 0	—

然后,我们用按季平均法求出各个季度销售量的季节指数如表10-26所示:

表10-26 按季平均法计算季节指数的结果

年份	第一季度	第二季度	第三季度	第四季度	合计
2006			1.107 4	0.766 1	
2007	0.832 0	1.293 4	1.113 2	0.742 4	
2008	0.893 0	1.280 8	0.998 4	0.803 4	
2009	0.882 4	1.222 6	1.101 2	0.783 8	
2010	0.895 2	1.229 2	1.145 0	0.730 2	
2011	0.887 0	1.253 8	1.068 6	0.868 9	
2012	0.957 1	1.025 3	1.095 7	0.890 0	
2013	0.908 9	1.207 0	1.015 8	0.871 2	
2014	0.904 3	1.212 1	1.038 0	0.841 1	
2015	0.909 2	1.231 3	1.001 5	0.857 2	
2016	0.919 8	1.168 3	1.060 5	0.848 5	
2017	0.941 8	1.151 3			
同季合计	9.930 7	13.275 1	11.745 3	9.002 8	
同季平均	0.902 8	1.206 8	1.067 8	0.818 4	3.995 8
季节指数	0.903 7	1.208 1	1.068 9	0.819 3	4.000 0

最后,分别取 $t=49、50、51$ 和 52,代入长期趋势 T 的回归方程,得到2018年4个季度的长期趋势预测值 T 如表10-27第2列,并且结合计算出的季节指数 S 如表10-27第3列,以及由历史数据判断的周期变动 C 如表10-27第4列,预测出2018年4个季度家用冰箱的销售量如表10-27第5列所示:

表 10-27 2018 年家用冰箱季度销售量的预测值

季度	T	S	C	销售量预测值（万台）
1	2 607.950 0	0.903 7	0.820 0	1 932.579 6
2	2 638.700 0	1.208 1	0.820 0	2 614.007 0
3	2 669.450 0	1.068 9	0.930 0	2 653.638 8
4	2 700.200 0	0.819 3	0.850 0	1 880.432 8
合计				9 080.658 2

由表 10-26 中季节指数的计算结果可以看出，家用冰箱的销售量一定程度上会受到季节变动因素的影响，其中第二季度的季节指数最大，这是因为第二季度的五、六月份恰好是夏天来临之际，随着气温的不断升高，冰箱就成了人们生活中不可或缺的电器，很多家庭往往选择在这个时候购买冰箱，因此冰箱的需求量最大；第三季度的季节指数次之，因为第三季度的七、八月份气温很高，炎热的天气使得越来越多的家庭意识到冰箱的优点和重要性，所以冰箱的销售量依然很大；而九月份逐渐进入秋季，气温也随之慢慢降低，冰箱的需求量随之降低。第一季度的季节指数排名第三，第四季度的季节指数最小，因为这两个季度的气温都不高，食物可以在常温条件下保存较长时间，冰箱的需求量相对来说不大，而第一季度包含春节，新年新气象，很多人决定在新年到来之前为家里添置一台冰箱，或者换掉家里的旧冰箱，所以，第一季度家用冰箱销售量的季节指数通常会比第四季度大一些。

由表 10-27 可知，用时间序列分解法得出的 2018 年第一季度家用冰箱销售量的预测值为 1 932.576 9 万台，第二季度销售量的预测值为 2 614.007 0 万台，第三季度销售量的预测值为 2 653.638 8 万台，第四季度销售量的预测值为 1 880.432 8 万台，则 2018 年家用冰箱全年销售量的预测值为 9 080.658 2 万台，这与用龚珀兹曲线模型预测出的结果相差不大。

通过上述分析我们了解到，市场上对家用冰箱的需求逐渐达到饱和状态。

进一步分析现在居民购买冰箱的主要原因，一方面是家里冰箱的款式和性能已经落后，需要进行更新换代；另一方面是子女上学、结婚需要购置新房或者装修旧房，冰箱同样成为必不可少的家用电器，因此，大多数消费者已经不是第一次购买冰箱。以前人们只要求吃得饱，现在人们更多地追求吃得好、吃得健康，对生活品质有了更高的要求，所以他们在购买冰箱时的选择标准也发生了一定程度的变化，从只关注保鲜效果和价格等因素，逐渐变成了对除霜、杀菌除味、噪音大小、节能环保以及智能化效果的考量。

为了打破当前冰箱销售市场趋于饱和的状态，促进冰箱产业的新发展，使消费者放心购买自己的产品,各大厂商正积极通过使用节能环保新材料和创新技术等,提升产品性能,生产出具备保鲜效果佳、食物营养元素流失少、风冷无霜、除菌去味、噪音不高于38分贝、智能化等功能的新产品,"健康冰箱"便应运而生。已知:冰箱的销售量会随着季节的变化有所不同,第二季度和第三季度通常是冰箱的销售旺季,第二季度气温开始逐渐升高,食物的保存时间会慢慢缩短,很多家庭会选择在夏天刚刚来临时购买冰箱,家用冰箱便逐渐进入了销售旺季;随着七八月份天气越来越热,更多家庭意识到冰箱的重要性,因此第三季度冰箱的销售量依然很高,同时由于人们平时工作繁忙,没有足够时间选购自己满意的产品,他们往往会选择在时间充裕的节假日精心挑选自己心仪的产品,商家要把握这一商机,在第二、三季度以及节假日期间,大力推出并宣传新产品,满足人们健康生活理念的诉求,树立良好的品牌形象,激起消费者的兴趣和购买欲望,促进冰箱行业的新发展。

参考文献

[1] 贺利甄.冰箱市场营销策略分析[J].辽宁行政学院学报,2007(06):148~149.

[2] 魏军.2012年,冰箱市场由"秋"入"冬"[J].家用电器,2012(07):74~75.

[3] 荆静静.大数据下的冰箱行业发展[J].家用电器,2014(12):44~45.

[4] 徐国祥.统计学(第二版)[M].格致出版社,上海人民出版社,2014.

本章小结

→ 1. 经济时间序列的变化受到长期趋势、季节变动、周期变动和不规则变动这四个因素的影响。长期趋势的测定方法主要有移动平均法和趋势模型法;季节变动的主要测定方法是计算季节指数;周期变动和不规则变动主要用剩余法来测定。时间序列分解的方法有很多,实际当中较常用的模型有加法模型和乘法模型。

→ 2. 当研究对象依时间变化呈现某种上升或下降趋势,没有明显的季节波动,并且能用一个合适的函数曲线反映这种变化趋势时,就可以用趋势外推法进行预测。

应用趋势外推法有两个假设条件:①假设事物发展过程没有跳跃式变化;②假定事物的发展因素也决定事物未来的发展,其条件是不变或变化不大。

选择合适的趋势模型是应用趋势法的重要环节,图形识别法和差分法是选择趋势模型的两种基本方法。

常用的趋势外推预测模型有：

多项式曲线模型：$\hat{y}_t = b_0 + b_1 t + b_2 t^2 + \cdots + b_n t^n$

对数曲线模型：$\hat{y}_t = a + b \ln t$

指数曲线模型：$\hat{y}_t = a e^{bt} (a > 0)$

修正指数曲线模型：$\hat{y}_t = a + bc^t (0 < c < 1)$

龚珀兹曲线模型：$\hat{y}_t = k a^{b^t}$

皮尔曲线模型：$\hat{y}_t = \dfrac{L}{1 + a e^{-bt}}$

3. 时间序列的前后期数值之间的自相关关系可以通过自相关系数来衡量，在自相关分析的基础上，还可以用回归模型来拟合这种关系，称为自回归分析法。在自回归分析中，通常以指标的前期值作为解释变量，来计算和预测其未来值。

思考与练习

一、单项选择题

1. _____ 反映了经济现象在一个较长时间内的发展方向，它可以在一个相当长的时间内表现为一种近似直线的持续向上或持续向下或平稳的趋势。

   A. 长期趋势因素　　　　　　　　B. 季节变动因素
   C. 周期变动因素　　　　　　　　D. 不规则变动因素

2. _____ 是经济现象受季节变动影响所形成的一种长度和幅度固定的周期波动。

   A. 长期趋势因素　　　　　　　　B. 季节变动因素
   C. 周期变动因素　　　　　　　　D. 不规则变动因素

3. _____ 是受各种经济因素影响形成的上下起伏不定的波动。

   A. 长期趋势因素　　　　　　　　B. 季节变动因素
   C. 周期变动因素　　　　　　　　D. 不规则变动因素

4. _____ 是受各种偶然因素影响所形成的不规则变动。

   A. 长期趋势因素　　　　　　　　B. 季节变动因素
   C. 周期变动因素　　　　　　　　D. 不规则变动因素

5. 修正的指数曲线模型可以表示为_____。

　　A. $y_t = b_0 + b_1 t$　　　　　　　　B. $y_t = ae^{bt}$

　　C. $y_t = a + b\ln t$　　　　　　　　D. $y_t = a + bc^t$

6. 求解_____模型参数方法是先做对数变换,将其化为直线模型,然后用最小二乘法求出模型参数。

　　A. 二次曲线　　　B. 指数模型　　　C. 一次线性　　　D. 三次曲线

7. 对时间序列进行差分处理,如果一阶差分相等或大致相等,就可以使用_____模型进行预测。

　　A. 二次曲线　　　B. 指数模型　　　C. 一次线性　　　D. 三次曲线

8. 对时间序列进行差分处理,如果一阶差的一阶比率相等或大致相等,就可以使用_____模型进行预测。

　　A. 一次线性　　　B. 修正指数　　　C. 对数曲线　　　D. 皮尔曲线

9. _____尤其适用于对处在成熟期的商品的市场需求饱和量(或称市场最大潜力)的分析和预测。

　　A. 三次曲线　　　　　　　　B. 对数曲线

　　C. 二次曲线　　　　　　　　D. 皮尔曲线

10. 在对运用几个模型分别对数据进行拟合后,_____最小的模型即为最好的拟合曲线模型。

　　A. 可决系数 R^2　　　　　　　B. 相关系数

　　C. 标准误差　　　　　　　　D. $D-W$ 值

二、多项选择题

1. 时间序列分解可以分为下列几个因素的影响_____。

　　A. 长期趋势因素　　　　　　B. 季节变动因素

　　C. 周期变动因素　　　　　　D. 不规则变动因素

　　E. 随机误差因素

2. 时间序列分解较常用的模型有_____。

　　A. 加法模型　　　　　　　　B. 乘法模型

　　C. 多项式模型　　　　　　　D. 指数模型

　　E. 直线模型

3. 趋势模型的种类有_____。

   A. 多项式模型　　　　　　　　B. 指数曲线模型

   C. 对数曲线模型　　　　　　　D. 生长曲线模型

   E. 生存模型

4. 趋势模型选择的基本方法有_____。

   A. 图形识别法　　B. 回归法　　　C. 差分法　　　D. 最小二乘法

   E. 比较法

5. 生长曲线趋势外推法包括_____。

   A. 龚珀兹曲线　　B. 指数曲线　　C. 皮尔曲线　　D. 三次曲线

   E. 对数曲线

三、简答题

1. 影响经济时间序列变化的四个因素是什么？试分别说明之。

2. 使用移动平均法求长期趋势时，如何选择移动平均的项数？

3. 试述趋势外推法的基本原理。

4. 自回归分析法的特点是什么？

四、计算和分析题

1. 某超市 2010～2013 年每月蔬菜销售量如表 10-28 所示，请用按月平均法计算季节指数。

表 10-28　某超市 2010～2013 年每月蔬菜销售量数据

月份 \ 年份	2010	2011	2012	2013
1	40	43	40	55
2	50	52	64	72
3	41	45	58	62
4	39	41	56	60
5	45	48	67	70
6	53	65	74	86
7	68	79	84	98
8	73	86	95	108
9	50	64	76	87
10	48	60	68	78
11	43	45	56	63
12	38	41	52	58

2. 某文具公司 2006～2013 年间各季度销售额如表 10-29 所示。请用按季平均法求出这 8 年的季节比率。

表 10-29　某文具公司 2006～2013 年间各季度销售额数据

年份　季度	2006	2007	2008	2009	2010	2011	2012	2013
1	57	70	66	51	69	101	83	43
2	138	175	156	139	183	234	167	115
3	183	193	189	175	287	226	214	198
4	117	110	101	146	270	161	105	137

3. 某养鱼场为了提高经营管理水平,需对其养鱼场的年捕捞量进行预测。现有表 10-30 的数据。试建立多项式曲线模型,预测 2014 年的捕捞量($\alpha = 0.05$)。

表 10-30　某养鱼场年捕捞量数据

年份	2007	2008	2009	2010	2011	2012	2013
捕捞量（公斤）	2 790	2 950	3 140	3 350	3 588	3 862	4 168

4. 表 10-31 是某企业历年的出口量。请用最小二乘法拟合这些数据的趋势方程。

表 10-31　某企业历年的出口量数据

年份	出口量(万只)	年份	出口量(万只)
1998	239	2006	493
1999	275	2007	471
2000	306	2008	585
2001	301	2009	639
2002	361	2010	656
2003	372	2011	736
2004	389	2012	819
2005	494	2013	869

5. 根据表 10-32 的资料用修正指数曲线模型预测 2014 年的取暖器销售量,并说明其最高限度。

表 10-32 2005～2013 年取暖器销售量数据

年　份	销售量（台）
2005	46 000
2006	49 000
2007	51 400
2008	53 320
2009	54 856
2010	56 085
2011	57 088
2012	57 900
2013	58 563

6. 某企业历年的产品产量资料如表 10-33 所示。

表 10-33 某企业历年的产品产量数据

年　份	产　量	年　份	产　量
2000	344	2007	496
2001	416	2008	522
2002	435	2009	580
2003	440	2010	580
2004	450	2011	569
2005	468	2012	548
2006	486	2013	580

要求：

(1) 对时间序列进行三项中心化移动平均修匀；

(2) 根据修匀后的数据拟合直线趋势方程；

(3) 预测 2014 年的产品产量。

7. 某地区 6 年内灯具商品销售量资料如表 10-34 所示。试用自回归法预测 2014 年的销售量的点估计值。

表 10-34 某地区 6 年内灯具商品销售量数据

年　份	2008	2009	2010	2011	2012	2013
销售量（万架）	8.7	10.6	13.3	16.5	20.6	26

第十一章 统计决策

统计决策既是统计科学发展的一个重要方面,也是统计社会实践功能的扩展。在经济和管理现象日益复杂、市场情况瞬息万变的环境中,学习和掌握科学的决策方法,对于提高经营管理的决策水平,减少决策失误,无疑具有十分重要的意义。决策方法很多,按决策的条件不同,可分为确定型决策、对抗型决策和不确定型决策三种。前两种决策已分别形成应用数学的不同分支。本章讨论的是不确定型决策,即统计决策。

第一节 统计决策的一般问题

一、决策的概念和种类

(一) 决策的概念

我们从统计预测的分析中可知,对经济现象和经济活动采取不同的预测方法,可取得不同的预测方案。对于预测者来说,其预测的目的就是要从各种预测方案中选择最优方案。为此,就需要进行决策。

决策,就是为了实现特定的目标,根据客观的可能性,在占有一定信息和经验的基础上,借助一定的工具、技巧和方法,对影响目标实现的诸因素进行准确的计算和判断选优后,对未来行动作出决定。统计决策有广义和狭义之分,凡是使用统计方法进行决策的方法称为广义的统计决策;狭义的统计决策是指在不确定情况下的决策。在不确定情况下进行决策需要具备以下几个条件。

（1）决策人要求达到的一定目标，如利润最大、损失最小、质量最高等。从不同的目的出发往往有不同的决策标准。

（2）存在两个或两个以上可供选择的方案。所有的方案构成一个方案的集合。

（3）存在着不以决策人主观意志为转移的客观状态，或称为自然状态。所有可能出现的自然状态构成状态空间。

（4）在不同情况下采取不同方案所产生的结果是可以计量的。所有的结果构成一个结果空间。

（二）决策的种类

决策所要解决的问题是多种多样的，因此可以从不同的角度进行分类。按决策问题所处的条件不同，可分为确定型决策、不确定型决策和对抗型决策三种。

1. 确定型决策

确定型决策是指可供选择方案的条件已确定。例如，有人想买一台收录机。一种质量好，但价格较贵；另一种质量稍差而价格比较便宜。选择哪一种就需要决策。在这个例子中，若各种收录机的牌号与价格都已确定，关键在于如何选择，这主要是取决于购买人的条件和目的。另外，还有一些确定型的决策是属于运筹学中数学规划方面的问题。如在一定的条件下求某一组方程的极大值或极小值。

2. 不确定型决策

不确定型决策是指决策时的条件是不确定的，细分起来又可以分成两种。一种是已知各种可能情况出现的概率，因此可以结合概率来作出判断，选择方案，这样要冒一定的风险，所以称为风险型决策。例如，一个家庭主妇上市场采购。好的鸡蛋每千克3元，处理的鸡蛋每千克2.40元，其中可能有个别坏的。究竟买好的还是买处理的，哪一种合算，就要比较一下。假如前几天已经有不少人买过处理的鸡蛋，已知80%的情况下没有坏鸡蛋，每千克出现一个坏鸡蛋的概率为10%，出现2个或2个以上坏鸡蛋的概率为10%。在这种情况下的决策就是风险型决策。另一种是未知任何信息的决策，称为完全不确定情况下的决策。

3. 对抗型决策

对抗型决策的特点是包含了两个或几个人之间的竞争，并且不是所有的决策都在决策人的直接控制之下，而要考虑到对方的策略。例如，某方有3匹马，虽然每一匹马都不如对方，但在比赛时考虑到对方的先后次序,以最差的马与对方最好的马对抗,然后以自己最好的马与对方中等的马对抗,以自己中等的马与对方最差的马对抗,最后以2比1获胜。这是对抗型决策的典型例子。

上述三种类型的决策中,确定型决策和对抗型决策都已经形成独立的数学分支,如线性规划和对策论等。统计是研究不确定现象的,因此,我们在这里主要讨论关于不确定情况下决策的有关问题,也称统计决策。

二、决策的作用和步骤

(一) 决策的作用

预测是决策的基础,决策是根据预测所作出的决断。在社会主义市场经济体制的条件下,统计决策的作用将得到更大的发挥。这是因为在充满激烈竞争的市场中,对事物发展所导致的结果往往捉摸不透,对情况和信息往往摸得不透或掌握不足,而摆在决策者面前又有很多行动方案可供采用,这时,统计决策的结果就会告之应当抉择哪一种行动方案。

决策的功能可表述为"目标→决策→行动→结果",即由目标出发,作出决策,由决策指挥行动,由行动产生相应的结果。可见,科学的统计决策起着由目标到达结果的中间媒介作用;科学的统计决策起着避免盲目性减少风险性的导向效应。统计决策的用途相当广泛,尤其是在市场、经济和管理领域中的用途更大。从基层工商企业决策到地区决策、部门决策,以至全国性的决策,都要用到统计决策方法,因为这种决策方法可以提供有事实根据的最优行动方案,大大减少由于盲目地作出决策而招致的更大损失。

(二) 决策的步骤

一个完整的统计决策过程,必须经历以下几个步骤(见图11-1)。

(1) 确定目标和搜集资料,包括必要的调整计算。这是科学决策的重要一步,目标一错,一错百错。所谓目标,是指在一定的环境和条件下,在预测的基础上所希望达到的结果。它有三个特点:①可以计量其成果;②可以规定其时间;③可以确定其责任。否则,目标至少是模糊的。

(2) 辨认各种自然状态和可能采取的行动,必须做到"互相排斥,全体无遗";对数量化的自然状态和行动,还要进行必要的分析。

(3) 计算全部损益值,包括所需的各种形式的损益值。对未来的可能损益值,也要进行分析。

(4) 对全部行动进行筛选,淘汰不可接受的行动,保留可以接受的行动。

如果用的是无概率决策分析法,下一步就可运用适当的决策准则,进行择优分析,选出最优行动方案。如果要作有概率的决策分析,则还要继续进行以下步骤。

(5) 用适当的方法确定先验概率,进行必要的概率计算。

(6) 用先验概率和各种行动方案中的损益值,计算期望损益值,据以评价各种行动的可能结果。

(7) 进行择优决策分析,选出最优行动方案。

对先验概率决策来讲,到此为止。有时为了改进先验概率,还可搜集非抽样的补充资料,计算联合概率,用先验的联合概率代替原有的先验概率,重做(6)、(7)两步。如果要做后验决策,还要继续进行以下步骤。

(8) 搜集补充材料,包括抽样的或非抽样的;计算所需要的条件概率和联合概率;利用先验概率和联合概率,按贝叶斯公式计算后验概率。

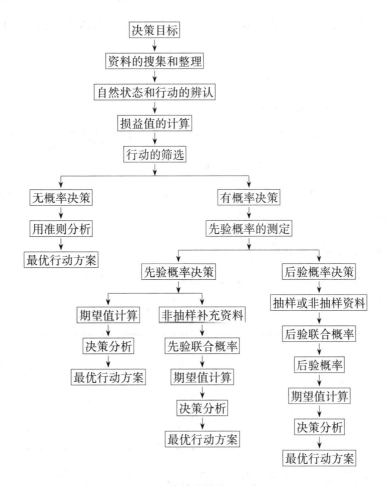

图 11-1 统计决策步骤示意图

(9) 用后验概率和各种行动中的损益值,计算期望损益值,据以评价各种行动的可能结果。

(10) 进行择优决策分析,选出最优行动方案。

以上统计决策过程,可用一个系统图连起来,以明确各步骤之间的相互关系。统计决策步骤示意图如图 11-1 所示。

三、决策的公理和原则

(一) 决策的公理

决策的公理是所有理智健全的决策者都能接受或承认的基本原理,它们是许许多多决策者长期决策实践的经验总结。

决策的公理有两个基本点:一是决策者通常对自然状态出现的可能性有一个大致的估计,即存在着"主观概率";二是决策者对于每一行动方案的结果根据自己的兴趣、爱好等价值标准有自己的评价,这个评价叫做行动方案的"效用"。决策者若认为方案一优于方案二,那必定是由于方案一的效用值大于方案二。

统计决策理论有以下六条公理。

1. 方案的优劣是可比较和判别的

决策者对于给出的两个方案(方案一和方案二),能够确认:或者是方案一优于方案二,或者是方案二优于方案一,或者是两者没有区别。同时,如果决策者确认第一方案优于第二方案,第二方案优于第三方案,则他必须确认第一方案优于第三方案。换言之,方案的优劣次序不能是相互循环的。

2. 方案必须具有独立存在的价值

假定有 3 个方案,其在各种自然状态下的损益值如表 11-1 所示。

表 11-1　方案的损益值　　　　　　　　　　　　(单位:元)

方案	自然状态下的损益值	
	甲	乙
一	1 000	-200
二	850	-300
三	500	100

由表 11-1 可知,在甲、乙两种状态下,方案二劣于方案一。这样的方案叫做劣势方案。劣势方案没有独立存在的价值,应当予以删弃。而方案一与方案三相比,在状态甲情况下,

方案一优于方案三;在状态乙情况下,方案三优于方案一。因此,这两个方案都有独立存在的价值。至于方案一和方案三孰优孰劣,那是以后决策分析的任务了。

3. 在分析方案时只有不同的结果才需要加以比较

假定有两个方案,其损益值如表 11-2 所示。

表 11-2　不同方案的比较　　　　　　　　　（单位:元）

方　案	自然状态下的损益值		
	甲	乙	丙
一	50	−100	300
二	50	150	100

由表 11-2 可知,在状态甲情况下,方案一和方案二的收益值相同,所以,状态甲可以不需考虑(比较)。在比较方案一和方案二时,只需要将状态乙和状态丙情况下的损益值加以比较即可。至于究竟哪一个方案好,也是以后决策分析的任务。

4. 主观概率和方案结果之间不存在着联系

这条公理说明决策者估计某种状态出现的主观概率不受方案结果的影响,即两者都是相互独立的。例如,一个决策者估计产品销路好的概率是 0.6,销路差的概率是 0.4。而销路好,可获利 2 万元;如销路差,将亏本 1 万元。假如经重新计算,销路好,可获利 5 万元;销路差,将亏本 5 000 元。这时,他的主观概率不应发生变化。这就是说,他估计销路好的概率应当仍然是 0.6,销路差的概率应当仍然是 0.4。

自然状态出现可能性大小的主观概率估计只与决策者主观上对自然状态发展趋势的乐观程度有关。

5. 效用的等同性

假定有一个机会是:有 0.5 的概率可达到 1 000 元,有 0.5 的概率可得到 −200 元。这时,一个决策者必定可以承认肯定得到的(即概率为 1.0)某一数值(例如 300 元,此数值随决策者对待风险的态度不同,而可能有所不同)的机会与上述机会的效用相同,即两个机会的效用是相等的。

6. 效用的替换性

相同或相等的效用是可以相互替代的。例如,按照上例所述,以 0.5 的概率得到 1 000 元、以 0.5 的概率得到 −200 元的结果,对于该决策人来说,可以用肯定得到的 400 元来代替。

上述六条决策公理是决策理论的基石。

决策公理很容易理解,也很容易为决策者所接受。但是人们在决策过程中却往往不能严格遵守。例如,有些人是过分乐观派,他总觉得好结果出现的可能性更大;有些人是过分悲观派,他觉得坏结果出现的可能性更大。要合理地进行决策,必须严格遵守以上六条公理。

(二) 决策的原则

要作出正确的决策,还应遵循下列三条原则。

1. 可行性原则

决策是为实现某个目标而采取的行动。决策是手段,实施决策方案并取得预期效果才是目的。因此,决策者的首要原则是,提供给决策者选择的每一方案在技术上、资源条件上必须是可行的。对于企业经营管理决策来说,提供决策选择的方案都要考虑企业在主观、客观、技术、经济等方面是否具备实施的条件。如果某一方面尚不具备,就要考虑能否创造条件使之具备。只有具备条件,或一时虽未充分具备,但通过努力,确实可行的方案,提供决策选择才是有意义的。

2. 经济性原则

经济性原则也称最优化原则,即通过多方案的分析比较,所选定的决策方案应具有较明显的经济性。实施这一方案,比采取其他方案确能获得更好的经济效益,或免受更大的亏损风险。

3. 合理性原则

决策方案的确定,需要通过多方案的分析、比较。定量分析有其反映事物本质的可靠性和确定性的一面,但也有其局限性和不足的一面,当决策变量较多,约束条件变化较大,问题较复杂时,要取得定量分析的最优结果往往需要耗费大量的人力、费用或时间。另一方面,有些因素(如对于社会的、政治的、心理的和行为的因素)虽不能或较难进行定量分析,对事物的发展却具有举足轻重的影响。因此,在进行定量分析的同时,也不能忽略定性分析。

定理分析和定性分析相结合,要求人们在选择决策方案时,不一定费力去寻求经济性"最优"方案,而是兼顾定量与定性的要求,选择使人满意的方案。这就是说,在某些情况下,应该以令人满意的合理的准则,代替经济上最优的准则。

第二节 风险型决策方法

一、风险型决策的基本问题

(一) 风险型决策的概念

所谓风险型决策,是根据预测各种事件可能发生的先验概率,然后再采用期望效果最好的方案作为最优决策方案。因而,这种决策具有一定的风险性。所谓先验概率,就是根据过去经验或主观判断而形成的对各自然状态的风险程度的测算值。简言之,原始的概率就称为先验概率。

例如,有一项工程,若下个月开工后天气好,可以按期完工获得利润 140 万元;若开工后天气不好则造成损失 120 万元;若不开工,不管天气如何,都要窝工损失 20 万元。据预测下月天气好的概率(先验概率)是 0.6,天气坏的概率是 0.4。决策者要根据以上情况作出决策。若选择开工方案可能遇上天气坏,选择不开工方案又可能遇上天气好,都会蒙受损失,承担一定风险。又如,百货公司要进一批大衣供冬季销售,在上半年就要向工厂订货。销路取决于冬天的气温。如果天气寒冷,大衣销售量就大,需要多进一些货;如果天气暖和,销售量就会减少,卖不出去,资金积压,公司将受到损失。即使气象预测冬季是寒冷的,但是在进行决策时,要冒预测不准的风险。这两个例子告诉我们,决策者采取的任一行动方案都会遇到两个或两个以上自然状态所引起的不同结果,这些结果出现的机会是用各种自然状态出现的概率(先验概率)来表示的。上述两个例子都属于风险决策问题,解决该类问题的决策方法称为风险型决策方法。

(二) 损益矩阵

风险型决策方法经常运用损益矩阵。损益矩阵一般由三部分组成。

(1) 可行方案。可行方案是由各方面专家根据决策目标,综合考虑资源条件及实现的可能性,经充分讨论研究制定出来的。

(2) 自然状态及其发生的概率。自然状态是指各种可行方案可能遇到的客观情况和状态。如气候变化的差异情况、产品销售的市场状态、经济发展的变化状态等。这些情况和状态来自系统的外部环境,一般决策者不能控制。因此,称之为自然状态。

各种自然状态发生的概率有主观概率和客观概率之分。但不管属于哪一种概率,都必须符合如下公式:

$$\sum_{i=1}^{n} P_i = 1, 0 \leqslant P_i \leqslant 1$$

(3) 各种行动方案的可能结果。它是根据不同可行方案在不同自然状态下资源的条件、生产能力的状况,应用综合分析的方法计算出来的收益值或损失值。如企业的投资效果、利润总额、亏损额等。这些损益值构成的矩阵称为损益矩阵。

把以上三部分内容在一个表上表现出来,该表就称为损益矩阵表,如表 11-3 所示。

表 11-3 损益矩阵表

损益值 \ 自然状态及先验概率 行动方案	θ_1	θ_2	...	θ_n
	P_1	P_2	...	P_n
d_1	L_{11}	L_{12}	...	L_{1n}
d_2	L_{21}	L_{22}	...	L_{2n}
⋮	⋮	⋮		⋮
d_m	L_{m1}	L_{m2}	...	L_{mn}

例如,上述第一个例子可得到如表 11-4 所示的损益矩阵表。

表 11-4 开工和不开工损益矩阵表

损益值 \ 自然状态及概率 行动方案	θ_1:天气好	θ_2:天气不好
	$P_1 = 0.6$	$P_2 = 0.4$
d_1:开工	140	−120
d_2:不开工	−20	−20

在少数情况下,通过损益矩阵表可以看出某一方案比较好。但在大多数情况下,却不能直接确定最优方案,需要选择一定的衡量标准。

二、不同标准的决策方法

在风险型决策中,可以选择不同的标准为依据进行决策,在实践中经常应用方法的有:以期望值为标准的决策方法、以合理性(等概率)为标准的决策方法和以最大可能性为标准的决策方法等。

(一)以期望值为标准的决策方法

统计决策的主要目的就是要在捉摸不定条件下系统地用数量方法作出行动抉择。抉择可以有不同的标准,损益的最大期望值就是其中之一。具体地说,它是以收益和损失矩阵为依据,分别计算各可行方案的期望值,选择其中期望收益值最大(或期望损失值最小)的方案作为最优方案。

在某一确定方案的情况下,根据不同的状态可能出现的概率,可计算出期望值。其计算公式为:

$$E(d_i) = \sum_{j=1}^{m} x_{ij} P(\theta_j)$$

式中，$E(d_i)$ 表示第 i 个方案的期望值；x_{ij} 表示采取第 i 个方案，出现第 j 种状态时的损益值；$P(\theta_j)$ 表示第 j 种状态的概率。总共可能出现 m 种状态。

【例 11-1】 一家高级镜片制造厂试制成功一种新型广角摄影镜头，准备出口试销。但这家工厂面临一个决策问题。镜头的弧度要求非常严格，而本厂除负责全部生产过程外，也可以考虑引进先进的检测设备，一方面可以提高工效，同时也可以在利用中改进本厂技术。设该厂自制检测设备，在 1 年内的固定成本为 1 200 000 元，可变成本为每件产品 60 元。引进技术的方式可以有三种：一种是直接进口一套设备，增加固定成本，但可以降低可变成本；另一种是租用先进设备，使固定成本大大降低，但是要按产量计算付出较高的专利费；再一种方式是与外商合资经营，由外商提供检测设备，厂方付出一定利息和技术管理费，并按销量每件付出一定利润。不同行动方案（经营方式）所需要的固定成本和每件产品的可变成本如表 11-5 所示。

表 11-5　按行动方案不同广角镜头的成本　　　　　　　　　　（单位：元）

指标＼行动方案	自　制	租　用	合　资	购　进
固定成本	1 200 000	400 000	640 000	2 000 000
每件可变成本	60	100	80	40

假定在试销的 1 年内，镜头的出口价格按人民币计算为每件 200 元，但销路的大小不能确定。按照厂方的预测，有下列三种可能出现的状态：畅销、中等销路和滞销，分别以具体的单一销量为代表，即 30 000 件（畅销）、20 000 件（中等）、5 000 件（滞销）。厂方关于是否完全自制或采取某种方式引进检测设备完全取决于试销利润的大小。现要求对企业的行动方案作出决策。

解：该决策问题可按如下步骤求解：

（1）确定决策目标。本例决策目标是如何选择方案，使企业得到最大利润。

（2）计算损益值。表 11-6 就是按不同状态（销路）和行动方案的结果计算出来的损益表。例如，采用合资经营的行动方案而销路为中等，则损益值为：

$$\text{总收入} - \text{固定成本} - \text{总可变成本} = 200 \times 20\,000 - 640\,000 - 80 \times 20\,000$$
$$= 1\,760\,000 \text{（元）}$$

表 11-6 内其他损益值的计算可以类推。

(3) 对损益表进行初步审查，看看有没有什么显然不合理的行动，可以事先剔除，使分析更加简化。在表 11-6 中，比较一下"合资"和"购进"这两种行动方案，就可以看出，无论三种情况中出现哪一个，"合资"所得的损益值都高于"购进"。如果畅销，"合资"可以赚取利润 296 万元，而"购进"则只能赚 280 万元；如果滞销，则"合资"的利润为 -4 万元（即损失 4 万元），而"购进"的损失为 120 万元；中等销路的结果也是"合资"优于"购进"。这样，无论哪种情况出现，一个行动的后果总是较另一行动的后果有利，则前一行动相对于后一行动来说称为优势行动，后者相对于前者称为劣势行动。只要有两种行动的优劣之分，则劣势行动就可以从损益表中剔除，不必做抉择考虑。因此"购进"方式就可以从表 11-6 中剔除。再考察一下其余三种行动，不难看出，它们之间就没有明确的优劣之分，都需要保留以供抉择。

表 11-6 广角镜头经营决策损益表

损益值（万元）\ 自然状态 \ 行动方案	畅 销	中 等	滞 销
自 制	300	160	-50
租 用	260	160	10
合 资	296	176	-4
购 进	280	120	-120

(4) 估计先验概率。根据以往的市场调查资料等情况，制定不同销路的主观概率为："畅销"为 0.2，"中等"为 0.7，"滞销"为 0.1。概率之和为 1。

(5) 计算损益的期望值。根据上述概率就可以计算不同行动方案的损益期望值：

$$E(自制) = \sum x_{ij} P(\theta_j) = 300 \times 0.2 + 160 \times 0.7 + (-50) \times 0.1$$

$$= 167 (万元)$$

$$E(租用) = \sum x_{ij} P(\theta_j) = 260 \times 0.2 + 160 \times 0.7 + 10 \times 0.1$$

$$= 165 (万元)$$

$$E(合资) = \sum x_{ij} P(\theta_j) = 296 \times 0.2 + 176 \times 0.7 + (-4) \times 0.1$$

$$= 182 (万元)$$

各种不同行动损益期望值如表 11-7 所示。

表 11-7　广角镜头经营行动方案抉择的损益期望值计算表

损益值（万元）　自然状态及概率　行动方案	畅销（0.2）	中等（0.7）	滞销（0.1）	期望值（概率×损益值）
自　制	300	160	-50	167
租　用	260	160	10	165
合　资	296	176	-4	182

（6）作出最优决策。由表 11-7 可知，"合资"方式的期望值 182 万元是最高值，按利润的期望值标准，这是应采用的最优行动。

我们可以把计算损益期望值作为选择标准的方法，归结如下：先以事件状态的概率为权数，求得各个行动方案损益值的加权平均数，结果得不同行动方案的损益期望值，其中取得最大值的行动方案就是最优行动方案。

（二）以等概率为标准的决策方法

在风险决策中，有时由于各种自然状态出现的概率无法预测，这就必须假定几种自然状态的概率相等，即 $P = \dfrac{1}{n}$，然后求出各方案的期望损益值，最后选择收益值最大的方案作为最优决策方案。这种借助等概率的假定来做决策的方法，称为以等概率为标准的决策方法。

仍用[例 11-1]说明这种方法的应用。三个行动方案按等概率原则计算的期望收益值如下：

$$E(自制) = \frac{1}{3} \times (300 + 160 - 50) = 136.67(万元)$$

$$E(租用) = \frac{1}{3} \times (260 + 160 + 10) = 143.33(万元)$$

$$E(合资) = \frac{1}{3} \times (296 + 176 - 4) = 156.00(万元)$$

计算结果表明，"合资"方案的期望收益值最大（156 万元），因此"合资"就是最优决策方案。

需要指出的是，若计算的结果都是损失值，则期望损失值最小的方案才是最优决策方案。

（三）以最大可能性为标准的决策方法

这是以一次试验中事件出现的可能性大小作为选择方案的标准，而不是考虑其经济的结果。例如,有一个服装工厂看到市场上流行"西装热",拟在原有的基础上增加西装生产。现有两种方案:一是增加一套设备大规模生产;二是在原有设备的基础上小批量试产。自然状态大致也可以分为两种情况:一是"西装热"继续保持下去;二是"西装热"下降,其概率分别为 0.3 和 0.7。其损益表如表 11-8 所示。

表 11-8　生产西装决策损益表　　　　　　　　　　（单位:万元）

状态	概率	方案	
		增加设备	不增加设备
"西装热"继续	0.3	200	50
"西装热"下降	0.7	-50	10
期望值		25	22

虽然从期望值标准看,增加设备大量生产这一方案的期望利润比较高,但从一次性投资看,"西装热"下降的可能性较大,概率为 0.7,所以还是以小批量试产的方案为好。

(四) 各种方法的适用场合

由于期望值是在大量的重复试验中可能产生的平均值,因此,以期望值为标准的决策方法一般只适用于下列几种情况:①概率的出现具有明显的客观性质,而且比较稳定;②决策不是解决一次性问题,而是解决多次重复的问题;③决策的结果不会对决策者带来严重的后果。如果不符合这些情况,期望值标准就不适用,需要采用其他标准。

以等概率为标准的决策方法适用于各种自然状态出现的概率无法得到的情况。

以最大可能性为标准的决策方法适用于各种自然状态中,其中某一状态的概率显著地高于其他方案所出现的概率,而期望值又相差不大的情况。如果状态比较多,而且概率相差不太显著,不同方案的期望收益又相差较大时,采用最大可能性标准就不一定能取得好的效果。

三、决策树

(一) 决策树的意义

以上讨论了用不同标准进行决策的计算方法。然而,我们还可以通过决策树来解出各种类型的风险型决策问题。尽管运算方法对于决策分析理论是很重要的,然而在实际问题中,决策树用起来更为方便。

决策树就是对决策局面的一种图解。用决策树可以使决策问题形象化。它把各种备选方案、可能出现的自然状态及各种损益值简明地绘制在一张图表上,便于管理人员审度决策局面,分析决策过程。尤其对于那些缺乏所需数学知识从而不能胜任运算的管理人员来说,会使他们感觉到一种特别的方便。

用决策树作风险决策,就是按一定的方法绘制好决策树,然后用反推决策树方式进行分析,最后选定合理的最佳方案。

(二) 决策树制作的步骤及其应用

(1) 决策点和方案枝。任何风险决策,都是在决策者面临的许多备选行动方案中选择出合理程度最佳的方案。将这一局面用图表示,可绘出如图 11-2 所示形状的决策点和方案枝。矩形方框表示在该处必须对各种行动方案作出选择,称为决策点。从矩形引出的若干条直线,每一条表示一个备选行动方案,m 条直线分别表示备选方案 $d_1, d_2, \cdots, d_i, \cdots, d_m$,称为方案枝。

以表 11-7 的资料为例,其决策点和方案枝如图 11-3 所示。

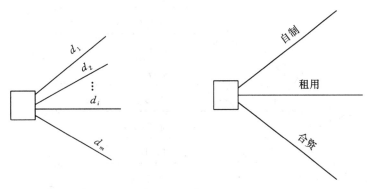

图 11-2　决策点和方案枝　　　图 11-3　广角镜头问题的决策点和方案枝

(2) 机会点和概率枝。由于在风险决策中,每一备选方案都因不确定的自然状态有好几种可能的结果,所以也要将这种局面表示在图中。最形象的办法就是在图 11-2 方案枝的末端画上一个圆圈,称为机会点,从机会点引出若干条直线,每一条表示一种自然状态,n 条直线分别表示概率为 $P_j(j=1, 2, \cdots, n)$ 的几种自然状态,称为概率枝,如图 11-4 所示。在图 11-4 中,每一概率枝实际上就代表了一个条件结果,因此,我们在概率枝上标出该种自然状态的出现概率值,在概率枝的末端标出该条件损益值,这样就得出一个完整的决策局面图。

根据上述制作原理,我们利用表 11-7 广角镜头决策问题的资料可得如图 11-5 的决策树图。

决策树图的分析程序是先从损益值开始从右向左推导的,称为反推决策树方法。以"自制"方案这一行动为例,我们把不同销路的概率列在各条概率枝上。把"自制"方案三种自然

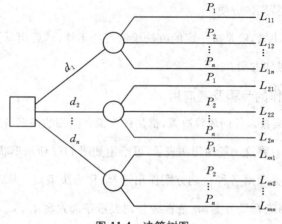

图 11-4 决策树图

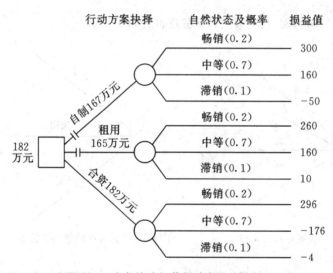

图 11-5 广角镜头经营行动方案决策树图

状态下的损益值的相应概率相乘就可以计算这一行动方案的损益期望值。这个期望值为 167 万元,即:

$$0.2 \times 300 + 0.7 \times 160 + 0.1 \times (-50) = 167(万元)$$

这个损益期望值就写在"自制"方案的方案枝上。"租用"和"合资"方案的损益期望值 165 万元和 182 万元,也是用同样方法计算出来的,分别记在它们各自的方案枝上。根据这些期望值,处在决策点上的决策人,就可以进行选择。不同行动方案都有不同自然状态出现的可能,但走向"合资"方案的损益期望值最大。因此,"合资"是最优方案,其余两种方式应当舍弃,在图上通常记为将方案枝割切的两道短线。这种图形分析方法同表 11-7 的计算方法是完全一致的。

决策树的应用并不仅仅是决策分析的一种简明形象的方法,有些决策问题比较复杂,难以采取损益表来列示。例如,货物运输可以有海路、公路和铁路的选择,而不同路线可能有不同的状态和概率,这就难以用损益表来进行计算。有些问题的决策带有阶段性,选择某种行动方案会出现不同的状态,按照不同的状态又要做下一步的行动决策,以至更多的状态和决策。这类风险决策分析一般就宜采用决策树的方法较为便利。下面就举一个例子来阐明决策树较典型的应用。

【例11-2】 某无线电厂主要生产收录机,由于工艺水平低,产品无论质量和数量都未达到先进的水平。只有当市场对收录机的需求量较高时才可以盈利,一般情况下获利甚微,而当市场需求下降到低水平时则亏本。但该厂领导人深信三年内如能改革工艺,则可使产品优质高产,从而大大增加利润。现在该厂正在着手制定三年计划,需要在改革工艺的两种途径中作出选择:一是向国外购买专利,估计谈判成功的可能性为0.8;另一条途径是自行研制,成功的可能性为0.6。但购买专利的费用较之自行研制要高出10万元。而无论通过哪条途径,只要改革工艺成功,生产规模就能选取这样两种方案:增加1倍产量或增加2倍产量;但若改革工艺失败,则只能维持原产量。根据市场预测,今后相当一段时间,对该厂收录机的需求量较高的可能性为0.3,保持一般水平的可能性为0.5,下降到低水平的可能性为0.2。该厂已算出上述各种情况下的利润值,如表11-9所示。

试问:该厂在改革工艺上应该采取什么决策?

表11-9 各种情况下的利润值

利润(万元) 方案 自然状态	按原工艺生产	购买专利成功(0.8)		自行研制成功(0.6)	
		增1倍产量	增2倍产量	增1倍产量	增2倍产量
市场需求高(0.3)	150	500	700	500	800
市场需求中(0.5)	10	250	400	100	300
市场需求低(0.2)	-100	0	-200	0	-200

解: 这是一个多阶段决策问题。最后阶段的决策是在购买专利或自行研制这两个方案中选择一个。但这两个方案的损益值依赖于生产方案的选择,即增加1倍产量还是增加两倍产量,所以首先应从选择生产方案的决策着手。由于在这一类多阶段决策中,逐级运算过程的表述较为繁琐,各级决策的备选方案、自然状态概率、损益值等等容易相互混淆,所以一般都用决策树图进行决策分析。采用决策树图可以把该案例的决策过程的结构简明扼要地表示出来,如图11-6所示。

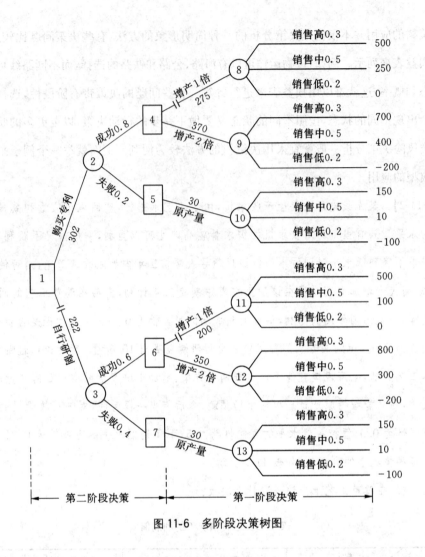

图 11-6 多阶段决策树图

由图 11-6 可知,我们可以根据方案枝上的损益期望值来决定行动方案的取舍,而损益期望值就是用反推决策树的方法来求得的。共分 3 个步骤:

(1) 先从生产方案的选择考虑(第一阶段决策),计算各组即⑧、⑨、⑩、⑪、⑫、⑬的期望利润值为:$E⑧ = 500 \times 0.3 + 250 \times 0.5 + 0 \times 0.2 = 275(万元)$

用同样的计算方法求得:

$E⑨ = 370(万元)$

$E⑩ = 30(万元)$

$E⑪ = 200(万元)$

$E⑫ = 350(万元)$

$E⑬ = 30(万元)$

将上述各值填在方案枝上,可得出第一次简化的决策树,如图 11-7 所示。

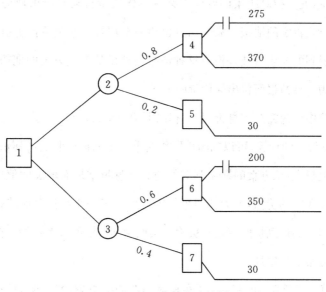

图 11-7 第一次简化决策树图

(2) 选择期望利润值(E)较大的那些方案,舍取那些期望利润值小的方案,作为第一阶段选定的方案(共 4 个)。于是,得到了第二次简化的决策树,如图 11-8 所示。

(3) 计算机会点②、③的期望利润值,得:

购买专利的期望利润值

$= 370 \times 0.8 + 30 \times 0.2$

$= 302(万元)$

自行研制的期望利润值

$= 350 \times 0.6 + 30 \times 0.4$

$= 222(万元)$

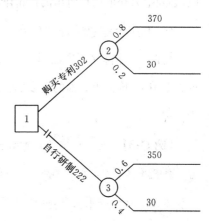

图 11-8 第二次简化决策树图

从中可得出结论,该案例应选择购买专利为最优方案。

四、完全信息价值

(一) 完全信息价值的概念

这里所说的信息,主要是指与决策有关的情报、数据等资料,如可能采用的行动方案、可能出现的自然状态及其概率、计算每一方案在每一自然状态下的损益值所需要的资源、费用、价格、市场需求量等基本数据资料等。显然,在进行决策分析时,如果掌握的情报资料越多,预测、规划和计算也就可能越准确、细致,据以作出的决策也就越可靠。

所谓完全信息,就是指对决策问题作出某一具体决策行动时所出现的自然状态及其概率,能提供完全确切、肯定的情报。完全信息也称完全情报。安全情报价值应等于利用完全情报进行决策所得到的期望值减去没有这种情报而选出的最优方案的期望值。完全情报价值代表我们应该为这种情报而付出的代价的上限。

在风险型决策中讨论完全信息价值,具有以下两个意义。

(1) 通过信息价值的计算,可以判断出所作决策方案的期望利润值随信息量增加而增加的程度。信息价值越大,该方案的期望利润值随着信息量增加而增加的值也就越大,说明了该问题很有进一步研究的价值,因为它很可能因为增加某一小小信息而获得很大的收益;反之,信息价值越小,说明信息量的变化对决策方案期望利润值的影响甚微,这便从一个侧面使我们确认该决策方案的稳定性。

(2) 通过计算信息价值,可使决策者在重大问题的决策中,能够明确回答对于获取某些自然状态信息付出的代价是否值得的问题。如果获取该信息所付出的代价高于该信息的价值,那就不可取;如果获取该信息所付出的代价低于该信息的价值,那就可考虑获取。也就是说,必须把为获取信息付出的代价限制在小于信息值的范围内。

(二) 完全信息价值的应用

所谓完全信息在实际工作中是不存在的。但通常可以通过试生产、试销、专家咨询等取得关于销路、价格等方面的更多的情报,使各种自然状态的概率预测得更为精确,促使决策更为合理。

【例11-3】某工厂准备大批量投产一种新产品。估计这种产品销路好的概率为 0.7,销路差的概率为 0.3。如销路好,可获得利润 1 200 万元;如销路差,将赔本 150 万元。为更深入细致地分析这个决策问题,以避免盲目性所带来的损失,该厂管理人员考虑建设一个小型试验工厂,先行小批量试产、试销,为销路情况获得更多的信息。根据市场调查,试销时销路好的概率为 0.8。如试销时销路好,则以后大批量投产时销路好的概率为 0.85;如试销时销路差,则以后大批量投产时销路好的概率为 0.1。试求通过先行小批量试生产所取得的信息价值。

小批量试生产和大批量投产两种情况下销路的概率如表 11-10 所示。这个问题绘出的决策树如图 11-9 所示。

表 11-10　试销及试销后销路概率的变化

小批量试产试销		大批量投产	
销路好	0.8	销路好	0.85
		销路差	0.15
销路差	0.2	销路好	0.10
		销路差	0.90

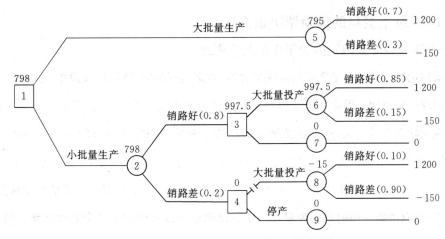

图 11-9　产品生产批量和试销问题的决策树

图 11-9 中各点和期望收益值计算如下：

(1) 直接进行大批量投产方案的期望收益值为：

点 5：$0.7 \times 1\,200 - 0.3 \times 150 = 795$（万元）

(2) 先进行小批量试产试销，取得销路情况的进一步情报资料后再确定是否大批量投产方案的收益期望值为：

点 6：$0.85 \times 1\,200 - 0.15 \times 150 = 997.5$（万元）

点 6 与点 7 的期望值相比较，点 6 的期望值较大，这说明如果销路好，则应采取大批量投产方案，划去停产方案，并把点 6 的 997.5 转移到点 3。

点 8：$0.10 \times 1\,200 - 0.90 \times 150 = -15$（万元）

点 9：停产的收益期望值为 0。

点 8 与点 9 的期望值相比较，点 9 的期望值相对较大，这说明如果销路差，则应采取停产方案，划去大批量投产方案，并把点 9 的 0 转移到点 4。

点 2：$0.8 \times 997.5 + 0.2 \times 0 = 798$（万元）

最后，将点 2 与点 5 的期望值相比较，点 2 的期望值较大，这说明应采取先进行小批量试产试销，待取得销路情况的进一步信息资料后，再安排大批量生产方案。而点 2 与点 5 的期望值之差，即为试产试销取得销路的信息价值为：

$$798 - 795 = 3(万元)$$

这是为取得这项情报而应付出的代价的上限，如果建造小型试验工厂的投资超过这个数字，就属于得不偿失，不值得进行。

五、连续型变量的风险型决策方法

（一）连续型变量风险型决策中的几个概念

前面讨论的都是离散型变量的风险型决策，方案是有限的，情况比较简单，用来说明风险决策的原理比较方便。但是在实际决策中常常会遇到连续型的变量，或者虽然是离散的，但可能出现的状态数量很大，这就无法把每一种状态和采用的方法结合的结果一一列举。例如，某种商品的需求量作为一个逐日发生的重复事件，是一个随机变量，每天都有一个在数字上确定的结果，而 100 天就可能有 100 种不同的结果。正是由于这类随机变量有非常大量的可能结果，所以不能采用前面那种对几个条件结果值进行分析的办法来解决问题。但是，我们可以改变一下办法，不去针对每一个备选方案寻找或计算它的期望值，而是设法寻找期望值作为一个变量随备选方案依一定次序的变化而变化的规律性。只要这个期望值变量在该决策问题定义的区间内是单峰的，则其峰值处所对应的那一个备选方案，就应是该决策问题的最优方案。按这种思想处理问题，就可以避开计算每一个备选方案的期望值，从而解决连续型随机变量的决策问题。

这个方法类似于经济学中的边际分析法。边际的概念是经济学上常用的一个概念，边际分析法就是应用边际原理进行风险决策的一种方法。这种方法导源于边际费用和边际收入两者相等时可获最大利润的原理。以下介绍几个概念。

（1）边际费用和边际收入。边际费用是指增加一个单位产品所需增加的费用。边际收入是指生产和出售一个单位产品所得到的收入增量。很明显，如果边际收入大于边际费用，就应增加生产直到边际收入等于边际费用；如果边际费用大于边际收入，就应该减少生产直到两者相当。将这一原理用于决策分析，必须把边际收入和边际费用的概念用期望边际利润和期望边际损失的概念来代替。

（2）期望边际利润和期望边际损失。边际利润是指存有并卖出一追加单位产品所得到的利润值，将这一利润乘以该追加产品能被卖出的概率，就是期望边际利润。边际损失是指由于存有一追加单位产品而卖不出去所造成的损失值，将这一损失值乘以该追加产品卖不出去的概率,就是期望边际损失。

(二) 边际分析法的应用

下面以实例说明该风险决策方法的具体应用过程。

【例 11-4】 某冷饮店欲拟订某种冷饮在 7、8 月份的日进货计划。该品种的冷饮进货成本为每箱 30 元,销售价格为 50 元,当天销售后每箱可获利 20 元。但如果当天剩余一箱就要由于冷藏费及其他原因而亏损 10 元。现市场需求情况不清楚,但有前两年同期计 120 天的日销售量资料(如表 11-11 所示)。试用边际分析法对进货计划进行决策。

表 11-11 某冷饮店 120 天日销售量资料

日销售量(箱)	完成日销售量的天数	概 率 值
100	24	24/120 = 0.2
110	48	48/120 = 0.4
120	36	36/120 = 0.3
130	12	12/120 = 0.1
合　　计	120	1.0

解:当我们分析该店进货安排多少箱为佳时,从边际分析入手,就是要考虑到每增加进货一箱,都存在两种可能:当天顺利售出或未能售出。顺利售出可以多得利润 20 元,即边际利润,用 MP 表示。未能售出将会蒙受损失 10 元,即边际损失,用 ML 表示。由于进货每增加一箱后能否售出是依市场需要而定的,在风险型情况下,市场需求状况又只能以销售概率表示。这里的决策标准仍然是期望值,但要求将期望边际利润与期望边际成本进行比较:若前者大于后者,说明有利可图的可能性大,则应进货;若后者大于前者,说明蒙受损失的可能性大,则不应进货;当两者相等达到平衡时,便是最大进货界限;若再增加进货,则所增加的部分出现亏损的概率将大于获得利润的概率。

为了研究这个问题,需要计算各种自然状态下的累积概率值。现利用表 11-11 的资料编制成表 11-12 的该种冷饮日销售量的累积销售概率表。

表 11-12 该冷饮日销售量累积概率表

日销售量(箱)	销 售 概 率	累积销售概率
130	0.1	0.1
120	0.3	0.4
110	0.4	0.8
100	0.2	1.0

表 11-12 中累积销售概率的意思为至少销售某一数量的概率。例如,市场日销售量至少为 100 箱的累积销售概率为 1.0,因为日销售量为 110 箱、120 箱、130 箱时,都已把销售 100 箱包括在内,所以至少销售 100 箱的概率(即累积销售概率)为 4 种日销售量的销售概率之和,即 0.2+0.4+0.3+0.1=1.0。但至少销售 110 箱的累积概率,则不包括只销售 100 箱的概率在内,其累积销售概率为日销售 110 箱、120 箱、130 箱的概率之和,即 0.8。依次类推,日销售 120 箱和 130 箱的累积概率分别为 0.4 和 0.1。

以 P 代表当天能够顺利销售出去的最后一箱的累积概率,则这最后一箱不能售出的概率为 $1-P$。按照前面作的边际分析,确定最佳日进货计划的方法是:令能够顺利售出的期望边际利润,即 $P \times MP$,等于不能售出的期望边际损失,即 $(1-P) \times ML$。根据这种均等关系确定的累积概率 P,称作转折概率,然后从累积概率表中找出与转折概率 P 相对应的日销售量,这个日销售量就是最佳的进货量,这时可以获得最大期望利润。

转折概率 P 的计算公式可由上述等式关系换项整理而得出:

因为:

$$P \times MP = (1-P) \times ML$$

$$P \times MP = ML - P \times ML$$

所以:

$$P = \frac{ML}{MP + ML}$$

由于本例 $MP=20$ 元,$ML=10$ 元,则求转折概率 P 为:

$$P = \frac{10}{20+10} = 0.33$$

转折概率计算出之后,可对表 11-12 进行观察,但表 11-12 中并无累积概率正好等于 0.33 的日销售量。由于 0.33 介于表中 0.1 和 0.4 之间,所以最佳进货量应介于 120 箱到 130 箱之间。我们可以用线性内插近似地计算出如下最佳进货量数字:

$$最佳进货量 = 120 + \frac{130-120}{0.4-0.1}(0.4-0.33) = 122(箱)$$

为了进一步说明问题,现计算各种计划方案下最后一箱的期望边际利润和期望边际损失。其计算和比较结果如表 11-13 所示。

表 11-13　计算和比较结果表

日进货量(箱)	累积的销售概率	期望边际利润(元) ($P \times MP$)	比较关系	期望边际损失(元) ($(1-P) \times ML$)
100	1.0	$1.0 \times 20 = 20$	>	$0.0 \times 10 = 0$
110	0.8	$0.8 \times 20 = 16$	>	$0.2 \times 10 = 2$
120	0.4	$0.4 \times 20 = 8$	>	$0.6 \times 10 = 6$
122	0.33	$0.33 \times 20 = 6.6$	=	$0.66 \times 10 = 6.6$
130	0.1	$0.1 \times 20 = 2$	<	$0.9 \times 10 = 9$

由表 11-13 可知,当日进货 100 箱、110 箱、120 箱时,期望边际利润都大于期望边际损失,由于盈利的可能性大,这时仍应继续进货。但是当进货量增至 130 箱时,期望边际利润小于期望边际损失,这最后一箱发生亏损的期望超过了获得利润的期望,因此,进货量不宜由 120 箱增加到 130 箱。在累积概率为 0.33 而相应的进货量为 122 箱时,期望边际利润正好与期望边际损失相等,这是一个转折点,进货超过这一点,期望边际利润都小于期望边际损失了,所以称这时的累积概率为转折概率,相应的进货量就是最佳进货量。所以,本例的最优决策方案,应该是日进货 122 箱。

(三) 应用标准正态概率分布进行决策

我们可以根据标准正态概率分布的概念,运用连续分布来处理决策问题。

设有一生产销售问题的风险型决策,如果满足下列两个条件,即:

(1) 该决策问题的自然状态(市场需求量)为一连续型的随机变量 X,其概率密度为 $f(x)$;

(2) 备选方案 $d_1, d_2, \cdots, d_m$ 分别表示生产(或存有)数量为 $1, 2, \cdots, m$ 单位的某种产品或商品。

那么,该风险型决策取得最大期望利润值的方案 d_k,其所代表生产(存进)的单位产品数量 k(最佳方案)由下式决定:

$$(a+b)\int_{k}^{+\infty} f(x)\mathrm{d}x = b$$

式中:a——边际利润值,即生产卖出一追加单位产品所获得的利润值;

b——边际损失值,即存有一追加单位产品而卖不出去所造成的损失值。

【例 11-5】 某一家蔬菜商店承担本区居民点的蔬菜供应。每天凌晨由附近农村将新鲜蔬菜运到商店,然后再零售给顾客。近年该店以每 500 克 0.80 元的价格每天向农村进货

20卡车蔬菜(每卡车4 000市斤),以每500克1.05元的价格零售出去。某些时候,当天可将20卡车8万市斤菜全部售完,但多数情况下有剩余。由于这类蔬菜无留放处理的价值,当天未售完须全部扔掉,于是每剩1市斤菜就损失0.25元,该店经理设想是否每天向农村少进一些货,他关心的是获取最大利润值的问题。他根据近期各分店的销售记录,计算出该地区蔬菜需求量平均每天为75 300市斤,标准差为19 200市斤。现要求用决策分析方法决定每天应向农村购进多少市斤蔬菜。

解:根据概率论的中心极限定理,实际问题中的许多随机变量,只要它们是由大量的相互独立的随机因素的综合影响所形成,而其中每一个别的因素在总的影响中所起的作用都很微小,则这种随机变量就近似于服从正态分布。上述居民区每天的蔬菜需求量X,是大量的个别居民每天需求量的总和,故其必近似服从正态分布,且概率密度为:

$$f(x) = \begin{cases} \dfrac{1}{\sqrt{2\pi}\sigma} e^{-\frac{(x-\mu)^2}{2\sigma^2}}, & x > 0 \\ 0, & x \leq 0 \end{cases}$$

式中:μ——数学期望,也是本例中每日平均蔬菜需求量,这里$\mu = 75\,300$市斤;

σ——均方差,也是本例中每日平均需求量的标准差,这里$\sigma = 19\,200$市斤。

设k为最佳决策,即该商店每天向农村购进的蔬菜斤数为k。现根据该商店进货价格和零售价格计算出边际利润值a和边际损失值b:

$$a = 卖出1斤菜所获利润 = 1.05 - 0.80 = 0.25(元)$$

$$b = 存有1斤菜而卖不出的损失值 = 0.80(元)$$

将以上值及$f(x)$的正态函数代入公式,可得:

$$(0.25 + 0.80)\int_{k}^{+\infty} \frac{1}{\sqrt{2\pi}\sigma} e^{-\frac{(x-\mu)^2}{2\sigma^2}} dx = 0.80$$

即 $\int_{k}^{+\infty} \dfrac{1}{\sqrt{2\pi}\sigma} e^{-\frac{(x-\mu)^2}{2\sigma^2}} dx = 0.761\,9$

这里的0.761 9就是前面所提到的转折概率($P = 0.80/(0.25 + 0.80) = 0.761\,9$)。图11-10表示了这种需求量的正态分布曲线。

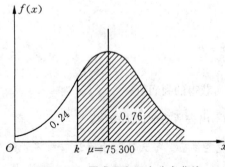

图11-10 需求量和正态分布曲线

令$x = \sigma t + \mu$,当$x = k$时,$t = \dfrac{k - \mu}{\sigma}$,故上述

定积分可化为标准正态函数积分：

$$\int_{\frac{k-\mu}{\sigma}}^{+\infty} \frac{1}{\sqrt{2\pi}} e^{-\frac{t^2}{2}} dt = 0.7619$$

因为：$\quad \int_{\frac{k-\mu}{\sigma}}^{+\infty} \frac{1}{\sqrt{2\pi}} e^{-\frac{t^2}{2}} dt = 1 - \int_{-\infty}^{\frac{k-\mu}{\sigma}} \frac{1}{\sqrt{2\pi}} e^{-\frac{t^2}{2}} dt = 0.7619$

所以：$\quad \int_{-\infty}^{\frac{k-\mu}{\sigma}} \frac{1}{\sqrt{2\pi}} e^{-\frac{t^2}{2}} dt = 1 - 0.7619 = 0.2381$

在概率论中，此积分不用计算，只需查标准正态分布表便可得到：

$$t = \frac{k - \mu}{\sigma} = -0.71$$

可解得：

$$k = -0.71\sigma + \mu = -0.71 \times 19\,200 + 75\,300 = 61\,668（市斤）$$

即该商店每天应向农村进货 61 668 市斤蔬菜。在这个数字下，商店所获利润最大。显然，这一数字同该地区每天蔬菜需求平均值 75 300 市斤相差 13 632 市斤，如果凭经验和直觉，进货量似乎应当等于市场需求的平均值，这样必然导致利润值的显著下降。

第三节　贝叶斯决策方法

一、贝叶斯决策的一般问题

（一）贝叶斯决策的概念和步骤

风险型决策方法，是根据预测各种事件可能发生的先验概率，然后再采用期望值标准或最大可能性标准等来选择最佳决策方案。这样的决策具有一定的风险性。因为先验概率是根据历史资料或主观判断所确定的概率，未经试验证实。为了减少这种风险，需要较准确地掌握和估计这些先验概率。这就要通过科学实验、调查、统计分析等方法获得较为准确的情报信息，以修正先验概率，并据以确定各个方案的期望损益值，拟定出可供选择的决策方案，协助决策者作出正确的决策。一般来说，利用贝叶斯定理求得后验概率，据以进行决策的方法，称为贝叶斯决策方法。

在已具备先验概率的情况下，一个完整的贝叶斯决策过程，要经历以下几个步骤。

（1）进行预后验分析，决定是否值得搜集补充资料，以及从补充资料可能得到的结果和如何决定最优对策。

（2）搜集补充资料，取得条件概率，包括历史概率和逻辑概率，对历史概率要加以检验，辨明其是否适合计算后验概率。

（3）用概率的乘法定理计算联合概率，用概率的加法定理计算边际概率，用贝叶斯定理计算后验概率。

（4）用后验概率进行决策分析。

（二）贝叶斯决策的优点及其局限性

贝叶斯决策的优点表现在以下几个方面。

（1）如果说在第二节中大多数用的是不完备的信息或主观概率的话，那么，贝叶斯决策则提供了一个进一步研究的科学方法。也就是说，它能对信息的价值或是否需要采集新的信息作出科学的判断。

（2）它能对调查结果的可能性加以数量化的评价，而不是像一般的决策方法中，对调查结果或者是完全相信，或者是完全不相信。

（3）由于任何调查结果都不可能是完全准确的，而先验知识或主观概率也不是完全可以相信的，而贝叶斯决策巧妙地将这两种信息有机地结合了起来。

（4）它可以在决策过程中根据具体情况不断地使用，使决策逐步完善和更加科学。

贝叶斯决策方法也有其局限性，主要表现在以下几个方面。

（1）它所需要的数据多，分析计算比较复杂，特别在解决复杂问题时，这个矛盾就更为突出。

（2）有些数据必须使用主观概率，有些人不太相信，这也妨碍了贝叶斯决策方法的推广使用。

贝叶斯决策方法是统计决策理论的一个重要分支，有不少学者在这方面做了大量的研究工作，例如，在贝叶斯回归分析、贝叶斯插值方法、贝叶斯分段定价模型、序贯分析等方面，都正在不断地取得新的成果。

二、贝叶斯决策方法的类型和应用

（一）先验分析和预后验分析

在本章第二节所讨论的方法中，决策者要详细列出各种自然状态及其概率，各种备选行动方案与自然状态的损益值，并根据这些信息对备选方案作出抉择。我们把这个决策过程称为先验分析。当时间、人力和财力不允许搜集更完备的信息时，决策者往往用这类方法进行决策。在贝叶斯决策中,先验分析是进行更深入分析的必要条件。有时,由于当决策十分重要且时间许可时,决策者常需考虑是否要搜集和分析追加的信息。在作出这一判断之前,暂缓作出决策。在统计决策中,有关人员必须为这些追加的信息付出代价,而这些信息也不可能完全准确。决策者必须权衡这些信息的费用及其对决策者的价值,对比这些信息的费用与根据预后验分析作出决策的风险和可能结果。所以,这种预后验分析主要涉及两个问题,一是要不要追加信息,或者说追加信息对决策者有多大的价值;二是如果追加信息,应采取什么策略行动。

所以,所谓预后验分析,实际上是后验概率决策分析的一种特殊形式的演算。这里特殊形式是指用一套概率对多种行动策略组合,进行多次计算,从中择优。

预后验分析有两种形式:一是扩大型预后验分析,这实际上是一种反推决策树分析;二是常规型预后验分析,这实际上是一种正向分析,用表格形式进行。这两种分析方法所得出的结果是完全一致的。扩大型分析要解决的问题是:搜集追加信息对决策者有多大的价值;如果试验应采取什么行动策略。而常规型分析要解决的问题是:如果试验,应采取什么行动策略。但这两种分析方法所得出的结论是一致的。因此,我们这里只讨论扩大型预后验分析。

【例 11-6】 某工厂要研制开发一种新型童车,首要的问题是要研究这种新产品的销路及竞争者的情况。经过必要的风险估计后,他们估计出:当新产品销路好时,采用新产品可盈利 8 万元,不采用新产品而生产老产品时,则因其他竞争者会开发新产品,而使老产品滞销,工厂可能亏损 4 万元;当新产品销路不好时,采用新产品就要亏损 3 万元;当不采用新产品,就有可能用更多的资金来发展老产品;可获利 10 万元。现确定销路好的概率为 0.6,销路差的概率为 0.4。所有数据如表 11-14 所示。

解:表 11-14 所示的数据即为先验分析,可根据其中所列出的期望值作为决策标准,应选择行动方案 d_1。

表 11-14 生产新型童车的损益值表

损益值(万元) \ 自然状态 \ 行动方案	销路好(Q_1) ($P(Q_1)=0.6$)	销路差(Q_2) ($P(Q_2)=0.4$)	期望值
采用新产品 d_1	8	−3	3.6
不采用新产品 d_2	−4	10	1.6

表 11-15 列出同一问题的机会损失值表。若根据条件损失期望值标准进行决策,选择

方案仍然应为 d_1。

表 11-15 生产新型童车的条件损失值表

损益值(万元)　自然状态　行动方案	销路好(Q_1)　($P(Q_1)=0.6$)	销路差(Q_2)　($P(Q_2)=0.4$)	期望值
采用新产品 d_1	0	13	5.2
不采用新产品 d_2	12	0	7.2

根据过去市场调查的经验,企业的经销研究人员知道市场调查不可能是完全准确的,但一般能估计出调查的准确程度。表 11-16 表示获得与真实自然状态相应的调查结果的一些主观条件概率。如当市场销路好时,调查结果为销路好的概率即 $P(E_1|Q_1)=0.8$,调查结果为销路差的概率即 $P(E_2|Q_1)=0.1$,调查结果为不确定的概率即 $P(E_3|Q_1)=0.1$,等等。注意,这种分析是在实际搜集信息之前进行的。

表 11-16 调查结果的条件概率($P(E_j/Q_i)$)

条件概率 $P(E_j/Q_i)$　调查结果　自然状态	Z_1（销路好）	Z_2（销路差）	Z_3（不确定）
Q_1（销路好）	0.80	0.10	0.10
Q_2（销路差）	0.10	0.75	0.15

从表 11-16 中所列的概率可知,销售研究人员认为,当销路好时的调查结果,其准确性要比销路差时稍高一些。并且,调查还有可能得出不确定的结果。

我们现在关心的是,当可能的调查结果为已知时,销路好与销路差两种自然状态的概率是什么。也就是要找修正后的先验概率:$P(Q_1|Z_j)$ 和 $P(Q_2|Z_j)$($j=1,2,3$),这可由贝叶斯公式求出,如:

条件概率:$P(Q_1|Z_1) = \dfrac{P(Q_1)P(Z_1|Q_1)}{P(Z_1)}$

边际概率:$P(Z_1) = P(Q_1)P(Z_1|Q_1) + P(Q_2)P(Z_1|Q_2)$

对其他概率也是如此。

表 11-17 中列有联合概率及全概率的数值,而表 11-18 中列有各种修正先验概率的数值。

表 11-17 新型玩具的联合概率和全概率

调查结果	Z_1	Z_2	Z_3	$P(Q_i)$
$P(Q_1)P(Z_j|Q_1)$	$0.8 \times 0.6 = 0.48$	$0.1 \times 0.6 = 0.06$	$0.1 \times 0.6 = 0.06$	0.60
$P(Q_2)P(Z_j|Q_2)$	$0.1 \times 0.4 = 0.04$	$0.75 \times 0.4 = 0.3$	$0.15 \times 0.4 = 0.06$	0.40
$P(Z_j)$	0.52	0.36	0.12	1.0

表 11-18 修正先验概率

调查结果	Z_1	Z_2	Z_3
$P(Q_1|Z_j)$	$\dfrac{0.48}{0.52}=0.923$	$\dfrac{0.06}{0.36}=0.167$	$\dfrac{0.06}{0.12}=0.50$
$P(Q_2|Z_j)$	$\dfrac{0.04}{0.52}=0.077$	$\dfrac{0.30}{0.36}=0.833$	$\dfrac{0.06}{0.12}=0.50$

由表 11-18 可知,当调查结果也为销路好时,市场销路好[即 $P(Q_1|Z_j)$]的概率并不是确定的 1.0,也不是如表 11-16 所示的 0.8,也不是原来的先验概率 0.6,而是 0.923。对其他修正先验概率也可作相似的解释。

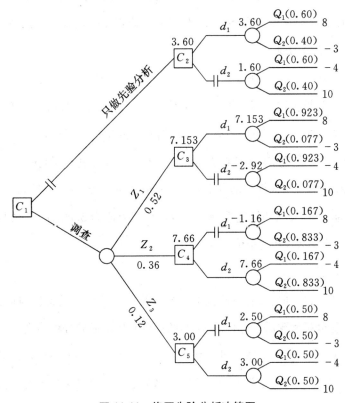

图 11-11 修正先验分析决策图

有了表 11-18 所示的信息,就可以解答关于收集追加信息的价值问题。为此,可利用决策树进行分析。图 11-11 就是包含所需要的全部信息的决策树。决策树的分析方法已在第二节中阐述,即遵循由右向左,或由后向前的程序。各个量的计算结果如图 11-11 中所示。在各个决策点上采用的是期望值较大的数值或行动方案。由图 11-11 可知,在只作先验分析,不作进一步的调查研究时,采用最佳方案 d_1 可得期望值 3.60 万元。如果作进一步的调查研究,由于信息量的增加,我们决策更有把握,期望值也有所增加。当采用进一步调查研究时,有可能达到的期望利润值为:

$$0.52 \times 7.153 + 0.36 \times 7.66 + 0.12 \times 3.00 = 6.84(万元) > 3.60(万元)$$

这两个数值之差(6.84 − 3.60) = 3.24(万元)。这就是获得的信息的价值。实际上,经理人员只有当调查费用小于 3.24 万元时,他才去搜集新的信息。如果多于或等于 3.24 万元,他是不会去做的,因为他只要选择最优的先验策略,就可以获得更大的收益。

(二) 后验分析

根据预后验分析,如果认为采集的信息和进行调查研究是值得的,那么,就应该决定去做这项工作。一旦取得了新的信息,决策者就结合这些新信息进行分析,计算各种方案的期望损益值,选择最佳的行动方案。结合运用这些信息并修正先验概率,称为后验分析,这正是发挥贝叶斯决策理论威力的地方。

后验分析的方法与预后验分析十分相似,只是在预后验分析阶段我们从未进行调查研究,提出的问题是,如果去进行调查研究,可能取得多大的期望收益值?决策是在图 11-11 中的决策点 C_1 上进行的。在后验分析阶段,要根据实际的调查结果进行分析,因此,要根据实际的调查结果 Z_1、Z_2 或 Z_3,决策是在决策点 C_3、C_4 或 C_5 上进行的(图 11-11)。例如,当调查结果为销路好(Z_1)时,应选择行动方案 d_1,其期望值为 7.153 万元(图 11-11 的 C_3 点)。同理,当调查结果为不确定(Z_3)时,应选择方案 d_2,其期望值为 3.00 万元,当调查结果为销路差(Z_2)时,应选择方案 d_2,其期望值为 7.66 万元。

(三) 序贯分析

在实际运用中,会遇到包含有多阶段的信息搜集和数值计算的情况,称为序贯分析。它包括一系列的先验分析和预后验分析、采集新的信息和作出后验分析和决策。

【例 11-7】 在[例 11-6]中,该厂计划对该种童车问题进行一次多阶段的调查。第一阶段是着手调查,下一阶段是对问题作进一步的更严格的考察。假定该厂考虑分两个阶段来调查研究,第一阶段的可靠性为 70%,第二阶段的可靠性为 80%。研究部门认为,两个阶段的调查研究都不会有不确定的结果;只存在两种可能的调查结果。即不论 Q_1 或 Q_2 总有一个出现。调查结果的可靠性可用表 11-19 中所列的条件概率来表示。

表 11-19 童车问题调查结果的条件概率

符 号	调查 一	调查 二
$P(Z_1|Q_1)$	0.70	0.80
$P(Z_2|Q_2)$	0.70	0.80
$P(Z_1|Q_2)$	0.30	0.20
$P(Z_2|Q_1)$	0.30	0.20

解:研究部门估计调查一(第一阶段)的费用为 0.7 万元,调查二(第二阶段)由于是在调查一的基础上进行的,其费用仅为 0.5 万元。自然状态 Q_1 和 Q_2 的概率分别为 0.60 和 0.40。管理部门要在下列决策方案中作出决断:

m_0:根本不进行调查;

m_1:只进行第一阶段的调查,其可靠性为 70%(30%不可靠),调查费用为 0.7 万元;

m_2:两个阶段调查都进行,第二阶段的可靠性为 80%(20%不可靠),费用为 0.5 万元。

这一问题可以编制概率表,它与预后验分析表很相似,其中包括相应的联合概率、边际概率和条件概率。表 11-20 的左边表示调查一的有关概率。例如,Z_1 和 Q_1 的联合概率是按下列方式求得的:

$$P(Q_1)P(Z_1|Q_1) = 0.60 \times 0.70 = 0.42$$

对调查二进行概率计算中,由调查一得到的条件概率就成为先验概率。

表 11-20 童车问题的预后验序贯分析概率

	调查 一		调查 二			
	Z_1	Z_2	$Z_1 \cap Z_1$	$Z_2 \cap Z_1$	$Z_1 \cap Z_2$	$Z_2 \cap Z_2$
Q_1	0.42	0.18	0.62	0.16	0.31	0.08
Q_2	0.12	0.28	0.04	0.18	0.12	0.49
	调查 一		调查 二			
	0.54	0.46	0.66	0.34	0.43	0.57
$P(Q_1|Z_j)$	0.78	0.39	0.94	0.47	0.72	0.14
$P(Q_2|Z_j)$	0.22	0.61	0.06	0.53	0.28	0.86

表 11-20 中右边部分左上角的表列值 0.62 是这样求得的:

$$P(Q_1|Z_1)P(Z_1|Q_1) = 0.78 \times 0.80 = 0.62$$

$P(Q_1|Z_1)$ 是由调查一得出的条件概率,而 $P(Z_1|Q_1)$ 表示调查有80%的可靠性。这两个概率可以直接相乘,因为假定它们是独立的,即假定调查的可靠性和由第一阶段得到的修正先验概率没有交互的影响。例如,表中最右边一栏第二行的表列值0.49是这样求得的:

$$P(Q_2|Z_2)P(Z_2|Q_2) = 0.61 \times 0.80 = 0.49$$

当计算出相应的联合概率、边际概率和条件概率以后,就可以把问题列入决策树图中。图11-12描述了以标准的预后验分析形式表示的 m_0 和 m_1 这两个备择方案。根据已知信息,就会选择策略 m_1 而不选择策略 m_0,因为 m_1 的收益(在扣除调查费用0.7万元)与 m_0 的收益分别为4.40万元和3.60万元,前者大于后者。

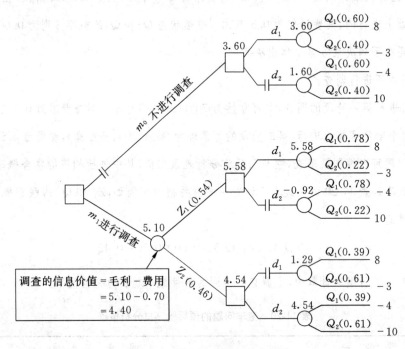

图11-12 童车问题预后验决策树

图11-13描述了决策的序贯分析部分。由于 m_1 优于 m_0,m_0 就从可供选择的策略中删去了。

图11-13中有两类分支:一类代表 m_2,即两个调查阶段都进行;另一类代表 m_1,即在第一阶段后就终止搜集信息的决策。可以看出,决策树对决策者有很大的帮助。例如,如果由调查一得出结果 Z_1,它表明有利的市场状况,则决策者就应该终止搜集信息,选择行动方案 d_1。决策序列 $m_1 - d_1$ 就是最佳选择。但是,如果由调查一得出结果 Z_2,表示不利的市场状况,就应采用策略 m_2,因为它具有更大的期望收益值。如果在调查一得出 Z_2 后,由调查二得出

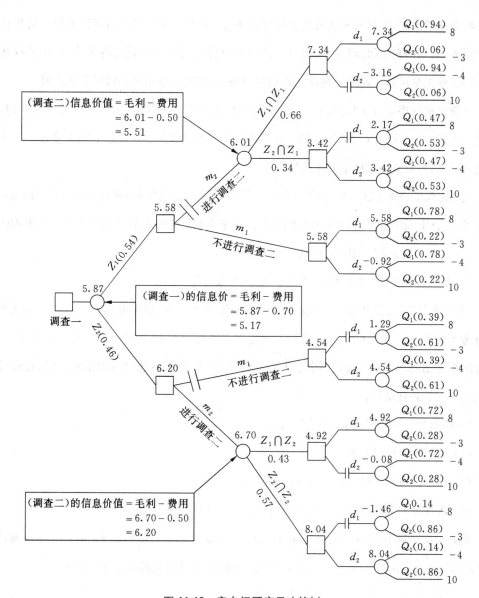

图 11-13　童车问题序贯决策树

Z_1 的结果,就选择方案 d_1(采用新产品)。但是,如果调查二仍然得出 Z_2,那么决策者应选择方案 d_2(不采用新产品)。这描述了决策论中一种不多见的情况,即计算了收集信息的实际价值或费用。

第四节　不确定型决策方法

本章第二节和第三节讨论的问题均属于风险型决策问题。对于这类问题,虽然不知道哪一种状态必然发生,但是每种状态发生的可能性可以根据历史资料或者预测获得。另外还有一种决策,未知因素比风险型决策更多。决策者只能掌握可能出现的各种状态,而各种状态发生的概率无从可知。这类决策就是不确定型决策,或叫做概率未知情况下的决策。

不确定型的决策方法与前面讨论的风险型决策方法,在思想方法上具有明显的区别,即风险型决策方法从合理行为假设出发,有严格的推理和论证,而不确定型的决策方法是人为制定的原则,带有某种程度上的主观随意性。

不确定型的决策方法一般有:①"好中求好"的决策方法;②"坏中求好"的决策方法;③α系数决策方法;④"最小的最大后悔值"决策方法;⑤等概率决策方法,该方法已在第二节中阐述。

一、"好中求好"决策方法

(一)"好中求好"决策准则的概念及其决策步骤

"好中求好"决策准则也叫乐观决策准则,或称"最大最大"决策准则。这种决策准则就是充分考虑可能出现的最大利益,在各最大利益中选取最大者,将其对应的方案作为最优方案。这种决策准则的客观基础就是所谓的天时、地利和人和,决策者感到前途乐观,有信心取得每一决策方案的最佳结果。

"好中求好"决策方法的一般步骤为:

(1) 确定各种可行方案;

(2) 确定决策问题将面临的各种自然状态;

(3) 将各种方案在各种自然状态下的损益值列于决策矩阵表中。

设某一决策问题有 m 个行动方案 $d_1, d_2, \cdots, d_m$,n 个自然状态 $\theta_1, \theta_2, \cdots, \theta_n$,损益值 $L_{ij}(i=1,2,\cdots,m; j=1,2,\cdots,n)$,则"好中求好"的决策矩阵如表 11-21 所示。

表 11-21 "好中求好"决策矩阵表

损益值　　自然状态　　行动方案	θ_1	θ_2	$\cdots$	θ_n	$\max\limits_{\theta_j}(L_{ij})$
d_1	L_{11}	L_{12}	$\cdots$	L_{1n}	
d_2	L_{21}	L_{22}	$\cdots$	L_{2n}	
$\vdots$	$\vdots$	$\vdots$		$\vdots$	
d_m	L_{m1}	L_{m2}	$\cdots$	L_{mn}	
决策		$\max\limits_{d_i}\left[\max\limits_{\theta_j}(L_{ij})\right]$			

(4) 求每一方案在各自然状态下的最大损益值：

$$\max(L_{11}, L_{12}, \cdots, L_{1n})$$

$$\max(L_{21}, L_{22}, \cdots, L_{2n})$$

$$\max(L_{m1}, L_{m2}, \cdots, L_{mn})$$

将其填写在决策矩阵表的最右一列。

(5) 取 $\max_{\theta_j}(L_{ij})$ 中的最大值 $\max_{d_i}[\max_{\theta_j}(L_{ij})]$，所对应的方案 d_i 为最佳决策方案。如果表 11-21 不是收益矩阵，而是损失矩阵，则应采取最小最小决策准则，即取 $\min_{\theta_j}(L_{ij})$ 中的最小值 $\min_{d_i}[\min_{\theta_j}(L_{ij})]$，所对应的方案 d_i 就是最佳决策方案。

(二) "好中求好"决策方法的应用

现举两个实例说明其运用过程。

【例 11-8】 某制鞋厂根据自己的生产能力作出了以下三个可供选择的行动方案：d_1，生产男鞋、女鞋和童鞋各 1 万双；d_2，生产男鞋 1.2 万双，生产女鞋 1.0 万双，生产童鞋 0.7 万双；d_3，生产男鞋 0.8 万双，生产女鞋 0.9 万双，生产童鞋 1.4 万双。各方案的优劣主要取决于市场销售情况，而市场销售情况与人们对皮鞋、运动鞋的兴趣和购买能力有关。根据预测，市场情况可能会有如下状态：θ_1，童鞋有相当一部分是家庭手工做，市场销售量较少；θ_2，童鞋销售量大，成人男性对运动鞋兴趣增加，妇女喜欢皮鞋；θ_3，童鞋销售量较大，成人男女都喜欢穿皮鞋。鞋厂决策者认为，本厂产品有一定的市场信誉和广告宣传优势，又有一定的后备资金。

解：其决策过程如下：

(1) 计算各行动方案的利润值，各种状态下的生产成本、销售价、销售额和利润情况如表 11-22 所示。

表 11-22 各行动方案利润值

方案	品种	生产量(万双)	销售价(万元)	成本(万元)	销售量(万双)			销售额(万元)			利润(万元)		
					θ_1	θ_2	θ_3	θ_1	θ_2	θ_3	θ_1	θ_2	θ_3
方案 d_1	男鞋	1	4.3	1.5	1.0	0.9	0.8	4.30	3.87	3.44	2.80	2.37	1.94
	女鞋	1	4.5	1.5	1.0	1.0	0.9	4.50	4.50	4.05	3.00	3.00	2.55
	童鞋	1	3.7	1.0	0.7	1.0	1.0	2.59	3.70	3.70	1.59	2.70	2.70
总计		—	—	4.0	—	—	—	11.39	12.07	11.19	7.39	8.07	7.19
方案 d_2	男鞋	1.2	4.3	1.8	1.2	0.9	0.8	5.16	3.87	3.44	3.36	2.07	1.64
	女鞋	1.0	4.5	1.5	1.0	1.0	0.9	4.50	4.50	4.05	3.00	3.00	2.55
	童鞋	0.7	3.7	0.7	0.7	0.7	0.7	2.59	2.59	2.59	1.89	1.89	1.89
总计		—	—	4.0	—	—	—	12.25	10.96	10.08	8.25	6.96	6.08

续表

方案	品种	生产量(万双)	销售价(万元)	成本(万元)	销售量(万双) θ_1	θ_2	θ_3	销售额(万元) θ_1	θ_2	θ_3	利润(万元) θ_1	θ_2	θ_3
方案 d_3	男鞋	0.8	4.3	1.20	0.8	0.8	0.8	3.44	3.44	3.44	2.24	2.24	2.24
	女鞋	0.9	4.5	1.35	0.9	0.9	0.9	4.05	4.05	4.05	2.70	2.70	2.70
	童鞋	1.4	3.7	1.40	0.7	1.4	1.0	2.59	5.18	3.70	1.19	3.78	2.30
总计		—	—	3.95	—	—	—	10.08	12.67	11.19	6.13	8.72	7.24

(2) 由表 11-22 可列出决策矩阵表,如表 11-23 所示。

由表 11-23 可知,若选择第一方案 d_1,则在第二种状态 θ_2 时可获得最大利润 8.07 万元;若选择第二方案 d_2,则在第一种状态 θ_1 时获得最大利润 8.25 万元;若选择第三方案 d_3,则在第二状态 θ_2 时可获得最大利润 8.72 万元。决策者希望获得最大利润,故选择第三方案。虽然第三方案在第一状态 θ_1 时只能获得 6.13 万元,但乐观的决策者认为自己有能力在一定程度上改变销售状态,争取好的前景。

表 11-23 决策矩阵表

利润(万元) 状态 方案	θ_1	θ_2	θ_3	$\max_{\theta_j}(L_{ij})$
d_1	7.39	8.07	7.19	8.07
d_2	8.25	6.96	6.08	8.25
d_3	6.13	8.72	7.24	8.72
决策	$\max_{d_i}[\max_{\theta_j}(L_{ij})]$			8.72

上述例子实质上是一种收益矩阵的决策,但是,如果是损失矩阵,这时就应采用最小最小决策准则。

【例 11-9】 某商业股份有限公司打算改建某商业营业点。它有 4 个行动方案 d_1,d_2,d_3 和 d_4 可选择,并有 4 个自然状态 θ_1,θ_2,θ_3 和 θ_4 与其相对应。但这 4 个自然状态的概率决策者无法知道,它们相应的改建费用如表 11-24 所示。试问应选择哪一个方案为佳?

表 11-24 某商业营业点改建费用

费用(万元) 状态 方案	θ_1	θ_2	θ_3	θ_4
d_1	11	8	8	5
d_2	9	10	7	11
d_3	6	12	10	9
d_4	7	6	12	10

解:对于这个案例,决策者可先编制损失矩阵表,如表 11-25 所示。

表 11-25　损失矩阵表

费用(万元) 状态 方案	θ_1	θ_2	θ_3	θ_4	$\min\limits_{\theta_j}(L_{ij})$
d_1	11	8	8	5	5
d_2	9	10	7	11	7
d_3	6	12	10	9	6
d_4	7	6	12	10	6
决策	$\min\limits_{d_i}[\min\limits_{\theta_j}(L_{ij})]$				5

由于决策者对客观情况总是抱乐观态度,根据这一准则,把每个方案在各种自然状态下的最小费用求出来:

$$\min(11, 8, 8, 5) = 5$$

$$\min(9, 10, 7, 11) = 7$$

$$\min(6, 12, 10, 9) = 6$$

$$\min(7, 6, 12, 10) = 6$$

然后,求出各最小费用值中的最小值:

$$\min\limits_{d_i}[\min\limits_{\theta_j}(L_{ij})] = \min(5, 7, 6, 6) = 5(万元)$$

最小值 5 万元所对应的行动方案是 d_1,故决策者选择 d_1 方案为最佳决策方案。

二、"坏中求好"决策方法

(一)"坏中求好"决策准则的概念

"坏中求好"决策准则也叫做"小中取大"决策准则或叫作悲观决策准则。这种决策准则的客观依据是决策的系统功能欠佳,形势对决策者不利。所以,决策者没有理由希望获得最理想的结果。面对这种情况,决策者必须从每一方案的最坏处着眼,从每个方案的最坏结果中选择一个最佳值,即在所有最不利的收益中,选取一个收益最大的方案作为决策方案。这种决策方法是十分保守的。

设有一非确定型决策,备选方案为 $d_i(i = 1, 2, \cdots, m)$,自然状态有 n 种(其出现概率未知),损益值为 $L_{ij}(i = 1, 2, \cdots, m; j = 1, 2, \cdots, n)$,若 $f(d_i)$ 表示采取行动方案 d_i 时的

最小收益,即:

$$f(d_i) = \min(L_{i1}, L_{i2}, \cdots, L_{in}) \quad (i = 1, 2, \cdots, m)$$

则满足:

$$f(d_*) = \max[f(d_1), f(d_2), \cdots, f(d_m)]$$

的方案 d_*,就是"坏中求好"决策的最优方案。

若决策矩阵为损失矩阵,则应采取最大最小的方法,这时,$f(d_i)$ 表示取行动方案 d_i 的最大损失值,即:

$$f(d_i) = \max(L_{i1}, L_{i2}, \cdots, L_{in}) \quad (i = 1, 2, \cdots, m)$$

则满足:

$$f(d_*) = \min[f(d_1), f(d_2), \cdots, f(d_m)]$$

的方案 d_*,为"最大最小"决策的最优方法。

(二)"坏中求好"决策和"最大最小"决策方法的应用案例

下面我们举两个例子分别说明收益和损失这两种不同情况下决策方法的应用过程。

【例 11-10】 某农村承包集团决定在自己承包的可耕地范围内进行新耕作方式的试点,以提高某种农作物产量,可供选择的行动方案有以下四种:d_1,施用新产品化肥;d_2,采用 S 型农机耕作;d_3,采用新优良品种;d_4,安装地面塑料温棚。由于资金所限,试点时只能实施以上 4 种方式中的一种。由于在可耕地的范围内有黄、红、黑三种不同土壤的耕地,初步估计出每种耕作方式(行动方案)对于不同土壤有其不同的收益值,如表 11-26 所示。试作出选择耕作方式的决策,使所获收益值为最大。

表 11-26　各种不同方案的收益值

收益值(元/亩) 方案 \ 自然状态	黄壤(θ_1)	红壤(θ_2)	黑壤(θ_3)
新化肥(d_1)	105	60	92
S 型农机(d_2)	55	80	120
新品种(d_3)	70	80	100
温棚(d_4)	80	65	130

解:本例中,黄、红、黑三种土壤,可看作该决策系统中的三种不同的自然状态。由于没有

确定在哪一片面积内试点,所以各种土壤的耕地面积在总耕地面积中所占的比例即概率是不可能知道的。因此,这是一个不确定型决策问题。同时,决策者认为客观形势不利,因此,采用保守的决策方法,即用"坏中求好"的决策方法进行分析。

各方案的最小收益值为:

$$f(d_1) = \min(105, 60, 92) = 60$$

$$f(d_2) = \min(55, 80, 120) = 55$$

$$f(d_3) = \min(70, 80, 100) = 70$$

$$f(d_4) = \min(80, 65, 130) = 65$$

这些最小收益值中的最大者为:

$$f(d_*) = \max(60, 55, 70, 65) = 70 = f(d_3)$$

所以,最佳决策为 $d_* = d_3$,即采用新品种方案 d_3,这无论对于选哪一块土地面积作试点都可望获得较大的收益。

本例的决策过程也可以通过收益矩阵表来进行,如表 11-27 所示。

表 11-27 收益矩阵决策表

收益值(元/亩) 方案	自然状态	黄壤(θ_1)	红壤(θ_2)	黑壤(θ_3)	$\min_{\theta_j}(L_{ij})$
新化肥(d_1)		105	60	92	60
S型农机(d_2)		55	80	120	55
新品种(d_3)		70	80	100	70
温棚(d_4)		80	65	130	65
决策		$\max_{d_i}[\min_{\theta_j}(L_{ij})]$			70

若决策矩阵是损失矩阵,则应采用最大最小决策方法。

【例 11-11】 某机械厂拟对其生产的某种机器是否明年改型以及怎样改型作出决策,有三个方案可供选择:方案 d_1,机芯、机壳同时改型;方案 d_2,机芯改型、机壳不改型;方案 d_3,机壳改型,机芯不改型。改型后的机器可能遇到三种自然状态,高需求 θ_1,中需求 θ_2 和低需求 θ_3。其费用损失矩阵如表 11-28 所示。问:应该怎么决策?

表 11-28　费用损失矩阵表

费用(万元)　自然状态 方案	高需求(θ_1)	中需求(θ_2)	低需求(θ_3)
d_1	0	16.5	21.5
d_2	22.5	0	13.5
d_3	27.5	17.5	0

解：由于竞争厂家较多，决策者对该机器的销售前景抱着悲观的态度。决策过程如表 11-29 所示。由表 11-29 可知，应选择方案 d_1，它在最不利的情况下的费用损失为最小。

表 11-29　费用损失矩阵决策过程

费用(万元)　自然状态 方案	高需求 (θ_1)	中需求 (θ_2)	低需求 (θ_3)	$\max\limits_{\theta_j}(L_{ij})$
d_1	0	16.5	21.5	21.5
d_2	22.5	0	13.5	22.5
d_3	27.5	17.5	0	27.5
决策		$\min\limits_{d_i}[\max\limits_{\theta_j}(L_{ij})]$		21.5

三、α 系数决策方法

(一) α 系数决策准则的含义

α 系数决策准则是对"坏中求好"和"好中求好"决策准则进行折衷的一种决策准则。

α 是一个依决策者认定情况乐观还是悲观而定的系数，称为乐观系数。若认定情况完全乐观，则 $\alpha=1$；若认定情况完全悲观，则 $\alpha=0$；一般情况下，则 $0<\alpha<1$，也就是说，α 是介于 0 和 1 之间的某一个数值。

用这种决策方法，其决策公式如下。

设一不确定型决策问题，备选方案为 $d_i(i=1,2,\cdots,m)$，自然状态有 n 种(出现概率未知)，损益值为 $L_{ij}(i=1,2,\cdots,m;j=1,2,\cdots,n)$，若令：

$$f(d_i)=\alpha[\max\limits_{\theta_j}(L_{ij})]+(1-\alpha)[\min\limits_{\theta_j}(L_{ij})]$$

其中，$0\leqslant\alpha\leqslant1$，则满足：

$$f(d_*)=\max\limits_{d_i}f(d_i)$$

的方案 d_* 为"α 系数"决策的最优方案。

若所讨论的决策问题是属于损失矩阵,则:

$$f(d_i) = \alpha\left[\min_{\theta_j}(L_{ij})\right] + (1-\alpha)\left[\max_{\theta_j}(L_{ij})\right]$$

$$f(d_*) = \min_{d_i} f(d_i)$$

$f(d_i)$是较"好中求好"准则和"坏中求好"准则更为接近实际可能情况的d_i方案的损益值,可称为现实估计值。

(二) α系数决策方法的应用案例

下面举两个例子分别说明该决策方法在收益矩阵和损失矩阵情况下的应用过程。

【例 11-12】 某工厂预备生产一种新型童车,根据市场需求分析和估计,产品销路分为三种情况:θ_1,销路好;θ_2,销路一般;θ_3,销路差。可供选择的行动方案也有三种:d_1,大批量生产;d_2,中批量生产;d_3,小批量生产。根据产量多少和销售情况,工厂的盈利情况也有所不同,可能获利也可能亏损,将此数值称为损益值,获利时称为收益值,用"+"表示,亏损时称为损失值,用"-"表示。本例的每月损益值如表 11-30 所示。试用 α 系数决策方法作出决策。

表 11-30 新型童车损益值表

损益值(万元) \ 自然状态 \ 方案	销路好(θ_1)	销路一般(θ_2)	销路差(θ_3)
大批量生产 d_1	30	23	-15
中批量生产 d_2	25	20	0
小批量生产 d_3	12	12	12

解:该例中,根据实际情况,决定取 $\alpha = 0.6$,则 $(1-\alpha) = 0.4$,从而可算得各方案现实估计收益值如下:

$$f(d_1) = 0.6 \times [\max(30, 23, -15)] + 0.4 \times [\min(30, 23, -15)]$$

$$= 0.6 \times 30 + 0.4 \times (-15) = 18 - 6 = 12(万元)$$

$$f(d_2) = 0.6 \times [\max(25, 20, 0)] + 0.4 \times [\min(25, 20, 0)]$$

$$= 0.6 \times 25 + 0.4 \times 0 = 15 + 0 = 15(万元)$$

$$f(d_3) = 0.6 \times [\max(12, 12, 12)] + 0.4 \times [\min(12, 12, 12)]$$

$$= 0.6 \times 12 + 0.4 \times 12 = 7.2 + 4.8 = 12(万元)$$

这些收益值中的最大者为:

$$f(d_*) = \max(12, 15, 12) = 15 = f(d_2)$$

所以,最优方案为 d_2,即采用中批量生产方案为最佳方案。

以上讨论了收益矩阵情况下 α 系数决策方法的应用过程。如果我们根据[例 11-12],从相反的方面来提出问题,就可以构成一个损失矩阵。

【例 11-13】 在[例 11-12]中,若事先决策方案选 d_1,则出现销路好的情况时获利最大,不会出现机会损失;若事先决策方案选 d_2,则出现销路好的情况时,由于未采取方案 d_1 而带来的机会损失为 $30-25=5$。若事先决策选 d_3,出现销路好的机会损失为 $30-12=18$。同理,出现销路一般的情况时,事先决策方案选 d_1 没有机会损失,事先决策方案选 d_2 的机会损失为 $23-20=3$,事先决策方案选 d_3 的机会损失为 $23-12=11$。出现销路差的情况时,事先决策方案选 d_1 的损失为 $12-(-15)=27$,事先决策方案选 d_2 的机会损失为 $12-0=12$,事先决策方案选 d_3 的机会损失为 0。机会损失矩阵如表 11-31 所示。现要求在这三个方案中选择一个最佳方案。

表 11-31 机会损失矩阵表

机会损失(万元) \ 自然状态 \ 方案	销路好(θ_1)	销路一般(θ_2)	销路差(θ_3)
大批量生产(d_1)	0	0	27
中批量生产(d_2)	5	3	12
小批量生产(d_3)	18	11	0

解:现确定乐观系数 $\alpha=0.6$,则 $(1-\alpha)=(1-0.6)=0.4$。根据损失矩阵情况下 α 系数决策公式,有:

$$f(d_1) = 0.6 \times [\min(0, 0, 27)] + 0.4 \times [\max(0, 0, 27)]$$
$$= 0.6 \times 0 + 0.4 \times 27 = 10.8(万元)$$

$$f(d_2) = 0.6 \times [\min(5, 3, 12)] + 0.4 \times [\max(5, 3, 12)]$$
$$= 0.6 \times 3 + 0.4 \times 12 = 1.8 + 4.8 = 6.6(万元)$$

$$f(d_3) = 0.6 \times [\min(18, 11, 0)] + 0.4 \times [\max(18, 11, 0)]$$
$$= 0.6 \times 0 + 0.4 \times 18 = 7.2(万元)$$

这些损失值中的最小值为:

$$f(d_*) = \min(10.8, 6.6, 7.2) = 6.6 = f(d_2)$$

所以最优方案为 d_2，即采用中批量生产损失的机会为最小。

四、"最小的最大后悔值"决策方法

(一) "最小的最大后悔值"决策的基本原理

在不确定型决策问题中，虽然各种自然状态的出现概率无法估计，但决策一经作出并付诸实施，必然处在实际出现的某种自然状态之中。若所选方案不如其他方案好，决策者就会感到后悔。后悔值，就是所选方案的收益值与该状态下真正的最优方案的收益值之差。显然后悔值越小，所选方案就越接近最优方案。

因此，在不确定型决策中，决策者可以在决策前计算出方案在不同自然状态下的后悔值，即先求出每种自然状态下的最大收益值与该自然状态下的其他收益值之差；然后分别找出各方案对应不同自然状态下的后悔值中最大值；最后从这些最大后悔值中找出最小的最大后悔值，将其对应的方案作为最优方案。

设某一不确定型决策，其备选方案为 $d_1, d_2, \cdots, d_m$，自然状态为 $\theta_1, \theta_2, \cdots, \theta_n$，损益值为 $L_{ij}(i=1,2,\cdots,m; j=1,2,\cdots,n)$。在 θ_j 状态下，必有一个方案的收益值最大，这个最大收益值可表示为：

$$\max_{i=1,2,\cdots,m}(L_{ij}) = \max(L_{1j}, L_{2j}, \cdots, L_{mj})$$

则在这一状态下各方案的后悔值为：

$$d_1: \max_i L_{ij} - L_{1j}$$

$$d_2: \max_i L_{ij} - L_{2j}$$

$$\vdots \quad \vdots$$

$$d_m: \max_i L_{ij} - L_{mj}$$

同样道理，在另一种自然状态下，各备选方案又都分别有一个后悔值；n 种自然状态，则有 n 种后悔值。某一方案 d_i 的 n 种后悔值中的最大者，叫做该方案的最大后悔值。若用 $G(d_i)$ 表示 d_i 方案中的最大后悔值，则：

$$G(d_i) = \max_j [\max_{i=1,2,\cdots,m}(L_{ij}) - L_{ij}]$$

对于每一个方案来说，都各有一个这样的最大后悔值，故 m 个方案就共有 m 个最大后悔值，m 个最大后悔值中的最小者，即：

$$\min_{i=1,2,\cdots,m} G(d_i)$$

其对应的方案,就是"最小的最大后悔值"决策的最优方案。

(二)"最小的最大后悔值"决策方法的应用

【例 11-14】 某企业决定生产一种新产品,有下列三个方案可供选择:d_1,建立新车间大量生产;d_2,改造原有车间达到中等产量;d_3,利用原有设备小批试产。市场对该产品的需求情况有如下四种可能状态:θ_1,需求量很大,产品畅销;θ_2,需求量较大,产品销路尚好;θ_3,需求量不大,产品销路较差;θ_4,需求量很小,产品滞销。三种方案和四种状态下的损益值如表 11-32 所示。

表 11-32 某新产品损益值表

损益值(万元) 自然状态 方案	产品畅销 (θ_1)	销路尚好 (θ_2)	销路较差 (θ_3)	产品滞销 (θ_4)
大量生产(d_1)	80	40	-30	-70
中等产量(d_2)	55	37	-15	-40
小批试产(d_3)	31	31	9	-1

试求其最佳方案。

解:这是一个不确定型决策问题,备选方案三个,自然状态四种。由于:

$$\max_{i=1,2,3}(L_{i1}) = \max(80, 55, 31) = 80$$

$$\max_{i=1,2,3}(L_{i2}) = \max(40, 37, 31) = 40$$

$$\max_{i=1,2,3}(L_{i3}) = \max(-30, -15, 9) = 9$$

$$\max_{i=1,2,3}(L_{i4}) = \max(-70, -40, -1) = -1$$

所以方案的最大后悔值为:

$$G(d_1) = \max(80-80, 40-40, 9-(-30), (-1)-(-70))$$
$$= \max(0, 0, 39, 69) = 69$$

$$G(d_2) = \max(80-55, 40-37, 9-(-15), -1-(-40))$$
$$= \max(25, 3, 24, 39) = 39$$

$$G(d_3) = \max(80-31, 40-31, 9-9, -1-(-1))$$
$$= \max(49, 9, 0, 0) = 49$$

最优方案按下式决定:

$$\min_{i=1,2,3} G(d_i) = \min(69, 39, 49) = 39 = G(d_2)$$

计算结果表明，方案 d_2 即改造原有车间达到中等产量为最佳方案。

五、各种决策方法的比较和选择

（一）各种决策方法的比较

决策者利用表 11-33 的资料，采用在不确定型条件下的各种决策方法，可以得到不同的最优方案，如表 11-34 所示。出现这种情况的原因是由于每一种决策方法都是考虑了决策者的决策心理、感情和愿望而制定的。

表 11-33　各个方案的企业年损益值

利润（万元）＼自然状态＼方案	需求量较高（θ_1）	需求量一般（θ_2）	需求量较低（θ_3）
第一方案	70	30	50
第二方案	20	80	90
第三方案	50	20	40
第四方案	40	100	20

表 11-34　各种不同决策方法结果比较

采用不同的决策方法	选用的最佳方案
1."好中求好"决策方法	第四方案
2."坏中求好"决策方法	第一方案
3. α 系数决策方法（$\alpha = 0.7$）	第四方案
4. 最小的最大后悔决策方法	第二方案

对于解决不确定型决策问题，现在在理论上还不能证明哪一种评选标准是最合理的。因此，在实际工作中究竟采用哪一种决策方法，还带有相当程度的主观随意性。国外有许多学者还在继续讨论这个问题。一般来说，如果要把各种决策方法作出比较，那么，"坏中求好"决策方法主要被那些比较保守稳妥并害怕承担较大风险的决策者所采用；"好中求好"决策方法主要被那些对有利情况的估计比较有信心的决策者所采用；α 系数决策方法主要被那些对形势判断既不乐观也不太悲观的决策者所采用；"最小的最大后悔值"决策方法主要被那些对决策失误的后果看得较重的决策者所采用。

（二）各种决策方法在应用时的选择

表 11-34 的计算结果已表明，不同的决策方法会导致不同的最优方案。很明显，这里有

正确的决策结果,也有错误的决策结果。这就提出了一个问题,根据什么选取决策方法,决策结果才是正确可靠的?决策方法的选择固然与决策者的主观意志有关,但是,决策方法的选择又不完全取决于决策者的主观意志。如果一个决策者不顾决策问题所面临的客观环境,仅凭想当然和个人兴趣选取决策方法,那该决策者所作出决策的可靠性是值得怀疑的。可以想象,如果同一个问题处于同一个客观环境中,可以依不同决策方法来进行分析,那么各种决策方法都将失去其存在的意义。事实上,各种决策方法都具有一定的假定条件,而任何一种假定条件都无法概括现实世界中错综复杂的经济关系。因此,决策方法的选择只能以决策问题所处的客观条件为基础。下面我们用实例来说明决策方法的选择问题。

【例11-15】 某汽车股份有限公司根据2000年重型汽车和中型汽车需求量预测,制定了三个车身开发目标方案:

(1) 全面引进技术,进口设备;

(2) 全部依靠自己的力量,改造生产线,实现决策目标;

(3) 自行改造为主,技术引进为辅。

该厂首先对三个方案进行了定性分析,并认为:(1)采用第一方案的优点是技术先进,可以生产多品种的优质产品并提高生产能力,但缺点是外汇耗资大且不利于本厂产品的发展;(2)采用第二方案的优点是费用少,但缺点是周期长,受技术条件限制,开发后的产品不易达到国际先进水平;(3)采用第三方案的优点是关键技术和设备可达到世界上20世纪90年代水平,周期短,投资不多,而且,本厂有强大的技术后方,设计、制造、安装力量都较强,可以承担自行改造为主的任务,但缺点是生产能力没有第一方案大。

定量分析是定性分析的深化,是决策过程中不可缺少的环节。进行了定性分析后,还要进行如下的定量分析。

解:根据该股份公司的有关资料,得到了如表11-35所示的损益矩阵表。

表11-35 某股份公司损益矩阵表

利润(万元) 方案 \ 自然状态	高需求(θ_1)	中需求(θ_2)	低需求(θ_3)
全面引进(d_1)	44 040	37 592	31 300
全部自制(d_2)	36 450	35 450	34 500
引进和改造相结合(d_3)	43 840	40 592	34 300

方案选择过程如下：

(1) 按照"好中求好"决策方法，最高利润为 44 040 万元，它所对应的方案为 d_1，即全面引进，对应的自然状态是高需求。但根据当前国家政策和国民经济发展形势，近三年内车身产品销售量不会出现最高需求峰值，另外，全面引进需要 4 600 万美元外汇，该厂不具备这种条件。因此，该决策问题不能按照"好中求好"决策方法来进行决策。

(2) 按照"坏中求好"决策方法，34 500 万元是决策目标值，它所对应的方案为 d_2，即全部自制，对应的自然状态是低需求。但是，我国汽车工业的发展是乐观的，低需求出现的可能性很小。同时，采用全部自制方案将造成生产能力无潜力，产品质量很难达到国际先进水平，难以打入国际市场。因此，也不可按照"坏中求好"决策方法来进行决策。

(3) 根据预测资料以及汽车工业发展前景和该股份公司客观条件，该公司认为：决策因素中既有乐观的一面，也有悲观的一面，且乐观因素大于悲观因素。因此，按照 α 系数决策方法来进行决策。经分析，取乐观系数为 $\alpha = 0.7$，则 $(1-\alpha) = 1 - 0.7 = 0.3$。其计算过程和结果如下：

$$f(d_1) = 0.7 \times [\max(44\ 040, 37\ 592, 31\ 300)]$$
$$+ 0.3 \times [\min(44\ 040, 37\ 592, 31\ 300)]$$
$$= 0.7 \times 44\ 040 + 0.3 \times 31\ 300 = 30\ 828 + 9\ 390$$
$$= 40\ 218(万元)$$

$$f(d_2) = 0.7 \times [\max(36\ 450, 35\ 450, 34\ 500)]$$
$$+ 0.3 \times [\min(36\ 450, 35\ 450, 34\ 500)]$$
$$= 0.7 \times 36\ 450 + 0.3 \times 34\ 500 = 25\ 515 + 10\ 350$$
$$= 35\ 865(万元)$$

$$f(d_3) = 0.7 \times [\max(43\ 840, 40\ 592, 34\ 300)]$$
$$+ 0.3 \times [\min(43\ 840, 40\ 592, 34\ 300)]$$
$$= 0.7 \times 43\ 840 + 0.3 \times 34\ 300 = 30\ 688 + 10\ 290$$
$$= 40\ 978(万元)$$

这些利润值中的最大者为：

$$f(d_*) = \max(40\ 218, 35\ 865, 40\ 978) = 40\ 978 = f(d_3)$$

计算结果表明，d_3，即引进与改造相结合方案为最佳方案。

（4）由于 α 系数法中 α 的取值带有一定的主观性，因此，决定再用"最小的最大后悔值"决策方法对所选方案进行验证。

其计算过程和计算结果如下：

$$\max_{i=1,2,3} L_{i1} = \max(44\,040, 36\,450, 43\,840) = 44\,040$$

$$\max_{i=1,2,3} L_{i2} = \max(37\,592, 35\,450, 40\,592) = 40\,592$$

$$\max_{i=1,2,3} L_{i3} = \max(31\,300, 34\,500, 34\,300) = 34\,500$$

所以各方案的最大后悔值为：

$$G(d_1) = \max(44\,040 - 44\,040, 40\,592 - 37\,592, 34\,500 - 31\,300)$$
$$= \max(0, 3\,000, 3\,200) = 3\,200$$

$$G(d_2) = \max(44\,040 - 36\,450, 40\,592 - 35\,450, 34\,500 - 34\,500)$$
$$= \max(7\,590, 5\,142, 0) = 7\,590$$

$$G(d_3) = \max(44\,040 - 43\,840, 40\,592 - 40\,592, 34\,500 - 34\,300)$$
$$= \max(200, 0, 200) = 200$$

最优方案按下式决定：

$$\min_{i=1,2,3} = G(d_i) = \min(3\,200, 7\,590, 200) = 200 = G(d_3)$$

计算结果表明，按"最小的最大后悔值"决策方法，其最小值 200 万元所对应的是方案 d_3，因此，引进与改造相结合的方案为最佳方案。这个结论同用 α 系数决策方法所得出的结论一致。

最后，该股份公司决定采用引进与改造相结合的方案。

案例分析

一、研究背景

随着高校毕业生数量和质量的提高，各个领域的优秀人才层出不穷，以至于出现一岗多求的竞争局面，越来越多的毕业生感觉要找到理想的工作很难。

近年来高校毕业生"就业难"的问题引起了广泛的社会关注，很多人都觉得，毕业生找不到工作是因为单位提供的工作岗位不能满足日益增长的社会需求,其实造成"就业难"现状的,并不是高等教育发展所引发的人才过剩,而是很多人的择业观、就业观并不符合客观实际,部分求职者的综合素质仍有待提高。当前很多人都倾向于找薪资高、福利好的工作岗位,希望以此来提升自己的生活品质,从而错失了很多适合自己、有很大提升空间的工作,造成有的岗位竞争过于激烈,优秀的人才找不到工作,而有些发展前景良好的岗位人才稀缺,导致毕业生找工作难,单位招人也难的现象;有些学生安于现状,一味地追求安稳有保障的工作,希望一次性就找到理想并且可以一直从事的工作,即使自己各方面条件优异,也不愿意去尝试任何有风险和挑战的工作,担心会在激烈的社会竞争中被淘汰,浪费自己一身的本领与才华;有的人缺乏主见,不知道自己真正感兴趣的工作领域和岗位,也不能充分认识到自己的优势,看见比较热门的岗位就觉得好,并不考虑是否真正适合自己;还有人总是抱有不切实际的幻想,认为自己是名校毕业生,平时在学校成绩优异,社会实践经验丰富,也获得了各种荣誉,肯定会有很多单位抢着要,一开始就想找到职位高、待遇好的工作,即使自己还存在很多不足,也不愿意先从基层做起,他们往往很难找到理想的工作,因为好的岗位并不缺乏优秀人才的竞争,用人单位更看重的是求职者的工作态度与能力。

通常很多毕业生在找工作时会考虑意向单位的地理位置、工作环境、业内口碑、综合实力、薪资水平、上班时长以及发展前景等因素,同时也会遇到各式各样的问题:将来要从事什么样的工作?想从事的工作到底适不适合自己?所选择的行业发展前景如何?如果选择了这份工作,是否有能力做好?万一意向单位竞争很激烈,会不会被淘汰?如果被录取了,有没有升职加薪的可能?

有一位学生即将毕业,正面临着找工作的问题,他在明确了自己的兴趣和能力后,通过搜集和比较各类信息,找到了三家意向单位,但是三家公司却各有特色和优势,他暂时没有办法直接作出决定,于是找到了各个公司不同级别的薪资情况如表11-36所示,希望通过预测自己未来两年在各公司薪资水平的高低作出决定。

表11-36　A、B、C三家公司不同级别员工的薪酬表

公司 \ 薪酬(元) 档次	低档	中档	高档
A	15 000	17 000	19 000
B	12 000	16 000	20 000
C	9 000	14 000	21 000

二、思考问题

（1）从A、B、C三家公司的薪酬水平可以看出,每个公司都有自己的优势与长处,有的公司虽然低档薪酬水平较低,但是高档薪酬却很高,而有的公司即使低档薪酬较高,高档薪酬却很低。由于当前还不能准确判断出该同学未来两年职位等级的高低,因此以后的薪酬水平也存在着很多不确定性,那么他应该如何作出最佳的选择?

（2）面对当下严峻的就业形势,很多人觉得找到喜欢的工作很难,我们应该如何找到真正适合的工作,充分实现自己的理想抱负与人生价值?

三、问题分析

我们首先对三个公司的薪酬情况进行定性分析,发现A公司的优点是低档薪酬、中档薪酬都是三者中最高的,缺点是该同学如果能够高质量完成各项工作,得到老板的赏识和器重,升职后能够拿到的高档薪酬最低;B公司的高、中、低档薪酬都处于中间水平,即不论该同学将来在公司职位的高低,都能拿到一个比较适中的薪资,情况比较稳定,不会面临太大的风险;而C公司的低档、中档薪酬都是三个公司中最低的,高档薪酬却是最高的,即该同学如果选择了C公司,只有在公司中发展得好才能拿到理想的薪资,否则工资会较低。所以三家公司的薪资情况各有特点,具体该做何种选择,需要更进一步地定量分析。

下面我们通过几种不确定型的决策方法帮助该同学作出判断。

① "好中求好"的决策方法。

"好中求好"决策就是在该同学对自己有足够信心的情况下作出的决策,即他有信心能够在两年内拿到高档薪酬,那么我们就在各公司的高档薪酬中找出最大值,所对应的方案即为最优。具体计算过程如下:

该同学在每个公司能够获得的高档薪酬为:

$$f(A) = \max(15\,000, 17\,000, 19\,000) = 19\,000(元)$$
$$f(B) = \max(12\,000, 16\,000, 20\,000) = 20\,000(元)$$
$$f(C) = \max(9\,000, 14\,000, 21\,000) = 21\,000(元)$$

高档薪酬中的最大值为:

$$f(d_*) = \max(19\,000, 20\,000, 21\,000) = 21\,000(元) = f(C)$$

故此时该同学的最佳选择是C公司。

② "坏中求好"决策方法。

"坏中求好"决策准则就是在该同学不看好自己未来发展的情况下作出决策,即他认为自己两年内只能拿到低档薪酬,因此我们从每个公司的低档薪酬中选择一个最大值,在对自己不利的情况下选择一个最优值,对应的公司为其最佳选择。

该同学在每个公司能够获得的低档薪酬为:

$$f(A) = \min(15\,000, 17\,000, 19\,000) = 15\,000(元)$$
$$f(B) = \min(12\,000, 16\,000, 20\,000) = 12\,000(元)$$
$$f(C) = \min(9\,000, 14\,000, 21\,000) = 9\,000(元)$$

低档薪酬中的最大值为:

$$f(d_*) = \max(15\,000, 12\,000, 9\,000) = 15\,000(元) = f(A)$$

故该同学的最佳选择是 A 公司。

③ α 系数决策方法。

如果该同学结合相关历史信息与自身的客观条件,对工作前景既乐观又有点悲观,并且乐观因素稍微大于悲观因素,我们就按照 α 系数决策方法来进行选择,并且选定乐观系数为 $\alpha = 0.6$。

三个公司的预期薪资水平为:

$$f(A) = 0.6 \times [\max(15\,000, 17\,000, 19\,000)] + 0.4 \times [\min(15\,000, 17\,000, 19\,000)]$$
$$= 0.6 \times 19\,000 + 0.4 \times 15\,000 = 17\,400(元)$$
$$f(B) = 0.6 \times [\max(12\,000, 16\,000, 20\,000)] + 0.4 \times [\min(12\,000, 16\,000, 20\,000)]$$
$$= 0.6 \times 20\,000 + 0.4 \times 12\,000 = 16\,800(元)$$
$$f(C) = 0.6 \times [\max(9\,000, 14\,000, 21\,000)] + 0.4 \times [\min(9\,000, 14\,000, 21\,000)]$$
$$= 0.6 \times 21\,000 + 0.4 \times 9\,000 = 16\,200(元)$$

以上薪资中的最大值为:

$$f(d_*) = \max(17\,400, 16\,800, 16\,200) = 17\,400(元) = f(A)$$

则该同学的最佳选择是 A 公司。

④ 最小的最大后悔值决策方法。

由于 α 系数法中的乐观系数是主观选取的,并且我们事先并不能保证每次做的决策一定是最优的,一定会出现所选方案不如其他好的情况,而该同学对决策结果看得比较重要,一旦决策失误可能会感到后悔,为了使他的后悔值最小,我们选用"最小的最大后悔值"决策方法进行判断。

首先,找出不同薪酬等级对应的最大值为:

$$低档薪酬最大值 = \max(15\,000, 12\,000, 9\,000) = 15\,000(元)$$

$$中档薪酬最大值 = \max(17\,000, 16\,000, 14\,000) = 17\,000(元)$$

$$高档薪酬最大值 = \max(19\,000, 20\,000, 21\,000) = 21\,000(元)$$

然后,计算三个公司可能的最大后悔值为:

$$G(A) = \max(15\,000 - 15\,000, 17\,000 - 17\,000, 21\,000 - 19\,000)$$

$$= \max(0, 0, 2\,000) = 2\,000(元)$$

$$G(B) = \max(15\,000 - 12\,000, 17\,000 - 16\,000, 21\,000 - 20\,000)$$

$$= \max(3\,000, 1\,000, 1\,000) = 3\,000(元)$$

$$G(C) = \max(15\,000 - 9\,000, 17\,000 - 14\,000, 21\,000 - 21\,000)$$

$$= \max(6\,000, 3\,000, 0) = 6\,000(元)$$

可以发现,选择 A 公司的最大后悔值最小,于是 A 公司为该同学的最佳选择。

以上不确定型决策方法的原则是人为制定的,在某种程度上带有主观随意性。于是我们接下来选用风险决策方法进一步验证,结合各种事件发生的先验概率计算期望薪资水平,找出最优的决策方案。

⑤ 以等概率为标准的决策方法。

由于该同学未来达到的薪资层次是未知的,我们先假定两年后他拿到低档、中档、高档薪资的可能性一样,然后选择期望薪资最大的方案作为最优决策方案。

按照等概率原则计算的期望收益值分别为:

$$E(A) = \frac{1}{3}(15\,000 + 17\,000 + 19\,000) = 17\,000(元)$$

$$E(B) = \frac{1}{3}(12\,000 + 16\,000 + 20\,000) = 16\,000(元)$$

$$E(C) = \frac{1}{3}(9\,000 + 14\,000 + 21\,000) = \frac{44\,000}{3}(元)$$

可以得到:$E(A) > E(B) > E(C)$,此时 A 公司的期望薪资最大,为 17 000 元,即该同学的最佳选择是 A 公司。

⑥ 以期望值为标准的决策方法。

一般情况下,不同事件发生的可能性大小是不一致的,即该同学未来两年能够拿到低档、中档、高档薪资的概率并不会完全一样,根据调查这些公司以往工作人员的薪资情况发现,一般工作两年后工资水平为低档的人占 60%,工资水平为中档的人占 30%,工资水平为高档的人占 10%,则可以计算出该同学在三家公司薪酬的期望值为:

$$E(A) = 15\,000 \times 0.6 + 17\,000 \times 0.3 + 19\,000 \times 0.1 = 16\,000(元)$$
$$E(B) = 12\,000 \times 0.6 + 16\,000 \times 0.3 + 20\,000 \times 0.1 = 14\,000(元)$$
$$E(C) = 9\,000 \times 0.6 + 14\,000 \times 0.3 + 21\,000 \times 0.1 = 11\,700(元)$$

可以得到:$E(A) > E(B) > E(C)$,此时 A 公司薪酬的期望值最大,为 16 000 元,是该同学的最优选择。

综合以上六种不同的决策方法可以看出,除非该同学有足够的信心认为自己两年后能够拿到高档薪资,可以选择 C 公司,否则 A 公司会是他的最佳选择。当然,我们在实际找工作时不能仅仅通过薪资水平这一点来做决策,还需要考虑公司的环境、实力、发展前景等因素。

我们如何才能找到让自己满意的好工作呢?首先,需要对自己有一个全面的认识,了解目前所掌握的理论知识和专业技能,明确自己真正感兴趣的领域以及将来想要从事的行业,给自己一个准确的定位,提前做好职业规划,清楚地知道以自己现在的实力可以做什么,哪些是我们还不能胜任的,既不能好高骛远,过于高估自己,不屑于从底层做起,有一些不切实际的想法;也不能妄自菲薄,过于低估自己,觉得自己与其他人相比没有任何优势,害怕被淘汰。其实每份工作都有发展的可能和上升空间,每个人都有优点与不足,只要有能力,无论在什么岗位都可以发挥很大的作用,我们要做的就是取长补短,在擅长的领域充分施展才能,实现人生价值,在不擅长的领域也要吸取他人的经验,不断完善自我,提升综合实力。其次,我们要充分了解所选择的行业,包括将来可能从事岗位的工作内容、工作性质与提升空间,可以先在招聘网站以及各大公司的官网搜集相关信息,了解企业的发展历史、岗位需求、未来规划等,以此来判断这个选择是否适合自己,同时要及时关注各种招聘宣讲会以及经验交流会,开阔自己的眼界,这是我们吸取他人成功和失败经验的机会。可以征求他人的意见,但是别人的想法只能提供一个参考,我们不能完全依赖他人,更不能以别人的评判标准来定位自己的工作岗位,每个人在找工作时都会有不同的考量标准,对各项工作的看法和评价也会有所区别,别人认为好的不一定适合自己,别人认为不怎么样的说不定刚好是自己所擅长的,因此,要有自己的评判标准。找工作不是看哪些岗位比较热门,被更多人追求的不一定是自己能胜任的岗位。不是只有在比较出名的公司工作才能实现自己的人生价值,有些发展前景比较好的企业可能会有更多锻炼和提升的机会,在这些企业能够学到的东西也更多,要结合客观实际与自身条件,把握每个机会,脚踏实地,作出最佳的选择。

要学会向用人单位"推销"自己,好的工作岗位不会主动找上门来,需要我们自己去争取,简历是我们的名片,因此要结合各用人单位的侧重点,准备相应的简历,内容要突出重点、言简意赅,准确传达与工作岗位相关的有效信息,第一时间吸引招聘人员的注意力,让他们在筛选简历时能够抓住重点,充分了解自己的优势,从而对我们留下比较好的第一印象,正式面试时要善于表达,展现我们对该工作的热情与喜爱,突出自己的长处和能力,展现出最佳状态。最后,我们应该调整好自己的情绪,保持积极乐观的就业心态,勇敢面对各种挑战,不能遇到一点点困难和挫折就想要退缩,其实失败并不可怕,很多人在找工作时都会遇到问题,只要不放弃,认真分析原因并及时弥补不足,总会走向成功。

参考文献

[1] 傅新华,阳琴.大学生就业观念研究[J].教育探索,2009(07):147～148.

[2] 王琼.关于新时期大学生就业观念的几点思考[J].市场论坛,2018(12):84～87.

[3] 徐国祥.统计学(第二版)[M].格致出版社,上海人民出版社,2014.

本章小结

- 1. 决策是指在一定条件下为实现预定目标或寻求优化目标制定可供选择的方案,以及对这些方案进行比较、鉴别,作出抉择的工作过程。统计决策是科学决策方法中的一种。

- 2. 风险型决策,亦称为先验概率决策。它是根据各种自然、社会状态可能出现的类型以及各类型发生的概率(即先验概率),采用期望值标准或最大可能性标准选择最佳方案。由于先验概率是根据历史资料或主观经验确定的,未经经验证实,因此,决策有一定的风险。

- 3. 贝叶斯决策,亦称后验概率决策。它是用实验或调查所得到的新信息对先验概率进行修正,按后验概率决策的方法。其优点是能对调查的可靠性作出评价,根据具体情况反复运筹,可以减少决策的片面性。

→ 4. 完全不确定型决策。其特点是只知道自然、社会状态可能出现的类型,而不知道每种类型发生的概率,因此,这种决策的准确性往往难以保证,决策的准则是人为的,受决策者的经验和心理素质的影响。例如,"好中求好"决策就是一种敢冒风险的乐观决策;"坏中求坏"则是求稳的保守决策;α 系数决策是折衷型决策等。

→ 5. 各种统计决策都有自己的特点和适用条件,实际工作中必须结合具体情况选择。同时,统计决策研究重在决策方案的制定与鉴别,至于最终方案的抉择则是拥有决策权的当事人或领导者的事。

思考与练习

一、单项选择题

1. 决策的功能可表达为_____。

   A. 决策→行动→目标→结果　　　　B. 行动→决策→目标→结果

   C. 目标→决策→行动→结果　　　　D. 决策→目标→行动→结果

2. 信息搜集时间越长,成本越高,它所带来的边际效益随之_____。

   A. 递增　　　　　　　　　　　　　B. 递减

   C. 先递增后递减　　　　　　　　　D. 先递减后递增

3. 购买两种型号价格相同的手机,一种功能多,但是需要维修的概率有40%,另一种功能少,但是需要维修的概率只有10%。这个决策问题属于_____。

   A. 确定型决策　　　　　　　　　　B. 风险型决策

   C. 对抗型决策　　　　　　　　　　D. 不属于这三类

4. "小中取大"决策准则是_____。

   A. 在各方案的最小损失值中选择最大,对应的方案为最优

   B. 在各方案的最大损失值中选择最大,对应的方案为最优

   C. 在各方案的最小收益值中选择最大,对应的方案为最优

   D. 在各方案的最大收益值中选择最小,对应的方案为最优

5. 对决策树图的分析是_____推导。

   A. 从右向左　　　B. 从左向右　　　C. 从上向下　　　D. 从下向上

6. 若 x_{ij} 表示采取第 i 个方案 d_i，出现第 j 种状态 θ_j 时的损益值，$P(\theta_j)$ 表示第 j 种状态发生的概率，总共有 n 种方案，可能出现 m 种状态，则期望损益为_____。

   A. $\sum_{j=1}^{m} x_{ij} P(\theta_i)$　　B. $\sum_{j=1}^{m} x_{ij} P(\theta_j)$　　C. $\sum_{i=1}^{n} x_{ij} P(\theta_j)$　　D. $\sum_{i=1}^{n} x_{ij} P(\theta_i)$

7. 风险决策中，要得到自然状态概率的变动对决策结果的影响，需要进行_____。

   A. 完全信息价值分析　　　　　　B. 敏感性分析

   C. 决策树分析　　　　　　　　　D. 效用决策分析

8. 贝叶斯决策需要调查取得信息来修正先验概率，这个调查是在_____中进行的。

   A. 先验分析　　　　　　　　　　B. 预后验分析

   C. 后验分析　　　　　　　　　　D. 最后决策

9. 进行贝叶斯决策的必要条件是_____。

   A. 预后验分析　　　　　　　　　B. 敏感性分析

   C. 完全信息价值分析　　　　　　D. 先验分析

10. 一批同型号的冰箱，老厂生产的有 20%，新厂生产的有 80%。老厂生产的出故障概率为 10%，新厂生产的出故障概率为 5%。现在选择购买一个冰箱，问不出故障的概率是_____。

    A. 6%　　　　　B. 94%　　　　　C. 9%　　　　　D. 91%

二、多项选择题

1. 合理的决策目标应该_____。

   A. 易于评估　　　　　　　　　　B. 有实现的可能性

   C. 可以数量化　　　　　　　　　D. 有挑战性

2. 作出正确的决策要遵循的原则有：_____。

   A. 经济性　　　B. 合理性　　　C. 精确性　　　D. 可行性

3. 风险决策的方法有_____。

   A. 以期望值为标准的决策方法　　B. 以等概率为标准的决策方法

   C. 以最大可能性为标准的决策方法　D. 以损益值为标准的决策方法

4. 损益矩阵的组成包括_____。

   A. 可行方案　　B. 自然状态　　C. 先验概率　　D. 损益值

5. 以下描述中正确的有：_____。

   A. 不确定型决策方法是人为制定的原则

   B. 不确定型决策方法有严格的推理

   C. 风险型决策方法有严格的推理

   D. 风险型决策方法是人为制定的原则

6. 下面对决策树的理解正确的是_____。

   A. 决策树可以使决策问题形象化

   B. 任何风险决策问题都可以用决策树来分析

   C. 决策树图包括了备选方案、自然状态及损益值

   D. 决策树使得决策问题变得简单

7. 计算完全信息价值的意义在于_____。

   A. 可以避免决策的风险

   B. 完全信息价值说明了信息量的变化对决策方案期望值的影响

   C. 使决策者可以明确为该信息付出的代价的上限

   D. 有利于决策者作出可靠的决策

8. 贝叶斯决策的优点有_____。

   A. 把调查结果和先验概率相结合

   B. 对调查结果给出数量化的评价

   C. 可以根据情况多次使用

   D. 对不完备的信息或主观概率提供一个进一步研究的科学方法

9. 在已具备先验概率的情况下，贝叶斯决策过程包括_____。

   A. 先验分析　　　　　　　　B. 预后验分析

   C. 序贯分析　　　　　　　　D. 后验分析

10. 预后验分析扩大型和常规型两种形式，下列的描述哪些是正确的？_____。

    A. 扩大型预后验分析是一种反推决策树分析

    B. 扩大型预后验分析是一种正向分析

    C. 常规型预后验分析是一种反推决策树分析

    D. 常规型预后验分析是一种正向分析

三、简答题

1. 什么是统计决策？其主要特点是什么？
2. 统计决策必须遵循哪些原则？
3. 统计决策一般包括哪些步骤？
4. 什么是风险型决策和贝叶斯决策？它们各有什么特点？怎样用决策树进行图上运筹？
5. 完全不确定型决策有什么特点？根据不同的决策准则，有哪几种具体的决策方法？

四、计算和分析题

1. 某商店拟定当年6、7、8、9月份的某种冷饮食品的进货计划。每箱进货成本60元，售价100元；当天售出每箱可获利40元，当天剩余一箱则要亏损20元。现市场情况不清楚，唯有下列前两年同期120天的日销售量资料（如表11-37所示）：

表11-37　某商店前两年同期120天的日销售量资料

日销售量（箱）	完成日销售量的天数
10	24
11	48
12	46
13	12
合　　计	120

要求：分别按期望值标准、等概率标准和最大可能性标准对该冷饮食品日进货计划作出选择。

2. 某公司拟追加投资，扩大生产规模。管理人员根据以往经验，对未来市场销售有如表11-38估计。

表11-38　某公司估计未来市场销售情况

利润（万元）＼市场状况＼方案	畅销的概率(0.7)	滞销的概率(0.3)
扩大生产	12	−2
不扩大生产	6	5

要求：分别按最大利润的准则决策和小中取大的准则决策。

3. 某公司拟投产一种新产品，经理对该产品投放市场后的结果有如表 11-39 的估计。

表 11-39　某公司估计该产品投放市场后的结果

销售状况	先验概率($P(B)$)	盈利(万元)
好(B_1)	0.25	30
中(B_2)	0.30	2
差(B_3)	0.45	-12

如进行一次市场调查，其费用约需 1.2 万元。根据过去的经验有如表 11-40 所示的几种情况。

表 11-40　市场调查的经验情况

$P(A_j/B_j)$　销售状况(B_j)　调查结论(A_j)	好(B_1)	中(B_2)	差(B_3)
好(A_1)	0.65	0.25	0.10
中(A_2)	0.25	0.45	0.15
差(A_3)	0.10	0.30	0.75

要求：对进行市场调查和不进行市场调查两种情况下的期望盈利作出估计，以便决定是否值得进行一次市场调查；并根据市场需求出现"好""中""差"的后验概率对是否要投产该产品作出决策。

4. 某企业对家用电器生产投资运筹方案，其估计的损益表如表 11-41 所示。

表 11-41　某企业投资的估计损益表

方　案	市　场　需　求　状　况		
	高(S_1)	中(S_2)	低(S_3)
扩建原厂(d_1)	150	120	-30
建设新厂(d_2)	210	75	-60
转包外厂(d_3)	90	45	15

要求：(1) 分别按"好中求好"与"坏中求好"准则选择方案；

(2) 如果 $P(S_1)=0.3$、$P(S_2)=0.5$、$P(S_3)=0.2$，试用决策树方法确定方案。

附 录

附表 1 正态分布的密度函数表

$$f(x) = \frac{1}{\sqrt{2\pi}} e^{-x^2/2}$$

x	.00	.01	.02	.03	.04	.05	.06	.07	.08	.09
.0	.3989	.3989	.3989	.3988	.3986	.3984	.3982	.3980	.3977	.3973
.1	.3970	.3965	.3961	.3956	.3951	.3945	.3939	.3932	.3925	.3918
.2	.3910	.3902	.3894	.3885	.3876	.3867	.3857	.3847	.3836	.3825
.3	.3814	.3802	.3790	.3778	.3765	.3752	.3739	.3725	.3712	.3697
.4	.3683	.3668	.3653	.3637	.3621	.3605	.3589	.3572	.3555	.3538
.5	.3521	.3503	.3485	.3467	.3448	.3429	.3410	.3391	.3372	.3352
.6	.3332	.3312	.3292	.3271	.3251	.3230	.3209	.3187	.3166	.3144
.7	.3123	.3101	.3079	.3056	.3034	.3011	.2989	.2966	.2943	.2920
.8	.2897	.2874	.2850	.2827	.2803	.2780	.2756	.2732	.2709	.2685
.9	.2661	.2637	.2613	.2589	.2565	.2541	.2516	.2492	.2468	.2444
1.0	.2420	.2396	.2371	.2347	.2323	.2299	.2275	.2251	.2227	.2203
1.1	.2179	.2155	.2131	.2107	.2083	.2059	.2036	.2012	.1989	.1965
1.2	.1942	.1919	.1895	.1872	.1849	.1826	.1804	.1781	.1758	.1736
1.3	.1714	.1691	.1669	.1647	.1626	.1604	.1582	.1561	.1539	.1518
1.4	.1497	.1476	.1456	.1435	.1415	.1394	.1374	.1354	.1334	.1315
1.5	.1295	.1276	.1257	.1238	.1219	.1200	.1182	.1163	.1145	.1127
1.6	.1109	.1092	.1074	.1057	.1040	.1023	.1006	.0989	.0973	.0957
1.7	.0940	.0925	.0909	.0893	.0878	.0863	.0848	.0833	.0818	.0804
1.8	.0790	.0775	.0761	.0748	.0734	.0721	.0707	.0694	.0681	.0669
1.9	.0656	.0644	.0632	.0620	.0608	.0596	.0584	.0573	.0562	.0551
2.0	.0540	.0529	.0519	.0508	.0498	.0488	.0478	.0468	.0459	.0449
2.1	.0440	.0431	.0422	.0413	.0404	.0396	.0387	.0379	.0371	.0363
2.2	.0355	.0347	.0339	.0332	.0325	.0317	.0310	.0303	.0297	.0290
2.3	.0283	.0277	.0270	.0264	.0258	.0252	.0246	.0241	.0235	.0229
2.4	.0224	.0219	.0213	.0208	.0203	.0198	.0194	.0189	.0184	.0180
2.5	.0175	.0171	.0167	.0163	.0158	.0154	.0151	.0147	.0143	.0139
2.6	.0136	.0132	.0129	.0126	.0122	.0119	.0116	.0113	.0110	.0107
2.7	.0104	.0101	.0099	.0096	.0093	.0091	.0088	.0086	.0084	.0081
2.8	.0079	.0077	.0075	.0073	.0071	.0069	.0067	.0065	.0063	.0061
2.9	.0060	.0058	.0056	.0055	.0053	.0051	.0050	.0048	.0047	.0046
3.0	.0044	.0043	.0042	.0040	.0039	.0038	.0037	.0036	.0035	.0034
3.1	.0033	.0032	.0031	.0030	.0029	.0028	.0027	.0026	.0025	.0025
3.2	.0024	.0023	.0022	.0022	.0021	.0020	.0020	.0019	.0018	.0018
3.3	.0017	.0017	.0016	.0016	.0015	.0015	.0014	.0014	.0013	.0013
3.4	.0012	.0012	.0012	.0011	.0011	.0010	.0010	.0010	.0009	.0009
3.5	.0009	.0008	.0008	.0008	.0008	.0007	.0007	.0007	.0007	.0006
3.6	.0006	.0006	.0006	.0005	.0005	.0005	.0005	.0005	.0005	.0004
3.7	.0004	.0004	.0004	.0004	.0004	.0004	.0003	.0003	.0003	.0003
3.8	.0003	.0003	.0003	.0003	.0003	.0002	.0002	.0002	.0002	.0002
3.9	.0002	.0002	.0002	.0002	.0002	.0002	.0002	.0002	.0001	.0001

附表2 正态分布的分布函数表

$$F(x) = \int_{-\infty}^{x} \frac{1}{\sqrt{2\pi}} e^{-\frac{t^2}{2}} dt$$

x	.00	.01	.02	.03	.04	.05	.06	.07	.08	.09
.0	.5000	.5040	.5080	.5120	.5160	.5199	.5239	.5279	.5319	.5359
.1	.5398	.5438	.5478	.5517	.5557	.5596	.5636	.5675	.5714	.5753
.2	.5793	.5832	.5871	.5910	.5948	.5987	.6026	.6064	.6103	.6141
.3	.6179	.6217	.6255	.6293	.6331	.6368	.6406	.6443	.6480	.6517
.4	.6554	.6591	.6628	.6664	.6700	.6736	.6772	.6808	.6844	.6879
.5	.6915	.6950	.6935	.7019	.7054	.7088	.7123	.7157	.7190	.7224
.6	.7257	.7291	.7324	.7357	.7389	.7422	.7454	.7486	.7517	.7549
.7	.7580	.7611	.7642	.7673	.7704	.7734	.7764	.7794	.7823	.7852
.8	.7881	.7910	.7939	.7967	.7995	.8023	.8051	.8078	.8106	.8133
.9	.8159	.8186	.8212	.8238	.8264	.8289	.8315	.8340	.8365	.8389
1.0	.8413	.8438	.8461	.8485	.8508	.8531	.8554	.8577	.8599	.8621
1.1	.8643	.8665	.8686	.8708	.8729	.8749	.8770	.8790	.8810	.8830
1.2	.8849	.8869	.8888	.8907	.8925	.8944	.8962	.8980	.8997	.9015
1.3	.9032	.9049	.9066	.9082	.9099	.9115	.9131	.9147	.9162	.9177
1.4	.9192	.9207	.9222	.9236	.9251	.9265	.9279	.9292	.9306	.9319
1.5	.9332	.9345	.9357	.9370	.9382	.9394	.9406	.9418	.9429	.9441
1.6	.9452	.9463	.9474	.9484	.9495	.9505	.9515	.9525	.9535	.9545
1.7	.9554	.9564	.9573	.9582	.9591	.9599	.9608	.9616	.9625	.9633
1.8	.9641	.9649	.9656	.9664	.9671	.9678	.9686	.9693	.9699	.9706
1.9	.9713	.9719	.9726	.9732	.9738	.9744	.9750	.9756	.9761	.9767
2.0	.9772	.9778	.9783	.9788	.9793	.9798	.9803	.9808	.9812	.9817
2.1	.9821	.9826	.9830	.9834	.9838	.9842	.9846	.9850	.9854	.9857
2.2	.9861	.9864	.9868	.9871	.9875	.9878	.9881	.9884	.9887	.9890
2.3	.9893	.9896	.9898	.9901	.9904	.9906	.9909	.9911	.9913	.9916
2.4	.9918	.9920	.9922	.9925	.9927	.9929	.9931	.9932	.9934	.9936
2.5	.9938	.9940	.9941	.9943	.9945	.9946	.9948	.9949	.9951	.9952
2.6	.9953	.9955	.9956	.9957	.9959	.9960	.9961	.9962	.9963	.9964
2.7	.9965	.9966	.9967	.9968	.9969	.9970	.9971	.9972	.9973	.9974
2.8	.9974	.9975	.9976	.9977	.9977	.9978	.9979	.9979	.9980	.9981
2.9	.9981	.9982	.9982	.9983	.9984	.9984	.9985	.9985	.9986	.9986
3.0	.9987	.9987	.9987	.9988	.9988	.9989	.9989	.9989	.9990	.9990
3.1	.9990	.9991	.9991	.9991	.9992	.9992	.9992	.9992	.9993	.9993
3.2	.9993	.9993	.9994	.9994	.9994	.9994	.9994	.9995	.9995	.9995
3.3	.9995	.9995	.9995	.9996	.9996	.9996	.9996	.9996	.9996	.9997
3.4	.9997	.9997	.9997	.9997	.9997	.9997	.9997	.9997	.9997	.9998

x	1.282	1.645	1.960	2.326	2.576	3.090	3.291	3.891	4.417
$F(x)$	.90	.95	.975	.99	.995	.999	.9995	.99995	.999995
$2[1-F(x)]$	.20	.10	.05	.02	.01	.002	.001	.0001	.00001

附表3 随机数表

8	9	8	6	3	1	8	5	8	1	8	8	4	9	1	9	6	6	9	5
7	8	5	9	5	3	7	1	7	9	6	9	3	1	9	3	2	3	3	7
9	4	3	2	4	5	6	3	4	9	4	0	3	2	1	9	2	3	6	2
7	3	1	2	1	7	5	3	4	1	7	9	0	5	3	3	3	0	0	9
0	2	1	2	8	7	2	6	6	5	5	4	2	1	5	5	9	1	9
1	4	6	4	5	8	5	5	1	6	4	0	7	7	4	9	9	7	2	5
6	5	4	9	7	4	9	9	4	0	8	5	6	0	5	1	3	4	6	1
2	0	1	8	9	0	9	8	7	0	7	5	2	8	5	6	6	4	5	7
0	7	9	2	0	6	5	4	4	6	9	9	4	9	0	2	3	2	1	9
8	1	6	0	3	3	3	2	8	8	3	9	6	7	9	1	6	7	7
0	9	5	0	7	9	3	5	2	3	9	7	2	7	2	8	3	3	0	4
1	3	7	3	9	8	4	8	6	0	7	6	2	3	7	9	8	8	0	9
7	3	5	8	7	1	5	8	2	1	7	4	2	7	1	6	5	1	7	3
1	2	0	9	2	8	7	6	1	2	2	1	0	9	9	1	9	9	1
4	9	7	0	5	7	6	5	4	9	6	7	2	3	1	2	1	8	8	3
9	1	7	1	9	7	4	8	4	5	5	1	3	3	5	2	5	3	4	0
7	6	6	8	3	1	1	3	8	2	9	2	5	6	9	3	9	3	8	5
7	3	9	9	9	1	9	9	5	8	8	6	3	9	2	0	2	7	3	6
9	4	5	2	9	2	7	2	7	6	9	4	2	8	1	7	9	3	7	7
7	8	5	4	7	9	6	9	7	8	9	5	5	0	6	1	3	0	0	3
2	5	0	8	7	1	2	7	8	7	1	5	3	4	0	9	2	1	2	5
7	5	1	6	1	7	3	7	0	9	6	3	8	4	3	9	3	7	5	2
6	0	4	6	1	3	5	9	0	3	2	9	1	1	9	2	5	4	5	6
4	5	9	6	1	9	1	0	5	7	4	6	7	2	1	8	9	0	6	2
1	5	3	1	8	0	1	8	3	2	4	8	2	0	8	3	7	6	8
4	1	7	3	0	1	2	4	3	2	5	6	2	4	2	1	3	9	6
7	5	6	4	3	9	9	8	4	5	4	3	0	8	7	8	3	3	7
3	9	2	6	2	8	2	9	6	1	2	0	7	2	4	5	3	6	4	7
9	7	8	2	3	0	1	5	0	2	1	9	1	8	0	0	1	7	8	4
8	9	0	3	9	4	1	8	4	6	2	8	4	0	5	4	6	2	9	5

附表4 t分布表

df	单尾检验的显著水准(α)					
	.10	.05	.025	.01	.005	.0005
	双尾检验的显著水准(α)					
	.20	.10	.05	.02	.01	.001
1	3.078	6.314	12.706	31.821	63.657	636.619
2	1.886	2.920	4.303	6.965	9.925	31.598
3	1.638	2.353	3.182	4.541	5.841	12.941
4	1.533	2.132	2.776	3.747	4.604	8.610
5	1.476	2.015	2.571	3.365	4.032	6.859
6	1.440	1.943	2.447	3.143	3.707	5.959
7	1.415	1.895	2.365	2.998	3.499	5.405
8	1.397	1.860	2.306	2.896	3.355	5.041
9	1.383	1.833	2.262	2.821	3.250	4.781
10	1.372	1.812	2.228	2.764	3.169	4.587
11	1.363	1.796	2.201	2.718	3.106	4.437
12	1.356	1.782	2.179	2.681	3.055	4.318
13	1.350	1.771	2.160	2.650	3.012	4.221
14	1.345	1.761	2.145	2.624	2.977	4.140
15	1.341	1.753	2.131	2.602	2.947	4.073
16	1.337	1.746	2.120	2.583	2.921	4.015
17	1.333	1.740	2.110	2.567	2.898	3.965
18	1.330	1.734	2.101	2.552	2.878	3.922
19	1.328	1.729	2.093	2.539	2.861	3.883
20	1.325	1.725	2.086	2.528	2.845	3.850
21	1.323	1.721	2.080	2.518	2.831	3.819
22	1.321	1.717	2.074	2.508	2.819	3.792
23	1.319	1.714	2.069	2.500	2.807	3.767
24	1.318	1.711	2.064	2.492	2.797	3.745
25	1.316	1.708	2.060	2.485	2.787	3.725
26	1.315	1.706	2.056	2.479	2.779	3.707
27	1.314	1.703	2.052	2.473	2.771	3.690
28	1.313	1.701	2.048	2.467	2.763	3.674
29	1.311	1.699	2.045	2.462	2.756	3.659
30	1.310	1.697	2.042	2.457	2.750	3.646
40	1.303	1.684	2.021	2.423	2.704	3.551
60	1.296	1.671	2.000	2.390	2.660	3.460
120	1.289	1.658	1.980	2.358	2.617	3.373
∞	1.282	1.645	1.960	2.326	2.576	3.291

附表 5 χ^2 分布表

n	.99	.98	.95	.90	.80	.70	.50	.30	.20	.10	.05	.02	.01
1	.000 2	.000 6	.003 9	.015 8	.064 2	.148	.455	1.074	1.642	2.706	3.841	5.412	6.635
2	.020 1	.040 4	.103	.211	.446	.713	1.386	2.408	3.219	4.605	5.991	7.824	9.210
3	.115	.185	.352	.584	1.005	1.424	2.366	3.665	4.642	6.251	7.815	9.837	11.341
4	.297	.429	.711	1.064	1.649	2.195	3.357	4.878	5.989	7.779	9.488	11.668	13.277
5	.554	.752	1.145	1.610	2.343	3.000	4.351	6.064	7.289	9.236	11.070	13.388	15.086
6	.872	1.134	1.635	2.204	3.070	3.828	5.348	7.231	8.558	10.645	12.592	15.033	16.812
7	1.239	1.564	2.167	2.833	3.822	4.671	6.346	8.383	9.803	12.017	14.067	16.622	18.475
8	1.646	2.032	2.733	3.490	4.594	5.527	7.344	9.524	11.030	13.362	15.507	18.168	20.090
9	2.088	2.532	3.325	4.168	5.380	6.393	8.343	10.656	12.242	14.684	16.919	19.679	21.666
10	2.558	3.059	3.940	4.865	6.179	7.267	9.342	11.781	13.442	15.987	18.307	21.161	23.209
11	3.053	3.609	4.575	5.578	6.989	8.148	10.341	12.899	14.631	17.275	19.675	22.618	24.725
12	3.571	4.178	5.226	6.304	7.807	9.034	11.340	14.011	15.812	18.549	21.026	24.054	26.217
13	4.107	4.765	5.892	7.042	8.634	9.926	12.340	15.119	16.985	19.812	22.362	25.472	27.688
14	4.660	5.368	6.571	7.790	9.467	10.821	13.339	16.222	18.151	21.064	23.685	26.873	29.141
15	5.229	5.985	7.261	8.547	10.307	11.721	14.339	17.322	19.311	22.307	24.996	28.259	30.578

显著性水平 (α)

续表

n	.99	.98	.95	.90	.80	.70	.50	.30	.20	.10	.05	.02	.01
16	5.812	6.614	7.562	9.312	11.152	12.624	15.338	18.418	20.465	23.542	26.296	29.633	32.000
17	6.408	7.255	8.672	10.085	12.002	13.531	16.338	19.511	21.615	24.769	27.587	30.995	33.409
18	7.015	7.906	9.390	10.865	12.857	14.440	17.338	20.601	22.760	25.989	28.869	32.346	34.805
19	7.633	8.567	10.117	11.651	13.716	15.352	18.338	21.689	23.900	27.204	30.144	33.687	36.191
20	8.260	9.237	10.851	12.443	14.578	16.266	19.337	22.775	25.038	28.412	31.410	35.020	37.566
21	8.897	9.915	11.591	13.240	15.445	17.182	20.337	23.858	26.171	29.615	32.671	36.343	38.932
22	9.542	10.600	12.338	14.041	16.314	18.101	21.337	24.939	27.301	30.813	33.924	37.659	40.289
23	10.196	11.293	13.091	14.848	17.187	19.021	22.337	26.018	28.429	32.007	35.172	37.968	41.638
24	10.856	11.992	13.848	15.659	18.062	19.943	23.337	27.096	29.553	33.196	36.415	40.270	42.980
25	11.524	12.697	14.611	16.473	18.940	20.867	24.337	28.172	30.675	34.382	37.652	41.566	44.314
26	12.198	13.409	15.379	17.292	19.820	21.792	25.336	29.246	31.795	35.563	38.885	42.856	45.642
27	12.879	14.125	16.151	18.114	20.703	22.719	26.336	30.319	32.912	36.741	40.113	44.140	46.963
28	13.565	14.847	16.928	18.930	21.588	23.647	27.336	31.391	34.027	37.916	41.337	45.419	48.278
29	14.256	15.574	17.708	19.768	22.475	24.577	28.336	32.461	35.139	39.087	42.557	46.693	49.588
30	14.953	16.306	18.493	20.599	23.364	25.508	29.336	33.530	36.250	40.256	43.773	47.962	50.892

显 著 性 水 平 (α)

附表6 F分布表

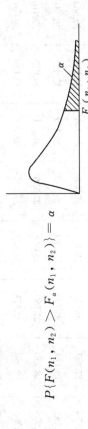

$$P\{F(n_1, n_2) > F_\alpha(n_1, n_2)\} = \alpha$$

$\alpha = 0.10$

n_1 \ n_2	1	2	3	4	5	6	7	8	9	10	12	15	20	24	30	40	60	120	∞
1	39.86	49.50	53.59	55.83	57.24	58.20	58.91	59.44	59.86	60.19	60.71	61.22	61.74	62.00	62.26	62.53	62.79	63.06	63.33
2	8.53	9.00	9.16	9.24	9.29	9.33	9.35	9.37	9.38	9.39	9.41	9.42	9.44	9.45	9.46	9.47	9.47	9.48	9.49
3	5.54	5.46	5.39	5.34	5.31	5.28	5.27	5.25	5.24	5.23	5.22	5.20	5.18	5.18	5.17	5.16	5.15	5.14	5.13
4	4.54	4.32	4.19	4.11	4.05	4.01	3.98	3.95	3.94	3.92	3.90	3.87	3.84	3.83	3.82	3.80	3.79	3.78	3.76
5	4.06	3.78	3.62	3.52	3.45	3.40	3.37	3.34	3.32	3.30	3.27	3.24	3.21	3.19	3.17	3.16	3.14	3.12	3.10
6	3.78	3.46	3.29	3.18	3.11	3.05	3.01	2.98	2.96	2.94	2.90	2.87	2.84	2.82	2.80	2.78	2.76	2.74	2.72
7	3.59	3.26	3.07	2.96	2.88	2.83	2.78	2.75	2.72	2.70	2.67	2.63	2.59	2.58	2.56	2.54	2.51	2.49	2.47
8	3.46	3.11	2.92	2.81	2.73	2.67	2.62	2.59	2.56	2.54	2.50	2.46	2.42	2.40	2.38	2.36	2.34	2.32	2.29
9	3.36	3.01	2.81	2.69	2.61	2.55	2.51	2.47	2.44	2.42	2.38	2.34	2.30	2.28	2.25	2.23	2.21	2.18	2.16
10	3.29	2.92	2.73	2.61	2.52	2.46	2.41	2.38	2.35	2.32	2.28	2.24	2.20	2.18	2.16	2.13	2.11	2.08	2.06
11	3.23	2.86	2.66	2.54	2.45	2.39	2.34	2.30	2.27	2.25	2.21	2.17	2.12	2.10	2.08	2.05	2.03	2.00	1.97
12	3.18	2.81	2.61	2.48	2.39	2.33	2.28	2.24	2.21	2.19	2.15	2.10	2.06	2.04	2.01	1.99	1.96	1.93	1.90
13	3.14	2.76	2.56	2.43	2.35	2.28	2.23	2.20	2.16	2.14	2.10	2.05	2.01	1.98	1.96	1.93	1.90	1.88	1.85
14	3.10	2.73	2.52	2.39	2.31	2.24	2.19	2.15	2.12	2.10	2.05	2.01	1.96	1.94	1.91	1.89	1.86	1.83	1.80

续表

n_2 \ n_1	1	2	3	4	5	6	7	8	9	10	12	15	20	24	30	40	60	120	∞
15	3.07	2.70	2.49	2.39	2.27	2.21	2.16	2.12	2.09	2.06	2.02	1.97	1.92	1.90	1.87	1.85	1.82	1.79	1.76
16	3.05	2.67	2.46	2.33	2.24	2.18	2.13	2.09	2.06	2.03	1.99	1.94	1.89	1.87	1.84	1.81	1.78	1.75	1.72
17	3.03	2.64	2.44	2.31	2.22	2.15	2.10	2.06	2.03	2.00	1.96	1.91	1.86	1.84	1.81	1.78	1.75	1.72	1.69
18	3.01	2.62	2.42	2.29	2.20	2.13	2.08	2.04	2.00	1.98	1.93	1.89	1.84	1.81	1.78	1.75	1.72	1.69	1.66
19	2.99	2.61	2.40	2.27	2.18	2.11	2.06	2.02	1.98	1.96	1.91	1.86	1.81	1.79	1.76	1.73	1.70	1.67	1.63
20	2.97	2.59	2.38	2.25	2.16	2.09	2.04	2.00	1.96	1.94	1.89	1.84	1.79	1.77	1.74	1.71	1.68	1.64	1.61
21	2.96	2.57	2.36	2.23	2.14	2.08	2.02	1.98	1.95	1.92	1.87	1.83	1.78	1.75	1.72	1.69	1.66	1.62	1.59
22	2.95	2.56	2.35	2.22	2.13	2.06	2.01	1.97	1.93	1.90	1.86	1.81	1.76	1.73	1.70	1.67	1.64	1.60	1.57
23	2.94	2.55	2.34	2.21	2.11	2.05	1.99	1.95	1.92	1.89	1.84	1.80	1.74	1.72	1.69	1.66	1.62	1.59	1.55
24	2.93	2.54	2.33	2.19	2.10	2.04	1.98	1.94	1.91	1.88	1.83	1.78	1.73	1.70	1.67	1.64	1.61	1.57	1.53
25	2.92	2.53	2.32	2.18	2.09	2.02	1.97	1.93	1.89	1.87	1.82	1.77	1.72	1.69	1.66	1.63	1.59	1.56	1.52
26	2.91	2.52	2.31	2.17	2.08	2.01	1.96	1.92	1.88	1.86	1.81	1.76	1.71	1.68	1.65	1.61	1.58	1.54	1.50
27	2.90	2.51	2.30	2.17	2.07	2.00	1.95	1.91	1.87	1.85	1.80	1.75	1.70	1.67	1.64	1.60	1.57	1.53	1.49
28	2.89	2.50	2.29	2.16	2.06	2.00	1.94	1.90	1.87	1.84	1.79	1.74	1.69	1.66	1.63	1.59	1.56	1.52	1.48
29	2.89	2.50	2.28	2.15	2.06	1.99	1.93	1.89	1.86	1.83	1.78	1.73	1.68	1.65	1.62	1.58	1.55	1.51	1.47
30	2.88	2.49	2.28	2.14	2.05	1.98	1.93	1.88	1.85	1.82	1.77	1.72	1.67	1.64	1.61	1.57	1.54	1.50	1.46
40	2.84	2.44	2.23	2.09	2.00	1.93	1.87	1.83	1.79	1.76	1.71	1.66	1.61	1.57	1.54	1.51	1.47	1.42	1.38
60	2.79	2.39	2.18	2.04	1.95	1.87	1.82	1.77	1.74	1.71	1.66	1.60	1.54	1.51	1.48	1.44	1.40	1.35	1.29
120	2.75	2.35	2.13	1.99	1.90	1.82	1.77	1.72	1.68	1.65	1.60	1.55	1.48	1.45	1.41	1.37	1.32	1.26	1.19
∞	2.71	2.30	2.08	1.94	1.85	1.77	1.72	1.67	1.63	1.60	1.55	1.49	1.42	1.38	1.34	1.30	1.24	1.17	1.00

$\alpha = 0.05$

n_2 \ n_1	1	2	3	4	5	6	7	8	9	10	12	15	20	24	30	40	60	120	∞
1	161.4	199.5	215.7	224.6	230.2	234.0	236.8	238.9	240.5	241.9	243.9	245.9	248.0	249.1	250.1	251.1	252.2	253.3	254.0
2	18.51	19.00	19.16	19.25	19.30	19.33	19.35	19.37	19.38	19.40	19.41	19.43	19.45	19.45	19.46	19.47	19.48	19.49	19.50
3	10.13	9.55	9.28	9.12	9.01	8.94	8.89	8.85	8.81	8.79	8.74	8.70	8.66	8.64	8.62	8.59	8.57	8.55	8.53
4	7.71	6.94	6.59	6.39	6.26	6.16	6.09	6.04	6.00	5.96	5.91	5.86	5.80	5.77	5.75	5.72	5.69	5.66	5.63

续表

n_2\n_1	1	2	3	4	5	6	7	8	9	10	12	15	20	24	30	40	60	120	∞
5	6.61	5.79	5.41	5.19	5.05	4.95	4.88	4.82	4.77	4.74	4.68	4.62	4.56	4.53	4.50	4.46	4.43	4.40	4.36
6	5.99	5.14	4.76	4.53	4.39	4.28	4.21	4.15	4.10	4.06	4.00	3.94	3.87	3.84	3.81	3.77	3.74	3.70	3.67
7	5.59	4.74	4.35	4.12	3.97	3.87	3.79	3.73	3.68	3.64	3.57	3.51	3.44	3.41	3.38	3.34	3.30	3.27	3.23
8	5.32	4.46	4.07	3.84	3.69	3.58	3.50	3.44	3.39	3.35	3.28	3.22	3.15	3.12	3.08	3.04	3.01	2.97	2.93
9	5.12	4.26	3.86	3.63	3.48	3.37	3.29	3.23	3.18	3.14	3.07	3.01	2.94	2.90	2.86	2.83	2.79	2.75	2.71
10	4.96	4.10	3.71	3.48	3.33	3.22	3.14	3.07	3.02	2.98	2.91	2.85	2.77	2.74	2.70	2.66	2.62	2.58	2.54
11	4.84	3.98	3.59	3.36	3.20	3.09	3.01	2.95	2.90	2.85	2.79	2.72	2.65	2.61	2.57	2.53	2.49	2.45	2.40
12	4.75	3.89	3.49	3.26	3.11	3.00	2.91	2.85	2.80	2.75	2.69	2.62	2.54	2.51	2.47	2.43	2.38	2.34	2.30
13	4.67	3.81	3.41	3.18	3.03	2.92	2.83	2.77	2.71	2.67	2.60	2.53	2.46	2.42	2.38	2.34	2.30	2.25	2.21
14	4.60	3.74	3.34	3.11	2.96	2.85	2.76	2.70	2.65	2.60	2.53	2.46	2.39	2.35	2.31	2.27	2.22	2.18	2.13
15	4.54	3.68	3.29	3.06	2.90	2.79	2.71	2.64	2.59	2.54	2.48	2.40	2.33	2.29	2.25	2.20	2.16	2.11	2.07
16	4.49	3.63	3.24	3.01	2.85	2.74	2.66	2.59	2.54	2.49	2.42	2.35	2.28	2.24	2.19	2.15	2.11	2.06	2.01
17	4.45	3.59	3.20	2.96	2.81	2.70	2.61	2.55	2.49	2.45	2.38	2.31	2.23	2.19	2.15	2.10	2.06	2.01	1.96
18	4.41	3.55	3.16	2.93	2.77	2.66	2.58	2.51	2.46	2.41	2.34	2.27	2.19	2.15	2.11	2.06	2.02	1.97	1.92
19	4.38	3.52	3.13	2.90	2.74	2.63	2.54	2.48	2.42	2.38	2.31	2.23	2.16	2.11	2.07	2.03	1.98	1.93	1.88
20	4.35	3.49	3.10	2.87	2.71	2.60	2.51	2.45	2.39	2.35	2.28	2.20	2.12	2.08	2.04	1.99	1.95	1.90	1.84
21	4.32	3.47	3.07	2.84	2.68	2.57	2.49	2.42	2.37	2.32	2.25	2.18	2.10	2.05	2.01	1.96	1.92	1.87	1.81
22	4.30	3.44	3.05	2.82	2.66	2.55	2.46	2.40	2.34	2.30	2.23	2.15	2.07	2.03	1.98	1.94	1.89	1.84	1.78
23	4.28	3.42	3.03	2.80	2.64	2.53	2.44	2.37	2.32	2.27	2.20	2.13	2.05	2.01	1.96	1.91	1.86	1.81	1.76
24	4.26	3.40	3.01	2.78	2.62	2.51	2.42	2.36	2.30	2.25	2.18	2.11	2.03	1.98	1.94	1.89	1.84	1.79	1.73
25	2.24	3.39	2.99	2.76	2.60	2.49	2.40	2.34	2.28	2.24	2.16	2.09	2.01	1.96	1.92	1.87	1.82	1.77	1.71
26	4.23	3.37	2.98	2.74	2.59	2.47	2.39	2.32	2.27	2.22	2.15	2.07	1.99	1.95	1.90	1.85	1.80	1.75	1.69
27	4.21	3.35	2.96	2.73	2.57	2.46	2.37	2.31	2.25	2.20	2.13	2.06	1.97	1.93	1.88	1.84	1.79	1.73	1.67
28	4.20	3.34	2.95	2.71	2.56	2.45	2.36	2.29	2.24	2.19	2.12	2.04	1.96	1.91	1.87	1.82	1.77	1.71	1.65
29	4.18	3.33	2.93	2.70	2.55	2.43	2.35	2.28	2.22	2.18	2.10	2.03	1.94	1.90	1.85	1.81	1.75	1.70	1.64

续表

n_2＼n_1	1	2	3	4	5	6	7	8	9	10	12	15	20	24	30	40	60	120	∞
30	4.17	3.32	2.92	2.69	2.53	2.42	2.33	2.27	2.21	2.16	2.09	2.01	1.93	1.89	1.84	1.79	1.74	1.68	1.62
40	4.08	3.23	2.84	2.61	2.45	2.34	2.25	2.18	2.12	2.08	2.00	1.92	1.84	1.79	1.74	1.69	1.64	1.58	1.51
60	4.00	3.15	2.76	2.53	2.37	2.25	2.17	2.10	2.04	1.99	1.92	1.84	1.75	1.70	1.65	1.59	1.53	1.47	1.39
120	3.92	3.07	2.68	2.45	2.29	2.17	2.09	2.02	1.96	1.91	1.83	1.75	1.66	1.61	1.55	1.50	1.43	1.35	1.25
∞	3.84	3.00	2.60	2.37	2.21	2.10	2.01	1.94	1.88	1.83	1.75	1.67	1.57	1.52	1.46	1.39	1.32	1.22	1.00

$\alpha = 0.025$

n_2＼n_1	1	2	3	4	5	6	7	8	9	10	12	15	20	24	30	40	60	120	∞
1	647.8	799.5	864.2	899.5	921.8	937.1	948.2	956.7	963.3	968.6	976.7	984.9	993.1	997.2	100.1	100.6	101.0	101.4	101.8
2	38.51	39.00	39.17	39.25	39.30	39.33	39.36	39.37	39.39	39.40	39.41	39.43	39.45	39.46	39.46	39.47	39.48	39.49	39.50
3	17.44	16.04	15.44	15.10	14.88	14.73	14.62	14.54	14.47	14.42	14.34	14.25	14.17	14.12	14.08	14.04	13.99	13.95	13.90
4	12.22	10.65	9.98	9.60	9.36	9.20	9.07	8.98	8.90	8.84	8.75	8.66	8.56	8.51	8.46	8.41	8.36	8.31	8.26
5	10.01	8.43	7.76	7.39	7.15	6.98	6.85	6.76	6.68	6.62	6.52	6.43	6.33	6.28	6.23	6.18	6.12	6.07	6.02
6	8.81	7.26	6.60	6.23	5.99	5.82	5.70	5.60	5.52	5.46	5.37	5.27	5.17	5.12	5.07	5.01	4.96	4.90	4.85
7	8.07	6.54	5.89	5.52	5.29	5.12	4.99	4.90	4.82	4.76	4.67	4.57	4.47	4.42	4.36	4.31	4.25	4.20	4.14
8	7.57	6.06	5.42	5.05	4.82	4.65	4.53	4.43	4.36	4.30	4.20	4.10	4.00	3.95	3.89	3.84	3.78	3.73	3.67
9	7.21	5.71	5.08	4.72	4.48	4.32	4.20	4.10	4.03	3.96	3.87	3.77	3.67	3.61	3.56	3.51	3.45	3.39	3.33
10	6.94	5.46	4.83	4.47	4.24	4.07	3.95	3.85	3.78	3.72	3.62	3.52	3.42	3.37	3.31	3.26	3.20	3.14	3.08
11	6.72	5.26	4.63	4.28	4.04	3.88	3.76	3.66	3.59	3.53	3.43	3.33	3.23	3.17	3.12	3.06	3.00	2.94	2.88
12	6.55	5.10	4.47	4.12	3.89	3.73	3.61	3.51	3.44	3.37	3.28	3.18	3.07	3.02	2.96	2.91	2.85	2.79	2.72
13	6.41	4.97	4.35	4.00	3.77	3.60	3.48	3.39	3.31	3.25	3.15	3.05	2.95	2.89	2.84	2.78	2.72	2.66	2.60
14	6.30	4.86	4.24	3.89	3.66	3.50	3.38	3.29	3.21	3.15	3.05	2.95	2.84	2.79	2.73	2.67	2.61	2.55	2.49
15	6.20	4.77	4.15	3.80	3.58	3.41	3.29	3.20	3.12	3.06	2.96	2.86	2.76	2.70	2.64	2.59	2.52	2.46	2.40
16	6.12	4.69	4.08	3.73	3.50	3.34	3.22	3.12	3.05	2.99	2.89	2.79	2.68	2.63	2.57	2.51	2.45	2.38	2.32
17	6.04	4.62	4.01	3.66	3.44	3.28	3.16	3.06	2.98	2.92	2.82	2.72	2.62	2.56	2.50	2.44	2.38	2.32	2.25
18	5.98	4.56	3.95	3.61	3.38	3.22	3.10	3.01	2.93	2.87	2.77	2.67	2.56	2.50	2.44	2.38	2.32	2.26	2.19
19	5.92	4.51	3.90	3.56	3.33	3.17	3.05	2.96	2.88	2.82	2.72	2.62	2.51	2.45	2.39	2.33	2.27	2.20	2.13

续表

n_1 \ n_2	1	2	3	4	5	6	7	8	9	10	12	15	20	24	30	40	60	120	∞
20	5.87	4.46	3.86	3.51	3.29	3.13	3.01	2.91	2.84	2.77	2.68	2.57	2.46	2.41	2.35	2.29	2.22	2.16	2.09
21	5.83	4.42	3.82	3.48	3.25	3.09	2.97	2.87	2.80	2.73	2.64	2.53	2.42	2.37	2.31	2.25	2.18	2.11	2.04
22	5.79	4.38	3.78	3.44	3.22	3.05	2.93	2.84	2.76	2.70	2.60	2.50	2.39	2.33	2.27	2.21	2.14	2.08	2.00
23	5.75	4.35	3.75	3.41	3.18	3.02	2.90	2.81	2.73	2.67	2.57	2.47	2.36	2.30	2.24	2.18	2.11	2.04	1.97
24	5.72	4.32	3.72	3.38	3.15	2.99	2.87	2.78	2.70	2.64	2.54	2.44	2.33	2.27	2.21	2.15	2.08	2.01	1.98
25	5.69	4.29	3.69	3.35	3.13	2.97	2.85	2.75	2.68	2.61	2.51	2.41	2.30	2.24	2.18	2.12	2.05	1.98	1.91
26	5.66	4.27	3.67	3.33	3.10	2.94	2.82	2.73	2.65	2.59	2.49	2.39	2.28	2.22	2.16	2.09	2.03	1.95	1.88
27	5.63	4.24	3.65	3.31	3.08	2.92	2.80	2.71	2.63	2.57	2.47	2.36	2.25	2.19	2.13	2.07	2.00	1.93	1.85
28	5.61	4.22	3.63	3.29	3.06	2.90	2.78	2.69	2.61	2.55	2.45	2.34	2.23	2.17	2.11	2.05	1.98	1.91	1.83
29	5.59	4.20	3.61	3.27	3.04	2.88	2.76	2.67	2.59	2.53	2.43	2.32	2.21	2.15	2.09	2.03	1.96	1.89	1.81
30	5.57	4.18	3.59	3.25	3.03	2.87	2.75	2.65	2.57	2.51	2.41	2.31	2.20	2.14	2.07	2.01	1.94	1.87	1.79
40	5.42	4.05	3.46	3.13	2.90	2.74	2.62	2.53	2.45	2.39	2.29	2.18	2.07	2.01	1.94	1.88	1.80	1.72	1.64
60	5.29	3.93	3.34	3.01	2.79	2.63	2.51	2.41	2.33	2.27	2.17	2.06	1.94	1.88	1.82	1.74	1.67	1.58	1.48
120	5.15	3.80	3.23	2.89	2.67	2.52	2.39	2.30	2.22	2.16	2.05	1.94	1.82	1.76	1.69	1.61	1.53	1.43	1.31
∞	5.02	3.69	3.12	2.79	2.57	2.41	2.29	2.19	2.11	2.05	1.94	1.83	1.71	1.64	1.57	1.48	1.39	1.27	1.00

$\alpha = 0.01$

n_1 \ n_2	1	2	3	4	5	6	7	8	9	10	12	15	20	24	30	40	60	120	∞
1	4 052	4 999.5	5 403	5 625	5 764	5 859	5 928	5 982	6 022	6 056	6 106	6 157	6 239	6 235	6 261	6 287	6 313	6 339	6 366
2	98.50	99.00	99.17	99.25	99.30	99.33	99.36	99.37	99.39	99.40	99.42	99.43	99.45	99.46	99.47	99.47	99.48	99.49	99.50
3	34.12	30.82	29.46	28.71	28.24	27.91	27.67	27.49	27.35	27.23	27.05	26.87	26.69	26.60	26.50	26.41	26.32	26.22	26.13
4	21.20	18.00	16.69	15.98	15.52	15.21	14.98	14.80	14.66	14.55	14.37	14.20	14.02	13.93	13.84	13.75	13.65	13.56	13.46
5	16.26	13.27	12.06	11.39	10.97	10.67	10.46	10.29	10.16	10.05	9.89	9.72	9.55	9.47	9.38	9.29	9.20	9.11	9.02
6	13.75	10.92	9.78	9.15	8.75	8.47	8.26	8.10	7.98	7.87	7.72	7.56	7.40	7.31	7.23	7.14	7.06	6.97	6.88
7	12.25	9.55	8.45	7.85	7.46	7.19	6.99	6.84	6.72	6.62	6.47	6.31	6.16	6.07	5.99	5.91	5.82	5.74	5.65
8	11.26	8.65	7.59	7.01	6.63	6.37	6.18	6.03	5.91	5.81	5.67	5.52	5.36	5.28	5.20	5.12	5.03	4.95	4.86
9	10.56	8.02	6.99	6.42	6.06	5.80	5.61	5.47	5.35	5.26	5.11	4.96	4.81	4.73	4.65	4.57	4.48	4.40	4.31

续表

n_2 \ n_1	1	2	3	4	5	6	7	8	9	10	12	15	20	24	30	40	60	120	∞
10	10.04	7.56	6.55	5.99	5.64	5.39	5.20	5.06	4.94	4.85	4.71	4.56	4.41	4.33	4.25	4.17	4.08	4.00	3.91
11	9.65	7.21	6.22	5.67	5.32	5.07	4.89	4.74	4.63	4.54	4.40	4.25	4.10	4.02	3.94	3.86	3.78	3.69	3.60
12	9.33	6.93	5.95	5.41	5.06	4.82	4.64	4.50	4.39	4.30	4.16	4.01	3.86	3.78	3.70	3.62	3.54	3.45	3.36
13	9.07	6.70	5.74	5.21	4.86	4.62	4.44	4.30	4.19	4.10	3.96	3.82	3.66	3.59	3.51	3.43	3.34	3.25	3.17
14	8.86	6.51	5.56	5.04	4.69	4.46	4.28	4.14	4.03	3.94	3.80	3.66	3.51	3.43	3.35	3.27	3.18	3.09	3.00
15	8.68	6.36	5.42	4.89	4.56	4.32	4.14	4.00	3.89	3.80	3.67	3.52	3.37	3.29	3.21	3.13	3.05	2.96	2.87
16	8.53	6.23	5.29	4.77	4.44	4.20	4.03	3.89	3.78	3.69	3.55	3.41	3.26	3.18	3.10	3.02	2.93	2.84	2.75
17	8.40	6.11	5.18	4.67	4.34	4.10	3.93	3.79	3.68	3.59	3.46	3.31	3.16	3.08	3.00	2.92	2.83	2.75	2.65
18	8.29	6.01	5.09	4.58	4.25	4.01	3.84	3.71	3.60	3.51	3.37	3.23	3.08	3.00	2.92	2.84	2.75	2.66	2.57
19	8.18	5.93	5.01	4.50	4.17	3.94	3.77	3.63	3.52	3.43	3.30	3.15	3.00	2.92	2.84	2.76	2.67	2.58	2.49
20	8.10	5.85	4.94	4.43	4.10	3.87	3.70	3.56	3.46	3.37	3.23	3.09	2.94	2.86	2.78	2.69	2.61	2.52	2.42
21	8.02	5.78	4.87	4.37	4.04	3.81	3.64	3.51	3.40	3.31	3.17	3.03	2.88	2.80	2.72	2.64	2.55	2.46	2.36
22	7.95	5.72	4.82	4.31	3.99	3.76	3.59	3.45	3.35	3.26	3.12	2.98	2.83	2.75	2.67	2.58	2.50	2.40	2.31
23	7.88	5.66	4.76	4.26	3.94	3.71	3.54	3.41	3.30	3.21	3.07	2.93	2.78	2.70	2.62	2.54	2.45	2.35	2.26
24	7.82	5.61	4.72	4.22	3.90	3.67	3.50	3.36	3.26	3.17	3.03	2.89	2.74	2.66	2.58	2.49	2.40	2.31	2.21
25	7.77	5.57	4.68	4.18	3.85	3.63	3.46	3.32	3.22	3.13	2.99	2.85	2.70	2.62	2.54	2.45	2.36	2.27	2.17
26	7.72	5.53	4.64	4.14	3.82	3.59	3.42	3.29	3.18	3.09	2.96	2.81	2.66	2.58	2.50	2.42	2.33	2.23	2.13
27	7.68	5.49	4.60	4.11	3.78	3.56	3.39	3.26	3.15	3.06	2.93	2.78	2.63	2.55	2.47	2.38	2.29	2.20	2.10
28	7.64	5.45	4.57	4.07	3.75	3.53	3.36	3.23	3.12	3.03	2.90	2.75	2.60	2.52	2.44	2.35	2.26	2.17	2.06
29	7.60	5.42	4.54	4.04	3.73	3.50	3.33	3.20	3.09	3.00	2.87	2.73	2.57	2.49	2.41	2.33	2.23	2.14	2.03
30	7.56	5.39	4.51	4.02	3.70	3.47	3.30	3.17	3.07	2.98	2.84	2.70	2.55	2.47	2.39	2.30	2.21	2.11	2.01
40	7.31	5.18	4.31	3.83	3.51	3.29	3.12	2.99	2.89	2.80	2.66	2.52	2.37	2.29	2.20	2.11	2.02	1.92	1.80
60	7.08	4.98	4.13	3.65	3.34	3.12	2.95	2.82	2.72	2.63	2.50	2.35	2.20	2.12	2.03	1.94	1.84	1.73	1.60
120	6.85	4.79	3.95	3.48	3.17	2.96	2.79	2.66	2.56	2.47	2.34	2.19	2.03	1.95	1.86	1.76	1.66	1.53	1.38
∞	6.63	4.61	3.78	3.32	3.02	2.80	2.64	2.51	2.41	2.32	2.18	2.04	1.88	1.79	1.70	1.59	1.47	1.32	1.00

续表

$\alpha = 0.005$

n_2\n_1	1	2	3	4	5	6	7	8	9	10	12	15	20	24	30	40	60	120	∞
1	16 211	20 000	21 615	22 500	23 056	23 437	23 715	23 925	24 091	24 224	24 426	24 630	24 836	24 940	25 044	25 148	25 253	25 359	25 465
2	198.5	199.0	199.2	199.2	199.3	199.3	199.4	199.4	199.4	199.4	199.4	199.4	199.4	199.5	199.5	199.5	199.5	199.5	199.5
3	55.55	49.80	47.47	46.19	45.39	44.84	44.43	44.13	43.88	43.69	43.39	43.08	42.78	42.62	42.47	42.31	42.15	41.99	41.83
4	31.33	26.28	24.26	23.15	22.46	21.97	21.62	21.35	21.14	20.97	20.70	20.44	20.17	20.03	19.89	19.75	19.61	19.47	19.32
5	22.78	18.31	16.53	15.56	14.94	14.51	14.20	13.96	13.77	13.62	13.38	13.15	12.90	12.78	12.66	12.53	12.40	12.27	12.14
6	18.63	14.54	12.92	12.03	11.46	11.07	10.79	10.57	10.39	10.25	10.03	9.81	9.59	9.47	9.36	9.24	9.12	9.00	8.88
7	16.24	12.40	10.88	10.05	9.52	9.16	8.89	8.68	8.51	8.38	8.18	7.97	7.75	7.65	7.53	7.42	7.31	7.19	7.08
8	14.69	11.04	9.60	8.81	8.30	7.95	7.69	7.50	7.34	7.21	7.01	6.81	6.61	6.50	6.40	6.29	6.18	6.06	5.95
9	13.61	10.11	8.72	7.96	7.47	7.13	6.88	6.69	6.54	6.42	6.23	6.03	5.83	5.73	5.62	5.52	5.41	5.30	5.19
10	12.83	9.43	8.08	7.34	6.87	6.54	6.30	6.12	5.97	5.85	5.66	5.47	5.27	5.17	5.07	4.97	4.86	4.75	4.64
11	12.23	8.91	7.60	6.88	6.42	6.10	5.86	5.68	5.54	5.42	5.24	5.05	4.86	4.76	4.65	4.55	4.44	4.34	4.23
12	11.75	8.51	7.23	6.52	6.07	5.76	5.52	5.35	5.20	5.09	4.91	4.72	4.53	4.43	4.33	4.23	4.12	4.01	3.90
13	11.37	8.19	6.93	6.23	5.79	5.48	5.25	5.08	4.94	4.82	4.64	4.46	4.27	4.17	4.07	3.97	3.87	3.76	3.65
14	11.06	7.92	6.68	6.00	5.56	5.26	5.03	4.86	4.72	4.60	4.43	4.25	4.06	3.96	3.86	3.76	3.66	3.55	3.44
15	10.80	7.70	6.48	5.80	5.37	5.07	4.85	4.67	4.54	4.42	4.25	4.07	3.88	3.79	3.69	3.58	3.48	3.37	3.26
16	10.58	7.51	6.30	5.64	5.21	4.91	4.69	4.52	4.38	4.27	4.10	3.92	3.73	3.64	3.54	3.44	3.33	3.22	3.11
17	10.38	7.35	6.16	5.50	5.07	4.78	4.56	4.39	4.25	4.14	3.97	3.79	3.61	3.51	3.41	3.31	3.21	3.10	2.98
18	10.22	7.21	6.03	5.37	4.96	4.66	4.44	4.28	4.14	4.03	3.86	3.68	3.50	3.40	3.30	3.20	3.10	2.99	2.87
19	10.07	7.09	5.92	5.27	4.85	4.56	4.34	4.18	4.04	3.93	3.76	3.59	3.40	3.31	3.21	3.11	3.00	2.89	2.78
20	9.94	6.99	5.82	5.17	4.76	4.47	4.26	4.09	3.96	3.85	3.68	3.50	3.32	3.22	3.12	3.02	2.92	2.81	2.69
21	9.83	6.89	5.73	5.09	4.68	4.39	4.18	4.01	3.88	3.77	3.60	3.43	3.24	3.15	3.05	2.95	2.84	2.73	2.61
22	9.73	6.81	5.65	5.02	4.61	4.32	4.11	3.94	3.81	3.70	3.54	3.36	3.18	3.08	2.98	2.88	2.77	2.66	2.55
23	9.63	6.73	5.58	4.95	4.54	4.26	4.05	3.88	3.75	3.64	3.47	3.30	3.12	3.02	2.92	2.82	2.71	2.60	2.48
24	9.55	6.66	5.52	4.89	4.49	4.20	3.99	3.83	3.69	3.59	3.42	3.25	3.06	2.97	2.87	2.77	2.66	2.55	2.43

续表

n_2\n_1	1	2	3	4	5	6	7	8	9	10	12	15	20	24	30	40	60	120	∞
25	9.48	6.60	5.46	4.84	4.43	4.15	3.94	3.78	3.64	3.54	3.37	3.20	3.01	2.92	2.82	2.72	2.61	2.50	2.38
26	9.41	6.54	5.41	4.79	4.38	4.10	3.89	3.73	3.60	3.49	3.33	3.15	2.97	2.87	2.77	2.67	2.56	2.45	2.33
27	9.34	6.49	5.36	4.74	4.34	4.06	3.85	3.69	3.56	3.45	3.28	3.11	2.93	2.83	2.73	2.63	2.52	2.41	2.29
28	9.28	6.44	5.32	4.70	4.30	4.02	3.81	3.65	3.52	3.41	3.25	3.07	2.89	2.79	2.69	2.59	2.48	2.37	2.25
29	9.23	6.40	5.28	4.66	4.26	3.98	3.77	3.61	3.48	3.38	3.21	3.04	2.86	2.76	2.66	2.56	2.45	2.33	2.21
30	9.18	6.35	5.24	4.62	4.23	3.95	3.74	3.58	3.45	3.34	3.18	3.01	2.82	2.73	2.63	2.52	2.42	2.30	2.18
40	8.83	6.07	4.98	4.37	3.99	3.71	3.51	3.35	3.22	3.12	2.95	2.78	2.60	2.50	2.40	2.30	2.18	2.06	1.93
60	8.49	5.79	4.73	4.14	3.76	3.49	3.29	3.13	3.01	2.90	2.74	2.57	2.39	2.29	2.19	2.08	1.96	1.83	1.69
120	8.18	5.54	4.50	3.92	3.55	3.28	3.09	2.93	2.81	2.71	2.54	2.37	2.19	2.09	1.98	1.87	1.75	1.61	1.43
∞	7.88	5.30	4.28	3.72	3.35	3.09	2.90	2.74	2.62	2.52	2.36	2.19	2.00	1.90	1.79	1.67	1.53	1.36	1.00

$\alpha = 0.001$

n_2\n_1	1	2	3	4	5	6	7	8	9	10	12	15	20	24	30	40	60	120	∞
1	4 053[+]	5 000[+]	5 404[+]	5 625[-]	5 764[+]	5 859[+]	5 929[+]	5 981[+]	6 023[+]	6 056[+]	6 107[+]	6 158[+]	6 209[+]	6 235[+]	6 261[+]	6 287[+]	6 313[+]	6 340[+]	6 366[+]
2	998.5	999.0	999.2	999.2	999.3	999.3	999.4	999.4	999.4	999.4	999.4	999.4	999.4	999.5	999.5	999.5	999.5	999.5	999.5
3	167.0	148.5	141.1	137.1	134.6	132.8	131.6	130.6	129.9	129.2	128.3	127.4	126.4	125.9	125.4	125.0	124.5	124.0	123.5
4	74.17	61.25	56.18	53.44	51.71	50.53	49.66	49.00	48.47	48.05	47.41	46.76	46.10	45.77	45.43	45.09	44.75	44.40	44.05
5	47.18	37.12	33.20	31.09	29.75	28.84	28.16	27.64	27.24	26.92	26.42	25.91	25.39	25.14	24.87	24.60	24.33	24.06	23.79
6	35.51	27.00	23.70	21.92	20.81	20.03	19.46	19.03	18.69	18.41	17.99	17.56	17.12	16.89	16.67	16.44	16.21	15.99	15.75
7	29.25	21.69	18.77	17.19	16.21	15.52	15.02	14.63	14.33	14.08	13.71	13.32	12.93	12.72	12.53	12.33	12.12	11.91	11.70
8	25.42	18.49	15.83	14.39	13.49	12.86	12.40	12.04	11.77	11.54	11.19	10.84	10.48	10.30	10.11	9.92	9.73	9.53	9.33
9	22.86	16.39	13.90	12.56	11.71	11.13	10.70	10.37	10.11	9.89	9.57	9.24	8.90	8.72	8.55	8.37	8.19	8.00	7.81
10	21.04	14.91	12.55	11.28	10.48	9.92	9.52	9.20	8.96	8.75	8.45	8.13	7.80	7.64	7.47	7.30	7.12	6.94	6.76
11	19.69	13.81	11.56	10.35	9.58	9.05	8.66	8.35	8.12	7.92	7.63	7.32	7.01	6.85	6.68	6.52	6.35	6.17	6.00
12	18.64	12.97	10.80	9.63	8.89	8.38	8.00	7.71	7.48	7.29	7.00	6.71	6.40	6.25	6.09	5.93	5.76	5.59	5.42
13	17.81	12.31	10.21	9.07	8.35	7.86	7.49	7.21	6.98	6.80	6.52	6.23	5.93	5.78	5.63	5.47	5.30	5.14	4.97
14	17.14	11.78	9.73	8.62	7.92	7.43	7.08	6.80	6.58	6.40	6.13	5.85	5.56	5.41	5.25	5.10	4.94	4.77	4.60

续表

n_2 \ n_1	1	2	3	4	5	6	7	8	9	10	12	15	20	24	30	40	60	120	∞
15	16.59	11.34	9.34	8.25	7.57	7.09	6.74	6.47	6.26	6.08	5.81	5.54	5.25	5.10	4.95	4.80	4.64	4.47	4.31
16	16.12	10.97	9.00	7.94	7.27	6.81	6.46	6.19	5.98	5.81	5.55	5.27	4.99	4.85	4.76	4.54	4.39	4.23	4.06
17	15.72	10.66	8.73	7.68	7.02	6.56	6.22	5.96	5.75	5.58	5.32	5.05	4.78	4.63	4.48	4.33	4.18	4.02	3.85
18	15.38	10.39	8.49	7.46	6.81	6.35	6.02	5.76	5.56	5.39	5.13	4.87	4.59	4.45	4.30	4.15	4.00	3.84	3.67
19	15.08	10.16	8.28	7.26	6.62	6.18	5.85	5.59	5.39	5.22	4.97	4.70	4.43	4.29	4.14	3.99	3.84	3.68	3.51
20	14.82	9.95	8.10	7.10	6.46	6.02	5.69	5.44	5.24	5.08	4.82	4.56	4.29	4.15	4.00	3.86	3.70	3.54	3.38
21	14.59	9.77	7.94	6.95	6.32	5.88	5.56	5.31	5.11	4.95	4.70	4.44	4.17	4.03	3.88	3.74	3.58	3.42	3.26
22	14.38	9.61	7.80	6.81	6.19	5.76	5.44	5.19	4.99	4.83	4.58	4.33	4.06	3.92	3.78	3.63	3.48	3.32	3.15
23	14.19	9.47	7.67	6.69	6.08	5.65	5.33	5.09	4.89	4.73	4.48	4.23	3.96	3.82	3.68	3.53	3.38	3.22	3.05
24	14.03	9.34	7.55	6.59	5.98	5.55	5.23	4.99	4.80	4.64	4.39	4.14	3.87	3.74	3.59	3.45	3.29	3.14	2.97
25	13.88	9.22	7.45	6.49	5.88	5.46	5.15	4.91	4.71	4.56	4.31	4.06	3.79	3.66	3.52	3.37	3.22	3.06	2.89
26	13.74	9.12	7.36	6.41	5.80	5.38	5.07	4.83	4.64	4.48	4.24	3.99	3.72	3.59	3.44	3.30	3.15	2.99	2.82
27	13.61	9.02	7.27	6.33	5.73	5.31	5.00	4.76	4.57	4.41	4.17	3.92	3.66	3.52	3.38	3.23	3.08	2.92	2.75
28	13.50	8.93	7.19	6.25	5.66	5.24	4.93	4.69	4.50	4.35	4.11	3.86	3.60	3.46	3.32	3.18	3.02	2.86	2.69
29	13.39	8.85	7.12	6.19	5.59	5.18	4.87	4.64	4.45	4.29	4.05	3.80	3.54	3.41	3.27	3.12	2.97	2.81	2.64
30	13.29	8.77	7.05	6.12	5.53	5.12	4.82	4.58	4.39	4.24	4.00	3.75	3.49	3.36	3.22	3.07	2.92	2.76	2.59
40	12.61	8.25	6.60	5.70	5.13	4.73	4.44	4.21	4.02	3.87	3.64	3.40	3.15	3.01	2.87	2.73	2.57	2.41	2.23
60	11.97	7.76	6.17	5.31	4.76	4.37	4.09	3.87	3.69	3.54	3.31	3.08	2.83	2.69	2.55	2.41	2.25	2.08	1.89
120	11.38	7.32	5.79	4.95	4.42	4.04	3.77	3.55	3.38	3.24	3.02	2.78	2.53	2.40	2.26	2.11	1.95	1.76	1.54
∞	10.83	6.91	5.42	4.62	4.10	3.74	3.47	3.27	3.10	2.96	2.74	2.51	2.27	2.13	1.99	1.84	1.66	1.45	1.00

注：+ 表示要将所列数乘以 100。

附表7 威尔科克森 T 值

威尔科克森带有正负号的等级统计量,T 的临界值。T 是最大整数即 $Pr(T \leq t/N') \leq \alpha$。累积的单尾概率。

N	2α.15 α.075	.10 .050	.05 .025	.04 .020	.03 .015	.02 .010	.01(双尾) .005(单尾)
4	0						
5	1	0					
6	2	2	0	0			
7	4	3	2	1	0	0	
8	7	5	3	3	2	1	0
9	9	8	5	5	4	3	1
10	12	10	8	7	6	5	3
11	16	13	10	9	8	7	5
12	19	17	13	12	11	9	7
13	24	21	17	16	14	12	9
14	28	25	21	19	18	15	12
15	33	30	25	23	21	19	15
16	39	35	29	28	26	23	19
17	45	41	34	33	30	27	23
18	51	47	40	38	35	32	27
19	58	53	46	43	41	37	32
20	65	60	52	50	47	43	37
21	73	67	58	56	53	49	42
22	81	75	65	63	59	55	48
23	89	83	73	70	66	62	54
24	98	91	81	78	74	69	61
25	108	100	89	86	82	76	68
26	118	110	98	94	90	84	75
27	128	119	107	103	99	92	83
28	138	130	116	112	108	101	91
29	150	140	126	122	117	110	100
30	161	151	137	132	127	120	109
31	173	163	147	143	137	130	118
32	186	175	159	154	148	140	128
33	199	187	170	165	159	151	138
34	212	200	182	177	171	162	148
35	226	213	195	189	182	173	159
40	302	286	264	257	249	238	220
50	487	466	434	425	413	397	373
60	718	690	648	636	620	600	567
70	995	960	907	891	872	846	805
80	1 318	1 276	1 211	1 192	1 168	1 136	1 086
90	1 688	1 638	1 560	1 537	1 509	1 471	1 410
100	2 105	2 045	1 955	1 928	1 894	1 850	1 779

附表8 曼-惠特尼检验，U 的临界值

第一表中的数值是单尾检验在 0.025 处或双尾检验在 0.05 处，U 的临界值；第二表中的数值是单尾检验在 0.05 处或双尾检验在 0.10 处，U 的临界值。

n_2 \ n_1	1	2	3	4	5	6	7	8	9	10	11	12	13	14	15	16	17	18	19	20
1																				
2								0	0	0	0	1	1	1	1	1	2	2	2	2
3					0	1	1	2	2	3	3	4	4	5	5	6	6	7	7	8
4				0	1	2	3	4	4	5	6	7	8	9	10	11	11	12	13	13
5			0	1	2	3	5	6	7	8	9	11	12	13	14	15	17	18	19	20
6			1	2	3	5	6	8	10	11	13	14	16	17	19	21	22	24	25	27
7			1	3	5	6	8	10	12	14	16	18	20	22	24	26	28	30	32	34
8		0	2	4	6	8	10	13	15	17	19	22	24	26	29	31	34	36	38	41
9		0	2	4	7	10	12	15	17	20	23	26	28	31	34	37	39	42	45	48
10		0	3	5	8	11	14	17	20	23	26	29	33	36	39	42	45	48	52	55
11		0	3	6	9	13	16	19	23	26	30	33	37	40	44	47	51	55	58	62
12		1	4	7	11	14	18	22	26	29	33	37	41	45	49	53	57	61	65	69
13		1	4	8	12	16	20	24	28	33	37	41	45	50	54	59	63	67	72	76
14		1	5	9	13	17	22	26	31	36	40	45	50	55	59	64	67	74	78	83
15		1	5	10	14	19	24	29	34	39	44	49	54	59	64	70	75	80	85	90
16		1	6	11	15	21	26	31	37	42	47	53	59	64	70	75	81	86	92	98
17		2	6	11	17	22	28	34	39	45	51	57	63	67	75	81	87	93	99	105
18		2	7	12	18	24	30	36	42	48	55	61	67	74	80	86	93	99	106	112
19		2	7	13	19	25	32	38	45	52	58	65	72	78	85	92	99	106	113	119
20		2	8	13	20	27	34	41	48	55	62	69	76	83	90	98	105	112	119	127

n_2 \ n_1	1	2	3	4	5	6	7	8	9	10	11	12	13	14	15	16	17	18	19	20
1																			0	0
2					0	0	0	1	1	1	1	2	2	3	3	3	4	4	4	4
3			0	0	1	2	2	3	3	4	5	5	6	7	7	8	9	9	10	11
4			0	1	2	3	4	5	6	7	8	9	10	11	12	14	15	16	17	18
5		0	1	2	4	5	6	8	9	11	12	13	15	16	18	19	20	22	23	25
6		0	2	3	5	7	8	10	12	14	16	17	19	21	23	25	26	28	30	32
7		0	2	4	6	8	11	13	15	17	19	21	24	26	28	30	33	35	37	39
8		1	3	5	8	10	13	15	18	20	23	26	28	31	33	36	39	41	44	47
9		1	3	6	9	12	15	18	21	24	27	30	33	36	39	42	45	48	51	54
10		1	4	7	11	14	17	20	24	27	31	34	37	41	44	48	51	55	58	62
11		1	5	8	12	16	19	23	27	31	34	38	42	46	50	54	57	61	65	69
12		2	5	9	13	17	21	26	30	34	38	42	47	51	55	60	64	68	72	77
13		2	6	10	15	19	24	28	33	37	42	47	51	56	61	65	70	75	80	84
14		2	7	11	16	21	26	31	36	41	46	51	56	61	66	71	77	82	87	92
15		3	7	12	18	23	28	33	39	44	50	55	61	66	72	77	83	88	94	100
16		3	8	14	19	25	30	36	42	48	54	60	65	71	77	83	89	95	101	107
17		3	9	15	20	26	33	39	45	51	57	64	70	77	83	89	96	102	109	115
18		4	9	16	22	28	35	41	48	55	61	68	75	82	88	95	102	109	116	123
19	0	4	10	17	23	30	37	44	51	58	65	72	80	87	94	101	109	116	123	130
20	0	4	11	18	25	32	39	47	54	62	69	77	84	92	100	107	115	123	130	138

附表 9 游程检验中的 r 的临界值表

附表 9a 和附表 9b 列有与不同 n_1 和 n_2 对应的各种 r 值。对于一个样本的游程检验，若 $r \leq$ 附表 9a 中的数值或 $r \geq$ 附表 9b 中的数值，则表明 r 在 0.05 的显著性水平下是显著的。

(a)

$n_2 \backslash n_1$	2	3	4	5	6	7	8	9	10	11	12	13	14	15	16	17	18	19	20
2																			
3								2	2	2	2	2	2	2	2	2	2	2	2
4					2	2	2	3	3	3	3	3	3	3	4	4	4	4	4
5			2	2	3	3	3	3	3	4	4	4	4	4	4	4	5	5	5
6		2	2	3	3	3	3	4	4	4	4	5	5	5	5	5	5	6	6
7		2	2	3	3	3	4	4	5	5	5	5	5	6	6	6	6	6	6
8		2	3	3	3	4	4	5	5	5	6	6	6	6	6	7	7	7	7
9		2	3	3	4	4	5	5	5	6	6	6	7	7	7	7	8	8	8
10		2	3	3	4	5	5	5	6	6	7	7	7	7	8	8	8	8	9
11		2	3	4	4	5	5	6	6	7	7	7	8	8	8	9	9	9	9
12	2	2	3	4	4	5	6	6	7	7	7	8	8	8	9	9	9	10	10
13	2	2	3	4	5	5	6	6	7	7	8	8	9	9	9	10	10	10	10
14	2	2	3	4	5	5	6	7	7	8	8	9	9	9	10	10	10	11	11
15	2	3	3	4	5	6	6	7	7	8	8	9	9	10	10	11	11	11	12
16	2	3	4	4	5	6	6	7	8	8	9	9	10	10	11	11	11	12	12
17	2	3	4	4	5	6	7	7	8	9	9	10	10	11	11	11	12	12	13
18	2	3	4	5	5	6	7	8	8	9	9	10	10	11	11	12	12	13	13
19	2	3	4	5	6	6	7	8	8	9	10	10	11	11	12	12	13	13	13
20	2	3	4	5	6	6	7	8	9	9	10	10	11	12	12	13	13	13	14

(b)

n₂\n₁	2	3	4	5	6	7	8	9	10	11	12	13	14	15	16	17	18	19	20
2																			
3																			
4			9	9															
5			9	10	10	11	11												
6			9	10	11	12	12	13	13	13									
7				11	12	13	13	14	14	14	15	15	15						
8				11	12	13	14	14	15	15	16	16	16	17	17	17	17		
9					13	14	14	15	16	16	17	17	18	18	18	18	18		
10					13	14	15	16	16	17	17	18	18	18	19	19	20	20	
11					13	14	15	16	17	17	18	19	19	19	20	20	21	21	
12					13	14	16	17	18	19	19	20	20	21	21	21	22	22	
13						15	16	17	18	19	19	20	20	21	21	22	22	23	23
14						15	16	17	18	19	20	20	21	22	22	23	23	23	24
15						15	16	18	18	19	20	21	22	22	23	23	24	24	25
16							17	18	19	20	21	21	22	23	23	24	25	25	25
17							17	18	19	20	21	22	23	23	24	25	25	26	26
18							17	18	19	20	21	22	23	24	25	25	26	26	27
19							17	18	20	21	22	23	23	24	25	26	26	27	27
20								17	18	20	21	22	23	24	25	26	27	27	28

附表 10 相关系数检验表

附表 10(a) 列示了两变量相关系数的临界值，附表 10(b) 列示了多(2～5)变量复相关系数的临界值。

(a)

n	α = 0.05	α = 0.01	n	α = 0.05	α = 0.01
1	0.997	1.000	24	0.388	0.496
2	0.950	0.990	25	0.381	0.487
3	0.878	0.959	26	0.374	0.478
4	0.811	0.917	27	0.367	0.470
5	0.754	0.874	28	0.361	0.463
6	0.707	0.834	29	0.355	0.456
7	0.666	0.798	30	0.349	0.449
8	0.632	0.765	35	0.325	0.418
9	0.602	0.735	40	0.304	0.393
10	0.576	0.708	45	0.288	0.372
11	0.553	0.684	50	0.273	0.354
12	0.532	0.661	60	0.250	0.325
13	0.514	0.641	70	0.232	0.302
14	0.497	0.623	80	0.217	0.283
15	0.482	0.606	90	0.205	0.267
16	0.468	0.590	100	0.195	0.254
17	0.456	0.575	125	0.174	0.228
18	0.444	0.561	150	0.159	0.208
19	0.433	0.549	200	0.138	0.181
20	0.423	0.537	300	0.113	0.148
21	0.413	0.526	400	0.098	0.128
22	0.404	0.515	1 000	0.062	0.081
23	0.396	0.505			

(b)

n	自变量和因变量总数($\alpha=0.05$)			
	2	3	4	5
1	0.997	0.999	0.999	0.999
2	0.950	0.975	0.983	0.987
3	0.878	0.930	0.950	0.961
4	0.811	0.881	0.912	0.930
5	0.754	0.836	0.874	0.898
6	0.707	0.795	0.839	0.867
7	0.666	0.758	0.807	0.838
8	0.632	0.726	0.777	0.811
9	0.602	0.697	0.750	0.786
10	0.576	0.671	0.726	0.763
11	0.553	0.648	0.703	0.741
12	0.532	0.627	0.683	0.722
13	0.514	0.608	0.664	0.703
14	0.487	0.590	0.646	0.686
15	0.482	0.574	0.630	0.670
16	0.468	0.559	0.615	0.655
17	0.456	0.545	0.601	0.641
18	0.444	0.532	0.587	0.628
19	0.433	0.520	0.575	0.615
20	0.423	0.509	0.563	0.604
25	0.381	0.462	0.514	0.553
30	0.349	0.426	0.476	0.514
35	0.325	0.397	0.445	0.482
40	0.304	0.373	0.419	0.445
50	0.273	0.336	0.379	0.412
60	0.250	0.308	0.346	0.380
70	0.232	0.286	0.324	0.354
80	0.217	0.269	0.304	0.332
100	0.195	0.241	0.274	0.300

部分练习参考答案

第一章

一、单项选择题

1. C 2. B 3. C 4. B 5. D 6. A 7. A 8. B 9. D 10. C

二、多项选择题

1. ADE 2. ABD 3. ABC 4. BC 5. AD

第二章

一、单项选择题

1. D 2. C 3. A 4. A 5. C 6. B 7. A 8. B 9. C 10. C

二、多项选择题

1. ADE 2. ABCE 3. BE 4. ABCD 5. ABCDE 6. ABE 7. AE 8. ACE 9. CDE
10. AD

四、计算和分析题

1. max = 95   min = 50   Range = 45

2.

考试成绩	Count	CumCnt	Percent	CumPct
50~60	2	2	4.00	4.00
60~70	7	9	14.00	18.00
70~80	19	28	38.00	56.00
80~90	15	43	30.00	86.00
90~100	7	50	14.00	100.00

$N = 50$

第三章

一、单项选择题

1. B 2. A 3. B 4. A 5. C 6. A 7. B 8. D 9. C 10. D

二、多项选择题

1. CE 2. ABD 3. ABCD 4. BCE 5. ADE 6. AB 7. BCE 8. ADE 9. ABCDE

10. ABD

四、计算和分析题

2. 各买1千克的平均价格 = 0.18(元),各买1元的平均价格 = 0.16(元)。

4. 2001~2006年的平均发展速度 = $\sqrt[5]{1.1 \times 1.04 \times 1.06 \times 1.08 \times 1.15}$ = 1.085。

6. 平均数 = 42,极差 = 40万元,平均差 = 6.6,标准差 = 7.81。

　　极差系数 = 0.952,平均差系数 = 0.157,标准差系数 = 0.186。

8. $V_甲$ = 0.114,$V_乙$ = 0.108,甲乡小麦产量的变异程度较大。

10. 答案见下表。

	A 商店	B 商店
样本容量	100	100
均　值	1 260	1 348
中位数	1 216.67	1 348.65
众　数	1 071.43	1 368.57
标准差	305.29	247.58
第一四分位数	1 018.52	1 172
第三四分位数	1 466.67	1 483.78
四分位差	224.075	155.89
偏度系数(α)	+0.567	+0.344
峰度系数(β)	2.68	3.21

第四章

一、单项选择题

1. D 2. C 3. A 4. C 5. C 6. B 7. D 8. B 9. A 10. D

二、多项选择题

1. ABCD 2. BD 3. ABCD 4. ABC 5. BD 6. ADE 7. AE 8. BCE 9. BE

10. ABDE

四、计算和分析题

1. (1)

表 4-21　某市三个国营百货商店的零售计划执行情况

商　品	本　季			上季实际零售额(万元)	本季与上季相比(%)
	计划零售额(万元)	实际零售额(万元)	完成计划百分数(%)		
第一百货商店	100	110	<u>110</u>	90	<u>122</u>
第二百货商店	150	<u>150</u>	100	130	<u>115</u>
第三百货商店	<u>250</u>	237.5	95	160	<u>148</u>
合　　计	500	<u>497.5</u>	<u>99.5</u>	380	<u>131</u>

(2) 第一百货商店超额完成本季计划,并比上个季度增加了 22%;第二百货商店正好完成本季计划,比上个季度增加了 15%;第三百货商店没有完成本季计划,但比上个季度增加了 48%。三个商店总体来说没有完成本季计划,但比上个季度增加了 31%。

3. (1) 120%,提前 1 个月 21 天完成计划任务。

(2) 125%。

(3) 94.7%。

5. (1) 甲:$K_p = \dfrac{p_1}{p_0} = 0.9$,乙:$K_p = \dfrac{p_1}{p_0} = 0.91$,丙:$K_p = \dfrac{p_1}{p_0} = 0.97$。

(2) $\overline{K}_p = \dfrac{\sum q_1 p_1}{\sum \dfrac{1}{K_p} q_1 p_1} = 11\,296/12\,331 = 0.916$。

(3) $\overline{K}_{pq} = \dfrac{\sum p_1 q_1}{\sum p_0 q_0} = \dfrac{11\,296}{8\,470} = 1.33$。

7. (1) $\overline{K}_p = \dfrac{\sum K_p q_0 p_0}{\sum q_0 p_0} = \dfrac{1\,767}{1\,694} = 1.04$。

(2) 73 万元。

第五章

一、单项选择题

1. D　2. C　3. D　4. B　5. C　6. C　7. C　8. B　9. B　10. D　11. A　12. D

二、多项选择题

1. ABCD 2. ABD 3. ACE 4. ABCDE 5. ACE

四、计算和分析题

1. (1) $P(X<600) = P\left(\dfrac{X-\mu}{\sigma} < \dfrac{600-500}{100}\right) = P(Z<1) = \Phi(1) = 0.841\,3$

(2) $P(450<X<650) = P\left(\dfrac{450-500}{100} < \dfrac{X-\mu}{\sigma} < \dfrac{650-500}{100}\right) = P(-0.5<Z<1.5)$

$\qquad = \Phi(1.5) - \Phi(-0.5) = \Phi(1.5) + \Phi(0.5) - 1 = 0.933\,2 + 0.691\,5 - 1$

$\qquad = 0.624\,7$

(3) $P(600<X<650) = P\left(\dfrac{600-500}{100} < \dfrac{X-\mu}{\sigma} < \dfrac{650-500}{100}\right) = P(1<Z<1.5)$

$\qquad = \Phi(1.5) - \Phi(1) = 0.933\,2 - 0.841\,3 = 0.091\,9$

(4) 假设得分大于 Y 的概率为 0.85,

$$P(X>Y) = P\left(\dfrac{X-\mu}{\sigma} > \dfrac{Y-\mu}{\sigma}\right) = P\left(Z > \dfrac{Y-500}{100}\right) = 1 - \Phi\left(\dfrac{Y-500}{100}\right) = 0.85$$

查表得 $\Phi(1.04) = 0.85$,所以有:

$$\dfrac{Y-500}{100} = -1.04$$

$$Y = 500 - 1.04 \times 100 = 396$$

4. (1) 可以,因为这个区间是对均值偏离 3 倍标准差的区间。

(2) 正确。

(3) 不正确,因为这个区间是对均值偏离 20 倍标准差的区间。

第六章

一、单项选择题

1. D 2. A 3. A 4. B 5. C 6. D 7. D 8. C 9. B 10. A

三、计算和分析题

1. 置信度为 99% 的置信区间为 [32.12, 34.28]。

3. (1) A 城市全部居民平均收入的置信度为 95% 的置信区间为 [23 218, 23 872]。

(2) B 城市全部居民平均收入的置信度为 95% 的置信区间为 [22 588, 23 412]。

(3) 两市居民平均收入之差的置信度为 95% 的置信区间为 [-55, 1 055]。

5. 全校学生戴眼镜成数的置信度为 90% 的置信区间为 [0.231, 0.389]。

7. 总体成数之差的置信度为 95% 的置信区间为 $[-0.102, 0.002]$。

9. (1) $n = 2\ 401$

   (2) $n = 2\ 017$

第七章

一、单项选择题

1. B 2. A 3. C 4. D 5. B 6. A 7. B 8. A 9. C 10. D

二、多项选择题

1. ABC 2. AB 3. BC 4. ABC 5. BCD 6. AD 7. BCD 8. AC 9. BC 10. ABCD

四、计算和分析题

1. $z = -1.972$,$|z| > z_{\frac{0.05}{2}} = 1.96$,否定原假设($H_0: \mu = 90$),即总体均值不等于 90。

3. $z = 1.35$,$z < z_{0.05} = 1.64$,不能否定原假设($H_0: P \leqslant 0.01$),这批产品可以出厂。

5. $z = 1.636$,不能否定原假设 H_0,即不能表明该教师的看法正确。

7. $F = 3.27$,$F < F_{\frac{0.05}{2}(3, 5)} = 5.41$,不能否定原假设($H_0:$ 2 个样本方差同质),即认为两个样本方差同质。

第八章

一、单项选择题

1. B 2. B 3. C 4. C 5. B 6. B 7. A 8. B 9. A 10. B

二、多项选择题

1. AB 2. AC 3. ACE 4. ABC 5. ACE 6. ADE 7. AD 8. AD 9. ABDE

10. ABE

四、计算和分析题

1. $\lambda = 2.76$,$\chi^2 = 29.3 > \chi^2_{0.05(6)} = 12.592$,否定原假设,即电话呼叫次数不服从泊松分布。

3. $\chi^2 = 9.563 < \chi^2_{0.01(4)} = 13.277$,不能否定原假设,即次品类型与厂家无关。

5. $n = 9$,$T_- = 23.5$,$T_+ = 21.5 > T_{0.05} = 8$,不能否定原假设,即做广告前后销量没有差异。

7. $r_s = 0.909 > r_{0.05} = 0.576$,否定原假设,即收入与投保额之间是相关的。

9. 拒绝 H。

第九章

一、单项选择题

1. B 2. B 3. C 4. C 5. D 6. D 7. A 8. C 9. D 10. B

二、多项选择题

1. CDE 2. ABDE 3. ABD 4. ABCDE 5. ACDE 6. ACE 7. DE 8. AB 9. CD 10. ACD

四、计算和分析题

2. 拟合的一元线性回归模型为：$\hat{y} = 2.55 + 0.00889X$（其中，$\hat{y}$ 为需求量，X 为人均月收入）。

当人均月收入为 1 400 元时，下个月该商品的需求量的点预测值为 15 万元，置信度为 95% 的区间预测值为 [14.63, 15.37]。

4. (1) 相关系数为 0.848。

(2) 回归系数为：$b_0 = 8.304$，$b_1 = 0.001$。

(3) $R^2 = 0.719$。

(4) D—W 值为 1.56。

(5) 当广告费支出为 6 700 元时，销售量的置信度为 95% 的置信区间为 [14.255, 15.745]。

6. (1) 估计的多元线性回归方程为：$\hat{y} = 10.8 + 3.89X_1 + 3.61X_2$。

(2) $R^2 = 68.5\%$。

(3) 当 $x_1 = 5$ 和 $x_2 = 6$，Y 的置信度为 95% 的置信区间为 [46.65, 57.18]。

第十章

一、单项选择题

1. A 2. B 3. C 4. D 5. D 6. B 7. C 8. B 9. D 10. C

二、多项选择题

1. ABCD 2. AB 3. ABCD 4. AC 5. AC

四、计算和分析题

1. 季节指数计算如下：

时间	2010	2011	2012	2013	合 计	同月平均	季节指数(%)
1月		619.5	736.5	843	2 199	733	100.28
2月		631.5	743.5	856.5	2 231.5	743.83	101.76
3月		645	754	868.5	2 267.5	755.83	103.40
4月		658	764	879	2 301	767	104.93
5月		665	773.5	887.5	2 326	775.33	106.07
6月		667.5	784.5	894	2 346	782	106.98
7月	589.5	667.5	797.5		2 054.5	684.83	93.69
8月	592	672	809		2 073	691	94.53
9月	595	684.5	815		2 094.5	698.17	95.51
10月	598	698.5	819		2 115.5	705.17	96.47
11月	600.5	715.5	822.5		2 138.5	712.83	97.52
12月	608	729.5	830		2 167.5	722.5	98.84
合 计	3 583	8 054	9 449	5 228.5	26 314.5	730.96	1 200

3. (1) 绘散点图。

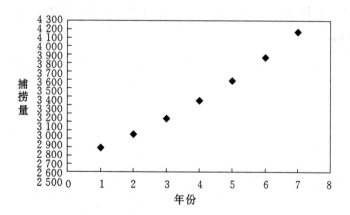

(2) 趋势外推模型为：$\hat{y}_t = b_0 + b_1 t + b_2 t^2$。

2014年点预测值：$\hat{y}_{2014} = 2\,664 + 114t + 14.4t^2 = 2\,664 + 114 \times 8 + 14.4 \times 8^2 = 4\,494$ （公斤）。

2014年的区间预测：$\hat{y}_{2014} \pm t_{\frac{\alpha}{2}} SE_{\hat{\mu}} = [4\,477, 4\,512]$。

5. (1) 绘散点图。

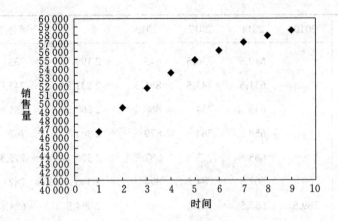

由图形可确定用 $\hat{y}_t = a + bc^t (b<0, 0<c<1)$ 来进行预测。

(2) 趋势外推模型为：$\hat{y}_t = 61\,203 - 15\,914 \times 0.804^t$。

2014 年的 $t=9$，所以：$\hat{y}_t = 61\,203 - 15\,914 \times 0.804^9 = 58\,969$（台）。

销售量的最高限额为 61 203 台。

第十一章

一、单项选择题

1. C 2. C 3. B 4. C 5. A 6. B 7. B 8. C 9. D 10. B

二、多项选择题

1. ABD 2. ABD 3. ABC 4. ABCD 5. AC 6. AC 7. BC 8. ABCD 9. BD

10. AB

参考文献

- David F.Groebner, Patrick W.Shannon, Phillip C.Fry and Keut D.Smith. *Business Statistics：A Decision Making Approach*, 5th. ed.[M].北京：中国统计出版社,2003.

- David M.Levine, Timothy C.Krehbiel, Mark L.Berenson. *Business Statistics*（英文版第6版）[M].北京：中国人民大学出版社,2017.

- Hamburg M.. *Statistical Analysis For Decision Making*[M]. Harcourt Brace Jovanovich, Inc., 1987.

- Iman R.L., Conover W.J.. *Modern Business Statistics*[M]. John wiley & Sons, Inc., 1983.

- M.C.弗莱明,J.G.纳理斯.商务统计[M].牛南洁,郭金龙,译.北京：中信出版社,1999.

- M.汉伯格.决策统计分析（第4版中译本）[M].北京：中国统计出版社,1991.

- Mark L.Berenson, David M.Levine, Timothy C.Krehbiel.商务统计：概念与应用[M].杨爽,等译.北京：机械工业出版社,2012.

- Neil Seitz. *Business Forecasting, Concept and Microcomputer Applications*[M], Reston Publishing Company, Inc., 1984.

- R.L.奥特,M.朗格内克.统计学方法与数据分析引论（第5版）[M].张忠占,等译.北京：科学出版社,2003.

- W.G.科克伦.抽样技术[M].张尧庭,吴辉,译.北京：中国统计出版社,1987.

- W.W.丹尼尔,J.C.特勒.经营管理统计学[M].陈鹤琴,等译.北京：中国商业出版社,1984.

- 宝山钢铁股份有限公司.宝山钢铁股份有限公司2015年年度报告[J/OL]. http：//file.finance.sina.com.cn/211.154.219.97：9494/MRGG/CNSESH_STOCK/2016/2016-3/2016-03-31/2301733.

- 宝山钢铁股份有限公司.宝山钢铁股份有限公司2016年年度报告[J/OL]. http：//file.

finance.sina.com.cn/211.154.219.97:9494/MRGG/CNSESH_STOCK/2017/2017-4/2017-04-28/3355885.

- 鲍艳秋.浅谈我国人口老龄化[J].中国科技产业,2013(11):55～57.
- 暴奉贤.经济预测的原理和方法[M].广州:广东人民出版社,1984.
- 陈国维.基于多因素影响的高等教育发展规模实证研究[J].教育与经济,2013(04):38～41.
- 陈家鼎,刘婉如,汪仁官.概率统计讲义[M].北京:人民教育出版社,1980.
- 陈善林,徐国祥.因素分析的理论和方法[M].北京:中国统计出版社,1990.
- 陈善林,张浙.统计发展史[M].上海:立信会计图书用品社,1987.
- 陈上珠.应用统计[M].北京:经济科学出版社,1987.
- 戴维·R.安德森,丹尼斯·J.斯威尼,托马斯·A.威廉斯.商务与经济统计(第11版)[M].张建华,王健,冯燕奇,等译.北京:机械工业出版社,2012.
- 戴维·R.安德森,丹尼斯·J.斯威尼,托马斯·A.威廉斯,等.数据、模型与决策:管理科学篇(第12版)[M].侯文华,等译.北京:机械工业出版社,2013.
- 道格拉斯·A.林德,罗伯特·D.梅森,威廉·G.麦克尔著.工商统计学(第3版)[M].徐国祥,等译.上海:上海财经大学出版社,2004.
- 冯文权.经济预测与经济决策技术[M].武汉:武汉大学出版社,1983.
- 复旦大学.概率论[M].北京:高等教育出版社,1984.
- 傅新华,阳琴.大学生就业观念研究[J].教育探索,2009(07):147～148.
- 郭仲伟编.风险分析和决策[M].北京:机械工业出版社,1987.
- 韩嘉骏.物价统计[M].北京:中央广播电视大学出版社,1986.
- 韩天恩.实用统计预测[M].北京:冶金工业出版社,1988.
- 何国栋.市场预测方法一百种[M].广州:广东科技出版社,1987.
- 贺利甄.冰箱市场营销策略分析[J].辽宁行政学院学报,2007(06):148～149.
- 侯铁珊.市场预测原理与技术[M].北京:中国商业出版社,1985.
- 华伯泉.经济预测的统计方法[M].北京:中国统计出版社,1988.
- 华光彦,王慎之.市场调查、预测和决策[J].黑龙江省财贸经济研究所《财贸经济研究》编辑部1982年内部发行.
- 贾俊平编著.统计学(第2版)[M].北京:清华大学出版社,2006.

- 伯杰.统计决策论及贝叶斯分析[M].贾乃光,译.北京:中国统计出版社,1998.
- 姜青舫.实用决策分析[M].贵阳:贵州人民出版社,1985.
- 荆静静.大数据下的冰箱行业发展[J].家用电器,2014(12):44～45.
- 康文俊.浅谈企业财务分析存在问题与措施[J].西部财会,2013(06):25～26.
- 李朝鲜.社会经济统计学[M].北京:经济科学出版社,2006.
- 李鸿寿,吴立煦.企业管理中的数量方法[M].上海:立信会计图书用品社,1989.
- 李茂年,周兆麟.数理统计学[M].天津:天津人民出版社,1983.
- 李铁映,张昕.预测决策方法[M].沈阳:辽宁科学技术出版社,1984.
- 李雪.人口老龄化对我国经济社会发展的影响及策略[J].中国商贸,2014(07):177～178,181.
- 李遥,王彤.大学生考研常见心理问题分析及其应对措施[J].才智,2016(18):190.
- 李志伟,吴家楹,施家珍.统计分析概论(修订版)[M].北京:对外贸易教育出版社,1989.
- 刘汉良.统计学教程(修订本)[M].上海:上海财经大学出版社,1997.
- 罗伯特·罗森费尔德.36小时商务统计课程[M]徐国祥,译.上海:上海人民出版社,1994.
- 罗良清.统计学(第二版)[M].北京:高等教育出版社,2011.
- 梅汝和,余名岳.市场调查和预测的应用[M].上海:上海人民出版社,1983.
- 南阜薰,曹英知,李华.决策技术[M].北京:中国铁道出版社,1989.
- 尼尔·塞茨.商情预测——方法及其计算程序[M].黄树颜,等编译.北京:中国统计出版社,1990.
- 三浦由已,井出满.抽样调查法[M].李士瀛,译.北京:工商出版社,1982.
- 孙文生.统计学原理[M].北京:学苑出版社,1990.
- 汤正如.市场预测[M].长春:吉林人民出版社,1985.
- 涂葆林,颜日初.经济预测与决策方法[J].湖北省统计学会1984年内部发行.
- 王琼.关于新时期大学生就业观念的几点思考[J].市场论坛,2018(12):84～87.
- 王天星.探析出生人口性别比失衡的原因及对策[J].管理观察,2009,(22):237.
- 王永初.预测学及其应用[M].重庆:科学技术文献出版社重庆分社,1986.
- 魏军.冰箱市场由"秋"入"冬"[J].家用电器,2012(07):74～75.

- 翁礼馨,黄良文,陈仁恩.统计基础知识[M].上海:上海人民出版社,1980.
- 吴敏,彭逢瑞.经济统计预测[M].北京:中国统计出版社,1989.
- 吴喜之.非参数统计[M].北京:中国统计出版社,1999.
- 徐国祥,刘汉良,孙允午,等.统计学[M].上海:上海财经大学出版社,2001.
- 徐国祥,等.统计指数理论、方法与应用研究[M].上海:上海人民出版社,2011.
- 徐国祥.管理统计学[M],上海:上海财经大学出版社,1995.
- 徐国祥.统计学[M].上海:格致出版社,上海人民出版社,2007.
- 徐国祥.统计学(第二版)[M].上海:格致出版社,上海人民出版社,2014.
- 徐国祥.《统计学》学习指导与习题(第二版)[M].上海:格致出版社,上海人民出版社,2014.
- 徐国祥.统计预测和决策(第四版)[M].上海:上海财经大学出版社,2012.
- 徐国祥.统计预测和决策(第五版)[M].上海:上海财经大学出版社,2016.
- 徐国祥.统计预测和决策[M].上海:复旦大学出版社,1994.
- 徐国祥.统计指数理论及应用(第二版)[M].北京:中国统计出版社,2009.
- 徐国祥.统计指数理论及应用[M].北京:中国统计出版社,2004.
- 徐佳.大学生考研存在的问题、成因及对策分析[J].河南科技学院学报,2016,36(08):41~44.
- 许拓,陈岳堂.我国高等教育财政投入效率分析与对策[J].管理观察,2014(32):67~69,71.
- 杨坚白,莫曰达,冯杞靖,等.统计学原理[M].上海:上海人民出版社,1987.
- 杨曾武.统计决策原理[M].上海:上海人民出版社,1990.
- 袁卫,庞皓,曾五一,等.统计学[M].北京:高等教育出版社,2000.
- 曾五一,肖红叶.统计学导论(第二版)[M].北京:科学出版社,2013.
- 翟立林,周士富.管理决策理论与方法[M].北京:中国建筑工业出版社,1987.
- 张大林,刘福波.区间估计原理探讨及实例应用[J].科技视界,2019(10):12~15.
- 张汉亚.工业企业经营预测.中国发明创造者基金会、中国预测研究会 1984 年内部发行.
- 张继平.高质量高等教育公平的主要特点及实现机制[J].高等教育研究,2016(02):13~18.

- R.H.约翰逊,P.R.维恩.管理的数量方法[M].张人则,等译.南京:江苏人民出版社,1984.
- 张寿,于清文.计量经济学[M].上海:上海交通大学出版社,1984.
- 张维达.统计学理论与方法[M].长春:吉林人民出版社,1983.
- 郑德如.统计学[M].上海:立信会计出版社,1991.
- 周复恭,倪加勋,朱汉江,等.应用数理统计学[M].北京:中国人民大学出版社,1989.
- 周雄鹏.统计预测和决策[M].上海:立信会计图书用品社,1989.
- 左宪棠等.市场调查预测与决策[M].北京:经济管理出版社,1989.

图书在版编目(CIP)数据

商务统计学/徐国祥主编. —上海:复旦大学出版社,2020.9
ISBN 978-7-309-15204-3

Ⅰ.①商… Ⅱ.①徐… Ⅲ.①商业统计学-高等学校-教材 Ⅳ.①F712.3

中国版本图书馆 CIP 数据核字(2020)第 134232 号

商务统计学
徐国祥 主编
责任编辑/谷 雨

复旦大学出版社有限公司出版发行
上海市国权路 579 号 邮编:200433
网址:fupnet@ Fudanpress.com http://www.fudanpress.com
门市零售:86-21-65102580 团体订购:86-21-65104505
外埠邮购:86-21-65642846 出版部电话:86-21-65642845
上海华业装潢印刷厂有限公司

开本 787×1092 1/16 印张 30 字数 542 千
2020 年 9 月第 1 版第 1 次印刷
印数 1—5 100

ISBN 978-7-309-15204-3/F·2722
定价:75.00 元

如有印装质量问题,请向复旦大学出版社有限公司出版部调换。
版权所有 侵权必究